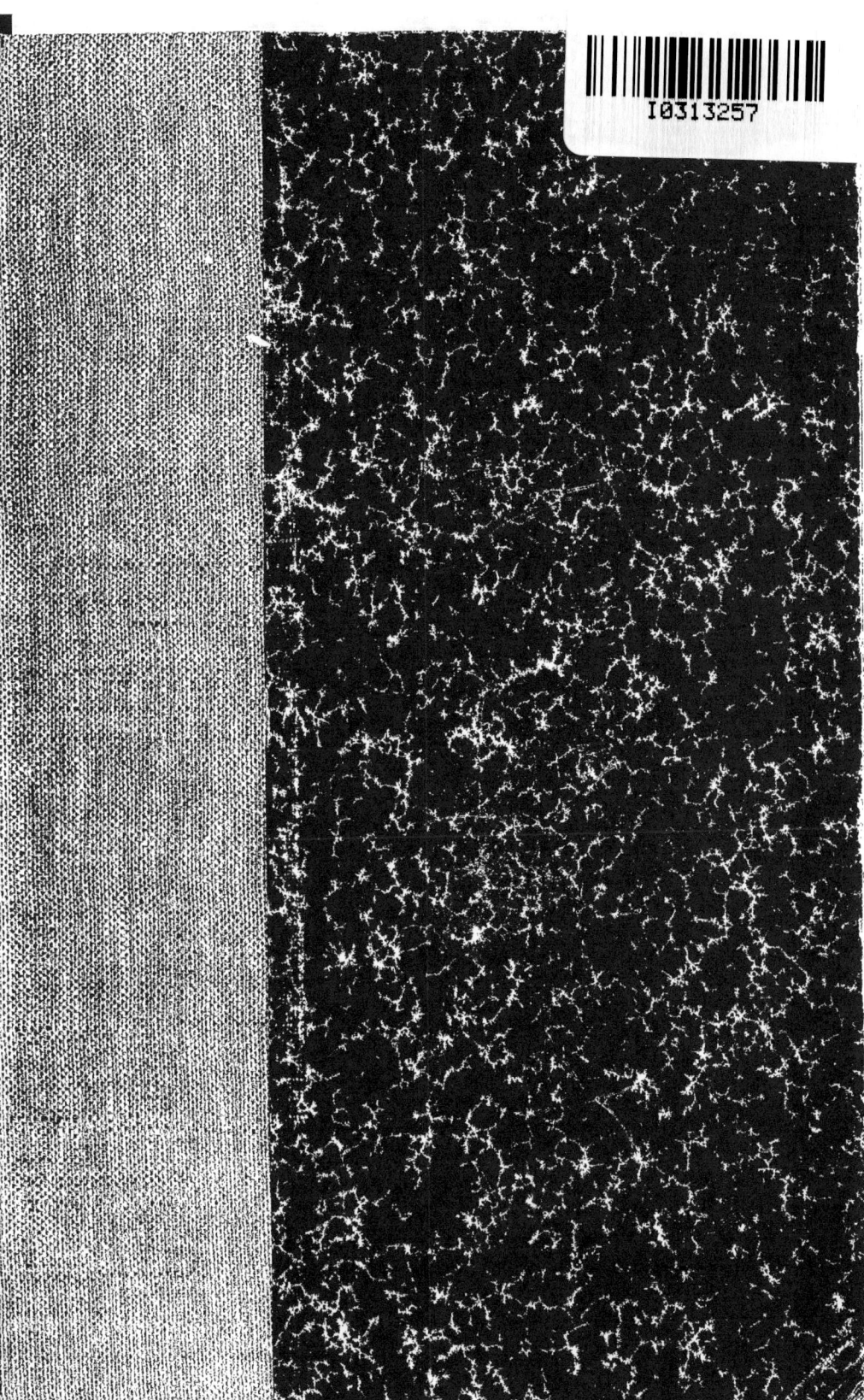

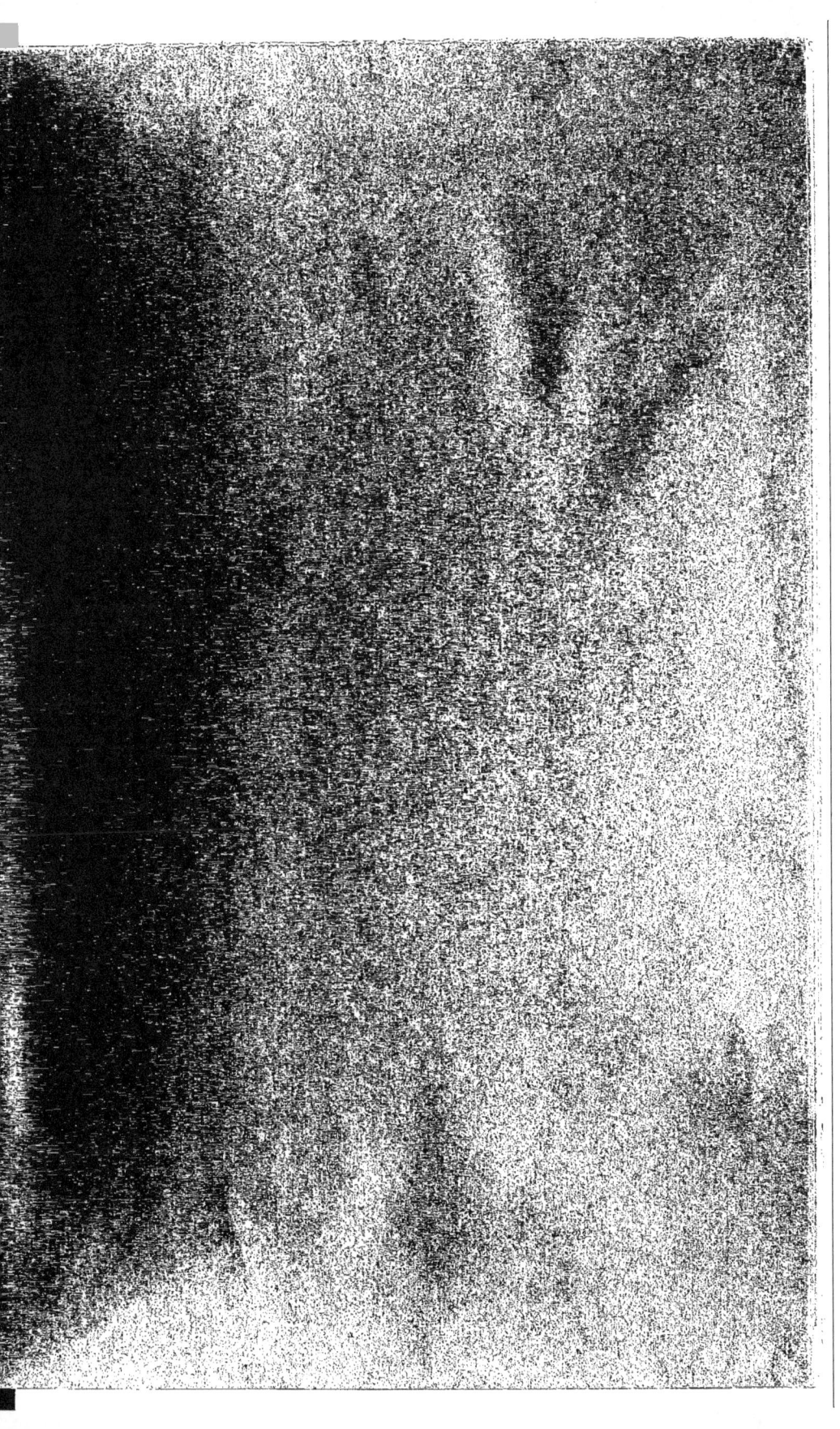

ACTES
DU
ONZIÈME CONGRÈS INTERNATIONAL
DES ORIENTALISTES

PARIS — 1897

DEUXIÈME SECTION
LANGUES ET ARCHÉOLOGIE DE L'EXTRÊME-ORIENT

PARIS
IMPRIMERIE NATIONALE

ERNEST LEROUX, ÉDITEUR, RUE BONAPARTE, 28

M DCCC XCVIII

ACTES
DU
ONZIÈME CONGRÈS INTERNATIONAL
DES ORIENTALISTES

PARIS - 1897

ACTES
DU
ONZIÈME CONGRÈS INTERNATIONAL
DES ORIENTALISTES

PARIS - 1897

DEUXIÈME SECTION
LANGUES ET ARCHÉOLOGIE DE L'EXTRÊME-ORIENT.

PARIS
IMPRIMERIE NATIONALE

ERNEST LEROUX, ÉDITEUR, RUE BONAPARTE, 28

M DCCC XCVIII

NOTE
SUR
UN MANUSCRIT MOSSO,

PAR

M. CHARLES-EUDES BONIN,
VICE-RÉSIDENT DE FRANCE EN INDO-CHINE.

Le manuscrit que j'ai l'honneur de présenter au Congrès est un livre religieux du peuple tibétain connu sous le nom de «Mosso». Pendant la mission dont j'ai été chargé, en 1895, sur les confins du Tibet, j'ai eu l'occasion de traverser pour la première fois le territoire de ce peuple et de visiter sa capitale, appelée en chinois «Likiang-fou» et en tibétain «Sdam». C'est Francis Garnier qui a, pour la première fois, appelé l'attention sur le peuple mosso : «Entre le 27e et le 30e parallèle entre le Cambodge et le fleuve Bleu, dit-il, la masse de la population appartient à la race mosso, elle a formé autrefois un royaume d'abord indépendant, puis tributaire de la Chine, dont la capitale était Likiang. On doit sans doute rattacher les Mossos au rameau tibétain. Entre A-ten-tse et Ouei-si tous les chefs indigènes sont mossos et relèvent du mandarin chinois de Ouei-si» (*Voyage d'exploration*, vol. I, p. 520). Depuis lors, plusieurs voyageurs sont passés à proximité du territoire des Mossos sans avoir l'occasion ou la curiosité d'aller les visiter, eux et leur capitale qui est cependant, avec Ta-tsien-lou, le principal centre du commerce entre la Chine et le Tibet oriental.

Ce n'est pas le lieu d'entreprendre ici une monographie complète du peuple mosso; je me contenterai des quelques dates suivantes pour jalonner leur histoire, d'ailleurs encore à peu près inconnue. C'est sous la dynastie des Song que les Mossos, descendus du Tibet, s'emparèrent, sous la conduite de leur chef Mong Ts'ou, du territoire de Likiang, où ils se fixèrent. Plus tard, au vııı° siècle, ils furent soumis à leur tour par Y-meou-tsin, roi du Nan-tchao, qui forma de leur territoire le *tchao* de Yuê-Si 賊析, appelé aussi Mo-sie 摩些 et Hoa-ma 化馬. Le royaume de Nan-tchao fut, comme on sait, détruit par les Mongols en 1252, et en 1255 le général mongol Ou-leang-Kia-tai (Ouriang-cadaï), descendant du Tibet, conquit les Kara-djang et les Tchaghan-djang, les barbares *noirs* et *blancs*, c'est-à-dire les territoires de Yun-nan-fou et de Likiang, dont il forma la principauté ou marche de Tchaghan-Djang 茶罕章. Ce nom de *pays blanc* dut être donné par les Mongols à Li-kiang à cause des glaciers qui recouvrent les montagnes voisines, par opposition avec les plateaux du Yun-nan, le *pays noir*, qui sont en dehors de la région des neiges. Soumis par les Mongols, les Mossos les accompagnèrent vers de nouvelles conquêtes, et en 1277 le fameux Nasser-ed-din avait une armée composée de Mongols, de Tsouan, de Pa-y et de *Mo-sie* lors de l'expédition qu'il conduisit contre les Birmans et qui se termina par la victoire de Vocian (Yon-tchang-fou).

Marco Polo connut les Mossos, qu'il appelle Mosso-man et qu'il range à côté des Tho-lo-man, autre population du Yun-nan qui représente les T'oula-man des annales mongoles et subsiste encore aujourd'hui sous le nom de T'ou-Lao. Les Mossos devaient s'étendre de son temps à l'est jusqu'à la vallée du Kien-tchang, route suivie par lui entre le Sse-tchuen et le Yun-nan. L'histoire qu'il rapporte de l'étrange proposition que lui fit son hôte à Cain-du (Kiong-tou, capitale du Kien-tchang, aujourd'hui Ning-Yuen-fou) est tout à fait conforme aux coutumes des Mossos. Maintenant encore Li-kiang-fou, leur capitale, est célèbre dans tout le Yun-nan par l'hospitalité que les femmes du pays se plaisent à offrir aux voyageurs, et les autorités chinoises, soucieuses de la vertu de leurs administrés, ont tenté, mais en vain, d'y mettre ordre : lors de mon passage, deux arrêtés étaient placardés à la porte du préfet chinois administrant la ville, l'un rendant passible de vingt-cinq coups de bâton ceux qui sortiraient après le couvre-feu pour courir les aventures, et l'autre frappant du double de la même peine les pères de famille qui n'auraient pas pourvu leurs filles, arrivées à la majorité, d'un époux *légitime*. Je viens de dire qu'un préfet chinois administre la ville : en effet, lorsqu'à la domination mongole se substitua le gouvernement chinois, celui-ci forma du territoire des Mossos la préfecture de Li-kiang et y établit de plus une garnison impériale commandée par un mandarin militaire du grade de colonel. Les descendants des anciens rois du pays, qui portaient pour nom dynastique le caractère Mou 木, et à qui les empereurs Ming avaient attribué autrefois les fonctions de préfet, furent autorisés à continuer à résider dans la ville, où ils habitent encore, portant à titre purement honorifique le bouton bleu du 3ᵉ degré civil des mandarins impériaux.

De toutes les tribus tibétaines qui, aux différentes époques de l'histoire, sont descendues successivement des sommets himalayens vers les plateaux inférieurs, les Mossos semblent celle qui s'est avancée le plus loin vers le sud-est et qui, par son contact immédiat avec la population chinoise du Yun-nan, est arrivée au plus haut degré de civilisation. Il y a à Li-kiang-fou et dans les campagnes environnantes des Mossos qui étudient et se présentent avec succès aux examens chinois. D'autre part, les lamas du Tibet viennent recruter jusque chez eux des adeptes qu'ils envoient faire leur stage à Lhassa. Bien que convertis officiellement au bouddhisme tibétain, les Mossos ont conservé cependant à côté de leurs lamas une catégorie de prêtres qui représentent leur religion primitive, antérieure à l'introduction du bouddhisme officiel. Ces prêtres sont les Tong-pa, en chinois «To-pa» 多巴 ou sorciers, et le livre que je viens présenter aujourd'hui au Congrès est leur principal rituel.

Ce manuscrit m'a été donné par un de ces Tong-pa lorsque je remontais le fleuve Bleu par la même route qui avait dû être suivie autrefois par le général Ouriang-cadaï pour descendre du Tibet à la conquête du pays mosso. C'est au village de Keloua, sur la rive gauche du fleuve, l'un des derniers points occupés aujourd'hui par les Mossos en remontant la vallée du Yang-tse-kiang, qu'il me fut remis; plus au nord sont installés les Koutsongs ou Tibétains purs, et, par une coïncidence non fortuite, c'est à ce village que je rencontrai le premier *lama jaune*, délégué secrètement par les grandes lamaseries de Tsong-tien pour s'enquérir des intentions qui me faisaient pénétrer au Tibet. Keloua est, en effet, au pied du col, situé à 4,400 mètres d'altitude, par lequel on monte de la vallée du fleuve Bleu sur le plateau de Tsong-tien, habité par des populations purement tibétaines.

Le pauvre Tong-pa qui me remit ce livre et m'en fit secrètement la traduction, était obligé de se cacher par crainte des puissants lamas, jaloux de la concurrence que leur font ces humbles sorciers de village. Rien dans le costume ne distingue les Tong-pa des autres habitants des campagnes, mais tous les Mossos les connaissent et s'adressent plus volontiers à ces derniers représentants de leur religion nationale, qui ne sont point, comme les lamas, rapaces et orgueilleux. C'est ainsi que se transmettent secrètement dans les familles des Tong-pa les rites de la primitive religion tibétaine, et leurs livres qui se copient immuablement les uns sur les autres, reproduisent un type primitif, dont nous aurons à examiner l'antiquité.

Celui que je viens de présenter aujourd'hui se compose d'un album de forme oblongue, sur papier très fort, comprenant 12 feuillets entièrement couverts de caractères sur le verso et le recto de chaque page, sauf la dernière qui est ornée de deux fleurs rouges en papier collé. Le recto et le verso du premier feuillet sont consacrés aux représentations des divinités et des objets du culte; les dix feuillets suivants sont couverts des hiéroglyphes coloriés spéciaux à l'écriture des Tong-pa, et distribués par page sur trois lignes horizontales, chaque ligne coupée par deux ou trois lignes verticales et formant ainsi des carrés dont les caractères représentent une phrase par chaque carré. Par suite de la surveillance des lamas dont nous étions l'objet, le Tong-pa de Keloua ne put me donner la traduction que des six premières pages, et cette traduction fut fixée sous mes yeux, par mon interprète, en caractères chinois correspondant à chacun des hiéroglyphes sacrés. Comme les mêmes caractères se répètent fréquemment au courant du livre, il sera possible, par cette traduction des premières pages et par la comparaison des autres manuscrits mossos, de traduire en entier le livre, qui paraît être un document de premier ordre pour l'histoire et la religion de ce peuple encore si peu connu. Il n'existe à ma connaissance, en Europe, qu'un manuscrit mosso donné par le capitaine Gill au British Museum, un fragment dû à l'abbé Desgodins, et les livres récemment rapportés par le prince Henri d'Orléans, les seuls qui aient une traduction ou plutôt une explication, mais sans le juxtalinéaire des caractères chinois.

«L'écriture des Tong-pa, outre un très grand nombre de signes et de combinaisons comme celle des Lolos et d'anciens caractères chinois, contient, dit M. Terrien de Lacouperie, une quantité de figures mythologiques, divinités, animaux, caractères bouddhiques, etc.» Le manuscrit que je rapporte doit correspondre à une période plus ancienne de l'histoire des Mossos, car il ne paraît pas renfermer d'éléments empruntés à l'écriture des Lolos ou des anciens Chinois. Presque tous les caractères représentent directement l'objet même qu'ils signifient : c'est là le premier état de l'écriture hiéroglyphique chez tous les peuples, et il serait curieux de la comparer avec celle de la primitive d'Égypte et plus spécialement des anciens peuples de l'Amérique précolombienne. Les emprunts qu'on pourrait y noter paraissent plutôt venir de l'Inde, qui a fourni les figures des dieux ornant les premiers feuillets, et le Swastika, qui exprime ici l'idée de *bonté*. Il est vraisemblable d'ailleurs que ces figures des dieux, tirées du panthéon du bouddhisme indien, sont des additions postérieures au texte même du livre, avec lequel elles ne font pas corps et au cours duquel elles ne sont pas répétées. Il en est de même, sans doute des deux animaux mystiques qui ornent l'avant-dernière page et qui sont : l'un le chien de Bouddha, l'autre la grue, représentations familières au bouddhisme de l'Extrême-Orient. Pour le reste, comme je l'ai dit, les représentations directes des objets forment les caractères eux-mêmes : le ciel est figuré par la voûte étoilée, le soleil et la lune par le cercle et le croissant, la terre, par une bande bleue couverte de touffes d'herbe, les montagnes par des pics aigus, les arbres par leurs troncs feuillus, les animaux par leur tête cornue, etc. Pour représenter des idées plus abstraites, le procédé est le même : la famille est figurée par une maison contenant un homme et une femme, la prière par un autel de sacrifice, les génies par des idoles à têtes d'animaux, fétiches analogues à ceux des anciennes populations mongoliques de la Sibérie; la couleur verte est suggérée par une feuille, l'idée d'une chose favorable par une fleur épanouie. Malgré cette précision dans les représentations, il est assez difficile de comprendre le texte même du livre; il manque en effet, pour relier ces caractères et donner à chaque phrase un sens précis, le *verbe*, que les Mossos étaient impuissants à figurer par des caractères matériels. On est donc réduit à des conjectures pour construire le sens exact des phrases, et la traduction que je donne plus loin des trente premiers versets du livre, faite d'après les indications du Tong-pa de Keloua, ne doit pas être considérée comme définitive. Elle suffira cependant à donner une idée de l'intérêt que présente ce document et encouragera peut-être les spécialistes à en tenter la traduction complète.

Le premier feuillet contient, comme je l'ai dit, les figures des divinités et des objets du culte empruntées vraisemblablement au bouddhisme indien. Ce sont, sur la première page à gauche, le Bouddha femelle d'origine hindoue que les Chinois ont adopté également sous le nom de « Kouei-Ying » 觀音, à droite la conque marine dont se servent les lamas pour annoncer le commencement des cérémonies; entre les deux, les caractères mossos qui désignent les sacrifices faits devant la déesse pour rappeler l'âme de l'homme à l'agonie en brûlant l'encens et en offrant du riz aux génies malfaisants. Sur la seconde page sont figurés : la lance mystique, deux oiseaux sacrés et le chef des mauvais génies, dont la robe, le chapeau et les bottes rappellent ceux que portent encore aujourd'hui les lamas errants du Tibet. A la page suivante, première du second feuillet, commence le texte proprement dit; il est précédé d'une figure du dieu des Tong-pa, de style évidemment hindou, représentant un Bouddha accroupi en prière et auréolé; vient ensuite le texte en caractères hiéroglyphiques, dont voici la traduction :

1. La conque annonciatrice : sous le signe du Tigre, le soleil et la lune levante.

2. Le ciel étoilé, puissant et bon, [s'étend] la terre.

3. Le soleil se lève, le soleil se couche [dans] le noir.

4. [Sur] la montagne des Esprits [habite] le Tibétain (Koutsong) sous le signe favorable du Chevreuil (porte-musc).

5. Du feu [sort] le Min-kia [au] mois favorable.

6. Le Mosso repose [dans la nuit] favorable.

7. Les astres [sont] bons sous le signe du Chevreuil et le mois pour dormir favorable.

8. La famille [doit] étudier [les livres] et faire les prières sur l'autel,

9. [Offrir?] l'or rouge, l'argent vert et le tabac.

10. La conque annonciatrice et le cygne blanc des Esprits, le poirier, l'arbre à encens blanc, l'arbre à encens doré, le poirier argenté, le sapin, les os [telles sont] les neuf [fois] meilleures choses [à offrir?].

11. [Offrez?] l'or rouge, l'argent vert.

12. Vous [serez] neuf [fois] meilleur [en offrant] la tête du bœuf, la tête du mouton, le vin, le riz et l'encens.

13. L'Esprit de la montagne, le génie de la famille, le génie des objets et les deux [autres] génies.

14. [Il y a] trente-trois génies au ciel, vingt-deux génies sur terre [auxquels il faut] brûler l'encens.

15. [Aux] trois générations d'ancêtres [il est] rouge (favorable?) et bon de brûler l'encens.

16. Sur la colline [pour] les dragons, les génies, les ancêtres et les trente-trois [génies] du ciel [on doit offrir] le drap.

17. La tête du bœuf, la tête du mouton, le riz et le vin [s'offrent] à l'Esprit de la montagne.

18. La famille [doit] étudier les livres de prières.

19. [Sur] l'autel [on offre] l'argent vert, l'or rouge, le drap, les vêtements et la peau du tigre.

20. L'argent vert, l'or rouge [sont] trois fois meilleurs.

21. Les vêtements [sont consacrés] à la lune; mauvais sont la hache et le casque.

22. Le sabre, la lance et le sistre mille et dix mille [fois sont suspendus devant] le voile de l'autel du génie de la montagne.

23. [Pour] le génie de la famille et les deux génies des objets [on offre] la pelle à encens.

24. Les neuf génies du ciel sont bons, les sept du ciel bons et grands

[ainsi que] les trois générations d'ancêtres; mauvais [est] le génie du feu.

25. Les trois générations d'ancêtres, les trois génies [sont honorés] au mois vert (au printemps?).

26. Au soleil levant, sous le signe céleste du Porc sur la terre, le génie des objets [est] rouge et défavorable.

27. Le signe du Chien [a] des yeux défavorables.

28. Les deux démons femelles avec la conque annonciatrice, le génie du feu [sont] des génies défavorables.

29. Les ancêtres [ont] des yeux.

30. Sous le ciel et les esprits, le soleil et la lune [s'étend] la terre.

On voit par ce qui précède qu'il y a là à la fois les éléments d'une cosmogonie, un rituel pour les sacrifices, des théories astrologiques sur les signes du ciel et des indications sur les peuples, la faune, la flore, les armes et les objets familiers aux Mossos. Il sera possible, sans doute, lorsque la traduction entière du manuscrit aura été faite, de reconstituer avec ces éléments l'ensemble des idées sur lesquelles vivait une tribu tibétaine à l'époque du chamanisme et avant l'introduction du bouddhisme. Les seuls peuples connus au temps où l'original du livre fut composé étaient les Koutsongs, les Min-kia et les Mossos. Chacune de ces tribus est représentée dans le texte par l'effigie d'un homme portant la coiffure particulière à sa tribu. Le Koutsong, qui est, comme je l'ai dit, un Tibétain pur, porte le grand chapeau à larges bords encore usité par les gens de Lhassa. Le nom de «montagne des Esprits» dont il est question pour son habitation, est la traduction presque littérale du nom même du Tibet : *Bod-Youl* «la terre des Esprits». Le Min-Kia a la tête ornée de deux ailes qui doivent représenter les bouts flottants du turban en usage chez les gens du Yunnan. Les Min-kia sont en effet les habitants de la plaine de Tali, d'origine probablement laotienne d'après les observations du docteur Thorel, de la mission Doudart de Lagrée (*Voyage d'exploration*, tome II, p. 323); et leur nom est encore uniquement usité aujourd'hui pour désigner les aborigènes de cette partie du Yunnan. Enfin le Mosso, appelé en sa langue « Na-shi », en tibétain « Djiung », est distingué par une sorte de queue flottante et le signe sacré des Esprits, posé au-dessus de sa tête; peut-être la queue a-t-elle été ajoutée lorsque les Mossos adoptèrent les coutumes chinoises, peut-être représente-elle simplement une chevelure flottante comme la portent les pasteurs tibétains. Il semble bien en effet, d'après ce qui a été dit plus haut de l'origine des hiéroglyphes et l'énumération des trois peuples ci-dessus, que l'original du manuscrit a été composé à une époque où les Mossos n'étaient encore en contact ni avec les Chinois, ni avec les Mongols. Il paraît assez vraisemblable d'en faire remonter la composition au temps où, sous leur chef Mongts'ou, ils vinrent s'emparer du territoire de Li-kiang; c'est alors qu'ils durent se trouver en contact d'une part avec les Koutsongs qu'ils laissaient derrière eux, de l'autre avec les Min-Kia qu'ils venaient de déposséder d'une partie de leur territoire. Définitivement établis autour de Li-kiang, ils éprouvèrent sans doute le besoin de fixer leurs idées religieuses et leurs rites dans un formulaire spécial, et c'est sur la copie de ce document primitif, dont on voit l'intérêt pour l'histoire des religions et des races dans la haute Asie, que j'ai l'honneur d'appeler aujourd'hui l'attention du Congrès.

INSCRIPTIONS IN THE JUCHEN
AND ALLIED SCRIPTS,

BY

S. W. BUSHELL.

The recent discoveries of stone monuments in the ruins of Karakorum in Northern Mongolia and the decipherment of the peculiar script of the old Turkish race, which had its capital there in the VIIIth century A. D., by professor V. Thomsen of Copenhagen and professor W. Radloff of St. Petersburgh, have given new interest to the other scripts which have flourished for a short time in the far East of Asia and since become extinct. This interest has been emphasized by the publication, under the munificent auspices of Prince Roland Bonaparte, of the hexaglot inscriptions of the Mongolian Yuan dynasty of China from the Chü-yung-kuan Pass, forty miles north of Peking. Rubbings of these were exhibited at the last Oriental Congress and it is strange that no copy of the album [1] has yet reached Peking.

One of these scripts has been commonly supposed to be *Juchen*, since Mr. A. Wylie endorsed the statement of a Chinese author to that effect in his paper read before the Royal Asiatic Society of Great Britain in 1870 [2]. It has really, however, no resemblance to either of the two Juchen scripts known to us, being, on the contrary, an exemple of the Tangut script, which was invented in the XIth century, modelled, we are told, in the lines of the antique Chinese official script called *li shu*. It was

---

[1] *Documents de l'époque mongole des XIIIe et XIVe siècles. Inscriptions en six langues de la porte de Kiu-yong Koan, près Pékin*, etc. (Paris, 1895.)
[2] *Translation of an ancient Buddhist inscription at Keu-yung Kwan*, by A. Wylie.

officially adopted by Yuan Hao, the real founder of the Tangut kingdom, in the year A. D. 1036, on which occasion he changed the title of his reign to Ta Ch'ing, *i. e.* «Great Good Fortune», and ordered all the edicts and records of his state to be written in the new script. Yuan Hao declared himself independent in 1032. His capital was *Hsia chou*, now Ning-hsia-fu, and his dominion extended over the region West of the Yellow River comprised in the modern province of Kansu, which has always been a debateable land between China, Tibet and Turkestan. The state maintained its independence for 195 years, being finally overthrown by the celebrated Genghis Khan in 1227, who died soon after this, his last campaign. The rulers of Tangut were scions of the Toba race, who reigned over North China as the Wei dynasty (A. D. 386-557), as well as in some of the minor dynasties which succeeded. Claiming descent from the ancient Chinese Hsia dynasty of the 2nd millennium B. C. they adopted the title of Ta Hsia («Great Hsia»), and the dynasty is generally called by the Chinese Hsi Hsia, or Western Hsia. Special chapters are devoted to them in the contemporary Chinese annals of the Sung, Liao and Chin dynasties, and several volumes have been compiled in more modern times by Chinese authors, one of the best of which is the *Hsi Hsia Chi Shih Pên Mo*, «Records of the Hsi Hsia rule from first to last», by Chang Chien, in 36 chüan, with maps and chronological tables.

This book (chap. x, f. 5), describing the new script adopted by Yuan Hao, says correctly that the characters were of square outline resembling the Chinese *pa fên* style but with more complicated strokes, and that there was also another kind like the «seal» character of China. The «Filial Piety Classic», the «Erh Ya Dictionary», the works of the four ancient philosophers and several other Chinese books were translated into the Tangut language, and copper "cash" of Chinese type were issued inscribed with four Tangut characters. One of these rare coins is figured in the *Ch'üan Chih*, an early numismatic work published in A. D. 1149, and others are to be found in more recent books on "cash". I have seen three different varieties, two of which are in my own collection, and one is represented in the British Museum by two specimens obtained from the collection of the Japanese Prince of Tamba.

The most important example of the Tangut writing that has come down to us is an inscription on a stone *stèle* 8 feet high, with a Chinese version on the reverse side of the slab, in Liang-chou-fu[1] in the province of Kansu. The two rubbings are now before me. Both exhibit headings carved in large bold "seal" characters of the corresponding script, flanked by etchings of Buddhist divinities, clad in loosely flowing robes, with necklaces, ear-rings, bracelets and anklets, the head encircled by a halo and the forehead marked with the conventional *urṇa* characteristic of a Buddha. The *maṇḍala* symbol is displayed above enveloped in clouds, and the whole is inclosed within an ornamental border of scrolled design, which is extended also round the borders of the oblong slab so as to frame the inscriptions.

The Tangut version is in 28 columns, with some 60 characters in each, and consists, evidently, like the Chinese version, of three parts. The main text fills 18 columns, inclusive of one for the title. The 5 columns that follow are a *résumé* of

---

[1] M. Devéria, to whom I had shown this inscription in 1879, did me the honour of announcing my discovery of the identity of the script with that at Chü-yung Kuan, in a paper published in the *Revue de l'Extrême-Orient*, 1882, p. 185; but why does he minimize the evidence by saying that it is "de provenance inconnue". The source of the inscription is known not only from intrinsic evidence, but also by the frequent references to it in Chinese numismatic literature in the discussion of the Tangut coins that I have just referred to.

the main text in rhyming verse, the stanzas being composed of 4 and 7 characters alternately in the Tangut version, while the Chinese verse is all in lines of 4 syllables. The remaining 5 columns gives the date of the erection of the monument, the names of the writers and sculptors of the two versions of the inscription, of the committee of high officials and Buddhist priests with their official titles, and of the chief stone masons and briklayers engaged in rebuilding the pagoda.

The inscription, in fact, gives an interesting account of the history of the celebrated pagoda-tower of Liang-chou and describes its restoration after its overthrow, the year before, by an earthquake. The date is recorded in full as being the 5th year of the period *t'ien yu min an*, the cyclical year *chia hsü*, in the 1st month beginning with the day *chia hsü*, on the 15th day of the month, the cyclical day *wu tzü*. This would be equivalent to A. D. 1094, which shows, by the way, that the author of the *Hsi Hsia Chi Shih*, referred to above, is two years behindhand in his chronology in making the cyclical year *chia hsü* correspond to the 3rd year of the *nien-hao T'ien yu min an*.

In the Chinese text, the beginning, title and end are unfortunately wanting, on account of an exfoliation of the edges of the stone; the Tangut text is more complete, but many of the individual characters are blurred and defaced; these points make the decipherment of the complicated script a difficult task. There are so many, however, of the characters identical with those of the inscriptions in the Chü-yung Kuan archway, as to prove conclusively that the «unknown script» there is Tangut and not Juchen as has been argued [1].

Having disposed of this claim, a little space may be devoted to the two scripts of the K'itan race, whose sway over Northern

---

[1] Wylie's *Notes on Chinese literature*, p. 18, 19.

China and Mongolia lasted from A. D. 916 to 1125, when they were supplanted by the Juchen, the Chin, or Golden dynasty of the Chinese, the Altun (Golden) Khans of Mohammedan writers. The K'itan are the Liao dynasty of the Chinese; Kathay of the middle ages and the present Russian name for China are both derived from their native name. The annals of these two dynasties are included in the Chinese histories, the *Liao Shih* and the *Chin Shih* having been compiled from contemporary records by T'o-t'o, the principal author of the still more voluminous *Sung Shih* the history of the Sung (A. D. 960-1279), the native Chinese dynasty of the time. The original histories should always be referred to in historical inquiries, as uncritical abstracts, like those of Ma Tuan-lin and others, are apt to lead one astray.

The K'itan had two national scripts, the «small characters» (*hsiao tzŭ*) and the «large characters» (*ta tzŭ*), which are frequently referred to in their annals.

The formation of the «small characters» is attributed to Tiela, whose name is also written Tielak, the third of the six sons of Tê Tsu, and brother of T'ai Tsu, the founder of the dynasty, who was the eldest son. His name is included in the genealogical tables of the imperial house and it is recorded there[1]: «When the Hui-hu (Ouigour) envoys came, there was nobody who could understand their language, and T'ai Tsu said: «Tiela is bright and intelligent, let him be sent to receive «them.» After remaining in their company for twice ten days, he succeeded in learning their language and writing. Consequent on this, he made the K'itan small characters (*hsiao tzŭ*), which are few in number and must be joined together.» This summary description accords perfectly with the nature of the Oui-

---

[1] *Liao Shih*, bk LXIV, f. 5.

gour script, one of the distinctive points of which is a well-marked vertical line connecting the letters. Being alphabetic the «characters» are much fewer in number than those of the other K'itan script derived from the Chinese, which were numbered by the thousand. The Ouigour script is one of the six represented in the Bonaparte Album. It is derived from the Syriac and seems to have been brought to Central Asia by the Nestorian missionaries, and it is the parent of the Mongol and Manchu scripts in use to day.

Tiela was made prime minister of Po-hai (Southern Manchuria) after the conquest of that country in A. D. 925, when his nephew, the eldest son of T'ai Tsu, was appointed to be viceroy. Before the end of the year, both he and his brother, the emperor, were dead. His script continued in use, in association with the others, even during the next dynasty, as we are told that in the *T'ang Shu So*, a board that was founded in the Ta-ting period (1161-1189) for the translation of the history of the T'ang dynasty, the Chinese text was first translated into the small K'itan script, before it was finally put into the small Ju-chen script, which we shall come to presently.

The K'itan large characters (*ta-tzŭ*), according to the annals of the Emperor T'ai Tsu, were invented in the 1st month of the 5th year (A. D. 920) of the period Shên-ts'ê, and on the 15th day of the 9th month an edict was issued ordering them to be used throughout the empire [1]. In the *History of the Five Dynasties* (907-959), by the celebrated Ou-yang Hsiu, we find it stated [2] : «Apaoki (the K'itan sovereign) as he gradually ab-
«sorbed the small states on all sides enlisted a large number of
«Chinese. These Chinese taught him how, out of the halves of
«the characters of the antique Chinese script called *li shu*, by

---

[1] *Liao Shih*, bk II, f. 1.
[2] *Wu Tai Shih*, bk LXXII, f. 3.

"additions and contractions, to make several thousands of new "characters, which replaced the scored wooden tallies which they had previously used for covenants." An old book quoted by the editors of the *K'itan History* [1] says: "The K'itan large characters, which came into use after the conquest of Po-hai, numbered over three thousand words."

This is the least known of the scripts referred to in this paper, as we are only acquainted with the existence of one short inscription of five characters, which is quoted in the articles of MM. Wylie and Devéria cited above, and even this seems to have suffered from the vagaries of the Chinese woodcutter. It is evidently taken from one of the courier badges which imperial messengers carried at the time, the inscription being, according to the Chinese transcript: "Our imperial order for post horses. Urgent." The History tells us [2] that the official silver tablets *p'ai tzŭ* of the period were 600 in number, about a foot in length, and that they were engraved with an inscription like the above in national characters (*kuo tzŭ*), and that when there was important state business the emperor personally handed the tablet to the envoy, which entitled him to demand horses at the post stations and to be treated as if he were the emperor himself travelling. When the tablet was marked "urgent", he had the right to take private horses, and was required to ride, night and day, 700 *li* in 24 hours. On his return he had to give back the tablet to the emperor, who handed it to the prince who had the custody of the state tablets and seals.

As badges of high rank worn at this time, we find constantly mentioned the gold fish tallies (*chin yü fu*), which the K'itan adopted from Po-hai, who had taken them from the Chinese

[1] *Liao Shih*, bk I, appendix.
[2] *Liao Shih*, bk LVII, f. 2.

T'ang dynasty, under which (A. D. 618-906) these gold badges were first worn on the girdle as part of the court dress. They were six inches long, moulded in the shape of a fish, split, as it were, longitudinally into two halves, and the flat surface of each half was engraved with an identical inscription. The left half was kept in the palace when the right half was given to the commander of an army, who had to return it to the treasury when the expedition was over. The halves fitted exactly so that they might be tested whenever necessary.

Fish purses (*yü tai*) were worn on the girdle during the Chin dynasty, a double fish pendant of jade distinguishing the heir apparent, a single jade fish a prince of the blood, and the high mandarins displaying gold or silver fish on their purses accord-

ing to their rank. So also under the Chinese Sung dynasty; but the history [1] says that they were only worn then as distinctive marks of rank, and not inscribed and tested in the palace as they had been under the T'ang.

A fish tally (*yü fu*) of this last type is now in my possession, and the accompanying woodcut is a facsimile of the rubbing of the inscription which is engraved on its flat surface. It is made of bronze, moulded in the shape of a fish, and the scales and other details on the convex side are inlaid with silver. Perforated above for suspension by a cord, it displays near the top a large Chinese character *t'ung*, «together», in deeply cut in taglio, into which a corresponding character projecting from the surface of the other half would

---

[1] *Sung Shih*, bk LIII, f. 5.

fit, as would a small boss into a cup-shaped depression which is indicated below. The inscription seems to me to be an example of the large Juchen script, from its marked similarity to the inscription published by M. Wylie, which still remains undeciphered. M. Terrien de Lacouperie, to whom I gave a rubbing in 1881, declared it to be a relic of the K'itan. The question may, meanwhile, be left open.

The large Juchen script was invented by Wan-yen Hi-yin, a scion of the royal house, and a famous general, in the reign of T'ai Tsu, the founder of the Chin dynasty, who promoted him ultimately to the rank of minister of state. His official biography is given at length in the History[1], including the following account of the introduction of the new script : « The « Juchen at first had no written characters, and when the state « became flourishing and gradually extended its boundaries and « it entered into relations with neighbouring countries, the K'itan « script was used by them. Afterwards, Hi-yin was commissioned « by the emperor T'ai Tsu to make a national script with rules « for its composition. Hi-yin, thereupon, copying the strokes « of the ordinary Chinese characters, and following the rules of « composition of the K'itan large script, made the new Juchen « characters, adopted to express the words of the national lan- « guage. In the 8th month of the 3rd year (A. D. 1120) of the « T'ien-fu period, the composition of the new script was finished. « T'ai Tsu, greatly pleased, ordered it to be distributed through- « out the state, and presented to Hi-yin a caparisoned horse « and a suit of court robes. Afterwards, when the emperor Hi « Tsung (1135-1148) composed another series of Juchen cha- « racters, which were used together with the script made by « Hi-yin, the characters of the script composed by Hi-yin were

[1] *Chin Shih*, bk LXXIII, f. 10, 11.

"called Juchen large characters (*ta tzŭ*), and those made by the
"emperor Hi Tsung were called Juchen small characters (*hsiao
"tzŭ*)." Hi-yin was canonized after his death in 1139, and the
emperor Shih Tsung (1161-1189) built a temple in the Upper
Capital, his native place, and decreed that he should be wor-
shipped there with the same ceremonial as that used in the
temple of Ts'ang Hieh, the mythical inventor of the Chinese
script.

The small Juchen script mentioned in the above biography
as the invention of the emperor Hi Tsung was circulated by
imperial edict [1] on the 28th day of the 1st month of the year
A. D. 1138. In the year 1145 [2], in the 5th month on the cyclical day *hsü wu*, it is recorded in the annals of the reign that
the small characters made by the emperor were first used officially.

The small script, at first used concurrently with the large
script, gradually supplanted it, being less complicated. In the
competitive examinations, for instance, the main theme was at
first written in the large, and the verses in the small script,
whereas, later, the small characters were employed throughout,
as well as in the historiographers' department. The Chinese
classics, some of the dynastic histories, and many other books
were translated into it, as may be seen by referring to the records of the state examinations and selection of officials of the
period [3]. The characters, which are pencilled in the lines of
the common Chinese type, are partly phonetic, partly ideogra-
phic, like the Japanese. This results in a curious irregularity:
inengi "day", and *ilan* "three", being written ideographically,
in single characters, slightly modified from the Chinese, while

---

[1] *Chin Shih*, bk IV, f. 2.
[2] *Chin Sh'h*, bk IV, f. 8.
[3] *Chin Shih*, bks LI-LIV.

Hung Wên Yuan, the «Translating Bureau», requires no less than six to be rendered, phonetically, Hu-ung Wu-en

'O-en. The complexity of all these scripts is owing to the necessity of adapting them to render Chinese as well as the native tongue.

The small Juchen is the best known of the five scripts alluded to in this paper, thanks to the discovery by Dr Hirth of a Ms. vocabulary accompanied by original texts, which is now in the Imperial Library at Berlin. This has been recently published, with learned annotations by Professor Grube[1]. Without this glossary the following inscriptions could hardly have been deciphered, and I am much indebted to the editor, and will generally adopt his system of transliteration of the Juchen syllables.

An example of this script has been preserved in the *Fang Shih Mo Pu*, an illustrated collection of designs for moulding cakes of ink, in 6 books, published in 1588[2]. The first book, devoted to «State Treasures» (*Kuo Pao*), has the accompanying medallion figured on fol. 33. The obverse side of the medallion has the figures of two men in non-Chinese costume carrying pheasants, the traditional tribute of ancient China. The inscription is on the reverse side within an oblong panel surrounded by floral scrolls. The Chinese version of the inscription, given at the sides, is the familiar couplet *Ming wang shênté, Ssŭ yi hsien pin*, «When a wise prince is heedful of virtue, foreigners from the four quarters all come as guests.» The syllables of the Juchen text are collected in words in a way that has not been noticed elsewhere. The reading seems to be: *Ken-kien wang t'iho-ć'ih-wuh teh, Tuin t'u-le hien an-ta-hai*. The 2nd and 4th words are equivalent to the Chinese; and so also, perhaps, the 7th, although as this occurs neither in the «Grube Glossary» nor upon the Yent'ai *stèle*, the transliteration is doubtful. The 1st, 5th, 6th and 8th may be compared to the Manchu, a nearly allied language, in which *genggiyen* is «wise», *duin*, «four», *tule*, «outside, foreign», and *antaha*, «guest».

[1] *Die Sprache und Schrift der Juchen*, von Dr W. Grube. Leipzig. 1896.
[2] Wylie's *Notes on Chinese literature*, p. 117.

The vocabulary at the end of the Chin History gives *an-ta-hai* as the Juchen word for guest, the exact form found above. The writing is but slightly corrupt, as compared with corresponding syllables on the Yent'ai *stèle*, except that the upper horizontal stroke of the 2nd character is truncated on the left, and the syllable *ta* of the last word has lost one of its cross strokes.

The way in which the ordinary Chinese woodcutter will corrupt a script unknown to him may be seen in the attempted reproduction of the Juchen inscription, of which a rubbing from the original stone is now presented to the Congress, in the *Chin shih tsui pien* [1] (bk LCIX, f° 21-24). This well known collection of inscriptions on bronze and stone antiquities, which was published, in 160 books, in 1805, is evidently the source of the «Inscription en caractères inconnus de la stèle de Yent'ai» attached to the paper of M. Devéria in the «Revue de l'Extrême-Orient, 1882, as his reproduction happens to include some of the text of the book [2].

The stone slab stands at the entrance of a temple some two miles outside one of the gates of K'ai-fêng-fu, in the province of Honan, which was the capital of the Chin empire at the time it was engraved. A sketch of it *in situ* may be seen in the illustrated autobiography of Lin-k'ien [3], a descendant of the royal Juchen house, whose dissertation on the subject is ably translated in Professor Devéria's paper. The *stèle* owes its preser-

---

[1] Wylie's *Notes on Chinese literature*, p. 64.

[2] I had the honour of lending the volume to M. Devéria one day in Peking, in order that he might take a tracing of this inscription, but he seems to have forgotten where he got it, as he attributes it more than once in his paper to the «*Kin ting pei ouen tchai chou hoa pou*», the celebrated cyclopedia of writers and painters, in which I can find nothing of the kind illustrated.

[3] *Hung hsüeh yin yuan t'ou chi*. This book, formerly rare, can now be readily obtained, as it has been reprinted at the Shanghai photo-lithographic press, though in reduced form.

vation to the happy accident that it was used in the reign of *Hsüan-té* to be engraved with an inscription commemorating the restoration of the Temple of Ho Kuan Wang, on the steps of which it now stands. It was originally erected in the courtyard of the college of the city, as Chou Mi, the author of the *Kuei hsin tsa chih*, a miscellany published in the early part of the 14th century, who is quoted in the above article, says : « The « College of Pien (now K'ai-fêng-fu) has an inscription recording « the names of the Juchen metropolitan graduates (*tsin shih*) « written in characters resembling Chinese. » It is plausibly suggested that there was originally a Chinese version of the Juchen text on the opposite side of the stone, which was chiselled away to prepare the slab for the new inscription in the 15th century. Liu Shih-lu, styled Ch'ing-yuan, otherwise Tzŭ-ch'ing, a famous writer on antiquities and numismatics, from whose collection, by the way, I obtained the rubbing, rallies his friend for not being able, though a scion of the house of Wan-yen, to read a word of their national script, at the same time confessing his own inability, although he decides, correctly, that it must be a specimen of the small script of the Juchen period.

For the purpose of deciphering the inscription, with Dr Grube's Glossary in hand, one turns naturally to the end for the date, and recognizes at once, in the last column but one, the characters for *anieh* «year», *pih'a* «month» and *inengi* «day», the last two being identical with the Chinese *yueh* «month» and *jih* «day», not even distinguished by a dot as in the glossary. Before *pih'a* is the number *ningun* «six», and before *inengi* are *čua sun čah*, «fifteen». But the character before *anieh* is not to be found in the glossary, nor is the first character of the column, which, evidently, must be the beginning of the reign period or *nien-hao*. The second character is *har*, followed by *amba-an*. *Amban* «great» is equivalent to the Chinese *ta*, and referring to the list of *nien-hao* of the Chin dynasty, we find one only with *ta* in the second place, viz, *Chêng-ta* (A. D. 1224-1231), the first period in the reign of Ai Tsung, the last emperor but one of the line. The equivalent of *chêng* in Manchu is *tasahar*, so perhaps *tasa* would be the Juchen reading of the first character. The unknown character before *anieh*, not being a numeral, may be guessed to be *yuan*, always used for «first» in this connection. This guess is proved to be correct on reference to the Chin History[1], for we find it recorded in the annals of the emperor Ai Tsung, that one of the triennial metropolitan examinations for the *tsin-shih* degrees was really held in the first year of the *Chêng-ta* period, and that the emperor «on the cyclical day *chia ch'ên* of the 5th month, con- «ferred upon the Juchen graduates (*ts'ê-lun tsin-shih*) Po-chu- «lun Ch'ang-ho[2] and those below him numbering over ten «men their degrees».

The name recorded at the head of the «Upper Class» of our Tripos is *Po-čulu-u*[3] *Čang-ho*, followed by those of two others — this class always contains three names only — and there

---

[1] *Chin Shih*, bk XVII, f. 2.

[2] In modern editions of the *Chin-Shih*, the name appears here as Fu-chu-li Cha-han; in other parts of the history, it becomes Fu-chu-li Ch'ang-ho, only the clan name having been corrupted. A Chinese board of editors appointed in the reign of Ch'ien-lung (1736-1795) changed gratuitously all names of men and places in the *Liao*, *Chin*, and *Yuan Histories*. In the latter, for examples: *Ha-li-fa*, (Caliph) of Baghdad, is changed into *farkha*, meaning village in Manchu: and *Biz-shi-ba-li* (Bishbalik), meaning «five cities» in the Turkish languages, is corrupted to *Ba-shi-bo-li*, with the explanation that *bashi* in the language of the Mohammedan means «head» and *boli* «kidneys». In the *Chin Shih*, the clan names are generally changed into modern Manchu forms.

[3] The elision of the final *n* often occurs in Juchen, so that the clan name Po-chulu may be taken to be indentical with Pochulun. So we have *Juchen* and *Juchi*, *Anchun* and *Anchu* for the name of the dynasty, *K'itan*, *K'ita*, and *K'itai* (*Cathay*), etc. The same peculiarity is exemplified in many words in the different dialects of this stock. Cf. *Grammaire de la langue tongouse* par L. Adam, 1874.

are seven names in the «Middle Class», and six names in the «Lower Class», a total of sixteen. These three classes constitute the «Proper List» called *Chêng Pang* by the Chinese, and they were called at this period by the Chinese names *Shang Kia*, *Chung Kia*, and *Hsia Kia*, according to the history. The headings on the inscription seem to be *Wo-hi Ki-ʿa*, *Tu-li-ing-hi Ki-ʿa*, *Fu-ći-hi Ki-a*, the syllable *hi*, however, being doubtful. They correspond probably to the Manchu *wesihun* «upper», *dulimba* «middle», *fusihôn* «lower».

The next class ought to be the *Fu Pang*, or «Supplementary List», and, accordingly, we find it headed *Fen-ĉe-hei alawa*, of which the first word would mean «the rest», the Manchu *funce-mbi*, the second, «imperial decree». The fifth and last class is the *En Pang*, or «Honorary List», which we are told in the history was always put at the end. It is headed here *Po-li-pu-wang*. The present Manchu equivalent for *ên* «imperial grace», used in this connection, is *fulehun*. Under the Juchen rule, honorary degrees were granted to candidates who had competed at four of the previous triennial palace examinations, after a nominal essay to show that their literary style was passable, and provided that they had used none of the tabooed characters.

The names of the graduates which occupy six columns of the inscription, the fourth class filling two columns, can mostly be deciphered by comparison with the clan names in the history, although they present many new characters not found in the glossary. There is one, for example, occurring four times, which I propose to read *Wan-yan* the name of the royal clan, which is so prominent in all lists of mandarins of the time, although only the final *an* is found in the glossary, the probably transliteration being 'U-an-ya-an. One of these stands at the head of the fourth class. His neighbour on the left is certainly *Wên-ti-han A-lin*, although *ti* is the only syllable in the surname previously known, the same name occurring among the examiners, as we shall see presently : *Alin* is frequently met with in the annals as a personal name.

The small type in double rank beneath each name gives the locality from which the graduate comes, where he has passed his preliminary examinations. Under *Wên-ti-han A-lin*, for instance, we read : *Tung-p'i-ing fu 'Or-to Ših-ťeh Mingan*, i. e., «From the Shihtʻeh Regiment in the garrison of Tung-p'ing-fu.» The word *'orto* which occurs in the list under every Juchen name, is found in the vocabulary at the end of the Chin History under the Chinese form *o-li-to*, which is defined as the seat of government of the principal cities, and correctly stated as equivalent to the Manchu *ordo*, although this seems now to be applied only to a royal residence, just as in the Mongol period *ordu* was their name for an imperial camp. The Juchen and the Manchus have copied them in this respect, posted garrisons of their own people at all important places under their jurisdiction, and each garrison had its regiments or *mingan*, composed nominally of a thousand warriors, *mingan* meaning «1,000» then, as it still does in Manchu.

Under *Pochulu Ch'angho* is engraved in small type *Ho-pei čulo-'oh 'or-to*, showing that he came from the eastern garrison of the province of Hopei, and the character *mingan* remains visible while the rest is blurred. Hopei, we know from the history, was divided at the time for administrative purposes into eastern and western divisions, and we find the garrison of the latter (*fuli-'oh 'or-to*) also represented in the inscription.

Out of the thirty graduates in the list twenty seven have Juchen names. The other three, being the 3rd in class I, the 3rd in class II, and the 6th in class III, are Chinese, and these have the name of their native city (*hsien*) underneath instead of that of the regiment (*mingan*). The names illustrate the system of transfer of Chinese words into the new script. The Chinese have no spelling, for want of an alphabet, but they can divide a simple syllable into two parts, each of which must have the original vowel, so we find here *ming* split into *mi-ing*, *p'ing* into *p'i-ing*, *chung* into *chu-ung*; while they divide a diphthong into its constitutal vowels, so that *liao* becomes *li'ao*, *kiang* becomes *ki-'ang*, etc. The first of the Chinese names is *Wang Nusi. Mi-ing čeu Č'ü čeu hien*. Ming-chou is now Kuang-p'ing-fu, in the province of Chihli, within the jurisdiction of which is the district city which still bears the same name of Ch'ü-chou-hsien. The second is *Ča-ang Ču-u t'a. Ču-ung tu Tsia-eng p'i-ing hien*. Chung-tu, the « Central Capital » of the Chin dynasty, is the modern Peking, and the district city is the well-known Ch'ang-p'ing-chou, 25 miles North of Peking, often visited on account of the Ming Mausolea in its vicinity, which was called [1] Ch'ang-p'ing-hien at the time, and was under the jurisdiction of Chung-tu. The third Chinese name, at the bottom of class III, is *Ča-ang 'A hai. Čulo-'oh kiuen Li-ao yang hien*, i. e. from Liao-yang-hsien, in modern Manchuria, which was then under the jurisdiction of Tung-king the « Eastern (*Čulo-'oh*) Capital ».

There is hardly space here for further analysis of the names of the graduates. The only one that I have met with in the annals of the dynasty, which was already in its last agonies, is that of Pochulu Ch'angko, who is mentioned twice in the biography of Ts'ui Li [2], the notorious conspirator, who was appointed commandant of the western quarter of K'ai-fêng-fu in 1232, when the Juchen emperor fled from the besieging Mongols. Pochulu Ch'angko joined the traitor's band, and after

---

[1] *Chin Shih*, bk XXIV, f. 1.
[2] *Chin Shih*, bk CXV, f. 3-6.

the massacre of the chief officials, was nominated chief of the Censorate in the short-lived government which the empress-dowager was forced to appoint. In the following year, Ts'ui Li opened the gates of the city to Subutai, the Mongol commander, after he had taken out the imperial harem and the princesses of the blood, to be sent to Karakorum, where the Khan Ogotai had just built his new residence. Ts'ui Li had taken for himself one of the prince's palaces and filled it with untold treasures, which the Mongols, with their usual treachery, plundered as soon as they got into the city, carrying off all his concubines and daughters, and he was finally assassinated by one of his own officers in the 6th month of 1234, the enraged populace tearing out his heart to devour it.

The last two columns of the inscription exhibit more transcripts of Chinese in the titles of the writer of the inscription, *Wang Fu-seh*, and of the sculptor, *K'i-u Wên*. Those of the former, beginning after the date, are to be read : *Hu-ung Wu-en 'O-en... ai shu Hsiu wu ki-ao wei*, «Secretary (?) of the Hung Wên Yuan with the honorary title of *Hsiu wu kiao wei*». The Hung Wên Yuan [1] was a board established in the Ta-ting period (1161-1189) for the translation of Chinese classics and histories into Juchen. The title [2] was one bestowed on military mandarins of the 1st grade of the 8th rank. The last column recording the name of the sculptor reads : *Hsiu nu-i sĭ Čao šen ki-ao wei*, showing that he belonged to the Hsiu Nui Ssŭ, the Board of Works founded [3] for the repair of the palace in 1167, *Chao shen kiao wei* being an honorary military title of the lower grade of the 7th rank.

---

[1] *Chin Shih*, bk LVI, f. 11.

[2] A long list of honorary titles, civil and military, with the ranks to which they appertain, is given in the *Chin Shih*, bk LV.

[3] *Chin Shih*, bk LVI, f. 13.

We are now prepared to read the heading of the inscription: *Eshi-in ši i ko pu mehr heih hei'oh woh hei*, i. e. «Stèle engraved with the names of the Tsin-shih». *Eshin ši i* is a transcript of the Chinese tsin-shih with the genitive suffix *i*, an initial vowel being necessary as in other cognate languages with no initial *ts*. *Ko-pu* corresponds to Manchu *gerbu* «name», and *woh-hei* to Manchu *wehe* «stone».

The first column of the inscription is a development of the heading and reads: *Amba-an Anču-un Tasa-har amba-an yuan anieh t'eh-teng-c'e-hei ko-pu-se mehr-heih hei-'oh woh-hei*. *Amban Anch'un*, equivalent to Chinese *Ta Chin* is the name of the dynasty, *amban* being «great», and *anch'un*, «gold», in the Juchen tongue; *Tasahar amban* = *Chêng-ta*, and *yuan anieh* is «first year», as we have seen before. *T'eh-tenh-č'e-hei* would be the Juchen equivalent of *tsin-shih*, and the only difference in the rest of the line is that *ko-pu* has here the plural suffix *se* «names».

The next column I read: *Hoang č'eng mi-ing eshi-yen nen-woh-?-i čulo-öh mehr-koh-tu tuyin pi'a t'ohpuhuan inengi č'a-ai tarhuan inengi lu-un ši kih ts'en-t'eh*. *Ts'en-t'eh* is given in the glossary as equivalent to Chinese *k'ao* «examination», and is compared by Dr Grube (*l. c.*, p. 102) to Manchu *cende-mbi*. So we have: «Examination held in the Imperial City (Huang Ch'êng) in the eastern annex of the Ming-hsien palace, in the 4th month, on the 15th day for the theme (*ch'ai*), on the 17th day for the dissertation (*lun*) and the verses (*shih*)».

Ming Hsien Tien [1] was the name of the palace which stood in the first court-yard inside the principal gate of the imperial city at K'ai-fèng-fu, and we are told that the triennial examinations for the *tsin-shih* degree were held there, until it was

---

[1] *Chin Shih*, bk XXV, f. 1.

given up later in this year (1224) as a residence for the two dowager empresses. The Juchen word for palace (*tien*) is unknown to me, so the third syllable of the word, which occurs twice more in the inscription, remains doubtful, as it has not yet been found elsewhere.

The four following columns give the theme for the essay, being headed *ch'ai* [1], (*ts'ê*) *alawato* « by imperial order ». The same formula is used for the theme at the palace examination to day [2], the word *chih*, which corresponds to *alawa*, being now, however, preceded by a string of high-flown titles. The next column, which is seen to be divided into two, with a space between, gives the subjects of the dissertation (*lun*) and of the verses (*shih*), the first paragraph ending with the syllables *lu-un* and the second with *si*. The general meaning of the theme may be gathered from a cursory inspection, as many of the roots of the words are known, but the terminology is more difficult, and a translation would require more knowledge of the Tungusian stock of languages than I can claim.

Next in order come the titles and names of the five examiners, whose personal names are seen to be cut at the foot of each column in smaller characters. The examiners are always high officials nominated by the emperor for the purpose, and it was usual at this time, we are told in the history, to appoint a chief examiner (*chêng k'ao kuan*), generally a minister of state, and four associate examiners (*t'ung k'ao kuan*).

The first line has : *Mu-lu-wuh-pieh ts'en-t'e-hei t'ung fu-ung*

---

[1] That *ch'ai* was an old pronunciation of the Chinese character which is now read *ts'ê*, is proved by a ms. *Dictionary of the Bashpa Mongol script* in my possession, written in 1308, where the same character is also transliterated *ch'ai*.

[2] *Pratique des examens littéraires en Chine*, par le P. Étienne Zi (Siu), S. J. *Variétés sinologiques* n° 5. Shanghai, 1894.

tai fu c'a-ang šu yeu č'i-ing ts'an čih hsiu kue ši Sih-chan Wei-hsin, giving the titles of the Director general of the Examination. It is recorded in the annals of the emperor Ai Tsung [1] that in the 5th month of the 1st year (1224) on the day *wu hsü* the privy counsellor Shih-chan Wei-hsin was appointed State minister of the right (*Shang shu yu ch'êng*). Here his name is given exactly as in the inscription, although in his official biography [2] his surname appears as Ch'ih-chan. His various titles may be found there, that of *hsiu kuo shih*, «State historiographer» being among the rest. *Tung fêng tai fu* is an honorary rank [3] given to civil mandarins of the 3rd grade.

Of the four associate examiners the first is: *Ts'i šeng kung hoang t'ai hou wei wei ts'ï še-en tai fu Wên-ti-han žo-sun*, i. e. «Controller of the Household of the Tz'ŭ Shêng Kung Empress Dowager with the honorary title of *Tzŭ shen tai fu*», which is that of the 1st grade of the 3rd rank. There were two empress dowagers at this time, on whom the title of *Huang T'ai Hou* was conferred on the accession of the emperor, both daughters of a Chinese native of Chung-tu (now Peking) named Wang. Tz'ŭ Shêng Kung was the name of the palace of the elder sister, who was the mother of the emperor, although the younger sister had been the empress proper in the preceding reign of Hsüan Tsung (1213-1223). The list of officials appointed for the household in 1224 is found in the history [4], the Controller, an official of the 3rd rank, having the Chinese title of Wei-wei. We find [5] Wen-ti-han Shou-sun mentioned, together with Wu-ku-sun Pu-ki, our next examiner, at the

---

[1] *Chin Shih*, bk XVII, f. 2.
[2] *Chin Shih*, bk CXV, f. 7, 8.
[3] *Chin Shih*, bk LVII, 4.
[4] *Chin Shih*, bk LVII, f. 4.
[5] *Chin Shih*, bk CXI, f. 7.

head of a council of State, appointed in 1227, when the great Genghis Khan, having destroyed the Tangut State, was invading the province of Shensi, although his death, the same year, gave a short reprieve to the Juchen empire. The next of the associate examiners is : *Tsï teh tai fu ki-en č'a-ang šu Li pu ših la-ang Čuan č'i-ing wang fu Wu-ku-sun Pu-ki*, i. e. «Of the honorary rank of *Tzŭ tê tai fu*, with the title of *Shang-shu*, Vice-President of the Board of Ceremonies, Director of the Establishment of the Princes of the Blood». Wu-ku-sun Pu-ki is best known as an envoy to Genghis Khan in the year 1220, an interesting account of his travels across Asia to the borders of India having been translated by Dr Bretschneider [1]. His biography is to be found in the history [2], where he is enrolled in the chapter of loyal ministers, because he hung himself, after he had strangled his wife, in the closing scenes of the siege of K'ai-fêng-fu, rather than submit to the Mongols.

The next two examiners are not mentioned, I believe, in the annals, but the titles of the last one may be quoted here as an interesting example of transfer of Chinese into the Juchen script : *Fu-ung či-ing tai fu Kue ši oh-en pie-en hsiu Kuan-? T'eh-wu*. The honorary title of *Fêng chéng tai fu* was given to civil officials of the 6th rank, *pien-hsiu* is «historiographer», *Kuo Shih Yuan* of the «State History Department».

The inscription goes on : «On the 8th day of the 5th month the names were posted on the Tan Fêng Gate. On the 13th day of the 6th month within the imperial city in the Lung Fê Palace there was an audience of the graduates Pochulu Ch'ang-ho and the rest to the number of thirty whose names were proclaimed and their ranks appointed. On the same day (*in a*

---

[1] *Mediæval Researches from Eastern Asiatic sources*. London, 1888. Vol. I, p. 25-34.
[2] *Chin Shih*, bk CXXIV, f 5, 6.

inengi), when the grand ceremonies were finished, there was a banquet (?) in the Palace. »

The Tan Fêng [1] (Red Phœnix) Gate was the northern gate of the imperial city, the Lung Tê Tien [2] (Palace of Surpassing Virtue) contained the favourite audience hall of the period, and it is constantly mentioned in the annals.

To-day the graduates have an audience in the grand hall of the T'ai Ho Tien within the imperial city at Peking, and a banquet is afterwards given to them at the Board of Ceremonies. The regulations of the Juchen period are given in detail in the four books of the Chin History that have been referred to already. The Juchen graduates were called *ts'ê-lun tsin-shih*, to distinguish them from the ordinary Chinese graduates. The examinations were instituted by the emperor Shih Tsung, who in the 4th year of the period Ta-ting (1164) circulated the classics and histories that had been translated into the large and small Juchen scripts to be taught in the Juchen schools. In 1169 a hundred of the best students were sent to the capital, and the historiographer Wên-ti-han Ti-ta was commissioned to instruct them. In 1173 the first examination was held in the Min Chung Ssŭ, a large Buddhist temple still existing in Peking, and the theme set on the occasion is preserved in the history [3]. Twenty seven were given degrees headed by T'u-tan Yi, and they were appointed professors in the national university which was founded at the capital and at the Juchen colleges which were soon after established in twenty two of the principal provincial cities, with more than three thousand students. After the preliminary examinations in the provinces, the successful candidates came up to the

---

[1] *Chin Shih*, bk XXV, f. 1.
[2] *Chin Shih*, bk XXV, f. 1.
[3] *Chin Shih*, bk LI, f. 9.

metropolis to compete at the triennial examinations and the system was in full working order.

One of the most cherished privileges of the Chinese graduates is that of having their names engraved upon stone stelæ (*pei*). The Temple of Confucius at Peking has the courtyard filled with serried rows of these marble slabs, recording the names of the graduates for several hundreds of years past. The Manchu *tsinshih* to-day have not the same privilege, being less favoured in this respect than their *Juchen* kinsmen of seven hundred years ago.

LE GAN-SHIH-TANG

暗室燈

OU LAMPE DE LA SALLE OBSCURE,

PAR

M. C. DE HARLEZ.

Le *Gan-shih-tang* ou « Lampe (lumière) de la salle obscure » est un traité de morale taoïste d'une assez grande importance. S'il est inconnu en Europe, où son titre ne figure, je pense, dans le catalogue d'aucune bibliothèque, d'aucun libraire, il n'en est pas moins répandu en Chine, surtout dans les classes populaires parmi lesquelles les Taoïstes l'ont propagé avec le plus grand zèle, dans un but moralisateur.

Le *Gan-shih-tang*, comme ses pareils, est un composé de parties détachées où les leçons données par le dieu de la Littérature et de la Sagesse, Wen-tchang-ti-Kiun lui-même, sont mêlées à d'autres discours moraux, à des récits instructifs et pieux, à des citations d'auteurs divers.

La première origine de ce livre remonte au xiiie siècle P. C. et au lettré Wang-zho-heou dont les enseignements sont reproduits dans les éditions dernières, que nous possédons aujourd'hui. Celles-ci remontent, la première au règne de l'empereur Kia-King (1812), et les suivantes à celui de Tao-Kuang (1824 et 1843). Une toute dernière, augmentée d'un commentaire explicatif, a paru récemment sous le titre : *Sin ké gan shih tang tchou king sin lo kiai*, c'est-à-dire : « Explications de la foi respectueuse commentant le livre de *La lampe de la salle obscure* ».

Le *Gan-shih-tang* est divisé en 4 kiuen de 69, 42, 58 et

40 folios. Les sujets les plus divers y sont traités sans ordre; il ne peut entrer dans nos intentions d'en tracer un tableau plus ou moins complet; nous ne voulons que donner à nos honorables lecteurs une idée générale du contenu de ce livre, et pour cela quelques extraits suffiront amplement.

L'un des passages les plus importants au point de vue historique et ethnologique est celui où il est question de l'infanticide dont la pratique a été si souvent affirmée et contestée sans qu'on ait pu mettre un terme à la controverse.

Maintenant après la lecture de ces pages il sera bien difficile de nier que ce crime se commette en Chine très fréquemment et par accoutumance [1].

Le premier passage, qui commence à peu près le livre, est relatif à la croyance aux enfers souterrains. On y verra comment les Taoïstes ont adopté les croyances bouddhiques et les défendent le mieux qu'ils peuvent.

En vrai Chinois éclectique, notre auteur rapporte une sentence de Confucius : « Les bonnes actions qui ne sont pas multipliées ne suffisent pas pour donner un renom parfait; les fautes non multipliées, peu nombreuses, ne suffisent pas pour causer une perte totale ». Puis il passe au sujet qu'il a principalement en vue.

Ce qu'on dit des prisons souterraines, infernales, est absolument vrai 苦論地訣實實有之. Il y en a de diverses espèces : ténébreuses, glacées, brûlantes, boueuses et d'une odeur infecte; d'autres où des glaives, des armes diverses torturent les damnés, etc. Les maîtres de ces prisons obscures distribuent les locaux et les châtiments d'après la gravité des crimes commis.

---

[1] Ceux de nos lecteurs qui voudraient des renseignements plus nombreux et plus précis les trouveront dans mon opuscule *L'infanticide en Chine*, où j'ai réuni des documents authentiques de toute espèce avec texte à l'appui : édits des empereurs et des préfets, livres de morale, imagerie populaire, articles de journaux, etc.

L'auteur termine cet aperçu en rappelant comme vérité ce que les livres bouddhiques rapportent de ces enfers, de leurs noms, de leurs formes. Comme elles sont trop nombreuses pour pouvoir s'occuper de toutes, il va traiter uniquement de celle qui porte le nom de *Fong-tou*.

Ici nous ne sommes plus dans le domaine de la pure fantaisie. Fong-tou est réellement une localité du *Sze tchuen*, riche en sources de naphte qui s'échappe souvent de terre tout enflammé, ce qui a permis de représenter ces bouches de feu comme les entrées des Enfers.

Fong-tou est au *Sze tchuen*, au *Fong-tou-hién* du département de *Tchong-tchéou*. Mon frère aîné, ajoute l'auteur, a traversé un jour ces régions et a vu, en réalité, dix salles différentes.

A l'entrée sur une élévation, au pied d'un roc escarpé, était une forme d'esprit d'un aspect redoutable. La porte avait une serrure d'une solidité telle, qu'aucune force humaine n'eût pu l'ouvrir.

La nuit, on entendait du dehors les cris des âmes torturées; on ne pouvait supporter la douleur qu'ils causaient.

Un jour, cependant, le chef magistrat de la localité parvint à ouvrir une des salles; il y entra et vit un feu brûlant au milieu d'épaisses ténèbres. C'était un gouffre profond avec des cavernes dans le roc où un vent glacé entraînait les hommes par sa violence. Notre magistrat fit faire un plateau de bois, s'y assit et se laissa descendre au moyen d'une corde, à une profondeur de 100 pieds. Arrivé sur le sol plat, il prit une lampe, descendit de son plateau et se mit à marcher. Après avoir parcouru l'espace d'un mille, il se trouva devant une grande salle profonde et élevée. Kuan-ti vint alors le recevoir et après les politesses d'usage, l'invita à y entrer avec lui. Notre magistrat alla ainsi de salle en salle jusqu'à la cinquième; à chacune d'elle le roi qui y présidait vint le saluer. Celui de la cinquième le fit asseoir, lui présenta du thé et lia conservation avec lui, après quoi il le reconduisit à son plateau. Là il remonta à la surface du sol, en se faisant tirer par la corde; il retourna à la cité dont il était le chef et y fit consigner le fait dans les annales officielles de la localité [1].

Il est vrai que les Confucéens nient ou mettent en doute l'existence des Enfers : à la mort, disent-ils, la substance de l'être humain se disperse, la chair et le sang se corrompent et se transforment. Le corps se détruit, comment et où pourrait-il subir un châtiment? C'est qu'ils ne savent pas que le corps visible ne constitue pas seul l'homme, qu'outre le corps matériel il y a un esprit qui n'est pas susceptible de mort et que les juges infernaux soumettent à leur sentence, auquel ils font subir les supplices infernaux. Notre auteur le prouve par un passage du Tso-tchuen où il est raconté comment King, prince de Tsin, fut frappé par un Kuei, vomit le sang et mourut du coup. Le devin explique que ce Kuei était l'âme de Hang-tze de Tchao, mis à mort précédemment. Il y a donc en l'homme un principe spirituel qui n'est pas sujet à la dissolution et à la mort. Les livres confucéens eux-mêmes nous en fournissent la preuve. (Voir *Gan-shih-tang*, I, fol. 6-8.)

Suivent différents récits exposant la rétribution des actes bons et mauvais.

Plus loin, Wen-tchang Ti-kiun raconte lui-même ses aventures terrestres. Son premier avatar eut lieu sur le mont *Wu-hoei* du *Yiu-hien*, dans la famille Tchang. Cette famille était pauvre au point de cultiver la terre au moyen de la bêche. Là on trouva un jour une statue que les sages déclarèrent être celle de Lao-tze, fondue par le grand Yu, et que l'on se mit à

---

[1] Voir Kiuen I, fol. 59 à 63.

vénérer. Plus tard, Wen-tchang reçut le Ta-tong-king et se mit à l'étudier avec profond respect.

En ce même temps la mer déborda et envahit la campagne. Tout le canton croyait périr. Mais Wen-Tchang réunit ses concitoyens, se rendit avec eux au bord de la mer et posa la statue au milieu de l'eau. Aussi le vent cessa, les flots rétrogradèrent et le calme se fit complètement. Ce que voyant les gens de l'endroit élevèrent un temple pour y vénérer l'image de leur sauveur.

Quand Wen-Tchang eut atteint l'âge, il épousa une fille de la famille Tchong, nommée Yuen-Shi; mais la jeune femme mourut peu après, et le veuf inconsolable ne voulut plus contracter d'autre mariage.

Son père avait quatre-vingt-cinq ans et sa mère soixante-treize, quand tous deux furent atteints d'une maladie épidémique à laquelle ils succombèrent; leur fils désolé les fit enterrer à cent pas environ de sa demeure.

Mais ce terrain était exposé aux inondations des eaux coulant des vallées voisines. Wen-Tchang se mit à veiller sur les tombes, jeûnant, se mortifiant et lisant le Ta-tong-King, priant son génie de protéger cette terre sacrée pour lui. L'année suivante les eaux envahirent la contrée, il éleva le long des tombes une digue longue de plus d'un mille, ce qui les mit à l'abri de toute crainte et de tout danger.

Ses parents étant morts, il chercha à combattre le démon de la maladie, il se mit avec plus d'ardeur à étudier le Ta-tong-King et priait les esprits de le diriger dans cette étude. La nuit il rêva que l'esprit de la statue d'or l'engageait à étudier le Ta-tong-fa et à son réveil il trouva deux volumes au bord de son oreiller; il les prit avec respect, en ouvrit un et en lut une partie. En ce moment apparurent, avec le vent et le tonnerre, trois généraux couverts de cuirasses d'or et tenant en main un drapeau rouge; une foule innombrable de soldats les entouraient. Ils venaient lui donner le moyen de chasser le démon de la peste.

Cette histoire est trop longue pour que nous continuions de la raconter. Notons seulement ce passage important au point de vue des idées religieuses.

Un jour, Shang-ti donna à Wen-tchang-ti-Kiun le mandat de régir la contrée du Kiun-Shan pour y régler le cours des eaux du Tong-ting [1]. Un esprit lui avait donné cet ordre qu'il désirait vivement remplir. Notre héros s'y appliqua plus de cent ans jusqu'au règne de Siuen de Tcheou.

Là finit le premier avatar. Nous passons le reste pour en venir au passage relatif à l'infanticide.

C'est un petit traité d'une origine assez curieuse. Son auteur est un lettré de Wou-ling au Tchang-te-fou du Hou Kuang qui le composa dans les circonstances suivantes :

Il avait formé un premier projet que la maladie de son graveur lui avait fait momentanément abandonner, et, depuis lors, il n'avait plus su réussir dans ses examens littéraires.

Un jour, un de ses amis du nom de Tchong Ti-king consulta Wen-tchang-ti-Kiun sur les causes de l'insuccès de son concitoyen. Le dieu lui répondit que son ami s'était attiré la colère du ciel en projetant le bien et ne l'exécutant pas..... Il a commencé un écrit pour empêcher de tuer les filles et ne l'a point fait imprimer. C'est pourquoi il a été arrêté dans sa carrière littéraire, il n'avait pas la volonté sincère de faire le bien. Il continuera ainsi à être écarté de la liste des gradués.

Entendant ces paroles, Tchong Ti-King demande grâce pour son ami, promettant de lui faire achever son œuvre.

Wen-tchang-ti-Kiun se laissa fléchir par cette promesse et

[1] 忽有神捧上帝媖命余爲君山主, etc.

assura Ti-king que son ami retrouverait une heureuse fortune s'il achevait son ouvrage et le répandait partout. « Et toi, ajouta le dieu, en l'engageant à se remettre à ce travail, tu acquerras de grands mérites. »

Tout heureux, Ti-king courut à la demeure de Tchong-fou et l'informa de ce qui s'était passé. Ce dernier reconnut sa faute, remit aussitôt son écrit sur le métier et le fit imprimer. L'année suivante il eut un fils, la deuxième année il acquit des grades et s'éleva au rang d'inspecteur du Kwang-tong. Son fils obtint également les honneurs littéraires, et Tcheng-ti-King parvint au grade de Hio-tchang ou directeur d'études, chef des écoles d'un arrondissement.

Ainsi s'accomplissait la promesse de Ti-Kiun.

On voit quelle importance notre auteur attache à la défense de noyer les filles et combien il est nécessaire d'employer des moyens énergiques pour empêcher les parents d'user de cette criminelle pratique.

Voici maintenant les parties principales de l'écrit de Kuei-Tchong-fou, il est assez éloquent par lui-même pour qu'on n'ait pas besoin d'insister sur sa valeur.

EXHORTATION À NE POINT NOYER LES FILLES [1].

Le Yi-king porte : La puissance essentielle du Ciel forme les garçons, et celle de la terre, les filles. Lorsqu'il existe des garçons et des filles, alors il advient des époux et des épouses; puis, après cela, des pères et des enfants. Ce qui fait que la race humaine se propage sans interruption, c'est que les hommes et les femmes s'unissent. De là des naissances sans fin, il ne faut rien d'autre.

[1] Défense de les noyer 戒溺妓.

Mais les gens de nos jours ont le procédé (*tao*) d'interrompre la suite des naissances en noyant leurs filles [1]. Ces meurtres ne peuvent se relater tous. Si l'on en cherche la cause, on trouve que les uns noient les filles parce que leur mise au monde et leur entretien sont choses difficiles et à charge; les autres, parce qu'ils sont irrités de devoir nourrir et élever souvent des filles, d'autres enfin par manque de lait pour leur nourriture. On hâte la gestation et l'on noie les filles dès qu'elles voient le jour [2].

Se plaire à tuer des filles est un crime qui s'élève et attaque l'harmonie céleste. Plus on en tue, plus on en fera naître.

A-t-on jamais éprouvé qu'en noyant les filles on hâte la naissance des garçons? Non certainement.

On s'arrête à ce prétexte que, dans les familles pauvres, on n'a pas le moyen de faire les dots du mariage. Ne sait-on pas que le Ciel ne fait naître personne sans lui donner de quoi subsister?

La faim, le froid, la nourriture, les moyens de se chauffer ont leurs nombres fixés. Ce n'est point par l'absence des filles qu'une famille a jamais été riche. Et s'est-on jamais trouvé pauvre parce qu'on en avait? (Pas davantage.)

Le chemin de la naissance a plusieurs entrées; on doit toujours en tenir une ouverte.

En ce qui concerne la dot du mariage, sa quotité dépend de l'avoir de la famille. Pour moi, j'ai vu des garçons pauvres restant jusqu'à la fin de leurs jours sans pouvoir se marier, mais je n'ai jamais vu des filles dans ce cas.

Quand les familles des filles n'exigent pas de fortune de celles du mari, vaut-il mieux l'exiger de la fille et laisser pour cela un jeune homme sans épouse?

[1] 有絕滅生道而溺女者·
[2] 速孕急而溺之·

Si l'on pensait à cela, on ne noyerait pas les filles. Il faut d'autant plus l'expliquer clairement et le développer.

Si l'on examine l'antiquité, on verra que bien des femmes ont, par leur sagesse, illustré leurs parents, tandis que beaucoup d'hommes ont attiré sur eux les vengeances célestes en maltraitant les femmes. D'autre part, n'a-t-on pas vu une Mu-lan[1] se faire soldat et aller à l'armée pour remplacer son père? Ti-yung, par sa requête, n'a-t-elle pas sauvé l'auteur de ses jours?

L'homme affligé de n'avoir point d'épouse penserait-il à noyer les filles? Celui qui a vu les châtiments que cet acte attire, le serpent rouge qui étreignit le sein de la dame Tchong, le bœuf de Yuen-seu renversant sa couche, osera-t-il noyer des filles? Combien n'en gémirait-il pas?

Que l'on réfléchisse au passé, qu'on se reporte par la pensée vers l'avenir, que l'on considère soi-même et les autres hommes à ce point de vue; supportera-t-on alors de faire encore périr dans un bassin ces pauvres petits êtres vagissants?

Poussant des cris plaintifs, inondées du sang de leur mère, elles voudraient parler, et ne peuvent le faire. Son esprit vital est encore uni à celui de sa mère, et déjà le destin de l'enfant est renversé (par cette mort violente).

---

[1] Jeune héroïne célèbre dans les annales chinoises et célébrée par les poètes. L'acte qui la mit en renom fut d'avoir servi dans l'armée des Liang, vers l'an 500, au lieu de son père et en cachant son sexe. On crut qu'un fils du soldat appelé sous les drapeaux avait pris les armes à sa place. Le motif qui avait empêché le père de se rendre à l'armée et déterminé Mu-lan à cet acte de dévouement est diversement raconté. Selon les uns, son père, malade, eut pu être puni et flétri pour n'avoir pas répondu à l'appel du prince. Pour d'autres, la jeune fille se dévoua uniquement pour calmer la douleur de son père qui se désolait de ne pouvoir plus, vu son grand âge, servir son prince et sa patrie. C'est la version admise par l'auteur de la pièce de poésie, dont j'ai donné la traduction dans ma *Poésie chinoise*, partie II.

Qui fait cela? Est-ce le Ciel ou bien l'homme? Le Ciel veut que cet enfant vive et l'homme veut lui donner la mort. Ceux qui s'opposent aux volontés du Ciel périssent. Ceux qui tuent un homme seront mis à mort. Les gens que l'inimitié et la colère excitent les uns contre les autres cherchent leur revanche en frappant ce même corps et ce même esprit qui les a frappés. Un proverbe dit: La famille qui, pendant trois générations, n'aura point élevé de filles (mais les aura noyées) sera effacée de la terre [1]. En outre, noyer une petite fille est un crime que beaucoup apprennent par l'exemple. Si ce crime se propage, il n'y aura bientôt plus d'épouses, plus de mariage et la race humaine périra [2].

Les gens grossiers ne savent pas dominer leurs passions. Mais quelle faute ont donc commise celles que l'on tue à peine nées? Elles ne sauront point ce que c'est que ce mariage (pour lequel on les met à mort) et dont nous délibérons. Elles ne sont cependant point en dehors de ce décret du Ciel et de la Terre qui fait naître les êtres, et la vertu de la Terre qui les produit s'étend à tous (à elles aussi par conséquent). Comment ose-t-on leur faire violence?

Il en est beaucoup qui ont lu les écrits d'avertissement contre la noyade des petites filles, mais peu cherchent à les pénétrer complètement. On peut dire que tous en parlent en général, mais sans en conserver l'esprit. Mais tous ceux qui les lisent attentivement tremblent de frayeur.

Wen-tchang-ti-kiun l'a dit: «Les hommes ont peur d'avoir beaucoup d'enfants; mais, ne sachant pas modérer leurs passions, ils les mettent au monde, puis les tuent. Faire ainsi mourir sans motif suffisant, c'est détruire la population de la terre. J'en vois ainsi, au fond des Enfers, beaucoup qui ont

---

[1] 三代不育女者其家必絕·
[2] 人而無妻則人將絕·

commis ce crime; leur nombre est incalculable[1]. Leur infortune ne pourra-t-elle adoucir ces cœurs féroces? Tous commettent ce crime par habitude et ne comprennent pas l'énormité de ce forfait..... »

A cette peinture d'actes de cruauté malheureusement trop fréquents, opposons un tableau de la vie de famille, de l'éducation de l'enfance, ravissant de simplicité et de naturel. Nous n'en donnons toutefois que quelques traits principaux; nous avons publié le tout précédemment, nous ne pouvons le reproduire dans ce petit travail. C'est un morceau de poésie composé de 5o strophes de trois vers, chacun de cinq caractères. L'auteur décrit d'abord la formation du fœtus et de l'enfant au sein de la mère. Il arrive au moment de la prochaine délivrance. « Le père est dans l'angoisse devant les douleurs de son épouse. L'épouse, les regards tournés vers son époux, gémit et pleure. Tous deux redoutent le moment où elle enfantera. Mais voilà qu'un beau jour l'enfant apparaît, le cœur de la mère est désormais à la joie. Elle aime cet enfant, elle veille sur lui comme sur son propre cœur. Matin et soir elle le caresse, elle l'examine avec soin; elle le dépose sur une couche sèche, elle ne se dégoûte point des saletés. S'il est malade elle le rachèterait avec joie par sa propre vie. S'il dort elle veille à sa tranquillité, à son repos et n'oserait déranger son sommeil. Si elle trouve son cher fils versant des pleurs, s'il pousse des cris plaintifs, elle n'a plus de repos, de sommeil. Cent fois elle le prend pour le satisfaire. Son cœur anxieux n'ose point le contrarier[2]. »

Tout le reste témoigne de sentiments maternels aussi tendres, mais il est à remarquer que le mot du texte pour indiquer l'enfant 兒 désigne principalement un garçon.

Le Gan-shih-tang contient encore beaucoup d'autres pas-

[1] 爲此罪者莫訴其數○.
[2] Kiuen 2. f° 6.

sages remarquables, d'une moralité très élevée. Voici, par exemple, le commencement du kiuen IV, intitulé : «Miroir de la vraie, de la bonne vertu».

«Pratiquer le bien sans chercher à être connu des hommes c'est pratiquer la vertu cachée. Pratiquer le bien comme si le jour était trop court pour cela, c'est accumuler les actes de vertu. Accumuler les actes vertueux quand on a la richesse et l'habileté c'est chose facile. Si une chose est facile et qu'on ne la fasse point c'est se perdre soi-même. Vouloir faire ce qui est facile c'est ajouter des fleurs à une étoffe brochée.

«Être pauvre et de basse condition et accumuler les vertus c'est difficile. Si c'est difficile et qu'on ne le fasse point c'est se détruire (s'abattre) soi-même. Si en ce cas on se résout à le faire, alors une bonne action en vaut cent (faciles).

«Hâtez-vous quand il s'agit de sauver un homme; si vous tardez, si vous croyez avoir du temps de reste, au dernier moment vous ne pourrez plus faire le bien.

«Agissez avec une compassion forte et généreuse; pratiquer l'humanité n'est pas toujours à notre portée.

«On dit que donner généreusement de ses biens, c'est se diminuer soi-même et l'on ne sait pas que cette diminution nous fait en retour acquérir l'accroissement. Répandre ses dons et ses biens, c'est accumuler des actes de vertu hauts comme le Tao-yen-shan. Et l'homme croit se diminuer par là. En revanche, accumuler des trésors c'est à ses yeux se grandir. Mais il ne se passe pas dix ans sans que cet accumulateur ne tombe dans l'adversité, et c'est là son châtiment.»

Je m'arrête à ce point; je ne me suis proposé que de faire hommage d'un petit travail à mes savants confrères en orientalisme et de leur rappeler le souvenir d'un absent que la maladie retient loin d'eux.

THE CHINESE TYPE-WRITER,

ITS PRACTICABILITY AND VALUE,

BY

D. Z. SHEFFIELD.

It is less than a quarter of a century since the first type-writer made its appearance in the Western World, and now there are several tens of practical type-writers in operation, doing important service in social, literary and business life. The work of building type-writers has already reached a high stage of scientific elaboration, since a high order of inventive ability and mechanical skill has been directed along this line. Of ten or more leading machines the manufacturers of each tell the public that their particular machine does the most rapid and satisfactory work, and yet the test of rapidity turns more upon the ability of the operators than upon the excellence of the machine, since the mechanism in each has long since passed the point of perfection, where the work of printing is done more rapidly than the most skillful fingers can operate the keys for a sustained length of time.

In printing Western alphabetical languages a full key-board for capitals, small letters, figures, etc., need not contain more than eighty keys to meet all possible wants in writing, and with the use of shift-keys some of the best machines are rapidly manipulated with only thirty direct keys. This suggests the radical difficulty of adapting the Western type-writer to the Chinese language, in which each word is represented by its own ideograph, and has something in its construction that distinguishes it from all other ideographs. In Western languages.

words are represented by an orderly combination of letters, these letters succeeding one another upon a straight line. In the Chinese language, words are represented by an orderly combination of strokes, not succeeding one another in a given word upon a page, but are written in the same word-space. All word-spaces in printing and writing are the same, without reference to the number of strokes in a character.

I was in New York in the Autumn of 1890 and called upon M. Hall, the inventor of the well-known Hall type-writer. On learning that I was trying my hand on the production of a Chinese type-writer, he showed the incredulous interest of the man of experience, who has tried and failed, towards the man of inexperience, who is about to try, and of course to fail in like manner. He drew from a drawer a crumpled piece of paper printed upon in the Chinese character. He told me that he had already grappled with the problem of making a type-writer for the Chinese language. He had started out with the thought that he could separate characters into their component strokes, and by having all possible strokes arranged upon a printing-face of his type-writer he could combine these strokes to produce the desired characters. He had become discouraged in this undertaking as he had discovered that while the number of possible strokes was not alarmingly great, the size, proportion, and relation, of the strokes in combination were infinite in their variations. Such a system of writing Chinese characters by ticking off the strokes that unite to form them would bear less likeness to the living character than did the dry bones in the vision to living men!

I had already reached the conclusion that no help could come in solving the problem of writing the Chinese language in the use of a machine either by separating characters into their component strokes, or by giving attention to the combination of radicals and phonetics. Each character must be treated as an irresolvable individual. The machine must then produce, not letters, not parts of words, but complete words at each stroke. It must be able to bring with rapidity and precision from four to six thousand characters to the printing point. The characters must be so tabulated and grouped that after a proper amount of practice the eye will fall without conscious effort upon the characters in quest.

Some fifteen years ago the question of stamping the Chinese character in place of writing it took hold upon my thoughts, and I proceeded to a series of experiments that has resulted in a Chinese type-writer. With the help of several Chinese scholars I made a careful selection of characters for general use. I found that the working vocabulary of Chinese scholars is easily within the limit of six thousand, and this list can be reduced to four thousand, with but rare occasion to strike outside of the list to give expression to thought. I divided a list of 4,500 characters into two sections: one containing about 1,800 characters that were in most common use; the other list of 2,700 characters occurring much less frequently. These characters were cut by a Chinese type-cutter on little blocks three eighths of an inch square and an inch long. Each character when cut was printed on paper from the stamp-end, and the paper pasted on the upper end. The two lists were arranged in two cases according to Wade's Romanized system of spelling. The characters were arranged in the cases so that each could be picked out of its place and returned without disturbing other characters. Some 200 constantly occurring characters were arranged by themselves, in the centre of the case containing the common characters, under letters representing the initial sounds of the characters. I found in experience that I could use this system of tabulated stamps in writing as rapidly as

Chinese scholars usually write their characters, and for five years I employed them constantly in composition. Several gentlemen in different parts of China were interested in my experiment, and at their request similar cases of stamps were made for them, but of their practical usefulness I am compelled to confess myself as in serious doubt. Not a few great inventions have required the genius of the inventor to operate them successfully! Like the story of General Grant's running a race with a cobbler when he was a young lieutenant, the fact is historic, but the results of the race are mythical!

Of the experience of my friend Arthur H. Smith in manipulating his «machine» of tabulated stamps I am able to speak with historic accuracy. After considerable tribulation in getting his case of stamps into working order, the first sentence he tried his hand on was a common Chinese expression for «uncertainty, to be uncertain». He wrote *yu i pu ting* 有意不定 «there is a meaning, it is not certain». He was not wholly satisfied with the results and tried again, this time writing *yu i pu ting* 有疑不定 «there are doubts, it is not certain». This sentence exactly expressed his state of mind as to the results of his effort. He now struck out in a new line, hoping that he might by accident reach a right result, and wrote *yu i pu ting* 猶意不定 «there is a semblance of meaning, it is not certain». He felt that he was still under the deep shadow of uncertainty, and sternly summoned his best memory to a last effort. He wrote *yu i pu ting* 猶疑不定 «there is a semblance of doubt, it is not certain». The ungracious symbols of this most unsympathetic language seemed to be mocking him, and were evidently combined to defeat his honest efforts to say in writing what he could so easily say by word of mouth. He decided to delay further active operations on his «machine» until the inventor had further perfected it by arranging a lexicon-attachment, so that by touching a key an index-finger would point to the character after which he was searching!

But true inventors always thrive on discouragements, and failures are stepping-stones to successes. The case of stamps was not a failure, neither in itself was it a success of the highest order, but without it probably the advanced step would not have been taken. The problem of producing a real machine that would write the Chinese language came before me once and again in my leisure moments. At last while mounted for a day's journey on the back of China's humble substitute for rapid transit, I abandoned myself to the solution of this oft-recurring problem, and before the day was ended I had elaborated in thought the construction of what I believed would prove to be a successful machine. The details of construction have undergone many modifications under the hands of machinists more skillful than my own, but the few central ideas which give the machine its individuality remain as they were first conceived.

The machine when not in use looks like a small round table. The characters are arranged on the bottom surface of a wheel in thirty circles, the inner circle beginning about six inches from the centre, and the successive circles cover the wheel to its outer edge. The characters are not only in perfect circles, they are also in radial lines running from the centre to the circumference. Each character stands a little apart from other characters so that it can be printed from, without striking the corner of some other character. The idea introduced into the arrangement of the cases of stamps is reproduced in the wheel. There are two lists of characters, common and less common, and among the common characters is a select list of very common ones. Over half of all the characters struck in writing are within this list, in a space of five inches square. The circles of characters are in order like the pages of a book; six circles constitute a page, and between every six circles a space is left for Romanized pronunciation of the sounds of the characters. Thus the characters are found exactly as in an Anglo-Chinese dictionary, though much more rapidly, as the characters under a given sound are all within a small space, and without definition. As with the stamps, an impression is taken from the type on the lower face of the wheel on good paper, and pasted on the upper face, exactly over the character.

Having described the type-wheel, we pass to a description of the carriage, and the various mechanical devises by which the writing is successfully accomplished. A carriage containing a protected roll of paper upon which the writing is to be done must run from right to left close under the wheel. The carriage is moved by the right hand holding the handle of a small crank with a revolution of three inches. The upper end of the carriage rests upon a wheel running on an iron track; the lower end rests upon an iron bar sliding in a perfectly fitting iron track. We are now prepared to direct attention to the central thought in the type-writer. Type-writers for writing alphabetical languages have a *printing point* which is struck by letters and figures automatically. In this writer the printing point is movable following the motion of the carriage, that is, without moving the wheel thirty characters, can always be reached by the right and left motion of the carriage. Now by moving the carriage forward or backward to the next radial line of characters a new set of thirty characters is brought into position for printing. The operator is seated not against the centre of the wheel, but opposite to the right outer edge. The left hand operates the wheel, moving it in either direction, while at the same moment the right hand moves the carriage to reach any of the desired characters in the thirty circles. Thus by two combined motions made at the same moment, any one of the four thousand characters (or any larger number desired) is brought to the printing point.

The paper-carrying portion of the carriage must be further described. The paper is fed forward from a roll by means of a thumb-screw at the bottom of the carriage. The paper passes between two pieces of tin soldered together on the upper and lower edges. The upper surface of the tin protects the paper from soiling by the ink-roller, while the lower piece of tin lifts the paper at the proper moment to the printing position without derangement. I have spoken of the carriage as if it were but one, and moving right and left. Evidently there must also be an upward motion, as Chinese printing is from the top downwards, carrying the paper forward after each character has been struck to expose a new portion just below in readiness for the next character. Thus the paper-carriage may be regarded as a second carriage carried backward and forward on the larger carriage, moving from below upwards and returning when a column has been printed. The paper-carriage rolls on a narrow iron track. Connected with this track on the right side are arranged two ratchet-bars, the inner one fixed to the track, and the outer one close along side, moving forward and returning to its place at every revolution of the handle the distance of a word-space. Two pawls attached to the lower right edge of the paper-carriage play into the teeth of the ratchet-bars. When the outer ratchet-bar moves forward, it pushes the carriage forward the same distance by means of the outer pawl. Just before the ratchet-bar has completed its motion, the inner pawl has moved with the carriage the same distance, and drops beyond the tooth, the point of which it has passed. Thus the carriage is held in its new position ready to move another space with the next revolution of the handle.

We must now give attention to other important parts of the outer carriage. In addition to the motions already described of the wheel and the carriages, there are six other subordinate but essential motions that must be secured, and all accomplished automatically. The motions are secured by means of a long revolving rod, located in the lower edge of the outer carriage, and terminating on the right in the handle held in the hand above referred top.

(First motion.) A crank-wrist is arranged in this rod to which is attached a small pitman, the upper end of the pitman being attached to the outer ratchet-bar above described. Thus by revolving the handle motion is communicated by the crank-wrist through the pitman to the paper-carriage, pushing it forward one space.

(Second motion.) The two hands, the left operating the wheel, and the right the carriage, can bring characters rapidly into an approximately accurate position for printing; but without much care and loss of time the characters when printed would prove to be slightly out of position, right or left up or down, giving an untidy look to the page. The machine must itself correct this double aberration before each character is printed. This is accomplished by means of a grooved and oblong cam fastened to the rod above mentioned, which I will now call the cam-rod. The cam-rod lies close to a long ridged iron roller, each ridge corresponding to a circle of characters. When the cam-rod revolves the groove in the cam begins to operate upon one of the ridges on the roller below. The groove in the outset is nearly a quarter of an inch in width, but narrows down before the revolution is completed to a cut corresponding to a ridge on the roller. As the roller is set in its position not in the outer carriage, but in the iron framework of the machine, the ridge operates upon the revolving cam to pull the carriage right or left, always bringing the paper-carriage exactly under the character that is next to be printed. Thus any right or left aberration is corrected.

(Third motion.) The aberration up or down is corrected by the same motion through the cam and the ridged roller. The roller rests upon two brass arms on the right and left. These arms are connected with a brass-rod extending outwards through the iron frame of the machine, and securely pivoted to it. As the position of the ridged roller is that of the short arm of a lever, the long arm being the brass rod, by the revolution of the camrod the oblong cam pushed the roller down. This motion is converted through the fulcrum into an upward motion of the brass rod. Directly over the outer end of this rod there is securely arranged a small iron pin pointed at the top. The pin moves up or down through two eyes in an iron standard. Close to the outer edge of the type-wheel on the under surface there is arranged a circle of holes exactly corresponding to the characters on the outer edge of the wheel. When the handle of the cam-bar is turned, the cam communicates motion through the ridged roller to the outer arm, and this arm drives the pointed pin upwards. If the desired character has been brought within an eighth of an inch of the proper printing point, the point of the pin will enter the hole that corresponds to the character, and before it has completed its upward motion it will either push the wheel forward or pull it backward to the exact central position of the character. Thus by motion regulated by a ridged roller and an iron pin, characters are automatically centered before the moment of writing.

(Fourth motion.) Provision must be made for inking each

character the moment before printing. This is accomplished by a small inking-roller saturated with printer's ink, and resting while not in use upon an inked felt pad. The inking-roller is fastened at the upper end of a long iron arm. This arm is pivoted at its lower end to the outer carriage. An inch above this pivot a small iron foot extends downward resting upon a cam of peculiar construction. By the revolution of the cam-rod, the inking-roller is first driven forward in a straight line -- this is to avoid inking characters not in position for printing -- then it suddenly rises a quarter of an inch and moves forward again for a half inch on a straight line, returning to position by reversing the outward motion. The character is now inked ready for printing.

(Fifth motion.) The lower face of the wheel must be removed a half inch from the paper when at rest to allow the inking-roller to operate. After the inking has been accomplished, the paper must be lifted until the exact section to be printed presses against the proper character. This motion is also secured by a special cam operating a long iron arm. The arm is a lever with a fulcrum near the lower end. The short end of the lever extends to a point under the cam. As the cam rolls, its lower diameter increases, forcing the short end of the lever down and the long end up, lifting the paper into printing position. After the printing has been accomplished, a sharp cut in the cam is exposed, and the lever drops into its resting position, the paper following it.

(Sixth motion.) Lying close along side of the arm just described on the right is another arm terminating at the upper end in a small hammer weighing possibly a half ounce. This bar is so pivoted that the shorter end regarded as a lever rests upon the upper surface of the cam. By the revolution of the cam-bar, at the same time that the paper is being pushed upwards to its position for printing, the cam that moves the hammer-bar is pushing the hammer down in readiness for its blow against the paper. When the paper has been pressed into position, the hammer-bar cam reaches a deep cut in its surface which has the effect of removing the cam, and allows a spring to operate upon the lower short arm of the bar, causing the hammer to strike a sharp blow, not against the paper directly, but against the lower surface of the paper-lifter. The upper surface is a square piece of rubber which causes the paper to take a perfect impression.

There still remains to be described a simple but essential part of the machine, the pointer. The operator must be able to bring any character with rapidity and precision into printing position. This is accomplished by an index-finger attached to the upper right edge of the outer carriage. As the carriage must run under the wheel to print the extreme inside circle of characters, the index-finger which runs along the face of the wheel must have an extended arm which turns back upon itself, the under section moving under the printing-wheel and the upper section above it. The terminus of the finger is a square opening of the size of a character. When a character is covered by this opening, it is in exact position for printing. For example, the writer desires to print the character *hsi* for joy. The left hand revolves the printing-wheel forward or backward in the direction of the character *hsi* when by the revolution of the handle the character is printed.

I have now finished my self-set task of giving a word-picture of my Chinese type-writer. Its value must be tested by actual experience in use. I have employed it almost daily in composition for nine months, writing probably over one hundred thousand characters. There is no question of ease and precision in its use; the only question is that of rapidity in manipulation. Rapidity in turning to characters can only be acquired by experience, but daily practice for a few weeks would give good mastery of the wheel. On trial I found that a Chinese writer using a pen with unusual quickness wrote sixteen characters in a minute. I write on the wheel twenty four characters in a minute. A Chinese writer does not usually write over eight characters in a minute. One will write on the wheel double this number. I feel confident that the wheel has greater advantage over the Chinese pen than Western type-writers have over the pen in writing alphabetical languages. While I say this I have very moderate hopes as to the immediate use which the Chinese will find for such a machine. Few as yet see in it anything more than a cunning play-thing. They do not comprehend how it is that foreigners seem ever to be planning how to save time. Many find time hanging heavily on their hands, and scholars will leisurely copy books containing hundreds of thousands of characters rather than purchase the book. But the world moves, and fortunately for China she is fastened to the world! The first Chinese type-writer is certainly not to be the last. It may be slower than the elephant in reproducing its kind, indeed this first species, which is in some sense an evolution, may altogether perish, as it came nigh doing in the days of its generation, but the law of type-writer evolution will still assert itself, and a new species will appear, and will survive and multiply in the land of Sinim.

The machine was primarily conceived and built with reference to the use of foreigners residing in China. Western typewriters are being rapidly multiplied, as their use is coming to be better understood, and the deed of a practical Chinese type-writer is already widely acknowedged. Many gentlemen have written me or made inquiries on the subject. When in Boston in 1890 at the sales-room of the Hall type-writer, I was told by the gentleman in charge that they had received a definite proposal from a Missionary in central China that their machine should be adapted to writing Chinese. They had declined the suggestion as it would require a printing-plate several feet square, which they thought would be quite unmanageable. I am not clear that they were right in setting aside the suggestion, but I believe that my wheel and carriage would have a decided advantage over a sliding plate.

My friend Dr. Fryer showed me some years ago model of a Chinese type-writer well advanced in construction. As I remember, the wheel was to be a cylinder, above which was to be a square face, like the top of a stand. Upon this face characters were tabulated to correspond to the characters in the cylinder. An index-finger ram along the face to find the desired character. I fear that in deference to my long-promised machine he has delayed the perfecting of his idea, but the seed-thought in his mind may yet bear valuable fruit.

There is one evil in the study of the Chinese language which I am not without fear the introduction of a type-writer will tend to increase, unless students of Chinese are definitely on their guard. Foreigners usually shrink from the drudgery of writing the complicated characters. I believe that there should be a moderate and continuous exercise in writing for the sake of the thorough mastery of the character. If the presence of the machine does not lead to the neglect of the exercise of writing with the hand, it will prove of great assistance in many ways, both in the acquisition and in the subsequent use of Chinese. The thorough mastery of many language requires not only the mastery of words and expressions, along with the study of their meaning, but also constant practice in composition under the wise supervision of a teacher. Why is it that foreigners so commonly make hard work of acquiring Chinese? I believe one important reason to be that they do not train themselves from the outset of their study of the language to careful composition. The use of the type-wheel would make such an exercise not a drudgery but a pleasure. Work with the wheel would be a constant exercise in the recognition of characters, one being obliged to know them in their individuality, without the help of their setting in a sentence. In this regard, the wheel will powerfully tend to the cultivation of the grace of humility in sinologues, as its use will constantly remind them that their knowledge of Chinese lags considerably behind the public recognition of their scholarship!

I am convinced that to the present time foreigners doing literary work in the Chinese language are under unnecessary bondage to Chinese assistants. They usually talk to their writer, and he takes down with the pen what has been said, and later puts their work into Chinese literary style. The finished product will be found to have lost in this process no slight proportion of what the writer wished to say, and to have taken on quite as large a proportion of what the Chinese assistant contributed to the thought. I can point to a book on Botany produced by a distinguished Western scholar in Chinese, in which he informs the student that there is in Southern China a certain plant produced from a worm! The plant grows up and from the branches is produced a small fruit. If this fruit be broken open a worm will be found in the centre. If allowed to mature without disturbance the worm is transformed into a moth, eats its way out and flies about for a season, at length burying itself in the ground, from which the coming season a new plant is produced! Of course such an interesting fact in natural history was contributed by the Chinese writer, and in some way survived the ordeal of proof-reading. No foreigner should be ambitious to write in Chinese for publication without the revision of a good native scholar, but by early and habitual practice in independent composition, which one would be stimulated to by a type-wheel, the foreigner I am confident would become master of his own thoughts in Chinese at a much earlier date than at present, and would do his work in composition to suit his own time without regard to the presence or absence of the Chinese writer.

Missionaries and others will find this wheel of great value in corresponding with Chinese friends. Paul accomplished much in strengthening the work which he had personally established by letters to the churches. There is evidently a wide and important field for missionary activity in this direction, which is now largely neglected by reason of reluctance to master the use of the Chinese character as a means of written communication. With such a writing-wheel thoroughly in hand the drudgery of letter-writing would be transformed into a pleasure.

Any foreigner in business or official relations in constant use of the Chinese language would find that the wheel would do him important service in many places to enable him to communicate easily and rapidly in writing, with the assurance that private matters would not be divulged by his writer.

When the machine is manufactured the wheel will doubtless be subject to many changes in the arrangement of characters to suit the wants of purchasers. Smaller wheels with a less number of characters may be demanded; however from my experience I should be inclined to increase rather than diminish the size of the wheel, as rapidity of manipulation is not lessened by the size. For business, scientific or official uses a special list of characters could be arranged in a section of the wheel, and two wheels could be in hand for different uses if desired.

In conclusion I have an acknowledgement to make, lest I should seem to take to myself too much credit for the machine which I have produced. The machine which I have described is not the original wooden model which was constructed by a Chinese carpenter under my supervision, but rather a machine produced by M. Carlos Holly in the United States, cousin of the distinguished inventor Birdsall Holly, and himself an inventor of considerable distinction. M. Holly as a personal favor to myself studied my wooden model, and from its suggestions produced the machine which will be placed to my credit. My method of inking was rejected and a better one invented. The method of automatically centering the characters before printing was the idea of M. Holly, as also the devise for lifting the paper to its printing position, and to give the stroke of the hammer. Not a few other details were also added. I said to M. Holly when the machine was completed that he would share in the honor of the invention. He modestly replied that the creative idea in the machine belonged to me, and that he had only done what a good machinist ought to do to help me to realize my idea.

Mencius said of a celebrated ancient beauty : « If the lady Hsi had been covered by an unclean head-dress, all people would have stopped their noses in passing her. » If my idea of a Chinese type-writer had appeared in public clothed in the uncouth garment of the original model, to most people the beauty of the idea would have been hid from sight by the ugliness of the expression, while as it is the beauty of the expression, for which credit is due to another, will do much to call attention to the idea.

The negro woman declared that her : « Chi'l was the beautifulis boy that war ever born befo'e ». Every genuine inventor sympathizes with the negro woman, and admires the beauty of the offspring of his creative imagination. It remains to be seen whether or not this inventor is destined to take his place in the long line of inventors whose ideas have been so far in advance of a slow world that they have returned to the spirit-land from whence they came, to await the slow process of human evolution, when they will come again to bless those who are worthy to receive their favor!

NOTES

SUR

LES ÉTUDES CORÉENNES ET JAPONAISES,

PAR

M. MAURICE COURANT.

Le domaine des études extrême-orientales s'est enrichi en ces dernières années de nouvelles provinces : je veux dire, en premier lieu, la Corée qui, après être restée si longtemps isolée et inconnue dans sa péninsule, a attiré sur elle à la fois l'attention des politiques et des érudits; après elle, je nommerai les îles Lieou khieou, qui ont fait l'objet de travaux peu nombreux, mais des plus intéressants. Ces deux pays nous offrent le spectacle de peuples différents des Chinois et qui ont adopté la civilisation chinoise; celui qui veut les étudier doit se souvenir et de la diversité primitive et des emprunts qui ont été faits; ce serait une erreur aussi profonde de les considérer à part de la grande nation civilisatrice de l'Asie orientale, que d'oublier, par exemple, les liens qui unissent Rome à la Grèce, les Persans aux Arabes. Le Japon, qui est voisin, a depuis longtemps fourni matière à des travaux aussi importants pour les savants que pour les artistes : il restait à nos yeux un peu à part, isolé des États du continent. Les derniers événements ont rappelé qu'il n'y a pas loin de Nagasaki à Pou san; pour les jonques d'autrefois, la distance n'était pas grande non plus; les bonzes, les lettrés, les artistes l'ont franchie d'innombrables fois: aussi l'originalité du Japon tel que nous le connaissons, ne doit pas faire oublier les éléments continentaux qu'il a reçus et modifiés; les études japonaises n'ont rien à perdre, au contraire, à être rangées à côté des études coréennes. Au sud et au nord des pays que j'ai nommés se trouvent deux régions peu civilisées, Formose d'un côté, Yeso avec les Kouriles et Sakhalin de l'autre, peuplées de races distinctes, presque vierges de l'influence chinoise; il n'y a aucune raison, en ce qui concerne nos études, de les rattacher au continent; au contraire, il est naturel de les rapprocher du Japon, de la Corée, des Licou khieou, à cause du voisinage, des liens politiques, peut-être même de rapports plus profonds et que l'on commence à soupçonner.

Ainsi serait délimité un département de l'orientalisme, nouveau en partie, caractérisé d'un côté par la prédominance de la culture chinoise, de l'autre par l'existence de populations indigènes, dont quelques-unes sont apparentées entre elles. Pour fixer à cette région sa place dans la civilisation générale, deux problèmes principaux se posent : préciser la nature et l'étendue de l'influence chinoise; étudier les rapports des races indigènes les unes avec les autres et avec les races environnantes, Malais, Mongols, Mantchous.

J'aurais voulu, dans le présent mémoire, passer en revue les travaux qui ont pour objet cette région extrême de l'Asie orientale : diverses considérations m'ont fait reculer devant un plan aussi audacieux. A quel titre, en effet, moi, qui suis l'un des derniers venus dans ces études, pourrais-je me permettre de juger mes devanciers, par exemple les Missionnaires auteurs de la *Grammaire* et du *Dictionnaire coréen;* ou des précurseurs comme le Dr Pfizmaier, qui a consacré de longues années de labeur à l'étude patiente des choses japonaises; ou encore mon maître en japonais, M. de Rosny, l'introducteur en France des études japonaises, l'un des fondateurs du Congrès des Orientalistes? D'autre part, un travail de bibliographie pure, toujours fort aride, ne saurait être condensé en quelques pages, puisque la liste seule des ouvrages relatifs au Japon a fourni matière à plusieurs volumes.

Ne pouvant espérer d'être complet, je ne le tenterai pas : je renonce à passer en revue même les principales œuvres relatives au coin du globe qui m'occupe : ces principales œuvres sont encore trop nombreuses pour les pages dont je dispose. Je dirai seulement quelques mots d'un certain nombre de ces travaux, ou de ceux qui me sont mieux connus par suite de mes études particulières, par l'effet du hasard qui me les a mis entre les mains; ou de ceux qui me semblent marquer une direction intéressante, signaler un rapprochement original; ou de ceux que je trouve plus faciles à caractériser brièvement. Je ne m'interdirai pas, à l'occasion, d'indiquer une ligne d'études qui, à mon humble avis, serait nouvelle et pourrait être fructueuse. Je tiens à avertir dès à présent mon lecteur de l'irrégularité de mon plan, et je réclame toute son indulgence pour les libertés que je compte prendre.

Plusieurs ouvrages ou articles traitant de la Corée, en général, ont été écrits par le Rev. J. Ross, Ernest Oppert, Maurice Jametel et autres[1]; celui de W.-E. Griffis, *Corea, the hermit nation* (Londres, 1882; in-8°), présente un bon tableau sommaire du pays et des mœurs; l'abbé Ch. Dallet a mis au commencement de son *Histoire de l'Église de Corée* (Paris, 1874; 2 vol.

---

[1] *History of Corea ancient and modern...* by Rev. J. Ross... Paisley, 1879; in-8°.

A forbidden land, by Ern. Oppert. Londres, 1880; in-8°.

La Corée, ses ressources, son avenir commercial, par Maurice Jametel (*l'Économiste français*, juillet 1881).

Chosön, the land of the Morning Calm, by Percival Lowell. Londres, 1886; in-8°.

Korea von M. A. Pogio... aus dem Russischen übersetzt von St. Ritter von Ursyn-Pruszyński... Wien und Leipzig, 1895; in-8°.

in-8°) deux cents pages d'introduction qui égalent ou dépassent tous les livres précédents en précision et en intérêt. Les œuvres de ce genre, décrivant tout un pays, restent forcément un peu dans le vague; elles ont cependant une valeur réelle lorsqu'il s'agit d'une contrée neuve, comme était la Corée jusqu'à ces derniers temps, ou lorsque, au contraire, elles traitent d'un pays suffisamment étudié : elles en donnent une idée générale qui fraye la voie à des études plus spéciales ou qui résume les travaux déjà faits.

C'est de la même façon que les relations de voyage nous intéressent, lorsqu'elles ont trait à une région inexplorée, ou lorsqu'elles renferment des détails inconnus sur une contrée et ses habitants : le naufrage du yacht *de Sperwer* sur la côte de Quelpaërt (1653) et la captivité en Corée de Hendrick Hamel et de ses compagnons nous ont valu, comme l'on sait, la première description de ce pays qui ait été faite *de visu*[1]; et c'est encore à la croisière du sloop *Providence* (1795-1798), aux voyages maritimes de Gützlaff (1832, 1833), à l'expédition du *Samarang* (1843-1846), à la perte du *Narwal* (1851) et au voyage de MM. de Montigny et Kleczkowski pour recueillir les naufragés, enfin aux descentes opérées par les Français en 1866, par les Américains en 1871, que nous devons une bonne partie des renseignements obtenus avant l'ouverture du pays. D'autre part, un Coréen qui faisait partie de l'ambassade envoyée chaque année à Péking (1783), était entré en relations avec Mgr de Gouvea, évêque de cette ville, et avait rapporté dans son pays des livres chrétiens; à la suite de ce fait, un prêtre chinois fut envoyé pour évangéliser la Corée (1794) : les *Nouvelles Lettres édifiantes* (tome V, 1820) renferment une

---

[1] *Journael van de ongeluckige Voyagie van 't Jacht de Sperwer van Batavia gedestineert na Tayowan in't Jaar 1653... door de Boeckhouder... Hendrick Hamel van Gorcum...; tot Rotterdam...* 1668, in-4° (plusieurs éditions et traductions).

Relation de l'établissement du christianisme dans le royaume de Corée, rédigée par M. de Gouvea, évêque de Pékin, en 1797. Cette lettre est la première pièce d'une série de mémoires [1], où les missionnaires racontent les difficultés qu'ils rencontrèrent pour pénétrer en Corée, la vie cachée qu'ils menaient dans le pays, les dangers qu'ils couraient, les persécutions qu'ils avaient à souffrir. Celles de 1839 et de 1866 furent particulièrement terribles et le massacre des prêtres et des évêques amena la descente des marins français à Kang hoa. L'histoire de ces travaux et de ces martyres a été écrite d'une façon attachante par l'abbé Ch. Dallet dont j'ai cité l'ouvrage; il nous fait connaître la Mission de Corée jusqu'après l'expédition française : à cette époque, il ne restait plus de prêtres dans la péninsule et ce n'est que bien plus tard qu'ils parvinrent à rentrer subrepticement.

Parmi les ouvrages antérieurs à l'ouverture du pays, je ne dois pas manquer de mentionner aussi les traductions de textes chinois ou japonais, le *San kokf tsou ran to sets*, de Klaproth (Paris, 1832; in-8°), le *Journal d'une mission en Corée*, traduit du chinois par F. Scherzer (*Recueil d'itinéraires et de voyages dans l'Asie centrale et en Extrême-Orient*, Paris, 1878; in-8°), etc.

Depuis lors, et à la suite du traité japonais-coréen de 1876, diverses puissances entrèrent en relations diplomatiques avec la Corée; un traité avec les États-Unis fut signé en 1882; un traité avec la France, conclu en 1886, fut ratifié l'année sui-

---

[1] *Annales de la Propagation de la Foi*, tomes VI, 1833; VII, 1834; VIII, 1835; IX, 1836; XI, 1839; XIII, 1841; XVI, 1844; XVIII, 1846; XIX, 1847; XX, 1848; XXI, 1849; XXIII, 1851; XXV, 1853; XXVI, 1854; XXVIII, 1856; XXIX, 1857; XXX, 1858; XXXI, 1859; XXXII, 1860; XXXIII, 1861; XXXV, 1863; XXXVIII, 1866; XXXIX, 1867; XL, 1868; LI, 1879; LII, 1880; LIV, 1882; LV, 1883; LVII, 1885; LVIII, 1886; LIX, 1887; LX, 1888; LXI, 1889; LXIII, 1891.

vante[1] : la Corée était ouverte. Auparavant déjà, un agent diplomatique français, Maurice Jametel, s'étant rendu par mer à Pou san, avait publié ses notes en une petite brochure[2]. Le premier Français qui voyagea par terre dans ce pays fut Charles Varat; il arriva peu après l'installation de notre représentation officielle à Seoul, traversa la péninsule de cette ville jusqu'à Pou san et publia le récit de cette excursion dans le *Tour du Monde*[3]; la riche collection qu'il avait recueillie avec l'aide de notre chargé d'affaires, M. Collin de Plancy, est aujourd'hui déposée au Musée Guimet. De nombreux voyages dans l'intérieur du pays ont été accomplis par MM. J.-C. Hall, S.-B. Bernerston, W.-R. Carles, J.-D. Rees, J.-S. Gale, H. Goold-Adams, E. von Hesse-Wartegg; de la plupart, les auteurs eux-mêmes ont rendu compte dans des périodiques, tels que *Proceedings of the Royal geographical Society; Journal of the American geographical Society; Asiatic quarterly Review; Bulletin de la Société de géographie de Paris; Bulletin de l'Institut égyptien; Korean Repository*[4], etc; quelques-uns ont fait l'objet de publications spéciales. Je signalerai comme particulièrement intéressants l'excursion à Quelpaërt du colonel Chaillé-Long bey, le premier Occidental qui ait pénétré dans cette île depuis Hendrick Hamel[5], et les voyages à la montagne sainte du Păik tou san accomplis successivement par M. Ch.-W. Campbell[6] et par les capitaines A. E. J.

---

[1] Outre les publications officielles relatives à ces traités ; je signalerai le volume suivant : *China, Imperial maritime customs*, III, Miscellaneous series, n° 19. *Treaties, regulations... between Corea and other Powers, 1876-1889.* Shanghai, 1891; in-4°.

[2] *La Corée avant les traités...* Paris, 1885; in-8°.

[3] *Voyage en Corée* (7 mai 1892).

[4] Périodique mensuel publié à Seoul pendant l'année 1892 et depuis 1894.

[5] *La Corée ou Tchösen...* Paris, 1894; in-4° (*Annales du Musée Guimet*).

[6] *A Journey through North Korea to the Ch'ang pai shan* (*Proceed. of the Roy. Geogr. Soc.*, March 1892).

Cavendish et H.-E. Goold-Adams[1], dans des régions sauvages redoutées même des Coréens.

Malgré tout, la péninsule coréenne n'a pas encore été assez complètement parcourue pour que nous en ayons une carte tout à fait exacte; les Coréens ont dressé de leur pays en 1861 une carte de grande échelle[2], remarquable si l'on songe à l'imperfection des procédés employés, et fort utile pour ceux qui voyagent dans le pays : mais elle n'a pas l'exactitude scientifique que nous réclamons; aussi presque toutes les cartes faites d'après les documents indigènes laissent-elles à désirer. Ce sont les Japonais qui ont fait les relevés des côtes les plus étendus et qui ont tracé à l'intérieur les plus nombreux itinéraires : je ne suis malheureusement pas en mesure de donner une liste de ces cartes très importantes, n'ayant pas eu le loisir, pendant mon séjour au Japon, de m'occuper de cette question. Très précieux pour celui qui veut étudier sur les textes la géographie coréenne est un volume in-8°, publié en 1883 sous le titre de *Manual of Korean geographical and other proper names romanized;* il ne porte pas de nom d'auteur, mais il est dû, je crois, à Sir Ernest Satow; pour chaque nom géographique, il donne la transcription et les caractères chinois. Suivant le même plan est conçu l'Appendice géographique annexé par les Missionnaires de Corée à leur *Dictionnaire coréen-français* dont je parlerai plus loin. Enfin, sur la géographie chez les Coréens, il me reste à citer la *Description d'un atlas sino-coréen manuscrit du British Museum,* due à M. Henri Cordier (in-folio; Paris, 1896) et renfermant de belles reproductions des cartes originales. Je remarque en passant que presque rien n'a été fait pour la géologie, la botanique, la zoologie de la Corée.

---

[1] *Korea and the Sacred White Mountain... together with an Account of an Ascent of the White Mountain.* London, 1894; in-8°.

[2] Cf. Maurice Courant, *Bibliographie coréenne,* n° 2196.

Plusieurs des voyageurs que j'ai nommés, ont fait connaître sur les mœurs des Coréens des détails souvent intéressants, parfois inexacts : il faut avouer que, même après un séjour prolongé dans un pays d'Extrême-Orient, il est souvent difficile d'interpréter exactement une série d'actes, à plus forte raison de distinguer le vrai du faux dans les assertions d'un indigène; le seul qui soit sans erreur est celui qui n'a jamais rien conté, rien écrit. C'est dans l'introduction à l'*Histoire de l'Église de Corée* que je trouve l'un des meilleurs tableaux des coutumes coréennes; M. E.-H. Parker a donné dans le *China Review* plusieurs monographies sur le mariage, l'étiquette, les poids et mesures en Corée; le *Korean Repository* a publié un assez grand nombre d'articles sur des sujets analogues; ils sont presque tous dus à des missionnaires américains ou anglais, que leur ministère met autant que personne à même de voir la vie des indigènes : noterai-je chez plusieurs de ces ecclésiastiques une tendance à rester à la surface des choses et à admettre trop facilement les contes du premier Coréen venu? Les collections coréennes du Musée national des États-Unis (Smithsonian Institution) ont donné lieu à la publication de catalogues illustrés[1]; elles ont, sans aucun doute, aidé à la composition de l'ouvrage de M. Stewart Culin sur les jeux coréens[2], qui renferme des planches d'après nature et d'après des dessins indigènes et que rendent particulièrement intéressant les nombreux rapprochements faits par l'auteur. F. Scherzer a fait paraître dans le *Journal asiatique* (1885, 1886) la traduction d'un mémoire

---

[1] P. L. Jouy, *The Collection of Korean mortuary pottery* (Smithsonian Report for 1888). Washington, 1890.

The Bernadou, Allen and Jouy Corean collections in the U. S. National Museum, by Walter Hough (*Report of the U. S. National Museum for 1891*). Washington, 1893; in-8°.

[2] *Korean Games*, by Stewart Culin. Philadelphia, 1895; in-8°.

considérable sur la Corée[1], dû au pinceau d'un Coréen de la fin du xvᵉ siècle et qui renferme des renseignements précieux sur les coutumes et l'administration de l'époque. Sir E. Satow, en diverses études : *Korean potters in Satsuma*[2], *On the early history of printing in Japan*[3]; *Further notes on the movable types in Korea and early Japanese printed books*[3]; M. W.-G. Aston, avec son article : *Writing, printing and the alphabet in Corea*[4], ont contribué à éclairer l'histoire de l'industrie en Extrême-Orient. M. H.-N. Allen n'a pas moins fait pour le folk-lore et la littérarature populaire avec ses traductions de contes coréens[5]; en français, deux romans, adaptés plus que traduits, l'un, par MM. J.-H. Rosny avec l'aide du Coréen Hong Tjyong ou, l'autre par ce dernier seul[6], nous permettent de nous faire une idée partielle de la littérature coréenne. D'autres travailleurs se sont attaqués à la question de l'origine de l'écriture[7], à celle de l'invention de l'imprimerie en Corée, à d'autres encore, religieuses, économiques[8], politiques : un tableau étendu de la littérature coréenne a été tracé[9]. Mais, malgré la multiplicité de l'effort, il reste beaucoup à faire pour préciser ce que

[1] *Tchao sien tche. Mémoire sur la Corée*, par un Coréen anonyme.
[2] *Transactions of the Asiatic Society of Japan*, VI, 1878.
[3] *Id.*, X, 1882.
[4] *Journal of the Royal Asiatic Society*, 1895.
[5] *Korean Tales being a collection of stories translated*. New-York and London, 1889; in-8°.
[6] J.-H. Rosny, *Printemps parfumé*. Paris, 1892; in-24.
Le Bois sec refleuri, roman coréen traduit par Hong Tjyong ou. Paris, 1895; in-18 (*Annales du Musée Guimet*); avec une introduction pleine d'erreurs.
[7] *Bibliographie coréenne*, Introduction, III. — *Note sur les différents systèmes d'écriture employés en Corée*, par Maurice Courant (*Transactions of the Asiatic Society of Japan*, XXIII; 1895).
[8] Maurice Courant, *Note historique sur les diverses espèces de monnaie qui ont été usitées en Corée* (*Journal asiatique*, 1893).
[9] *Bibliographie coréenne. Tableau littéraire de la Corée*, par Maurice Courant. 3 vol. grand in-8°. Paris, 1894-1896.

nous savons déjà, marquer le rôle du bouddhisme dans le développement du pays, étudier les classes de la société et leur origine, les arts avec leurs périodes de splendeur, rechercher quels sont les procédés industriels spéciaux à la contrée et quels sont ceux qui sont venus du dehors.

Ces différentes questions confinent à l'histoire politique; de ce côté aussi, un champ bien vaste reste à parcourir : à part une liste des rois et des dynasties[1], quelques études sur des périodes très brèves[2], dont plusieurs ont paru dans le *Korean Repository*, il n'y a presque rien. D'ailleurs les travaux publiés sont de valeur très inégale et trop souvent les auteurs semblent poser en axiome la bonne foi, l'exactitude des écrivains ou des lettrés coréens et oublier combien la critique est nécessaire en pays d'Orient. M. E.-H. Parker a fait paraître un intéressant article sur l'histoire ancienne de la Corée[3]; mais les résultats auxquels il arrive ont soulevé quelques protestations. Plusieurs savants japonais ont étudié la même période : d'autres, Japonais, Américains, Européens, ont fait l'histoire des campagnes japonaises du xvie siècle. L'archéologie, l'épigraphie pourront donner quelque lumière pour ces recherches et les documents ne manqueront point : bien des inscriptions, la plus ancienne datant du ve siècle de l'ère chrétienne[4], ont été recueillies; il en reste sans doute beaucoup à relever sur les sites des an-

---

[1] L. Nocentini, *Names of the sovereigns of the old Corean states, and chronological Table of the present dynasty* (*Journal of the China Branch Royal Asiatic Society*, XXII, new series, 1887). Voir aussi les listes des souverains, dans la *Bibliographie coréenne*, n°s 1863, 1864 et 1910.

[2] Par exemple, C. Imbault Huart, *Mémoire sur les guerres des Chinois contre les Coréens, de 1618 à 1637* (*Journal asiatique*, 1879).

[3] *On race struggles in Corea* (*Transactions of the Asiatic Society of Japan*, XVIII, 1890).

[4] Maurice Courant, *Stèle chinoise du royaume de Ko kou rye* (*Journal asiatique*, 1898).

ciennes capitales, dans la vallée du Ya lou, dans les environs de Hpyeng yang, dans ceux de Kyeng tjyou; des fouilles seraient difficiles à l'heure présente : peut-être deviendront-elles possibles un jour. La préhistoire, la géographie historique, l'ethnographie ont aussi plus d'une découverte à faire dans ce pays, qui a été lié de si près au sort de la Mantchourie et de la vallée de l'Amour, l'une des grandes officines de peuples de l'Asie orientale.

Les linguistes auront aussi sur ce point leur mot à dire : l'histoire de la langue coréenne sera bien difficile à faire, puisqu'elle n'a pas été écrite avant le xve siècle; des documents de divers genres pourront cependant aider dans cette tâche ardue. Quant à la place du coréen entre les diverses familles de langues, si elle n'est pas absolument fixée, toutefois un remarquable travail de M. W.-G. Aston [1] permet de la marquer avec probabilité assez près du japonais; mais il faudra préciser les rapports entre ces deux langues, et aussi entre le coréen, le mantchou et le mongol. Ces études peuvent déjà s'appuyer sur plusieurs travaux grammaticaux et lexicographiques : je rappelle ici, en raison de leur priorité, les publications de Siebold [2], curieuses pour l'époque; mais, depuis que les études pratiques sont devenues possibles, on a vu paraître le *Dictionnaire coréen-français*, par les Missionnaires de Corée (grand in-8°, 1880; Yokohama), contenant une liste copieuse des formes verbales, et la riche *Grammaire coréenne* des mêmes Missionnaires (grand in-8°, 1881; Yokohama); ce sont des œuvres dignes de tout éloge, surtout si l'on songe aux circonstances défavorables où

---

[1] *A comparative Study of the Japanese and Korean languages* (*Journal of the Royal Asiatic Society*, new series, XI; 1879).

[2] *Bibliotheca Japonica*, publiée à Leyde; III et IV. *Tsiän dsu wên, sive Mille literæ ideographicæ... cum interpretatione Kooraiana, annexo systemate scripturæ kooraianæ.* 1840; in-folio. — *Lui ho, sive Vocabularium sinense in kóraianum conversum... annexa appendice vocabulorum kóraianorum, japonicorum et sinensium comparativa.* 1838; in-folio.

se trouvaient les auteurs, qui étaient alors exilés en Mantchourie et n'avaient à leur disposition aucun ouvrage indigène : les Coréens, en effet, n'ont jamais fait la grammaire de leur langue et ne possèdent que quelques lexiques chinois-coréens très incomplets. Ces deux volumes ont été suivis récemment des travaux de M. James Scott[1] et de M. Jas. S. Gale[2]. Ces ouvrages de la première heure permettront une étude raisonnée de la langue coréenne; il faudrait maintenant, pour le dictionnaire, recueillir un plus grand nombre de mots, donner des exemples plus copieux, diviser les sens différents, distinguer les expressions d'origine chinoise et, parmi elles, celles qui ont été introduites anciennement des plus récentes; pour la grammaire, renoncer aux cadres de la grammaire européenne qui ne conviennent absolument pas au coréen, adopter un plan analogue à celui qu'ont suivi pour leur langue les grammairiens japonais, analyser et classer les formes du verbe : voilà la tâche qui s'impose d'abord et dont l'achèvement permettra d'aborder dans de meilleures conditions les problèmes linguistiques.

On le voit, linguistique, ethnographie, archéologie, histoire, sciences naturelles, géographie, presque tout est à faire, et rien n'est plus naturel, puisque les études coréennes ne sont possibles sur place que depuis si peu d'années; dans plus d'une branche, il existe déjà d'excellents travaux : les Japonais, comme les Occidentaux, ont travaillé à préparer le terrain où pourront construire les ouvriers de l'heure prochaine. Qu'il me soit permis de souhaiter que ceux-ci viennent en nombre; et puisse le public savant apprendre à connaître la place de la Corée parmi les races, le rôle qu'elle a joué depuis le IVe siècle

---

[1] *A Corean Manual or phrase book*. Shanghai, 1887; in-8°.
English-Corean Dictionary. Seoul, 1891; in-4°.
[2] *Korean grammatical forms*. Seoul, 1894; in-8°.

de notre ère, recevant, assimilant, transmettant tour à tour la religion, la forme sociale, l'art, l'industrie, en un mot la civilisation.

En laissant la Corée pour le Japon, nous quittons une terre presque vierge et nous abordons à une côte hospitalière et explorée; c'est surtout ici que je me bornerai à marquer quelques directions, à noter quelques noms, en rappelant au lecteur de ne conclure de mon silence ni à un oubli, ni à une opinion défavorable : la matière est trop riche. Des écrits indigènes antérieurs ou postérieurs à la Restauration, je ne dirai rien, puisque je m'occupe des travaux des Orientalistes; il serait pourtant intéressant d'étudier le développement presque soudain pris par la presse organisée à la façon européenne, d'indiquer ces livres, ces revues, ces journaux, tout ce qui s'imprime en japonais d'abord, mais aussi en anglais, en français, en russe, en allemand. Mais, en me limitant à l'étude du Japon par les Européens, j'ai encore un champ bien vaste, tellement sont nombreux les auteurs de tous genres qu'a attirés le Japon depuis une quarantaine d'années : je n'en veux pour preuve que la *Bibliographie japonaise* de M. von Wenckstern[1], suivie de la réimpression de celle de Léon Pagès; elle fait plus de 400 pages grand in-8°; encore l'accuse-t-on de n'être pas complète. Mais une bibliographie est-elle jamais complète? et, telle qu'elle est, celle-ci rend des services.

Dans cette littérature relative au Japon, une distinction s'impose entre deux périodes qu'il est impossible de délimiter exactement, mais qui sont séparées à peu près par la Restaura-

---

[1] *A Bibliography of the Japanese Empire... by Fr. von Wenckstern, to which is added a fac-simile reprint of : Léon Pagès, Bibliographie japonaise.* Leiden, 1895; grand in-8°.

La *Bibliographie japonaise* de Pagès forme 1 volume in-4°. Paris, 1859.

tion impériale et la plus large ouverture du Japon aux étrangers : les œuvres récentes sont pour la plupart des études spéciales, relatives à un point précis et assez resserré de la géographie, de l'histoire, de la civilisation japonaises; dans la période ancienne, les publications étaient presque toutes des études générales ou des récits de voyage, exposant avec plus ou moins d'ordre et de détail l'ensemble des notions que l'on avait sur le pays; lorsque ces notions étaient peu nombreuses, en effet, elles pouvaient plus facilement être embrassées par un seul auteur, ce qui serait impossible aujourd'hui.

Pourtant, dès le premier âge des études japonaises, la langue a fait l'objet de travaux spéciaux : c'est ainsi qu'il nous faut saluer en passant les noms de quelques missionnaires des xvi° et xvii° siècles, les PP. Calepini, Rodriguez, Collado[1]; ils ont eu bien plus tard pour successeur Siebold, dont la *Bibliotheca Japonica*, publiée avec l'aide de J. Hoffmann, renferme trois œuvres lexicographiques[2] et dont un *Epitome linguæ japonicæ* avait paru dès 1826 (in-8°, Batavia); enfin, au seuil de

---

[1] *Dictionarium latino-lusitanicum et japonicum, ex Ambr. Calepini volumine depromptum* In Amacusa, 1595; in-4°.

Vocabulario da lingua de Japam com a declaração em portuguez, feito por alguns Padres e Irmãos da Companhia de Jesu...Nangasaki, 1603; in-4°.

Arte da lingoa de Japam, composta pello P. João Rodriguez. Nangasaki, 1604; in-4°.

Arte breve da lingoa Japoa...*pello P. Joam Rodriguez*... Macao, 1620. Petit in-4° (ce dernier traduit en français par Landresse, avec explication des syllabaires par Abel Rémusat. Paris, 1825; petit in-4°).

Vocabulario del Japon declarado primero en portuguez, por los PP. de la C. de J. Manila, 1630; in-4°.

Ars grammaticæ japonicæ linguæ, composita a Fr. Didaco Collado..... Romæ, 1632; in-4°.

[2] *Sin zoo zi lin gjok ben. Novus et auctus literarum ideographicarum thesaurus*... Lugduni Batavorum, 1834; in-folio.

Wa kan won seki sjo gen zi ko. Thesaurus linguæ japonicæ, 1835; in-folio.

Tsiän dsu wén, sive Mille literæ ideographicæ (cité plus haut).

l'âge contemporain, vers l'époque des premiers traités avec le Japon, nous trouvons comme pionniers quelques hommes dont les uns ont disparu, tandis que les autres sont encore debout : Sir R. Alcock, Léon Pagès, le Dr Pfizmaier, M. de Rosny[1].

Les lexiques en diverses langues qui ont paru depuis lors sont très nombreux; mais le dictionnaire le plus usuel et le plus complet est celui de J. C. Hepburn, qui a eu quatre éditions de 1867 à 1888[2]; dans la partie japonaise-anglaise, on pourrait souhaiter une analyse plus précise du sens, ainsi que des exemples plus nombreux avec l'indication des sources; la partie anglaise-japonaise, beaucoup plus condensée, n'est pas d'un usage bien pratique, malgré l'Index de M. W. N. Whitney[3]. Les excellents dictionnaires publiés par les Japonais pour leur propre langue pourront, avec le dictionnaire d'Hepburn, servir de base à un travail lexicographique plus complet et qui serait bien utile aux japonisants; le capitaine Brinkley a donné, cette année même, un dictionnaire japonais-anglais que je n'ai pas encore reçu. Le dictionnaire en trois volumes publié par

---

[1] Je ne cite que quelques ouvrages de Sir R. Alcock et de Léon Pagès, moins connus, il me semble :
Elements of Japanese Grammar for the use of beginners... Shanghai, 1861; in-8°.
Familiar Japanese dialogues... London, 1863; in-8°.
Dictionnaire japonais-français... traduit du Dictionnaire japonais-portugais imprimé en 1603 à Nangasaki... publié par Léon Pagès. Paris, 1862-1868; in-4°.
Essai de grammaire japonaise, composé par M. J.-H. Donker Curtius traduit du hollandais avec de nouvelles notes, par Léon Pagès. Paris, 1861; in-4°.
Dictionnaire français-anglais-japonais, composé par M. l'abbé Mermet de Cachon et publié par les soins de M. A. Le Gras et de M. Léon Pagès (1re livraison seule parue). Paris, 1866; in-8°.

[2] 1re édition : Shanghai, petit in-4°; 1867.
2e édition : Shanghai, in-8°; 1872.
3e édition : Tokyo, in-8°; 1886.
4e édition : Tokyo, in-8°; 1888.

[3] *Index of Chinese characters in Hepburn's Dictionary.* Tokyo, 1888; in-8°.

M. J. H. Gubbins[1] d'une grande précision de sens, prête au traducteur un secours précieux pour la partie du vocabulaire à laquelle il est consacré; il constitue en même temps une étude philologique intéressante, isolant, comme il le fait, la plupart des mots chinois qui ont passé dans le japonais. La connaissance philologique du japonais est d'ailleurs assez avancée, grâce aux travaux de MM. W.-G. Aston, B.-H. Chamberlain, de Sir E. Satow au sujet de textes anciens et de variétés dialectales, aussi bien que sur la grammaire générale : je rappelle à ce propos l'étude de M. Aston sur les rapports du coréen et du japonais, qui a été citée plus haut, et je parlerai plus loin de la grammaire loutchouane de M. Chamberlain. Une grande partie de ces recherches linguistiques ont paru dans les *Transactions of the Asiatic Society of Japan*, depuis 1872 [2]; d'autres ont été publiées dans les *Mittheilungen der deutschen Gesellschaft für Natur- und Völkerkunde Ostasiens*, depuis 1873 [3]; d'autres encore forment des ouvrages séparés [4]. Enfin une œuvre

---

[1] *A Dictionary of Chinese-Japanese words in the Japanese language*. London and Tokio, 1889; in-8°.

[2] Chamberlain, *On the use of «pillow words» and plays upon words in Japanese poetry* (V, 1877). — *On the mediæval colloquial dialect of the comedies* (VI, 1878). — *Notes on the dialect spoken in Ahidzu* (IX, 1881). — *On the various styles used in Japanese literature* (XIII, 1885). — *What are the best names for the «bases» of Japanese verbs?* (XVII, 1890).

C. H. Dallas, *The Yonezawa dialect* (III, 1876).

Sir E. Satow, *Reply to Dr. Edkins on the Japanese letters* chi *and* tsu (VIII, 1880).

Chamberlain and Ueda, *Vocabulary of the most ancient words of the Japanese language* (XVI, 1888).

[3] Dr. K.-A. Florenz, *Alliteration in japanischer Poesie* (V, 47, 1892).

C. Munzinger, *Die Psychologie der japanischen Sprache* (VI, 53, 1894).

[4] Sir E. Satow, *Kuaiwa hen. Vingt-cinq exercices dans le dialecte de Yédo*. Yokohama, 1873; in-12.

Rev. W. Imbrie, *Handbook of English-Japanese etymology*. Tokyo, 2ᵉ édition, 1889; in-8° (1ʳᵉ édition, 1880).

B.-H. Chamberlain, *A simplified Grammar of the Japanese language modern*

qui mérite une attention toute spéciale est la Grammaire de la langue écrite, publiée par M. Aston en 1877 (Yokohama, in-4°) : sous un petit volume, elle condense tout l'essentiel des diverses formes revêtues successivement par la langue japonaise et en démontre, avec une parfaite clarté, tout le mécanisme si régulier.

Je dois ajouter que les ouvrages pour l'enseignement de la langue parlée, dont je cite quelques-uns en note, ne me semblent pas tout à fait à la hauteur de ceux qui traitent de la langue écrite : je ne trouve pas, par exemple, de ces excellents recueils de dialogues comme il en existe quelques-uns pour le chinois, qui donnent des conversations de tous genres entre interlocuteurs appartenant à toutes les classes de la société, joignent au texte indigène une transcription européenne et une traduction, et ajoutent des notes relatives aussi bien à la grammaire qu'aux mœurs du pays, lorsque l'occasion s'en présente; je sais bien que, si les auteurs d'ouvrages élémentaires ne donnent presque jamais le texte indigène, c'est intentionnellement; mais, à mon avis, il faut, pour comprendre le japonais, être en état de le lire. Et, puisque l'occasion a amené sous ma plume l'expression d'un regret, je vais en avouer un autre qui est relatif à une question de philologie : je trouve bien naturel que, pour la transcription d'une langue étrangère, un Allemand emploie les lettres avec une valeur allemande et qu'un Anglais leur donne un son anglais; mais je ne puis comprendre d'où vient le système de transcription du *Romaji kai*, qui n'est ni allemand, ni anglais, ni à coup sûr français; qui ne correspond pas à la prononciation actuelle; qui ne tient

---

written style. London, 1886; in-8°. — *A Handbook of colloquial Japanese*. London, 1888; in-8°.

R. Lange, *Einführung in die japanische Schrift*. Stuttgart und Berlin, 1896; in-8°. — *Lehrbuch der japanischen Umgangssprache*. Stuttgart und Berlin, 1890.

aucun compte des relations naturelles des sons; qui constitue pour l'étudiant une cause de confusions constantes : il est bien osé à moi d'exprimer si ouvertement mon étonnement sur une méthode adoptée aujourd'hui par les plus éminents des japonisants; mais je manquerais de sincérité, si je dissimulais. Quant aux publications des sociétés du *Romaji* et du *Kana* (*Romaji kai* et *Kana no kai*), je n'en parlerai pas : ces deux associations avaient espéré substituer à l'écriture classique du japonais, semi-idéographique, semi-syllabique, l'emploi unique ou des caractères latins ou des kana; mais la langue japonaise renferme une telle quantité d'homophones d'origine chinoise, que ces tentatives ont avorté.

Les œuvres anciennes de la littérature japonaise ont fourni matière à d'importantes études linguistiques, en même temps qu'à des traductions : je citerai, par exemple, le *Ko zi ki* de M. Chamberlain, le *Nihon gi* de M. Aston et celui du Dr Florenz, les *Ancient Japanese Rituals*[1] de Sir E. Satow, le *Tosa nikki*[2] de M. Aston et plusieurs extraits des vieux recueils poétiques. D'autres auteurs, dans des traductions plus libres ou dans des adaptations, ont fait connaître au lecteur européen Wasōbyōe, le *Gulliver* japonais[3], l'*Histoire des quarante-sept rônins* (plusieurs traductions), le *Genji monogatari*[4]; le théâtre a été spécialement étudié par MM. Guimet et Régamey[5], von Langegg[6], Lequeux[7]. La littérature, ses tendances et son histoire ont fait

---

[1] *Asiatic Society of Japan*, VII, 1879; IX, 1881.
[2] Même recueil, III, 1874.
[3] B.-H. Chamberlain, *Asiatic Society of Japan*, VII, 1879.
[4] Traduction par Suyematz Kenchio. Londres, 1882; in-8°.
[5] *Le théâtre au Japon*. Paris, 1886.
[6] *Alte japanische Dramen* (*Magazin für die Literatur des In- und Auslandes*; 1863, Leipzig; in-4°).
[7] *Le théâtre japonais*. Paris, 1889; in-8°.

l'objet de deux articles du Dr Florenz[1] et d'un excellent résumé de Sir E. Satow[2]. Les *Tales of old Japan* de M. A.-B. Mitford (Londres, 1871, 2 vol.), avec leurs excellentes notes et leurs explications copieuses et précises, nous font saisir sur le vif les mœurs de l'ancien Japon, que nous découvrent déjà les œuvres purement littéraires. C'est dans le Japon d'aujourd'hui, avec ses nouveautés et avec ce qu'il conserve d'antique, que nous fait entrer M. Lafcadio Hearn[3] : d'un style séduisant, d'une pénétration acérée, ses deux volumes nous révèlent l'âme des hommes et des choses du Japon. Je me suis demandé parfois si M. Hearn ne découvre pas un peu plus qu'il n'y a; mais ses découvertes sont charmantes et elles dépassent de peu la réalité. La pensée religieuse des Japonais nous est connue par diverses études sur le sintoïsme et le bouddhisme[4]. Les *Cent proverbes japonais* de M. Steenackers (Paris, 1885, in-4°, illustré), les Proverbes du Dr Lange[5], ceux de M. P. Ehmann[6], l'Histoire du costume japonais, de M. J. Conder[7], de nombreux articles sur les jeux, le mariage, les coutumes journalières[8], les publications officielles sur l'éducation[9] nous ont révélé en partie la vie du peuple japonais. On n'ignore pas l'influence

---

[1] *Japanische Literatur der Gegenwart* (*Mitth. Deutsch. Ges.*, V, 47, 1892). — *Zur Psychologie des japanischen Witzes* (même recueil, V, 49; 1892).

[2] *Japanese literature* (Vol. IX of the *American Cyclopaedia*) New-York, 1874. — Reprinted privately. Petit in-8°, 1890.

[3] *Glimpses of unfamiliar Japan.* Boston and New-York, 1894; 2 vol. in-8°.

[4] Sir E. Satow, *The revival of pure Shintau* (*As. Soc. of Japan*, III, appendix; 1874). — *The Shinto temples of Ise* (même recueil, II; 1873-1874). — *Ancient Japanese Rituals* (déjà cité).

[5] *Mitth. Deutsch. Ges.*, I, 4, 8, 9, 10; II, 20; 1874-1880.

[6] Même recueil, supplément; in-8°; 1897.

[7] *Asiatic Society of Japan*, VIII et IX; 1880 et 1881.

[8] *Le Japon pratique*, par Félix Régamey. Cent dessins par l'auteur. Paris, s. d.; in-12.

[9] *An outline history of Japanese education*... reprinted 1878. Tokio, 1877; in-12.

exercée en Europe par l'art japonais, qu'ont fait apprécier des publications comme le *Japon artistique* de M. S. Bing[1], *L'art japonais* de M. L. Gonse[2], *The pictorial art of Japan*, par M. W. Anderson (Londres, 1886) et bien d'autres; l'on connaît moins les œuvres plus techniques, mais bien précieuses, consacrées à l'étude de la céramique ou de la musique, à l'art des bouquets ou aux industries qui, au Japon, touchent de près à l'art[3] : les émaux, la laque, la métallurgie, l'architecture, l'agriculture, la sériciculture ont trouvé leurs historiens.

Avec ces travaux sur les arts et les industries, nous atteignons presque l'histoire proprement dite; l'archéologie, l'étude de l'ancienne législation et de ses révolutions nous y font entrer tout à fait; d'ailleurs la limite est flottante entre l'histoire de l'art, qui remonte jusque vers le vııı^e siècle, et l'archéologie dont les monuments, descendant jusqu'aux temps historiques, nous conduisent d'autre part, avec les restes préhistoriques, jusqu'à l'«âge des dieux». Ces recherches nous font connaître l'existence, dans le Japon central et peut-être méridional, de diverses races, entre autres des Aïnos sur lesquels j'aurai à revenir. Il semble d'ailleurs que, malgré quelques bons articles de MM. Chamberlain, Satow et autres, les études archéologiques n'aient été jusqu'ici que peu cultivées par les étrangers. L'ad-

---

[1] Paris, 1889-1890; 3 vol. in-4°.

[2] Paris, 1883; 2 vol.

[3] Sir W. Franks, *Japanese pottery, being a native report with an introduction and catalogue.* Londres, 1880; in-8°, illustré.

F.-T. Piggott, *The Music and musical instruments of Japan.* Londres, 1893; in-4°, illustré.

J.-J. Rein, *The Industries of Japan together with an account of its agriculture, forestry, arts and commerce.* Londres, 1889; grand in-8°, illustré.

J. Conder, *The Theory of flower arrangement* (*Asiat. Soc. of Japan*, XVII, 1889).

M. Revon, *De arte florali apud Japonenses*...Parisiis, M DCCC XCVI; in-8°.

Du même, *Étude sur Hoksaï.* Paris, 1896; in-8°.

ministration, la législation, la constitution de la société ont au contraire donné lieu à des travaux de grande importance, au premier rang desquels il faut marquer : *Materials for the study of private law in old Japan*[1] de M. J.-H. Wigmore; *Feudal system of Japan under the Tokugawa shōguns*[2], de M. J. H. Gubbins; *Staatliche and gesellschaftliche Organisation im alten Japan*[3], du Dr Florenz.

Toutes les études dont je viens de parler s'appuyent sur l'histoire, à laquelle elles rendent en clarté le soutien qu'elles en ont reçu. Pour l'histoire proprement dite, je trouve d'abord les traductions des premiers monuments de l'antiquité japonaise, du *Ko zi ki* et du *Nihon gi* : la première, par M. Chamberlain, a été publiée dans les *Transactions of the Asiatic Society of Japan* (X, supplément, 1883); le second ouvrage a été traduit d'un côté par M. Aston et a paru en deux volumes, comme supplément aux *Transactions and proceedings of the Japan Society* (Londres, in-8°, 1896; ce périodique paraît depuis 1893); une autre traduction par le Dr Florenz est en cours de publication dans les *Mittheilungen der deutschen Gesellschaft*, etc. Les trois auteurs ne se sont pas contentés de résoudre les problèmes que posait pour le sens même l'antiquité de la langue; mais ils ont cherché, par des comparaisons avec les documents chinois et coréens, à faire œuvre de critique historique, et leurs trois ouvrages seront désormais la base de tout travail sur l'ancienne histoire du Japon. On peut souhaiter de voir leurs méthodes appliquées bientôt aux autres monuments des anciens âges; mais jusqu'ici, à part quelques bons instruments de travail, comme *Japanese chronological Tables* de W. Bramsen[4],

[1] *Asiatic Society of Japan*, XX, Supplément; 1892.
[2] Même recueil, XV, 1887.
[3] *Mitth. Deutsch. Ges.*, V, 44; 1890.
[4] Tokyo, 1880; in-4°.

et *Ancien Japon* de M. G. Appert[1], quelques études spéciales très précises de MM. Aston, Chamberlain et de plusieurs autres[2], les écrivains européens ont préféré se tenir dans des généralités ou se rapporter à des textes à demi romanesques. L'introduction du christianisme au Japon (1548), l'ambassade de 1585 en Italie, les persécutions du xvii⁰ siècle, l'expédition du commodore Perry (1853), l'ouverture du Japon aux étrangers et les faits qui ont suivi, ont été l'objet d'un grand nombre d'ouvrages et de mémoires intéressants [3]. Je n'oublie pas, parmi les sciences historiques, la numismatique, la bibliographie, le blason : bien des travaux ont été publiés; mais je ne puis signaler, faute de place, que le volume de Sir E. Satow, d'un travail si minutieux, plein de reproductions curieuses [4], et l'intéressante étude de M. de Milloué sur un coffre à trésor [5].

Sur la limite des sciences historiques, nous trouvons l'anthropologie : le D' E. Baelz [6] avec les méthodes précises de la science moderne, l'abbé Évrard [7] avec sa connaissance profonde de la langue, ont apporté des documents intéressants; de nom-

---

[1] Tokyo, 1888; in-8°.

[2] W. G. Aston, *Early Japanese history* (*Asiatic Society of Japan*, XVI, 1888).

[3] Sans parler des documents du xvi⁰ et du xvii⁰ siècle, je cite au hasard :
Léon Pagès, *Histoire de la religion chrétienne au Japon depuis 1598 jusqu'à 1651*. Paris, 1869-1870, 2 vol. in-8°.
Sir E. Satow, *The Church at Yamaguchi from 1550-1586* (*Asiatic Society of Japan*, VIII, 1879).
Sir. R. Alcock, *The Capital of the Tycoon; A Narrative of three years residence in Japan*. Londres, 1863; 2 vol. in-8°.
Vice-amiral Layrle, *La Restauration impériale au Japon*. Paris, 1893; in-8°.
G. Berchet, *Le antiche ambasciate giapponesi in Italia*. Venezia, 1877; in-8°.

[4] *The Jesuit Mission Press in Japan, 1591-1610*. Privately printed, 1888; in-4°.

[5] *Coffre à trésor attribué au shogun Iyéyoshi*, par MM. L. de Milloué et S. Kawamoura. Paris, 1896; grand in-8°.

[6] *Körperliche Eigenschaften der Japaner* (*Mitth. Deutsch. Ges.*, III, 28; IV, 32; 1883-1885).

[7] *Les anciens États du Japon* (*Revue française du Japon*, II, 1893).

breuses questions de nosologie, d'hygiène, de médecine générale ont été traitées par le Dʳ Baelz, Geerts et autres, dans différents recueils périodiques. La géologie du Japon, si riche en minéraux de toutes espèces, la zoologie et la botanique de cet empire qui s'étend du 50ᵉ degré de latitude Nord jusqu'au tropique, et dont le climat si spécial a donné naissance à une faune et à une flore très variées, ont dès longtemps attiré l'attention des résidents; une branche des sciences naturelles, la séismologie, a pris un développement particulier, marqué par la publication des *Transactions of the seismological Society* (1880-1892, 16 vol. in-8°; Yokohama) et du *Seismological Journal* (à partir de 1893, in-8°; Yokohama), ainsi que par les travaux du Prof. J. Milne. La météorologie s'est signalée par de nombreuses observations.

Pour la géographie, je noterai seulement, avec le grand atlas du Japon dû à M. Bruno Hassenstein [1] et renfermant les meilleures cartes européennes du pays, le volume de M. W.-N. Whitney [2] et celui de MM. Chamberlain et Mason [3] : le premier comprend diverses listes, rangées par ordre alphabétique, de noms de localités en caractères et en transcription; il est regrettable qu'aucun travail de ce genre n'existe pour la géographie ancienne, ni pour la géographie physique; le second, un simple guide du voyageur au Japon, contient une foule de renseignements précis sur tout ce qui peut intéresser celui qui désire bien voir. Les voyageurs ne se comptent plus aujourd'hui au Japon et beaucoup d'entre eux tiennent à nous faire part de leurs impressions, sans paraître se douter que le Japon est

---

[1] Gotha, 1885.
[2] *A concise Dictionary of the principal roads, chief towns and villages of Japan*. Tokyo, 1889; in-12.
[3] *A Handbook for travellers in Japan*. Londres 1891; in-12 (série des *Murray's handbooks*).

connu et que ce n'est généralement pas en quinze jours ou même en trois mois de séjour, que l'on peut rassembler des notes valant la peine d'être imprimées; mais si les récits de voyage récents manquent habituellement d'intérêt, il est des exceptions, lorsque l'auteur a su chercher dans les provinces reculées des régions encore peu connues ou renouveler le sujet par ses observations personnelles [1]. Les mêmes qualités d'observation rendent précieux des ouvrages généraux comme le *Japon* de Bousquet [2], ou comme ces *Things Japanese* [3], où M. Chamberlain passe en revue avec sa précision élégante un ensemble important de notions relatives au Japon d'aujourd'hui et d'autrefois.

Quant aux anciennes relations et aux anciens ouvrages généraux, nous devons nous souvenir que leurs auteurs ont été les premiers à faire connaître le Japon au prix de difficultés considérables; d'ailleurs ils sont encore d'un grand intérêt comme témoins d'une époque disparue : des œuvres aussi consciencieuses que celles de Kaempfer [4] et de Siebold [5] marquent dans l'histoire de la découverte du monde; à côté d'eux, mais en second rang,

---

[1] T.-W. Blakiston, *Japan in Yezo, 1862-1882*. Yokohama, 1883; in-folio.

F.-V. Dickins and E. Satow, *Notes of a visit to Hachijo in 1878* (*Asiatic Society of Japan*, VI, 1878).

P. Lowell, *Noto, an unexplored corner of Japan*. Boston, 1891; in-8°.

É. Guimet et F. Régamey, *Promenades japonaises*. Paris, 1878-1880; in-4°.

[2] G. Bousquet, *Le Japon de nos jours et les Échelles de l'Extrême-Orient*. Paris, 1877; 2 vol. in-8°.

A. Humbert, *Le Japon illustré*. Paris, 1870; 2 vol. in-4°.

[3] B.-H. Chamberlain, *Things Japanese, being notes on various subjects connected with Japan*. Londres, 1892; in-8°.

[4] E. Kaempfer, *The history of Japan with an account of the ancient and present state and government... translated by J.-J. Scheuchzer*. Londres, 1727-1728; 2 vol. in-folio.

[5] Ph.-Fr. von Siebold, *Nippon. Archiv zur Beschreibung von Japan und dessen Neben- und Schutzlaendern*. Leide, 1832-1852; in-folio.

il faut citer les noms de W. Adams [1], F. Caron [2], D' Thunberg [3] et des missionnaires du xvi° siècle; et il en faudrait rappeler beaucoup d'autres encore.

Yeso, l'une des quatre grandes îles de l'archipel japonais, se rattache à lui aux points de vue géographique, géologique, séismologique; les mêmes navigateurs et les mêmes voyageurs qui ont décrit le Japon ont reconnu les côtes de l'île septentrionale et exploré ses vallées montagneuses. Mais, pour la faune et la flore, Yeso se distingue nettement des régions méridionales de l'empire; le détroit de Tugaru sert de frontière à beaucoup d'espèces animales et végétales, qui sont confinées soit au sud, soit au nord. De même pour l'ethnographie, Yeso, dont le nom officiel est Hoku kai dau (le gouvernement a formé sous ce nom un territoire qui est administré comme une sorte de colonie), est, aujourd'hui du moins, un monde à part, habité par les Aïnos : cette race très primitive, étudiée principalement par MM. Chamberlain, J. Batchelor et par quelques voyageurs [4], occupait encore au vi° siècle une grande partie de l'île principale; auparavant elle s'était étendue jusqu'à Kiyu siyu, si les conclusions tirées par M. Chamberlain de l'étude des noms

---

[1] W. Adams, *The original letters of the English pilot William Adams written from Japan between A. D. 1611 and 1617.* Yokohama, 1878; in-8°.

[2] F. Caron, *Beschryvinghe van het Machtigh Coninckrycke Japan... Gestelt in den jare 1636.* Amsterdam, 1648; in-4°.

[3] *Dr. Thunberg's dagverhaal eener reize naar Japan, Juni 1775-Mei 1776.* Amsterdam, 1781; in-8°.

[4] *Internationales Archiv für Ethnographie. Supplement zu Band IV...The Aïnos, by David Macritchie.* Leiden, Paris, New-York, 1892; in-4°.

The Ainu of Japan... by the Rev. John Batchelor. Londres, 1892; in-8°.

Aino Fairy tales ... by B. H. Chamberlain. Tokyo, s. d.; 3 petits cahiers in-18.

Alone with the hairy Ainus... by A. H. Savage Landor. Londres, 1893; grand in-8°.

géographiques[1] sont fondées; elle a été lentement repoussée et son aire d'habitat est limitée à Yeso, aux Kouriles et au sud de Sakhalin; peu civilisables, puisque mille ans de contact avec les Japonais ne les ont pas tirés de la sauvagerie primitive, les Aïnos n'ont laissé de leur présence au Japon d'autres traces qu'un mélange de sang dans le nord de Hon siyu et un assez grand nombre de noms de localités; leur langue, tout à fait à part, bien qu'elle ait subi l'influence du japonais, a été étudiée surtout par le Dr Pfizmaier et par MM. Dobrotvorsky et Batchelor[2].

D'autres races, différentes et des Aïnos et des Japonais, ont sans doute habité jadis le sol du Japon; mais seuls l'anthropologiste et l'archéologue en trouvent aujourd'hui quelques vestiges[3]. C'est au contraire un peuple apparenté aux Japonais qui habite les îles Lieou khieou, dont la civilisation est mi-chinoise mi-japonaise, et qui, depuis vingt-cinq ans, font partie du territoire de l'Empire. Les Loutchouans ont été peu étudiés jusqu'ici; c'est seulement en 1895 que M. Chamberlain, après un séjour parmi eux, a fait paraître un remarquable travail, intitulé trop modestement : *Essay in aid of a Grammar and Dic-*

---

[1] *Memoirs of the Literature College, Imperial University of Japan.* N° 1 : *The language, mythology and geographical nomenclature of Japan, viewed in the light of Aino studies*, by Basil Hall Chamberlain... including an Ainu Grammar by John Batchelor. Tokyo, 1887; in-4°.

[2] *Dictionnaire aïno-russe* de M. M. Dobrotvorsky. Kazan, 1875; in-8°.

An Ainu-English-Japanese Dictionary and Grammar, by the Rev. John Bachelor Tokyo, 1889; in-8°.

[3] J. Milne, *Notes on the Koropokguru or Pit dwellers of Yezo and the Kurile islands* (*Asiatic Society of Japan*, X; 1882).

Ed. S. Morse, *Evidences of the cannibalism in a nation before the Aïnos in Japan* (*Proceedings of the American Association for the advancement of science*, 1878).

E. T. Hamy, *Les négritos à Formose et dans l'archipel japonais* (*Bulletin de la Société anthropologique*, Paris; 1873).

tionary of the Luchuan language [1]. et montrant entre ces insulaires et leurs voisins japonais une parenté linguistique des plus proches. Bien que le loutchouan ne soit pas écrit et que le chinois et le japonais soient les langues cultivées de l'archipel, cependant les études loutchouanes paraissent ainsi destinées à jeter un jour nouveau sur la langue et les antiquités japonaises. M. L. Riess [2] nous apprend d'autre part que les Loutchouans ont jadis occupé Formose, en partie tout au moins, et que leurs descendants, sous le nom de Lonkjous, y ont été retrouvés par les Hollandais au xviie siècle; aujourd'hui l'île ne paraît plus contenir, outre les Chinois, que des peuplades malaises qui s'y sont établies dès le viie siècle.

Je donne ici en note les titres de quelques ouvrages relatifs aux îles Lieou khieou et à Formose [3].

Ainsi, dans l'aire géographique que je définissais au com-

[1] *Asiatic Society of Japan*, XXIII, supplément, 1895.
[2] *Geschichte der Insel Formosa* (Mitth. Deutsch. Ges., VI, 59, 1897).
[3] B. H. Chamberlain. *On the manners and customs of the Loochooans* (*Asiatic Society of Japan*, XXI, 1893).

Hervey de Saint-Denis, *Sur Formose et sur les îles appelées en chinois Lieou kieou* (*Journal asiatique*, 1874, 1875).

Coronation of the king of Loochoo (*China Review*, vol. VII; Hongkong, 1878-1879).

Sir E. Satow, *Notes on Loochoo* (*Asiatic Society of Japan*, I, 1873).

S. W. Williams, *Journal of a mission to Lewchew in 1801* (*North China branch of the Royal Asiatic Society*, new series, VI, 1871).

Letters from B. J. Bettelheim, M. D., giving an account of his residence in Lewchew. Canton, 1852; in-8°.

Le P. Furet, *Les îles Loutchou* (*Revue orientale et américaine*, 1859).

F. G. Müller Beeck, *Geschichte der Liu kiu Inseln*. (*Berliner Gesellschaft für Anthropologie*, 1883).

C. Imbault-Huart, *L'île Formose, histoire et description*. Paris, 1893; in-4°..

H. Cordier, *Bibliographie des ouvrages relatifs à l'île Formose*. Chartres, 1893; in-4°.

mencement de ces notes et qui, s'arrondissant à travers la mer, part du Kamtchatka et de l'embouchure de l'Amour, comprend la péninsule coréenne et aboutit aux côtes du Fou kien, nous trouvons à Formose, avec des Malais, des Lonkjous, c'est-à-dire des Loutchouans; ceux-ci sont étroitement apparentés aux Japonais; mais ce dernier peuple renferme, d'après plusieurs auteurs, un élément malais, contesté cependant par de graves autorités. L'une des races primitives de la Corée, celle dont la langue survit dans le coréen moderne et qui, vraisemblablement, forme le fond de la population, si elle n'était pas de même souche que les Japonais (ce qui n'est pas prouvé), avait cependant avec eux des ressemblances sensibles. Les Aïnos, qui ont peuplé jadis une grande partie du Japon, parlent une langue où quelques personnes ont trouvé des rapports avec le coréen. Les Ghiliakes de l'embouchure de l'Amour ne sont peut-être pas très différents des Aïnos. Et qui sait si, lorsque l'ethnographie de la Chine sera faite, on ne trouvera pas dans les anciens éléments étrangers des côtes méridionales, éléments aujourd'hui submergés par les Chinois, des peuplades apparentées à celles de Formose? Les faits que je viens de rappeler ne sont pas également bien établis : du moins, il est permis d'affirmer les affinités ethnographiques et linguistiques entre le Japon, la Corée et les Lieou khieou : trois races parentes y ont reçu une même civilisation, ces trois pays voisins ont formé historiquement une région à part dans le monde chinois. Les études dont ils sont l'objet, sont donc voisines, atteignent par des méthodes parallèles à des résultats analogues; elles sont destinées à se rapprocher et à s'éclairer mutuellement. Tel est le résultat qui ressort des travaux faits jusqu'ici et telle est la dernière conclusion que je veux tirer de ces notes.

COUP D'OEIL

SUR LES INSTITUTIONS

DU

GOUVERNEMENT DE TOKUGAWA,

PAR

M. YORODZOU ODA.

INTRODUCTION.

La Restauration impériale en 1868 mit fin aux institutions politiques de l'ancien Japon. C'est de ce moment que date, avec l'abolition du Shogounat et de la féodalité, la nouvelle ère du Méidji, et que nous nous sommes efforcés, avec une activité aussi vive qu'intelligente, de comprendre et d'adopter, à l'admiration des pays qui nous servirent de modèles, des institutions étrangères bien appropriées et bien assimilées. Il y a là vraiment un changement brusque, un développement en quelque sorte prématuré. Mais, en réalité, la capacité d'un peuple ne se produit jamais d'un seul jet; elle doit se former et se développer nécessairement durant un laps de temps plus ou moins long et, qu'on me permette le mot, recevoir la trempe des diverses épreuves qu'elle a à traverser. Le gouvernement de Tokugawa, qui concentra entre ses mains tous les pouvoirs politiques et qui régna en vrai souverain pendant près de trois cents ans (1603-1868), contribua en grande partie à la civilisation du Japon. Ce fut sous lui que toutes les réformes politiques et législatives s'accomplirent, et que furent encouragés la littérature sino-japonaise, les arts et l'industrie.

Sous ce régime shogounal, notre nation déploya donc déjà toutes ses facultés pour son rôle civilisateur. Il va sans dire que les progrès de l'ancien Japon furent trop restreints et trop conservateurs pour prendre part à la civilisation du monde entier, mais il est clair que ces progrès frayèrent pour ainsi dire le chemin qui devait nous conduire aux progrès du Japon moderne.

Il n'y a que trente ans qu'eut lieu la chute du Shogounat de Tokugawa : c'est donc un événement tout récent. Aussi peut-il sembler bien facile de décrire ses institutions. Eh bien! c'est tout le contraire qui se présente. Les vieillards d'aujourd'hui qui ont vécu sous ce gouvernement ont de la peine en général à en comprendre l'organisation. Il n'y a là rien qui puisse étonner, car les institutions de Tokugawa étaient non seulement très compliquées, mais encore la majeure partie de ces institutions était restée non publiée [1].

---

[1] Une note finale des *Osadamé-Hyakukadjô* ou les *Cent articles sanctionnés* nous dit : « Ces articles étant rédigés avec la sanction du shogoun, il est expressément interdit de les publier à toute personne autre que les fonctionnaires chargés de leur exécution. »

PREMIÈRE PARTIE.

ORGANISATION POLITIQUE ET ADMINISTRATIVE.

Sous le gouvernement de Tokugawa, c'était le shogoun qui concentrait en lui tous les pouvoirs politiques et législatifs, comme un monarque doté du pouvoir absolu. Aussi n'y avait-il alors ni séparation des pouvoirs, ni indépendance des organes politiques entre eux. D'une part, tous les pouvoirs étaient réunis dans les mains du shogoun; d'autre part, ils étaient délégués à tous les organes à la fois, de façon que les autorités administratives exerçaient une partie du pouvoir judiciaire et que réciproquement les autorités judiciaires exerçaient une partie du pouvoir administratif, sans parler des autorités législatives qui naturellement n'étaient pas constituées sous un régime autocrate.

Dans toute administration, la justice comprise, l'action se répartit sur trois branches : l'administration active, la délibération ou la consultation et le jugement des affaires litigieuses. Ces trois actions s'exercent au moyen de trois organes : les agents se chargent de l'administration active; les conseils, de la délibération ou de la consultation; les juges, du jugement des affaires litigieuses. Nous allons voir successivement tous les organes politiques du gouvernement de Tokugawa.

1. ADMINISTRATION GÉNÉRALE.

L'administration générale avait été confiée à diverses autorités réparties sur toute la surface du territoire, ayant des formes bien différentes des autorités actuelles. Les autorités placées au sommet de la hiérarchie et dirigeant toutes les autorités subordonnées étaient chargées de l'administration centrale. Commençons par analyser l'organisation de ces autorités centrales.

A. AUTORITÉS CENTRALES.

L'administration centrale du gouvernement de Tokugawa se répartissait entre six autorités principales.

1. *Yôbeya* 用部屋 ou cabinet des ministres. — Les affaires du Yôbeya étaient confiées à trois autorités qui avaient chacune leurs attributions spéciales : *Taïrô*, *Rôdjû* et *Wakadoshiyori* :

Le *Taïrô* 大老, appelé autrefois *Karô* 家老, était l'unique et premier ministre du gouvernement, sans attributions particulières. Il n'était pas nécessaire que ce poste fût toujours occupé ; sa vacance n'entravait pas l'action politique.

Le *Rôdjû* 老中, appelé autrefois *Toshiyori* 年寄 et plus tard *Kakurô* 閣老, composé de trois membres, se chargeait en commun des affaires relatives à la cour impériale, aux grands temples bouddhiques dont le grand-prêtre était prince du sang[1], aux personnes de la cour et aux seigneurs.

Le *Wakadoshiyori* 若年寄, comprenant cinq membres et, créé par Iyemitsu, troisième shogoun, disposait des affaires des *Hatamoto* 旗本 ou chevaliers personnels du shogoun. Le fils du Toshiyori Sakaï et celui du Toshiyori Doï furent les premiers nommés à cette fonction, et on leur donna alors le nom de Wakadoshiyori, c'est-à-dire les jeunes vieillards, parce qu'ils étaient fils de Toshiyori ou vieillards. Avant ce temps, la même

---

[1] La politique du gouvernement de Tokugawa était de renfermer dans les grands temples tous les princes de la famille impériale, à l'exception de l'héritier présomptif. En leur conférant en apparence une haute fonction, il se gardait ainsi de toute ambition de leur part de rétablir le pouvoir impérial.

fonction avait existé sous le nom de Kinjiu 近習, c'est-à-dire chambellans du shogoun.

Les ministres avaient pour agents auxiliaires les Oku-Omote-Yûhitsu 奥表右筆 ou secrétaires privés qui étaient chargés de dresser et de garder les actes authentiques ainsi que de préparer les affaires ministérielles.

II. *Hyôdjôsho* 評定所 ou haute cour de justice. — Le Hyôdjôsho, consacré principalement au pouvoir judiciaire, était composé des agents principaux de l'administration centrale. *Taïrô*, *Rôdjû* (ministres) *Jishabugyô* 寺社奉行 (chef de l'administration des cultes bouddhique et shintoïste), *Matsibugyô* 町奉行 (préfet de la ville de Yédo), *Kandjôshobugyô* 勘定所奉行 (intendants). Les *Ométsuké* 大目付 et les *Kométsuké* 小目付 (premiers et seconds surveillants) assistaient aussi au conseil du Hyôdjôsho.

Les séances du Hyôdjôsho se tenaient généralement au *Densoyashiki* 傳奏屋敷 (palais où l'on recevait les envoyés de l'Empereur). Il y avait deux sortes de séances qui toutes deux avaient lieu trois fois par mois : les ordinaires et les extraordinaires.

Les jugements du Hyôdjôsho étaient en dernier ressort. Comme tribunaux de première instance, il y avait les *Daikwanjo* 代官所 ou sous-préfectures; tous les procès étaient examinés d'abord par ces autorités locales, à moins qu'ils ne se rapportassent à des questions litigieuses entre un individu et un temple bouddhique ou shintoïste, auquel cas on s'adressait directement au Hyôdjôsho. Tous les jugements de celui-ci étaient rédigés par les *Tomariyaku* 留役 ou greffiers, et ils formaient la jurisprudence des arrêts.

III. *Kandjôsho* 勘定所 ou Chambre des Intendants. — Le Kandjôsho, composé de deux bureaux : le *Dentyu* 殿中 ou bureau intérieur, et le *Ninomaru* 二ノ丸 ou bureau extérieur, réglait les affaires financières. Les Kandjôshobugyô étaient les chefs de ces bureaux. Établis au commencement du shogounat sur le modèle des anciens *Daïdokoro* ou *Kurahossi* 臺所藏法帥 (agents de la comptabibité), ils se partageaient les deux juridictions : le *Kujikata* 公事方 ou juridiction extérieure, et le *Kattegata* 勝手方 ou juridiction intérieure.

Les *Hyôdjôsho-Tomariyaku-Kumigashira* 評定所留役組頭 étaient les agents adjoints du Kujikata, et les *Gotendzume-Kumigashira* 御殿詰組頭 ceux du Kattegata.

IV. *Jishabugyô* 寺社奉行 ou chef de l'administration des cultes bouddhique et shintoïste. — Le Jishabugyô, institué par le fameux shogoun Iyémitsu, était chargé de régler les affaires du shintoïsme et du bouddhisme et de contrôler le personnel de ces deux cultes. Il avait pour agents auxiliaires les *Gimmimono-Shirabeyaku* 吟味物調役.

On doit faire remarquer ici que, sous notre ancien régime, les actes de l'état civil étaient déposés entre les mains des prêtres bouddhiques ou bonzes. Ce fut une loi de la quatrième année du Méidji (1871) qui les retira de leurs mains pour les remettre entre celles des maires. Le *Shumon-Aratame* 宗門改 ou examen des cultes n'était qu'un recensement de la population. La séparation des églises et de l'État n'était pas encore reconnue à cette époque comme elle l'est aujourd'hui. Les cultes formant en quelque sorte une branche de la politique, les bonzes se mêlaient d'affaires purement administratives. En dehors de la part qu'il prenait aux sentences judiciaires dans la Haute Cour de Justice, le Jishabugyô détenait donc encore une partie des attributions du ministre de l'intérieur de nos ours.

V. *Matsibugyô* 町奉行 ou préfet de la ville de Yédo. — Les

attributions du Matsibugyô exercées d'abord par une personne furent par la suite réparties entre deux agents. Les Matsibugyô réglaient les affaires concernant les citoyens de la ville, et ils avaient pour agents subordonnés les *Yorikidôshin* 與力同心.

VI. *Metsukejo* 目付所 ou préfecture de police. — Le Metsukejo, composé des *Ometsuke* 大目付 ou premiers surveillants, et des *Kometsuke* 小目付 ou seconds surveillants, fut créé par Iyémitsu sur le modèle de l'ancienne surveillance militaire. Comme procureurs subordonnés aux Rôdjû les Ométsuké avaient le droit de porter accusation contre les Daïmio et de surveiller la conduite de tous les fonctionnaires publics. Comme procureurs subordonnés aux Wakadoshiyori, les Kométsuké avaient à faire observer les règles disciplinaires des Hatamoto. Au-dessous de ces deux ministères publics, il y avait aussi deux agents, *Katsimetsuke* 徒目付 et *Koninmetsuke* 小人目付, ayant le droit d'accusation contre les vassaux et le peuple.

Voilà quelles étaient les autorités principales de l'administration centrale du gouvernement de Tokugawa. Il y avait encore d'autres fonctions telles que maîtres des cérémonies, commandants des gardes du palais, etc.

B. AUTORITÉS LOCALES.

En parlant des autorités locales sous le régime de Tokugawa, nous ne dirons rien de l'organisation des Daïmyonats ou domaines des seigneurs, car les seigneurs de cette époque, jouissant par excellence de l'autonomie et formant chacun un gouvernement complet à l'intérieur, ne sauraient être appelés autorités locales du gouvernement de Tokugawa. Nous nous contenterons donc de voir l'organisation du *Kôryo* 公領 ou domaine shogounal. L'administration du domaine shogounal était dirigée par cinq autorités principales :

I. *Shoshidai* 所司代 ou gouverneur de Kioto, ayant, en dehors de ses attributions administratives de la ville, mission de garder le palais impérial et de contrôler les daïmyo de la partie ouest du pays.

II. *Jôdaï* 城代, *Djôban* 常番 et *Kaban* 加番 (gardes du château), représentant le shogoun et exécutant ses ordres dans les trois châteaux principaux de Nidjô, Osaka et Sumpu.

III. *Matsibugyô* 町奉行 chargés de l'administration générale dans les villes principales de Kioto, Osaka, Sumpu, Nara, Fushimi, etc.

IV. *Bugyô* 奉行, chargés soit de l'administration des ports de commerce, comme ceux de Nagasaki, Sado, Sakaï, Ouraga, soit de l'administration des terres sacrées comme celles de Yamada et de Nikko.

V. *Daikwan* 代官 ou sous-préfets, destinés à percevoir les impôts et à rendre la justice dans chaque district du domaine shogounal.

L'administration du gouvernement de Tokugawa s'exerçait au moyen de tous les organes cités ci-dessus. Ces organes, très compliqués à première vue, mais au fond mis en harmonie, étaient des mieux constitués dans l'ancien Japon. Ils se reliaient les uns aux autres par une chaîne fort solide qui remontait des agents de la classe inférieure jusqu'à l'autorité la plus élevée, et descendait réciproquement; c'est-à-dire qu'une hiérarchie administrative y était merveilleusement établie, puisque, une action administrative étant donnée, elle mettait aussitôt en mouvement toute la surface de la sphère politique. Voilà pourquoi le gouvernement de Tokugawa resta presque trois cents ans à la tête de seigneurs qui, puissants et ambitieux, étaient prêts toujours à se révolter contre le shogounat.

II. ADMINISTRATION MUNICIPALE.

De toutes les institutions du régime de Tokugawa, celle du «self-government» dans les communes était la plus parfaite. Sans avoir jamais rien su de ce qu'est le «self-government» proprement dit, sa politique nous vint donner de bien bonne heure l'exemple du meilleur système d'administration communale. La réforme politique de 1868, qui détruisit toutes nos institutions anciennes, n'épargna pas non plus ce système de «self-government». La force des choses contraignit notre gouvernement actuel de tout réformer pour concentrer les pouvoirs politiques répartis auparavant entre les seigneurs féodaux. De la féodalité fortement assise à la monarchie bien constituée, de la décentralisation outre mesure à la centralisation la plus absolue, en un mot d'une extrémité à l'autre, voilà l'orientation politique de notre gouvernement actuel à l'époque de sa restauration. La loi municipale de la vingtième année du Méidji (1887) et plus tard les deux lois relatives à l'organisation administrative des départements et des arrondissements s'efforcèrent de rétablir le «self-government» dans les circonscriptions locales, et elles n'y réussirent qu'avec beaucoup de peine.

Sous le régime de Tokugawa, les circonscriptions locales se divisaient en deux grandes parties, ayant chacune une administration propre.

A. LES VILLES.

L'administration générale des villes était dirigée par les Matsibugyo ou préfets, comme nous l'avons dit plus haut. Quant à l'administration locale, elle avait une organisation toute particulière : elle était placée entre les mains d'agents spéciaux, parmi lesquels nous signalerons surtout les *Matsidoshiyori* 町年寄 ou conseillers vieillards, et les *Nanushi* 名主, autrement dits *Shôya* 庄屋 ou maires. Les premiers formaient l'organe de l'administration consultative, et les seconds celui de l'administration active; les premiers décidaient et les seconds exécutaient.

Les titulaires de ces deux organes administratifs étaient élus d'un côté et restaient héréditaires de l'autre. Les habitants qui, ayant droit de cité, prenaient part aux élections étaient les propriétaires de terres ou de maisons ainsi que les chefs des groupements de cinq familles de locataires.

Toutes les affaires administratives d'une ville était généralement votées au gré des propriétaires fonciers qui recrutaient parmi eux les *Tsukigyôji* 月行事 ou commissaires mensuels dirigeant tour à tour les affaires publiques sous l'autorité des *Nanushi* ou maires.

Les dépenses publiques d'une ville étaient surtout demandées aux impôts locaux sous le nom de *Kuyakugin* 公役銀. Le plus important d'entre eux était analogue à celui des portes et fenêtres de notre époque. On avait pris pour évaluation le *Koma* 小間, c'est-à-dire la mesure d'une maison ou d'un établissement de deux mètres environ de façade sur sept de profondeur [1].

B. LES VILLAGES.

Dans tous les villages il y avait trois organes de l'administration. C'étaient le *Nanushi*, les *Kumigashira* 組頭 et les *Hyakushôsodai* 百姓總代, et on les appelait du nom général de *Murakatasanyaku* 村方三役, c'est-à-dire les trois autorités du

---

[1] La proportion variait naturellement suivant l'importance des rues.

village. Le Nanushi était le maire élu par les paysans pour exécuter les affaires communales; les Kumigashira étaient les agents adjoints aux maires, représentant en même temps les groupements des familles. Ils formaient tous deux l'organe de l'administration active d'un village. Quant aux Hyakushô-Sôdaï, ils formaient le conseil municipal, décidant tout ce qui se rapportait aux affaires publiques. Les dépenses publiques des villages étaient alimentées de la même manière que celles des villes.

III. ADMINISTRATION SPÉCIALE.

En fouillant dans les documents concernant les institutions du gouvernement de Tokugawa, on a la preuve qu'il y avait pour chaque profession une association douée de la personnalité légale, sous le nom de *Kumiaï* 組合. Les kumiaï avaient une partie de la puissance publique pour administrer les affaires communes aux frais de l'association. Les Toshiyori ou vieillards étaient les conseillers de cette association administrative, et les Gyôji en étaient les agents. Ils décidaient et exécutaient les affaires communes au nom de l'association.

Je désire dire ici un mot du meilleur système qu'adopta notre ancien gouvernement pour mettre en accord les deux grandes parties de l'administration générale et spéciale. C'était le moyen de la perception des impôts de profession. Le contribuable direct était l'association, et non ses membres[1]. Il est tout naturel que l'association ait été contribuable au point de vue juridique, puisqu'elle était personne civile. Mais cette idée juridique n'était pas conçue à cette époque. N'est-il pas étonnant alors que, sans avoir eu aucune idée juridique moderne,

---

[1] Le montant des impôts d'une association restait fixe tous les ans, et on répartissait la quote-part de chacun de ses membres proportionnellement à leur patrimoine.

le gouvernement de Tokugawa ait trouvé un pareil système? Un système non moins commode d'impôt était celui des impôts en nature et des corvées. Sous l'ancien régime, par exemple, le service public des poissons et des légumes était imposé aux halles; le curage des cours d'eau navigables et flottables était à la charge des marchands de pierre, de bois et de quelques autres qui profitaient le plus des cours d'eau.

Qu'on me permette encore une petite remarque sur l'assistance publique, comme partie des affaires administratives. Il y avait deux sortes d'assistance : l'assistance directe et l'assistance indirecte. Les moyens de l'assistance indirecte étaient si particuliers, qu'il était interdit, par exemple, aux restaurants d'acheter directement leurs provisions aux halles; ils étaient contraints de se pourvoir chez les petits marchands, permettant ainsi à ceux-ci de réaliser quelque bénéfice entre l'achat et la vente. Pour l'assistance directe, des biens spéciaux étaient mis en réserve à l'hôtel de ville et c'étaient les Nanushi qui se chargeaient de les répartir entre les pauvres, lorsque la commune devait lui venir en aide.

SECONDE PARTIE.

RÈGLES DE LA DISCIPLINE ET DU DROIT.

Nous venons de voir l'organisation du gouvernement de Tokugawa; jetons maintenant un coup d'œil sur les règles de la discipline et du droit.

Il y avait cinq ordonnances shogounales qui servaient de règles fondamentales à toute la législation. Nous allons les analyser successivement.

I. *Kinrimuki-Gohôshiki* 禁裏向御法式 ou Règles de la discipline du palais impérial. — Avant le gouvernement Tokugawa, il n'existait aucune ordonnance shogounale relative à la maison impériale et aux personnes de la cour. Quelques-uns de nos historiens aussi ont-ils blâmé l'abus de pouvoir du shogounat de Tokugawa en rédigeant une ordonnance de ce genre. Il est vrai que les Kinrimuki-Gohôshiki furent rédigés du consentement du shogoun et du kwanbaku ou ministre de la maison impériale et que le Tenno (empereur) fut contraint d'y donner son approbation. Pensons un peu aux circonstances de fait. N'est-il pas évident que de pareils abus de pouvoir devaient fatalement se produire à la suite de ces longues guerres intestines des Daïmyo et de la consolidation de la base du shogounat et du trône impérial?

Les Kinrimuki-Gohôshiki consistent en deux règles très voisines dont l'une se rapportait spécialement à la discipline du palais, sous le nom de *Kintsyugata-Godjomôku* 禁中方御條目, et l'autre à la discipline des gens de la cour, sous le nom de *Kugehatto* 公家法度. La première, contenant 17 articles, fut rédigée la vingtième année du Keitsyo (1615); la seconde, contenant 5 articles, le fut trois ans avant la première. Ces deux règles, à vrai dire, étaient plutôt des conseils de courtoisie et de morale que des règles de droit. La plupart des dispositions du Kintsyugata-Godjômoku étaient consacrées aux règles relatives aux études du Tenno et au protocole du palais. Quelques articles seuls portaient des règles purement juridiques.

II. *Bukehatto* 武家法度 ou Règles de la discipline des seigneurs féodaux. — Pour établir la discipline chez les Daïmyo ou seigneurs féodaux, une ordonnance était promulguée toutes les fois qu'il y avait nomination d'un shogoun. Les dispositions consistaient aussi, en majeure partie, en préceptes de morale et de politique. La première ordonnance fut rédigée par Hidetada, deuxième shogoun, à l'occasion de la chute de la famille de Toyodomi, la vingtième année du Keitsyo (1615). Un serment en trois articles avait été antérieurement prononcé de la part des seigneurs envers le shogoun, la seizième année de la même ère. « Les Daïmyo observeront, dit l'article premier du serment, les diverses ordonnances de Udaïshô (Yoritomo) et de ses successeurs, en attendant celles qui seront rédigées à Yédo. » D'après la teneur de ce serment, le shogoun promulgua, en consultant les anciennes lois, sa première ordonnance qui devenait le modèle de celles qui devaient la suivre. Il y était dit, dans l'article premier, que l'on doit s'appliquer aux études militaires et civiles, et dans l'article 2 que toute vilaine action est expressément interdite. L'ordonnance contenait donc nombre de règles morales. Il y a tout de même quelques règles de droit : « Chaque seigneur ayant son domaine, dit l'article 5, il sera tenu de ne permettre d'y entrer à nul autre que ses vassaux ». « Toute réparation d'un château, dit l'article 6, doit être préalablement autorisée, et aucune nouvelle construction ne sera permise. »

III. *Shoshihatto* 諸士法度 ou Règles de la discipline des chevaliers personnels du shogoun. — Les Shoshihatto différaient un peu des deux ordonnances citées ci-dessus. C'était la règle disciplinaire des Hatamoto ou chevaliers personnels du shogoun ayant un certain grade déterminé [1]. Il était de règle générale que ces Shoshihatto fussent, comme les Bukehatto, promulgués toutes les fois que le shogoun venait à être nommé. Cette règle ne fut cependant pas toujours suivie. Toutefois, en présence d'un cas non prévu, pour ne pas statuer de nouveau, les Bukehotto pouvaient être appliqués aussi aux Hatamoto. Nous n'avons que trois Shoshihatto, promulgués par les trois premiers shogouns. On n'y rencontre pas moins de règles de morale. L'article premier des Shoshihatto de la neuvième année du Kwanyéi impose le respect pour les principes chevaleresques ainsi que l'assiduité dans l'étude de l'art militaire. Les Shoshihatto de la douzième année de la même ère demandent, dans leur article premier, la fidélité envers le maître et les parents, les occupations militaires, la courtoisie et la loyauté et enfin l'abstention de toute mauvaise conduite.

IV. *Takafuda* 高札 ou Ordonnances des tables de bois. — Les Takafuda, composés de sept tables de bois, étaient plantés à six principaux endroits de la ville de Yédo, pour faire savoir les règlements que devait observer tout le peuple. On les appelait Yedo Takafuda, pour les distinguer de ceux qui étaient plantés dans les autres villes. La plupart des règles contenues dans ces tables étaient des règles de police. Dans la première table étaient inscrites les dispositions générales au milieu desquelles se voyaient aussi quelques préceptes moraux. « L'amour doit exister dans la famille, dit l'article premier, les maîtres

---

[1] Pour être régi par les Shoshihatto, il est nécessaire d'avoir au moins une rente de dix mille koku.

doivent aimer leurs domestiques, et ceux-ci doivent être fidèles dans leur service. » — « Chacun doit exercer son métier, stipule l'article 2, et vivre modestement suivant sa condition. » Dans la seconde table, on voit les dispositions prohibitives concernant la vente secrète des médicaments et la contrefaçon des monnaies. Il y avait aussi quelques articles dans le but de prévenir les grèves des ouvriers et la coalition des marchands. Voilà le principe socialiste qu'avait appliqué avec tant de clarté le gouvernement de Tokugawa. Les troisième et quatrième tables fixaient les prix des services postaux, et la cinquième, les peines édictées contre le christianisme qui était alors sévèrement prohibé. La sixième table contenait les conditions exigées pour la chasse, et la septième enfin les règlements de la police d'incendie. Ces sept tables furent déterminées sous le gouvernement de Iyénobu, sixième shogoun. A ces tables il faut ajouter encore trois Takafuda plantés spécialement à Nihonbashi[1], au centre de la ville, pour l'exécution de la police judiciaire et administrative.

V. *Osadame-Hyakkadjô* 御定百箇條 ou les Cent articles sanctionnés. — Le *Osadame-Hyakkadjô* ou Code des cent articles sanctionnés fut rédigé à la fin de la deuxième année du Kwampô (1742) sous le gouvernement du huitième shogoun, Yoshimuné, et revisé dans la deuxième année du Kwanséi (1790), quarante-huit ans après sa rédaction. Il contenait d'abord cent articles, comme l'indique son nom, mais on y ajouta trois articles, lors de la revision, sans qu'aucun changement fût apporté dans l'appellation de ce code.

---

[1] Nihonbashi ou le pont du Japon, jeté sur un simple canal, près du château shogounal, était considéré comme le centre du pays. C'est de ce pont que l'on comptait et que d'ailleurs on compte encore toutes les distances, d'où son importance.

Avant la rédaction de ce code, il n'existait qu'un droit coutumier. Une rédaction des arrêts avait été toutefois tentée sous le gouvernement du deuxième shogoun qui pourtant n'était pas favorable à cet essai. L'accroissement des arrêts et les difficultés touchant les affaires judiciaires vinrent démontrer la nécessité d'une codification et les travaux en furent achevés grâce à l'activité de Yoshimuné et à l'application de ses ministres.

Bien différent de toutes les ordonnances citées plus haut, le code Osadame-Hyakkadjô contient des règles purement juridiques, loin qu'il y ait, cela va sans dire, une division scientifique du droit et une classification méthodique des dispositions contenues. La majeure partie des articles de ce code est consacrée à des règles de droit pénal et de droit criminel. Les règles de droit civil n'en occupent qu'une petite partie. Les dix-huit premiers articles se rapportent à l'organisation judiciaire et aux formalités exigées aux diverses instances; de l'article 20 à l'article 28 sont fixées les peines applicables aux attentats contre l'ordre public, ainsi que les voies de confiscation et la quote-part des frais judiciaires dans le cas où un procès est intenté ou une demande introduite au nom de certains groupements locaux [1]. La plupart des dispositions de l'article 43 et des suivants prévoient des délits contre les bonnes mœurs, les choses et les personnes; et l'article 103, le dernier, fixe les voies d'exécution de différentes peines. Les autres articles sont réservés aux règles du droit civil, notamment à celles de l'hypothèque, du gage, du contrat de louage et du prêt.

---

[1] Dans un procès particulier au plaideur, si celui-ci se trouve en état d'insolvabilité, les frais sont répartis entre les membres du groupement de familles auquel il appartient. Au cas où le procès n'est pas fondé, le groupement local des cinq famill.s est aussi responsable de la contribution des frais judiciaires.

CONCLUSION.

Le gouvernement de Tokugawa, tenant en quelque sorte un rôle transitoire entre l'ancien Japon et le nouveau, nous a laissé des institutions fondées tout à fait sur une idée particulière. Sans que j'ose m'en flatter, ma rapide esquisse pourra peut-être offrir quelque avantage à ceux qui travaillent à rechercher les différentes institutions et à en tirer les idées juridiques de chaque nation, observations faites soit comparativement, soit historiquement.

Ce qui est avant tout manifeste, c'est que le but politique du gouvernement de Tokugawa fut de rétablir et d'asseoir la paix dans tout le peuple las d'une longue guerre intestine. Loin de tirer vanité de sa conquête et du pouvoir omnipotent qu'il eut entre les mains, notre ancien régime shogounal se contenta d'améliorer petit à petit l'état politique et social sans y apporter aucune réforme superficielle et brillante. Dans la majeure partie de ses institutions, il conserva celles de l'ancienne famille de Tokugawa qui n'avait été d'abord que de petits seigneurs de la province de Mikawa. Rien d'étonnant donc que ces institutions aient été fort compliquées. Mais il y a là, suivant moi, tout un bon côté dans la politique de ce gouvernement.

Enfin, par ce que je viens d'esquisser seulement, on peut remarquer tout au moins, si je ne m'abuse, les deux grands principes qui dominèrent toutes les institutions de l'ancien régime de Tokugawa. Je veux dire : d'une part, l'application sévère de la morale chevaleresque chez les guerriers, et d'autre part la solidarité sociale dans le peuple. Toute l'organisation politique, toutes les institutions administratives découlent, semble-t-il, de ces deux grands principes. Que de lois ordonnent la fidélité, la loyauté, l'honneur et bien d'autres préceptes de morale! Et de là, la culture et l'élévation d'esprit dans tous les clans féodaux! Que de lois réclament la concorde dans la famille et le concours dans les groupements territoriaux et spéciaux! Et de là, la paix sociale, civile et religieuse! Pour finir en un mot, comme politique intérieure, le gouvernement de Tokugawa adopta celle qui était la meilleure aux anciens temps.

PRONONCIATION ANCIENNNE
DU CHINOIS,

PAR

M. Z. VOLPICELLI,

DÉLÉGUÉ DE LA « CHINA BRANCH OF THE ROYAL ASIATIC SOCIETY »
AU CONGRÈS DES ORIENTALISTES À PARIS.

Lorsque je commençai mes travaux sur la phonologie chinoise, je comptais beaucoup sur la liste des caractères chinois employés dans la transcription des noms sanscrits donnés par Stan. Julien dans sa Méthode. Mais, après maint essai, je dus renoncer à leur aide, et je fus obligé d'aborder le travail accablant des dialectes comparés. Dans ma *Chinese Phonology*, le seul point où j'aie été éclairé par la Méthode a été de préciser la valeur de l'initiale 影 de K'ang-hsi que j'ai déterminée comme un *hamzeh* ou absence d'initiale, et que j'ai marquée par un astérisque. J'ai même trouvé cela dans les alphabets chinois-sanscrits qui introduisent les travaux de Julien. Je fus très intrigué de ce fait qui ne cessa de tourmenter mon esprit jusqu'au moment où j'ai trouvé une explication qui me paraît vraisemblable, car elle est basée sur la nature même de la langue chinoise; je la présente aux Orientalistes dans l'espoir qu'elle puisse mériter leur approbation.

Les Chinois n'ayant pas d'alphabet, se trouvent bien embarrassés à transcrire les noms et les mots étrangers : non seulement ils ne peuvent pas exprimer les sons qui n'existent pas chez eux (comme par exemple les Français rendent le *c* doux des Italiens ou le *ch* anglais par la combinaison théorique *tch*), mais ils ne peuvent pas indiquer les syllabes étrangères qui ne se trouvent pas dans leur syllabaire, quand même ces syllabes seraient composées de sons qui existent tous dans leur langue. Nous sommes tellement habitués à l'emploi de l'alphabet depuis notre enfance que nous méconnaissons le travail d'abstraction qui y est renfermé. Lorsque nous entendons un mot d'une langue étrangère, du moment que nous avons saisi clairement le son, notre esprit le décompose aussitôt dans ses éléments consonants et vocaliques. Ainsi dépecé, il peut se rendre presque intégralement, et si quelque son manque à la gamme de notre langue, nous y substituons un son semblable ou une nouvelle combinaison de lettres à laquelle nous prêtons une valeur conventionnelle; cette légère divergence d'une consonne ou d'une voyelle ne déguise pas trop le mot, qui peut être toujours reconnu. Les Chinois, au contraire, lorsqu'ils entendent un mot étranger, doivent tâcher de trouver des *syllabes* (qui sont toujours aussi des mots) dans leur langue, qui par leur combinaison puissent rendre le son du mot étranger. Il n'est plus alors question de quelque consonne ou voyelle qui manque, mais souvent de toute une syllabe qui se trouve ainsi dénaturée et d'une façon qui nous semble extraordinaire, si nous gardons inconsciemment nos préventions alphabétiques; parce que nous sommes tentés alors d'objecter à la transcription chinoise, en nous appuyant sur le fait que tous les sons élémentaires existent dans leur langue. Certes, mais leur réunion dans la syllabe voulue manque, et les Chinois sont obligés d'employer une autre syllabe qui réponde à peu près à celle du mot étranger. Tous ceux qui ont vécu en Chine savent les difficultés qui se présentent lorsqu'un Européen vient d'arriver : il faut l'affubler de ce qu'on appelle un *nom chinois*, c'est-à-dire trouver un certain nombre de caractères chinois qui, prononcés ensemble, rendent le mieux possible la prononciation de son nom. Les caractères employés généralement n'indiquent que très imparfaitement le nom étranger, et il est presque impossible de reconnaître de qui l'on parle si l'on ne sait d'avance la personne dont il s'agit. La lecture d'un journal chinois présente les mêmes difficultés: toutes les fois que l'on relate des nouvelles étrangères, les noms des lieux et des personnes sont difficiles à deviner, si l'on ne connaît par la pratique les transcriptions conventionnelles employées.

Ces réflexions m'ont poussé à la conclusion que dans le syllabaire, nous avions la clef des difficultés qu'avaient à franchir les bonzes indiens et leurs élèves chinois lorsqu'ils ont tâché de transcrire les mots sanscrits avec les caractères chinois. J'ai trouvé alors que mes travaux de reconstruction des sons anciens publiés dans ma *Chinese Phonology* étaient insuffisants pour expliquer la transcription si merveilleusement mise à jour dans la méthode immortelle de Stanislas Julien. En effet, dans ma brochure je n'avais essayé que de donner les éléments phonétiques de la langue ancienne selon nos abstractions alphabétiques; je n'avais pas donné un catalogue des syllabes existantes dans ce temps et qui constituaient le vrai matériel, avec toutes ses imperfections, à la disposition des bonzes chinois dans leur travail de transcription.

J'ai dû poursuivre mes études dans cette direction, et reconstituer un syllabaire théorique de la langue ancienne. Dans ce but, j'ai dû renoncer, pour le moment au moins, à un autre travail que j'avais commencé sur les rimes du Shih-Ching en les comparant aux tables de K'ang-hsi, base des résultats de ma brochure. Ce travail m'avait donné des résultats préliminaires assez encourageants, mais je lui ai préféré celui-ci que j'ai considéré plus important pour l'appui de mon hypothèse. J'ai pensé, je crois avec raison, que les rimes du Shih-Ching ne pouvaient donner des preuves en ma faveur, car, en effet, par leur concordance avec les tables de rimes de K'ang-hsi, elles indiqueraient que ces dernières représentent une prononciation bien plus ancienne que l'on ne croit généralement, et que je n'avais supposé moi-même. Elles ne pourraient jamais indiquer la prononciation absolue de ces tables, et ici nous retombons dans les difficultés que nous présente toujours cette langue dépourvue d'une écriture alphabétique. La seule comparaison des caractères chinois entre eux ne nous enseigne rien, et forcément, parce que s'ils ont tous changé; leur concordance peut indiquer simplement une variation pareille et synchronique. Notre seul point de repère est la comparaison avec une autre langue alphabétique : et nous l'avons dans les transcriptions sanscrites si soigneusement cataloguées et éclairées par Julien.

La reconstruction d'un syllabaire ancien m'offrait l'occasion de mettre à l'essai la valeur de mon hypothèse. Si elle y résistait avec succès, si ce syllabaire déduit rigoureusement des données renfermées dans ma *Chinese Phonology* réussissait à ôter les difficultés et à expliquer les anomalies notées par Julien, je pourrais me flatter d'avoir présenté une hypothèse scientifique, car elle répondrait à la nature des phénomènes philologiques. Naturellement je n'osais croire pouvoir tout expliquer. Les transcriptions données par Julien présentent parfois des anomalies tellement irréconciliables, le même caractère servant à représenter plusieurs syllabes différentes du sanscrit, qu'aucune théorie ne suffirait à les expliquer, et il faut se résigner à admettre en quelques cas une certaine négligence ou indifférence de la part des bonzes qui se sont chargés d'acclimater la littérature bouddhique en Chine. Ces irrégularités cependant ne doivent pas trop nous étonner si nous réfléchissons aux mauvaises transcriptions qui se trouvent dans toutes les langues, même celles qui possèdent une écriture alphabétique. Nous ne devons pas nous attendre, dans tous les temps et de tous, à cette rigueur scientifique qui se trouve chez l'élite des savants de nos jours.

Pour reconstituer le syllabaire, je repris les tables de rimes de K'ang-hsi (la seconde série renfermant 24 tables) et je marquai le son de chaque caractère qui s'y trouve d'après ma théorie. Ce travail fini, j'arrangeai toutes ces syllabes selon l'ordre de notre alphabet, et j'eus ainsi un syllabaire hypothétique de la langue ancienne. Avant de l'employer pour l'explication des anomalies de la Méthode, il sera utile de présenter quelques éclaircissements sur le système de romanisation adopté, et sur les résultats que mon hypothèse a donnés en s'appliquant à la formation d'un syllabaire.

J'ai suivi naturellement le système de romanisation employé dans ma *Chinese Phonology*, qui est basée pour les voyelles, à quelques exceptions près, sur celui de Parker indiqué dans l'introduction du *Dictionnaire chinois-anglais* de Giles. Je vais préciser la valeur des voyelles et des diphtongues.

VOYELLES.

o c'est l'*o* ouvert français [il peut être aussi *ō* long (*oo*)].
ó c'est l'*o* fermé français.
a c'est l'*a* français.
e c'est l'*è* ouvert français.
é c'est l'*é* fermé français.
i c'est l'*i* français [il peut être *ī* long et *ĭ* bref].
u c'est le diphtongue *ou* français.
ü c'est l'*u* français.

DIPHTONGUES.

Dans celles-ci, les voyelles sont toutes prononcées comme dans les diphtongues italiennes : il n'y a pas de contraction et passage dans un son unique.

oa	ao	ea	ia
oi	ai	eo	io
ou	au	ei	ii
		éi	iu
		eu	

Ceux-ci sont les sons vocaliques déjà donnés dans la *Chinese Phonology*; mais, dans les syllabaires, j'ai dû comprendre certaines catégories négligées parce qu'elles renfermaient très peu de caractères et pouvaient être négligées dans une étude préliminaire. L'admission de ces petites catégories exige une autre voyelle que, par sa place dans les *divisions* des tables de K'ang-hsi, je suppose être un *a* anglais, comme dans le mot *and* de cette langue, et que j'indiquerai par ce signe ă.

Cette nouvelle voyelle se trouve dans les diphtongues ăi et uăi qui doivent se prononcer d'après les règles données pour les autres diphtongues, c'est-à-dire en faisant bien sentir toutes les voyelles sans mélange ou contraction. Cette voyelle se trouve seulement dans les finales ăng, ăm, ăn, et uăn, et dans très peu de syllabes, parce qu'elle ne se se rencontre qu'avec les initiales chuintantes-cérébrales.

CONSONNES.

Voici la romanisation employée et les valeurs conventionnelles données à certains signes :

(Labiale forte) *b* comme en français.
(Dentale) *d* comme en français.
(Dentale cérébrale) *ḍ*[1] comme la lettre sanscrite ड (pour la prononciation voir *Ch. Ph.*).

---

[1] Dans la *Chinese Phonology*, j'ai employé le signe conventionnel *d(r)*, parce qu'il n'y avait pas le *ḍ* dans la fonte de l'imprimerie, et j'ai pensé aussi que cette notation indiquerait à peu près la façon de prononcer.

(Chuintante) *dz* comme en français.
(Chuintante cérébrale *ḍz* [1] comme la précédente, mais avec cérébralisation voir *Ch. Ph.*)
(Labiale faible) *f* comme en français.
(Labiale faible) *f'* comme la précédente, mais avec émission forcée de l'haleine.
(Gutturale) *g* comme en français devant les voyelle *a*, *o* et *ou*.
(Aspirée) *h* comme en français.
(Aspirée) *Hh* comme le ﺡ des Arabes et le *ch* des Allemands.
Jr comme un *j* nasal ou cérébral.
(Gutturale) *k* comme le *c* français devant *a*, *o* et *ou*.
(Gutturale) *k'* comme la précédente, mais suivie d'une forte émission d'haleine.
l comme en français.
(Labiale forte) *m* comme en français.
(Dentale) *n* comme en français.
(Dentale cérébrale) *ṇ* [2] comme la précédente, mais cérébralisée.
(Gutturale) *ng* comme la ع des Arabes.
(Labiale forte) *p* comme en français.
(Labiale forte) *p'* comme la précédente, mais avec émission d'haleine.
(Chuintante) *s* comme en français.
(Chuintante cérébrale) *ṣ* comme la précédente, mais cérébralisée; c'est le *ch* français.
(Dentale) *t* comme en français.
(Dentale cérébrale) *ṭ* [3] comme la précédente, mais cérébralisée.
(Dentale) *t'* comme *t*, mais suivie d'une forte émission d'haleine.
(Dentale cérébrale) *ṭ'* comme la précédente, mais cérébralisée.
(Chuintante) *ts* comme en français.
(Chuintante cérébrale) *ṭs* [4] comme la précédente, mais cérébralisée.
(Chuintante) *ts'* comme *ts*, mais suivie d'une forte émission d'haleine.
(Chuintante cérébrale) *ṭs'* [5] comme la précédente, mais cérébralisée.
(Labiale faible) *v* comme en français.
(Labiale faible) *w* comme en anglais.
(Aspirée) *y* comme en français.
(Chuintante) *z* comme en français.
(Chuintante cérébrale) *ẓ* [6] comme le *j* français.

[1] Voir note précédente. — [2] *Ibid.* — [3] *Ibid.* — [4] *Ibid.* — [5] *Ibid.* — [6] *Ibid.*

Comme l'on voit, c'est exactement le même système que dans ma brochure, sauf que les cérébrales alors indiquées par $t(r) - t'(r) - d(r) - n(r) - ts(r) - ts'(r) - dz(r) - s(r) - z(r)$ sont maintenant marquées $\underline{t} - \underline{t}' - \underline{d} - \underline{n} - \underline{ts} - \underline{ts}' - \underline{dz} - \underline{s} - \underline{z}$.

Dans la liste ci-dessus, on ne trouvera pas cette absence d'initiale (la série 影) que j'avais supposée être un *hamzeh* arabe et que j'avais dénotée par le signe conventionnel*. C'est parce qu'elle se trouve distribuée entre les différentes voyelles *a*, *e*, *i*, *o*, *u*, qui forment part du syllabaire : ainsi le son *ang se trouve simplement inscrit comme *ang*.

Dans le travail de réduction des tables de K'ang-hsi en un syllabaire, arrangé selon l'ordre de nos alphabets, je n'ai pu éviter certains duplicata. C'est-à-dire des groupes de caractères placés dans des tables différentes et ayant pour cela, vraisemblablement, un son différent, se trouvent avoir le même son selon ma théorie. J'avoue que c'est une lacune et qu'elle montre qu'il y a encore bien des difficultés à vaincre avant d'atteindre une solution complète, si toutefois elle est réalisable. Mais je crois que ces petites imperfections ne suffisent pas à nous arrêter, et à empêcher l'emploi d'une hypothèse qui explique déjà beaucoup, car peut-être son emploi ultérieur nous donnera-t-il le moyen de la perfectionner au fur et à mesure que nous aurons plus de données pour la contrôler et la corriger.

Voici la liste alphabétique des syllabes que j'ai trouvées en duplicata dans des tables différentes :

dem – dep – dŭk – dzuak – em – ep – f'uet – f'uet – gem – gep – huit – hhem – hhep – hhi – hhuet – kem – kep – k'em – k'ep – k'i – lem – miuék – nep – ngem – ṣem – ṣua – ṣuak – sui – ti – ṭŭk – t'em – t'ep – t'ŭk – ṭsem – ṭsua – ṭsuak – tsui – tsuing – ṭs'ua – ts'ui – ts'uik – yep – yi – yni – yuik – yuing – zui.

Ces syllabes correspondent à environ 60 caractères, ce qui

est peu de chose sur un total de près de 4,000. Mais, en plus, il faut aussi remarquer que ces anomalies se trouvent restreintes toutes à un petit nombre de finales[1]: ainsi elles n'attaquent pas la validité générale de l'hypothèse.

Dans le syllabaire qui suit, je mets à côté de chaque syllabe les tons avec lesquels elle se trouve employée, et le numéro (de 1 à 24) de la table de K'ang-hsi où elle est placée. Ainsi on peut toujours contrôler aisément mes résultats et même les corriger si, comme cela arrive facilement dans un travail de longue haleine, j'ai commis des erreurs.

SYLLABAIRE HYPOTHÉTIQUE
DE LA LANGUE ANCIENNE.

	1	2	3			1	2	3	
a............	•	•	•	(1)	ba............	•	•	•	(1)
aang (āng).....	•	•		(21)	baang (bāng)...	•	•		(21)
ai............	•	•	•	(10)	baak (bāk).....		•	•	(21)
aak (ăk).......		•		(21)	bai............	•	•	•	(10)
ak...........			•	(3)	bak...........			•	(3)
am...........	•	•	•	(15)	bam...........	•		•	(15)
an............	•	•	•	(13)	ban...........	•	•	•	(13)
ang...........	•	•	•	(3)	bang..........	•	•	•	(3)
ao............	•	•	•	(23)	bao...........	•	•	•	(23)
ap...........			•	(15)	bat...........			•	(13)
at............			•	(13)	béi...........	•		•	(8)

[1] Et aussi celles qui renferment un *i* pourraient s'expliquer, si je me permettais de supposer que dans la langue ancienne il y avait trois espèces de cette voyelle: une longue, une brève et une très brève. Cela se trouve dans une langue congénère, le siamois, qui a en effet trois *a* de longueur croissante, savoir: —ă, —a, —ʾ et pareillement trois *e*: ɩ̆—ă, ɩ̆—á, ɩ̆—.

	1	2	3			1	2	3	
bek..........				(3)	buoi..........	•	•	•	(11)
bék..........				(5)	buon..........	•	•	•	(14)
bem..........			•	(15)	buên..........	•	•	•	(19)
ben..........		•	•	(13)	buot..........				(14)
bén..........			•	(18)	buêt..........				(19)
beng..........		•	•	(3)					
béng..........	•	•	•	(5)	ḍa..........	•	•	•	(1)
beo..........		•	•	(23)	ḍai..........	•	•		(10)
bẹp..........				(17)	ḍak..........				(3)
bet..........				(13)	ḍam..........	•	•	•	(15)
bét..........				(18)	ḍan..........	•		•	(13)
bĭ..........	•	•	•	(8)	ḍang..........	•	•	•	(3)
bii (bī).......	•	•	•	(10)	ḍao..........	•		•	(23)
biang..........		•		(21)	ḍap..........				(15)
bik..........				(3)	ḍat..........				(13)
bin..........	•	•	•	(13)	ḍeang..........	•	•	•	(21)
bĭn..........		•	•	(18)	ḍeak..........				(21)
bing..........	•	•	•	(3)	ḍei..........			•	(10)
bio..........	•	•	•	(23)					
bit..........				(13)	ḍéi..........	•	•	•	(8)
bĭt..........				(18)	ḍek..........				(3)
biu..........			•	(24)	ḍék..........				(5)
boang..........		•	•	(21)	ḍếk..........				(8)
boi..........	•	•	•	(10)	ḍem..........	•	•		(15)
bêi..........			•	(8)	ḍem..........	•			(16)
bok..........				(21)	ḍém..........	•	•	•	(17)
bêk..........				(5)	ḍen..........	•	•	•	(13)
bêng..........	•	•	•	(5)	ḍén..........	•	•	•	(18)
boo (bō).......	•	•	•	(23)	ḍeng..........	•	•	•	(3)
bou..........	•	•	•	(24)	ḍéng..........	•	•	•	(5)
bu..........	•	•	•	(12)	ḍeo..........	•	•	•	(23)
buai..........			•	(11)	ḍep..........				(15)
buii (buī).....			•	(11)	ḍep..........				(16)
buk..........				(7)	ḍếp..........				(17)
bung..........	•	•	•	(7)	det..........				(13)
buo..........	•	•	•	(2)	deu..........	•	•	•	(24)

	1	2	3		1	2	3
dii (dï).......	.	.	(10)	ḍük			(7)
dï..........		.	(8)	ḍük			(12)
dik..........			(3)	dung	.	.	(7)
dim..........	.	.	(15)	ḍüng	.	.	(7)
din..........	.	.	(13)	duo	.	.	(2)
dïn..........		.	(18)	duoi.........	.	.	(11)
ding.........	.	.	(3)	duon	.	.	(14)
dio..........	.	.	(23)	duên.........	.	.	(19)
dip..........			(15)	duot.........			(14)
dit..........			(13)	duêt.........			(19)
dït..........			(18)	ḍza..........	.	.	(1)
do...........	.	.	(1)	ḍzai.........		.	(10)
doang........	.	.	(21)	ḍzăi.........	.	.	(8)
doi..........	.	.	(10)	ḍzak.........			(3)
dok..........			(21)	ḍzăk.........			(5)
dêk..........			(5)	ḍzam	.	.	(15)
dom..........	.	.	(15)	ḍzăm	.	.	(17)
don..........	.	.	(13)	ḍzan.........	.	.	(13)
dêng.........	.	.	(5)	ḍzăn.........	.	.	(18)
doo..........	.	.	(23)	ḍzang........	.		(3)
dop..........			(15)	ḍzăng........	.		(5)
dot..........			(13)	ḍzao.........	.	.	(23)
dou..........	.	.	(24)	ḍzap.........			(15)
du...........	.	.	(12)	ḍzăp.........			(17)
ḍü...........	.	.	(12)	ḍzat.........			(13)
ḍua..........		.	(2)	ḍzăt.........			(18)
ḍuaang (ḍuāng).	.	.	(22)	ḍzau.........	.	.	(24)
ḍuaak (ḍuāk)...			(22)	ḍze..........	.	.	(1)
ḍuai.........	.	.	(11)	ḍzei.........		.	(10)
ḍuan.........		.	(14)	ḍzéi.........	.	.	(8)
ḍuei.........		.	(11)	ḍzek.........			(3)
ḍuéi.........		.	(9)	ḍzék.........			(5)
ḍuék.........			(9)	ḍzém	.		(17)
ḍuen.........	.	.	(14)	ḍzén.........	.		(18)
ḍuén.........	.	.	(19)	ḍzéng........	.	.	(5)
duk..........			(7)	ḍzet.........			(13)

	1	2	3			1	2	3
dzét...........			(18)	dzuaang (dzuāng).		•		(22)
dzéu..........		•	(24)	dzuai.........			•	(11)
dzi............	•	•	(1)	dzuak.........				(4)
dzii (dzī)......	•	•	(10)	dzuak.........				(12)
dziak.........			(21)	dzuan.........	•	•	•	(14)
dziang........	•	•	(21)	dzueak........				(22)
dzĭk...........			(3)	dzueang.......		•	•	(22)
dzïk..........			(5)	dzuen.........			•	(14)
dzĭm..........	•	•	(15)	dzuén.........	•	•	•	(19)
dzïm..........	•	•	(17)	dzuét.........				(19)
dzin..........	•	•	(13)	dzui..........		•	•	(12)
dzïn..........		•	(18)	dzuĭ..........	•	•	•	(9)
dzing.........	•	•	(3)	dzuik.........				(7)
dzïng.........		•	(5)	dzuin.........	•	•	•	(14)
dzio..........	•	•	(23)	dzuĭn.........				(19)
dzip..........			(15)	dzuing........			•	(7)
dzïp..........			(17)	dzuit..........				(14)
dzit..........			(13)	dzuït..........				(19)
dzït..........			(18)	dzuk..........				(7)
dziu..........	•	•	(24)	dzük..........				(7)
dzo...........	•	•	(1)	dzung.........	•	•	•	(7)
dzoang........	•	•	(21)	dzüng.........		•	•	(7)
dzoi..........	•	•	(10)	dzuo..........	•	•	•	(2)
dzok..........			(21)	dzuoi.........	•	•	•	(11)
dzêk..........			(5)	dzuon.........		•	•	(14)
dzom..........	•	•	(15)	dzuén.........		•	•	(19)
dzon..........	•	•	(13)	dzuot.........				(14)
dzêng.........		•	(5)	dzuêt.........				(19)
dzoo (dzō).....	•	•	(23)					
dzop..........			(15)	cak...........				(21)
dzot..........			(13)	cang..........		•	•	(21)
dzou..........	•	•	(24)	ei............			•	(10)
dzu...........	•	•	(12)	éi............		•	•	(8)
dzü...........		•	(12)	ék............				(5)
dzua..........	•	•	(12)	em...........	•	•	•	(15)
dzuaak (dzuāk)..			(22)	em...........	•	•	•	(16)

	1	2	3				1	2	3	
ém	.	.	.	(17)	f'uén	.	.	.	(19)
en	.	.	.	(13)	f'uet				(14)
én	.	.	.	(18)	f'uét				(19)
eng	.	.	.	(3)	f'ük				(7)
éng	.	.		(5)	f'üng	.	.	.	(7)
eo	.	.		(23)					
ep				(15)	gaak (gāk)				(21)
ep				(16)	gai	.	.	.	(10)
ép				(17)	ge	.			(1)
et				(13)	geak				(21)
ét				(18)	geang	.	.	.	(21)
eu	.	.	.	(24)	gei			.	(10)
					géi	.	.	.	(8)
fem		.		(16)	gek				(3)
fep				(16)	gék				(5)
feu	.	.	.	(24)	gem	.	.	.	(15)
fü	.	.	.	(12)	gem	.	.	.	(16)
fueak				(22)	gém	.	.	.	(17)
fueang	.	.	.	(22)	gen	.	.	.	(13)
fuei			.	(11)	gén	.	.	.	(18)
fuéi	.	.	.	(9)	geng		.	.	(3)
fuen	.	.	.	(14)	géng	.	.	.	(5)
fuén	.	.	.	(19)	geo	.	.	.	(23)
fuet				(14)	gep				(15)
fuét				(19)	gep				(16)
fük				(7)	gép				(17)
füng	.	.	.	(7)	get				(13)
f'em	.	.	.	(16)	gét				(18)
f'ep				(16)	geu	.	.	.	(24)
f'eu	.	.	.	(24)	gĭ		.		(8)
f'ü	.	.	.	(12)	gim			.	(15)
f'ueak				(22)	gĭn			.	(18)
f'ueang	.	.	.	(22)	ging		.	.	(3)
f'uei			.	(11)	gio	.	.	.	(23)
f'uéi	.	.	.	(9)	gĭt			.	(18)
f'uen	.	.	.	(14)	giu	.	.	.	(24)

	1	2	3			1	2	3	
go............			•	(1)	hao............		•	•	(23)
goi............			•	(10)	hap............				(15)
gom............			•	(15)	hat............				(13)
gên............		•		(18)	hék............				(5)
goo (gō).......			•	(23)	het............				(13)
gü............		•	•	(12)	hii (hī).......		•	•	(10)
guai...........			•	(11)	hĭ.............			•	(8)
guak...........				(4)	hik............				(3)
guan...........		•	•	(14)	him............		•	•	(15)
gue............		•		(2)	hin............		•	•	(13)
gueak..........				(22)	hĭn............		•		(18)
gueang.........		•	•	(22)	hing...........		•	•	(3)
guei...........			•	(11)	hio............			•	(23)
guéi...........		•	•	(9)	hip............				(15)
guen...........		•	•	(14)	hit............				(13)
guén...........		•	•	(19)	ho.............		•	•	(1)
guet...........				(14)	hoang..........		•	•	(21)
guét...........				(19)	hoi............		•	•	(10)
guĭ............		•	•	(9)	hok............				(21)
guin...........		•	•	(14)	hêk............				(5)
guĭn...........		•		(19)	hom............		•	•	(15)
guing..........		•		(4)	hon............		•	•	(13)
guĭt...........				(19)	hên............		•	•	(18)
gük............				(7)	hêng...........		•	•	(5)
gung...........		•		(7)	hoo (hō).......		•	•	(23)
güng...........		•	•	(7)	hop............				(15)
guoi...........			•	(11)	hot............				(13)
					hêt............				(18)
ha.............		•	•	(1)	hou............		•	•	(24)
haak (hāk).....				(21)	hu.............		•	•	(12)
haang (hāng)...		•	•	(21)	hua............		•	•	(2)
hai............		•	•	(10)	huai...........		•	•	(11)
hak............				(3)	huak...........				(14)
ham............		•	•	(15)	huan...........		•	•	(14)
han............		•	•	(13)	huang..........		•	•	(4)
hang...........		•	•	(3)	huat...........				(14)

	1	2	3			1	2	3
huii (huī)......		•	•	(11)	hhem.........		•	•	(15)
huin.........		•	•	(14)	hhem.........		•	•	(16)
huing........		•	•	(4)	hhém.........		•	•	(17)
huit.........				(14)	hhen.........		•	•	(13)
huït.........				(19)	hhén.........		•	•	(18)
huk.........				(7)	hhéng........			•	(5)
hung........		•	•	(7)	hheo.........			•	(23)
hüng........		•		(7)	hhep.........				(15)
huo.........		•	•	(22)	hhep.........				(16)
huoang......		•	•	(22)	hhép.........				(17)
huoi........		•	•	(11)	hhet.........				(13)
huok........				(22)	hhét.........				(18)
huêk........				(6)	hheu.........		•	•	(24)
huon........		•	•	(14)	hhi..........			•	(1)
huên........		•	•	(19)	hhii (hhī)....		•	•	(10)
huêng.......		•		(6)	hhĭ..........			•	(8)
huot........				(14)	hhik.........				(3)
huêt........				(19)	hhim........			•	(15)
					hhin.........		•	•	(13)
hha.........		•	•	(1)	hhĭn.........			•	(18)
hhaak (hhāk)...				(21)	hhing........		•	•	(3)
hhaang (hhāng).		•	•	(21)	hhio.........		•	•	(23)
hhai........			•	(10)	hhip.........				(15)
hhak........				(3)	hhit.........				(13)
hham........		•	•	(15)	hhït.........				(18)
hhan........		•		(13)	hhiu.........			•	(24)
hhang.......		•	•	(3)	hho..........		•	•	(1)
hhao........		•	•	(23)	hhoang.......		•	•	(21)
hhap........				(15)	hhoi.........		•	•	(10)
hhat........				(13)	hhok.........				(21)
hheak.......				(21)	hhêk.........				(5)
hheang......		•	•	(21)	hhom........		•	•	(15)
hhei........			•	(10)	hhêm........			•	(17)
hhéi........		•	•	(8)	hhon.........		•	•	(13)
hhek........				(3)	hhoo.........		•	•	(23)
hhék........				(5)	hhop.........				(15)

130   SECTION D'EXTRÊME-ORIENT. — A.   [16]

	1	2	3			1	2	3	
hhot.........				(13)	hhuoi.........		•	•	(11)
hhou.........		•	•	(24)	hhuok.........				(22)
hhu.........		•	•	(12)	hhuêk.........				(6)
hhü.........		•	•	(12)	hhuon.........		•	•	(14)
hhua.........			•	(2)	hhuên.........		•	•	(19)
hhuai.........		•	•	(11)	hhuêng.........			•	(6)
hhuak.........				(4)	hhuot.........				(14)
hhuan.........		•		(14)	hhuêt.........				(19)
hhuang.........		•	•	(4)					
hhuat.........				(14)	ii (ī).........		•	•	(10)
hhue.........		•		(2)	ĭ.........		•	•	(8)
hhueak.........				(22)	ik.........				(3)
hhueang.........		•	•	(22)	im.........		•	•	(15)
hhuei.........			•	(11)	ĭm.........			•	(17)
hhuéi.........		•	•	(9)	in.........		•	•	(13)
hhuék.........				(6)	ĭn.........			•	(18)
hhuen.........		•	•	(14)	ing.........		•	•	(3)
hhuén.........		•	•	(19)	io.........		•	•	(23)
hhueng.........		•	•	(4)	ip.........				(15)
hhuet.........				(14)	ĭp.........				(17)
hhuét.........				(19)	it.........				(13)
hhui.........			•	(11)	ĭt.........				(18)
hhuĭ.........		•	•	(9)	iu.........		•	•	(24)
hhuik.........				(4)					
hhuin.........		•	•	(14)	jrat.........				(13)
hhuing.........		•	•	(4)	jre.........		•	•	(1)
hhuit.........				(14)	jreak.........				(21)
hhuït.........				(19)	jreang.........		•	•	(21)
hhuk.........				(7)	jrei.........		•	•	(10)
hhük.........				(7)	jréi.........		•	•	(8)
hhung.........		•	•	(7)	jrék [1].........				(5)
hhüng.........		•	•	(7)	jrem.........		•	•	(15)
hhuo.........			•	(2)	jrém.........		•	•	(17)
hhuoang.........				(22)	jren.........		•	•	(13)

[1] Il y a le même caractère 日 pour ces deux sons.

	1	2	3			1	2	3	
jrén.........	.	.	.	(18)	keang.......	.	.	.	(21)
jreng.........		.	.	(3)	kei..........			.	(10)
jréng.........	.	.	.	(5)	kéi..........	.	.	.	(8)
jreo..........	.	.	.	(23)	kek..........			.	(3)
jrep..........				(15)	kék..........				(5)
jrép..........				(17)	kem..........		.	.	(15)
jret[1]........				(13)	kem..........		.	.	(16)
jrét[2]........				(18)	kém..........	.	.	.	(17)
jreu..........	.	.	.	(24)	ken..........	.	.	.	(13)
jru...........		.	.	(12)	kén..........	.	.	.	(18)
jrü...........	.	.	.	(12)	keng.........	.	.	.	(3)
jrue..........	.			(2)	kéng.........		.		(5)
jruei.........		.	.	(11)	keo..........	.	.	.	(23)
jruéi.........	.	.	.	(9)	kep..........				(15)
jruen.........	.	.	.	(14)	kep..........				(16)
jruén.........	.	.	.	(19)	kép..........				(17)
jruet[2].......				(14)	ket..........				(13)
jruk..........				(7)	két..........				(18)
jrüng.........				(7)	keu..........	.	.	.	(24)
					kii (kī).......	.	.	.	(10)
ka...........	.	.	.	(1)	kĭ...........		.	.	(8)
kaak (kāk)....				(21)	kik..........				(3)
kaang (kāng)...	.	.	.	(21)	kim..........	.	.	.	(15)
kai...........	.	.	.	(10)	kin..........	.	.	.	(13)
kak..........				(3)	kĭn..........		.	.	(18)
kam..........	.	.	.	(15)	king.........	.	.	.	(3)
kan..........	.	.	.	(13)	kio..........	.	.	.	(23)
kang.........	.	.	.	(3)	kip..........				(15)
kao..........	.	.	.	(23)	kit..........				(13)
kap..........				(15)	kĭt..........				(18)
kat..........				(13)	kiu..........	.	.	.	(24)
ke...........	.			(1)	ko...........	.	.	.	(1)
keak.........				(21)	koang........	.	.	.	(21)

[1] Il y a le même caractère 蓺 pour ces deux sons.
[2] Voir la note page précédente.

	1	2	3			1	2	3	
koi.........			•	(10)	kuing.........	•	•	•	(4)
kok.........				(21)	kuit.........				(14)
kêk.........				(5)	kuït.........				(19)
kom.........			•	(15)	kuk.........				(7)
kon.........			•	(13)	kük.........				(7)
kên.........			•	(18)	kung.........	•	•	•	(7)
kêng.........			•	(5)	küng.........	•	•	•	(7)
koo.........			•	(23)	kuo.........	•	•	•	(2)
kop.........				(15)	kuoang.........	•	•	•	(22)
kot.........				(13)	kuoi.........	•	•	•	(11)
kêt.........				(18)	kuok.........				(22)
kou.........			•	(24)	kuêk.........				(6)
ku.........			•	(12)	kuon.........	•	•	•	(14)
kü.........			•	(12)	kuên.........	•	•	•	(19)
kua.........				(2)	kuêng.........	•			(6)
kuai.........		•	•	(11)	kuot.........				(14)
kuak.........				(4)	kuêt.........				(19)
kuan.........	•		•	(14)	k'a.........	•	•	•	(1)
kuang.........		•		(4)	k'aak (k'āk)....				(21)
kuat.........				(14)	k'aang (k'āng)...	•	•	•	(21)
kucak.........				(22)	k'ai.........	•	•	•	(10)
kueang.........		•	•	(22)	k'ak.........				(3)
kuci.........			•	(11)	k'am.........	•	•	•	(15)
kuéi.........		•	•	(9)	k'an.........	•	•		(13)
kuek.........				(4)	k'ang.........	•	•		(3)
kuen.........		•	•	(14)	k'ao.........	•	•	•	(23)
kuén.........		•	•	(19)	k'ap.........				(15)
kueng.........			•	(4)	k'at.........				(13)
kuéng.........			•	(6)	k'c.........	•			(1)
kuet.........				(14)	k'eak.........				(21)
kuét.........				(19)	k'eang.........	•	•	•	(21)
kuii (kuī).....		•	•	(11)	k'ci.........		•		(10)
kuï.........		•	•	(9)	k'éi.........	•	•	•	(8)
kuik.........				(4)	k'ek.........				(3)
kuin.........		•	•	(14)	k'ék.........				(5)
kuïn.........			•	(19)	k'em.........	•	•		(15)

	1	2	3			1	2	3	
k'em........			•	(16)	k'op........				(15)
k'ém........			•	(17)	k'ot.........				(13)
k'en.........			•	(13)	k'ou.........		•	•	(24)
k'én.........			•	(18)	k'u..........		•	•	(12)
k'eng........			•	(3)	k'ü..........		•	•	(12)
k'éng........			•	(5)	k'ua.........		•	•	(2)
k'eo.........			•	(23)	k'uai........		•	•	(11)
k'ep.........				(15)	k'uak.......				(4)
k'ep.........				(16)	k'uang......		•	•	(4)
k'ép.........				(17)	k'uat........				(14)
k'et.........				(13)	k'ue.........			•	(2)
k'ét.........				(18)	k'ueak......				(22)
k'eu.........			•	(24)	k'ueang.....		•	•	(22)
k'i..........				(1)	k'uei........			•	(11)
k'ii (k'ï)....			•	(10)	k'uéi........		•	•	(9)
k'ï..........			•	(8)	k'uek........				(4)
k'ik.........				(3)	k'uen.......		•	•	(14)
k'im........			•	(15)	k'uén.......		•	•	(19)
k'in.........			•	(13)	k'ueng......		•	•	(4)
k'ïn.........				(18)	k'uet........				(14)
k'ing........			•	(3)	k'uét........				(19)
k'io.........			•	(23)	k'ui.........			•	(11)
k'ip.........				(15)	k'uï.........		•	•	(9)
k'it.........				(13)	k'uik........				(4)
k'ït.........				(18)	k'uin........		•	•	(14)
k'iu.........			•	(24)	k'uïn........			•	(19)
k'o..........				(1)	k'uing.......		•	•	(4)
k'oang......			•	(21)	k'uit........				(2)
k'oi.........			•	(10)	k'uk.........				(7)
k'ok........				(21)	k'ük.........				(7)
k'ék........				(5)	k'ung.......		•	•	(7)
k'om.......			•	(15)	k'üng.......		•	•	(7)
k'on........			•	(13)	k'uo.........		•	•	(2)
k'ên........			•	(18)	k'uoang.....		•	•	(22)
k'êng.......			•	(5)	k'uoi........		•	•	(11)
k'oo........			•	(23)	k'uok.......				(22)

	1	2	3			1	2	3	
k'uon.....		•	•	(14)	lin......			•	(13)
k'uên.....		•	•	(19)	ling......		•	•	(3)
k'uêng....			•	(6)	lio......		•	•	(23)
k'uot.....				(14)	lip......				(15)
k'uêt.....				(19)	liu......			•	(24)
					lo......		•	•	(1)
la......			•	(1)	loang......		•	•	(21)
lai......		•	•	(10)	loi......		•	•	(10)
lak......				(3)	lok......				(21)
lam......		•	•	(15)	lêk......				(5)
lan......		•		(13)	lom......		•	•	(15)
lang......		•	•	(3)	lon......		•	•	(13)
lao......		•	•	(23)	lêng......			•	(5)
lap......				(15)	loo......		•	•	(23)
le......		•	•	(1)	lop......				(15)
lcak......				(21)	lot......				(13)
lcang......		•	•	(21)	lou......		•	•	(24)
lei......		•		(10)	lu......		•	•	(12)
léi......		•	•	(8)	lü......		•	•	(12)
lék......				(5)	lua......			•	(2)
lem......		•	•	(15)	luaak (luāk)....				(22)
lem......		•		(16)	luaang (luāng)...		•		(22)
lém......		•	•	(17)	luai......			•	(11)
len......		•	•	(13)	luan......			•	(14)
lén......		•	•	(18)	lue......			•	(2)
leng......		•	•	(3)	luéi......		•	•	(9)
léng......		•		(5)	luen......		•	•	(14)
leo......		•	•	(23)	luén......		•	•	(19)
lep......				(15)	luet......				(14)
lép......				(17)	luét......				(19)
let......				(13)	luk......				(7)
lét......				(18)	lung......		•	•	(7)
leu......		•	•	(24)	lüng......		•	•	(7)
lii (lī)......		•	•	(10)	luo......		•	•	(2)
lik......				(3)	luoi......		•	•	(11)
lim......		•		(15)	luok......				(22)

	1	2	3				1	2	3	
luon	·	·	·	(14)	moang	·	·	·	(21)
luên	·	·	·	(19)	moi		·	·	(10)
luot				(14)	mêi		·	·	(8)
luêt				(19)	mok				(21)
					mêk				(5)
ma	·	·	·	(1)	mom	·	·	·	(15)
maak (māk)				(21)	mêng	·	·	·	(5)
maang (māng)	·	·	·	(21)	moo (mō)	·	·	·	(23)
mai	·	·	·	(10)	mot				(13)
mak				(3)	mou	·	·	·	(24)
mam		·		(15)	mu	·	·	·	(12)
man	·	·	·	(13)	muai	·	·	·	(11)
mang	·	·	·	(3)	muk				(7)
mao	·	·	·	(23)	mung	·	·	·	(7)
mat				(13)	muo	·	·	·	(2)
mau		·	·	(24)	muoi	·	·	·	(14)
méi		·		(8)	muon	·	·	·	(14)
mék				(5)	muên	·	·	·	(19)
mem		·		(15)	muot				(14)
men	·	·		(13)	muêt				(19)
mén	·	·	·	(18)					
meng	·	·	·	(3)	ṇa	·	·	·	(1)
méng		·		(5)	ṇai	·	·	·	(10)
meo		·	·	(23)	ṇak				(3)
mét				(18)	ṇam	·	·	·	(15)
mi	·	·		(1)	ṇan	·	·	·	(13)
mii (mī)	·	·	·	(10)	ṇang	·	·		(3)
mï	·	·	·	(8)	ṇao	·	·	·	(23)
mik				(3)	ṇap				(15)
min	·	·	·	(13)	ṇat				(13)
mïn	·	·		(18)	ṇeak				(21)
ming	·	·	·	(3)	ṇeang		·		(21)
mio	·	·	·	(23)	ṇci			·	(10)
mit				(13)	ṇéi	·	·	·	(8)
mït				(18)	ṇék				(5)
miu		·	·	(24)	ṇék				(8)

	1	2	3			1	2	3	
ṇem..........		•		(15)	ṇü..........		•	•	(12)
ṇem..........			•	(16)	ṇuaak (ṇuăk)...				(22)
ṇém..........		•	•	(17)	ṇuaang (ṇuăng).		•	•	(22)
ṇen..........		•	•	(13)	ṇuai..........			•	(11)
ṇén..........		•		(18)	ṇuan..........			•	(14)
ṇeng..........			•	(3)	ṇuat..........				(14)
ṇéng..........			•	(5)	ṇuéi..........			•	(9)
ṇep..........				(15)	ṇuék..........				(9)
ṇep..........				(16)	ṇuen..........			•	(14)
ṇép..........				(17)	ṇuet..........				(2)
ṇeu..........		•	•	(24)	nuk..........				(7)
ni..........		•		(1)	ṇük..........				(7)
nii (nī)..........		•	•	(10)	ṇük..........				(12)
niang..........			•	(21)	nung..........		•	•	(7)
nik..........				(3)	ṇüng..........			•	(7)
nim..........		•	•	(15)	nuo..........		•	•	(2)
nin..........		•	•	(13)	nuoi..........		•	•	(11)
nĭn..........		•		(18)	nuon..........		•	•	(14)
ning..........		•	•	(3)	nuên..........		•	•	(19)
nio..........		•	•	(23)	nuêt..........				(19)
nip..........				(15)	nga..........		•	•	(1)
nit..........				(13)	ngaak (ngăk)...				(21)
nĭt..........				(18)	ngaang (ngăng).				(21)
no..........		•	•	(1)	ngai..........		•	•	(10)
noang..........		•	•	(21)	ngak..........				(3)
noi..........		•	•	(10)	ngam..........		•	•	(15)
nok..........				(21)	ngan..........			•	(13)
nêk..........				(5)	ngang..........		•		(3)
nom..........		•	•	(15)	ngao..........		•	•	(23)
non..........		•	•	(13)	ngap..........				(15)
nêng..........		•	•	(5)	ngat..........				(13)
noo (nò)..........		•	•	(23)	ngeak..........				(21)
nop..........				(15)	ngeang..........		•	•	(21)
not..........				(13)	ngei..........			•	(10)
nou..........		•	•	(24)	ngéi..........		•	•	(8)
nu..........		•	•	(12)	ngek..........				(3)

	1	2	3
ngék........			(5)
ngem.........	•	•	(15)
ngem.........	•	•	(16)
ngém.........	•	•	(17)
ngen.........	•	•	(13)
ngén.........	•	•	(18)
ngeng........	•		(3)
ngéng........	•		(5)
ngeo.........		•	(23)
ngep.........			(16)
ngép.........			(17)
nget.........			(1)
ngét.........			(18)
ngeu.........	•	•	(24)
ngii (ngī)....	•	•	(10)
ngï..........	•		(8)
ngik.........			(3)
ngin.........	•	•	(13)
nging........	•	•	(3)
ngio.........	•	•	(23)
ngit.........			(13)
ngït.........			(18)
ngiu.........	•		(24)
ngo..........	•	•	(1)
ngoang.......	•	•	(21)
ngoi.........	•	•	(10)
ngok.........			(1)
ngom.........	•	•	(15)
ngon.........	•		(13)
ngên.........	•	•	(18)
ngoo (ngō)....	•	•	(23)
ngop.........			(15)
ngot.........			(13)
ngêt.........			(18)
ngou.........	•	•	(24)
ngu..........	•	•	(12)

	1	2	3
ngü.........	•	•	(12)
ngua.........	•	•	(2)
nguai........	•		(11)
nguan........	•		(14)
nguat........			(14)
nguei........		•	(11)
nguéi........	•	•	(9)
nguen........	•	•	(14)
nguén........	•	•	(19)
nguet........			(14)
nguét........			(19)
ngui.........	•		(11)
nguï.........		•	(9)
nguk.........		′	(7)
ngük.........			(7)
ngung........	•	•	(7)
ngüng........	•	•	(7)
nguo.........	•	•	(2)
nguoi........	•	•	(11)
nguok........			(21)
nguon........	•	•	(14)
nguên........		•	(19)
nguot........			(14)
nguêt........			(19)
o............	•	•	(1)
oang.........	•	•	(21)
oi...........	•	•	(10)
ok...........			(21)
ôk...........			(5)
om...........	•	•	(15)
on...........	•	•	(13)
ên...........	•	•	(18)
êng..........	•		(5)
oo (ō).......	•	•	(23)
op...........			(15)

	1	2	3
ot			(13)
ou	•	•	(24)
pa	•	•	(1)
paak (pāk)			(21)
paang (păng)	•	•	(21)
pai	•	•	(10)
pak			(3)
pan	•	•	(13)
pang	•	•	(3)
pao	•	•	(23)
pat			(13)
péi		•	(8)
pek			(3)
pék			(5)
pem	•	•	(15)
pém	•	•	(17)
pen		•	(13)
pén	•		(18)
peng	•	•	(3)
péng	•		(5)
peo	•	•	(23)
pep			(15)
pép			(17)
pet			(13)
pét			(18)
pii (pī)	•	•	(10)
pï	•	•	(8)
pik			(3)
pīn	•	•	(13)
pĭn	•	•	(18)
ping	•	•	(3)
pio	•	•	(23)
pit			(13)
pĭt			(18)
piu	•		(24)
poang	•	•	(21)

	1	2	3
poi	•	•	(10)
pêi	•	•	(8)
pok			(21)
pêk			(5)
pêng	•	•	(5)
poo (pō)	•	•	(23)
pou		•	(24)
pu	•	•	(12)
puai		•	(11)
puk			(7)
pung		•	(7)
puo	•	•	(2)
puoi	•	•	(11)
puon	•	•	(14)
puên	•	•	(19)
puot			(14)
puêt			(19)
p'a		•	(1)
p'aak (p'āk)			(21)
p'aang (p'āng)	•	•	(21)
p'ai	•	•	(10)
p'ak			(3)
p'an	•	•	(13)
p'ang	•	•	(3)
p'ao	•	•	(23)
p'at			(13)
p'éi		•	(8)
p'ek			(3)
p'ék			(5)
p'ém		•	(17)
p'en		•	(13)
p'én	•		(18)
p'eng		•	(3)
p'éng	•	•	(5)
p'eo	•		(23)
p'ep			(15)

	1	2	3				1	2	3	
p'ét............				(18)	şăm..........		•	•	•	(17)
p'ii (p'ı).......	•	•	•	(10)	şan...........		•	•	•	(13)
p'ï............	•	•	•	(8)	şăn...........			•	•	(18)
p'ik..........				(3)	şang..........			•	•	(3)
p'ïn...........	•	•	•	(13)	şăng..........			•	•	(5)
p'ïn...........	•	•	•	(18)	şao...........			•	•	(23)
p'ing..........	•	•	•	(3)	şap...........					(15)
p'ïo...........	•	•	•	(23)	şăp...........					(17)
p'it...........				(13)	şat...........					(13)
p'ït...........				(18)	şăt...........					(18)
p'oang........	•	•	•	(21)	şau...........		•	•	•	(24)
p'oi...........	•	•	•	(10)	şe............		•	•	•	(1)
p'êi...........	•			(8)	şeak..........					(21)
p'ok..........				(21)	şeang.........		•	•	•	(21)
p'êk..........				(5)	şei...........				•	(10)
p'êng.........	•	•	•	(5)	şéi...........		•	•	•	(8)
p'oo (p'ō).....	•	•	•	(23)	şek...........					(3)
p'ou..........	•	•	•	(24)	şék...........					(5)
p'u............	•	•	•	(12)	şem...........				•	(15)
p'uai..........			•	(11)	şem...........				•	(16)
p'uï...........			•	(11)	şém...........		•	•	•	(17)
p'uk..........				(7)	şen...........		•	•	•	(13)
p'ung.........			•	(7)	şén...........		•	•	•	(18)
p'uo..........	•	•	•	(2)	şeng..........			•		(3)
p'uoi.........	•	•	•	(11)	şéng..........			•		(5)
p'uon.........	•	•	•	(14)	şeo...........			•	•	(23)
p'uên.........	•	•	•	(19)	şep...........					(15)
p'uot.........	•	•	•	(14)	şép...........					(17)
p'uêt.........				(19)	şet...........					(13)
					şét...........					(18)
şa............	•	•	•	(1)	şeu...........		•	•	•	(24)
şai...........	•	•	•	(10)	si............			•	•	(1)
şăi...........			•	(8)	sii (sī)........		•	•	•	(10)
şak..........				(3)	siak..........					(21)
şăk..........				(5)	siang.........			•	•	(21)
şam..........	•	•	•	(15)	sik...........					(3)

	1	2	3		1	2	3
sïk			(5)	ṣuan		•	(14)
sim	•	•	(15)	ṣuat			(14)
sïm	•	•	(17)	ṣuăt			(19)
sin	•	•	(13)	ṣueang	•	•	(22)
sïn	•	•	(18)	ṣuei		•	(11)
sing	•	•	(3)	ṣuéi		•	(9)
sïng	•		(5)	ṣuen		•	(14)
sio	•	•	(23)	ṣuén		•	(19)
sip			(15)	ṣuet			(14)
sïp			(17)	ṣuét			(19)
sit			(13)	ṣui	•	•	(12)
sït			(18)	ṣui		•	(11)
siu	•	•	(24)	ṣuï	•	•	(9)
so	•		(1)	ṣuik			(7)
soang	•	•	(21)	ṣuin	•	•	(14)
soi	•	•	(10)	ṣuïn	•	•	(19)
sok			(21)	ṣuing	•	•	(4)
sêk			(5)	ṣuing	•	•	(7)
som	•	•	(15)	ṣuit			(14)
son	•	•	(13)	ṣuït			(19)
sên	•	•	(18)	ṣuk			(7)
sêng	•		(5)	ṣük			(7)
soo (sö)	•	•	(23)	ṣung	•	•	(7)
sop			(15)	ṣüng	•		(7)
sot			(13)	ṣuo	•	•	(2)
sou	•	•	(24)	ṣuoi	•	•	(11)
su	•	•	(12)	ṣuon	•	•	(14)
ṣü	•	•	(12)	ṣuên	•	•	(19)
ṣua	•	•	(2)	ṣuot			(14)
ṣua	•	•	(12)	ṣuêt			(19)
ṣuaak (ṣuäk)			(22)				
ṣuaang (ṣuāng)	•	•	(22)	ṭa	•	•	(1)
ṣuai	•		(11)	ṭai	•	•	(10)
ṣuăi	•		(9)	ṭak			(3)
ṣuak			(4)	ṭam	•	•	(15)
ṣuak			(12)	ṭan	•		(13)

	1	2	3				1	2	3	
ṭang			•	(3)		têk				(5)
ṭao			•	(23)		tom	•	•	•	(15)
ṭap				(15)		ton	•	•	•	(13)
ṭat				(13)		têng	•	•	•	(5)
ṭeak				(21)		too (tō)	•	•	•	(23)
ṭeang			•	(21)		top				(15)
ṭei			•	(10)		tot				(13)
ṭéi			•	(8)		tou	•	•	•	(24)
ṭek				(3)		tu	•	•	•	(12)
ṭék				(5)		ṭü	•	•	•	(12)
ṭem	•			(15)		ṭua	•	•		(2)
ṭém			•	(17)		ṭuaak (ṭuāk)				(22)
ṭen			•	(13)		ṭuaang (ṭuāng)	•	•	•	(22)
ṭén			•	(18)		ṭuai		•	•	(11)
ṭeng			•	(3)		ṭuan		•		(14)
ṭéng			•	(5)		ṭuat				(14)
ṭeo			•	(23)		ṭuei			•	(11)
ṭep				(15)		ṭuéi		•	•	(9)
ṭép				(17)		ṭuék				(9)
ṭet				(13)		ṭuen		•	•	(14)
ṭeu			•	(24)		ṭuén		•	•	(19)
ti		•	•	(1)		ṭuet				(2)
tii (tī)			•	(10)		ṭuét				(19)
tï			•	(8)		tuk				(7)
tik				(3)		ṭük				(7)
tim			•	(15)		ṭük				(12)
tin			•	(13)		tung	•	•	•	(7)
ting			•	(3)		ṭüng	•	•	•	(7)
tio			•	(23)		tuo	•	•	•	(2)
tip				(15)		tuoi	•	•	•	(11)
tit				(13)		tuon	•	•	•	(14)
tiu			•	(24)		tuên	•	•	•	(19)
to			•	(1)		tuot				(14)
toang			•	(21)		tuêt				(19)
toi			•	(10)		t'a	•	•	•	(1)
tok				(21)		t'ai		•	•	(10)

	1	2	3			1	2	3	
t'ak				(3)	t'it				(13)
t'am		•		(15)	t'o		•	•	(1)
t'an		•	•	(13)	t'oang		•	•	(21)
t'ang			•	(3)	t'oi		•	•	(10)
t'ao		•	•	(23)	t'ok		•	•	(21)
t'ap				(15)	t'ĕk				(5)
t'at				(13)	t'om		•	•	(15)
t'eak				(21)	t'on		•	•	(13)
t'eang		•	•	(21)	t'ên		•	•	(18)
t'ei		•		(10)	t'êng		•	•	(5)
t'éi		•	•	(8)	t'oo (t'ŏ)		•	•	(23)
t'ek				(3)	t'op				(15)
t'ék				(5)	t'ot				(13)
t'em		•	•	(15)	t'ou		•	•	(24)
t'ĕm		•		(16)	t'u		•	•	(12)
t'ém		•	•	(17)	t'ü		•	•	(12)
t'en		•	•	(13)	t'ua			•	(2)
t'én		•	•	(18)	t'uaak (t'uāk)				(22)
t'eng		•	•	(3)	t'uaang (t'uāng)			•	(22)
t'éng		•	•	(5)	t'uai			•	(11)
t'eo		•	•	(23)	t'uat				(14)
t'ep				(15)	t'uei			•	(11)
t'ĕp				(16)	t'uéi			•	(9)
t'ép				(17)	t'uék				(9)
t'et				(13)	t'uen		•	•	(14)
t'ét				(8)	t'uén		•		(19)
t'eu		•	•	(24)	t'uet				(2)
t'ïi (t'ĭ)		•	•	(10)	t'uét				(19)
t'ï		•		(8)	t'uk				(7)
t'ik				(3)	t'ük				(7)
t'im				(15)	t'ük				(12)
t'ĭm		•		(17)	t'ung		•	•	(7)
t'in		•	•	(13)	t'üng		•	•	(7)
t'ing		•	•	(3)	t'uo		•	•	(2)
t'io		•	•	(23)	t'uoi		•	•	(11)
t'ip				(15)	t'uon		•	•	(14)

	1	2	3			1	2	3	
t'uên		•	•	(19)	tset				(13)
t'uot				(14)	tsét				(18)
t'uêt				(19)	tseu		•	•	(24)
tsa				(1)	tsi		•	•	(1)
tsai		•	•	(10)	tsii (tsï)		•	•	(10)
tsăi		•	•	(8)	tsiak				(21)
tsak				(3)	tsiang		•	•	(21)
tsăk				(5)	tsik				(3)
tsam		•	•	(15)	tsïk				(5)
tsăm		•	•	(17)	tsim		•	•	(15)
tsan			•	(13)	tsïm		•	•	(17)
tsăn		•	•	(18)	tsin		•	•	(13)
tsang		•	•	(3)	tsïn		•	•	(18)
tsao		•	•	(23)	tsing		•	•	(3)
tsap				(15)	tsïng			•	(5)
tsăp				(17)	tsio		•	•	(23)
tsat				(13)	tsip				(15)
tsăt				(18)	tsïp				(17)
tsau		•	•	(24)	tsit				(13)
tse		•	•	(1)	tsït				(18)
tseak				(21)	tsiu		•	•	(24)
tseang		•	•	(21)	tso		•	•	(1)
tsei			•	(10)	tsoang		•	•	(21)
tséi		•	•	(8)	tsoi		•	•	(10)
tsek				(3)	tsok				(21)
tsék				(5)	tsêk				(5)
tsem		•	•	(15)	tsom		•	•	(15)
tsem		•	•	(16)	tsêm			•	(17)
tsém		•	•	(17)	tson		•	•	(13)
tsen		•	•	(13)	tsêng		•	•	(5)
tsén		•	•	(18)	tsoo (tsō)		•	•	(23)
tseng		•	•	(3)	tsop				(15)
tséng		•	•	(5)	tsot				(13)
tseo		•	•	(23)	tsou		•	•	(24)
tsep				(15)	tsu		•	•	(12)
tsép				(17)	tsü		•	•	(12)

144   SECTION D'EXTRÊME-ORIENT. — A.   [30]

	1	2	3			1	2	3	
tsua.........	•	•		(2)	tsuên.........	•	•		(19)
tsua.........	•	•	•	(12)	tsuot.........				(14)
tsuaak (tsuāk)...				(22)	tsuêt.........				(19)
tsuăi.........		•		(9)	ts'a.........	•	•	•	(1)
tsuak.........				(4)	ts'ai.........	•	•	•	(10)
tsuak.........				(12)	ts'ăi.........	•	•	•	(8)
tsuan.........	•	•		(14)	ts'ak.........				(3)
tsuăn.........		•		(19)	ts'ăk.........				(5)
tsuat.........				(14)	ts'am.........	•	•	•	(15)
tsuăt.........				(19)	ts'ăm.........	•	•	•	(17)
tsueak.........				(22)	ts'an.........	•	•	•	(13)
tsueang.........	•	•		(22)	ts'ăn.........	•	•	•	(18)
tsuei.........		•		(11)	ts'ang.........	•	•	•	(3)
tsuéi.........	•	•		(9)	ts'ao.........	•	•	•	(23)
tsuek.........				(4)	ts'ap.........				(15)
tsuen.........	•	•		(14)	ts'ăp.........				(17)
tsuén.........	•	•		(19)	ts'at.........				(13)
tsuet.........				(14)	t'săt.........				(18)
tsui.........	•	•		(12)	ts au.........	•	•	•	(24)
tsui.........		•		(11)	ts'e.........	•	•	•	(1)
tsuĭ.........	•	•		(9)	ts'cak.........				(21)
tsuik.........				(7)	ts'eang.........	•	•	•	(21)
tsuin.........	•	•		(14)	ts'ei.........	•	•	•	(10)
tsuĭn.........		•		(19)	ts'éi.........				(8)
tsuing.........		•		(4)	ts'ek.........				(3)
tsuing.........	•	•		(7)	ts'ék.........				(5)
tsuit.........				(14)	ts'em.........	•			(15)
tsuït.........				(19)	ts'ém.........	•	•		(17)
tsuk.........				(7)	ts'en.........		•		(13)
tsük.........				(7)	ts'én.........		•		(18)
tsung.........	•	•		(7)	ts'éng.........				(5)
tsüng.........	•	•		(7)	ts'eo.........	•	•	•	(23)
tsuo.........		•		(2)	ts'ep.........				(15)
tsuoi.........	•	•		(11)	ts'ép.........				(17)
tsuok.........				(2)	ts'et.........				(13)
tsuon.........	•	•		(14)	ts'ét.........				(18)

	1	2	3				1	2	3	
ts'eu........	•	•	•	(24)	ts'uai........	•	•	•	(11)
ts'ĭ...........			•	(1)	ṭ'suăi........		•	•	(9)
ts'ĭi (ts'ĭ)......			•	(10)	ts'uak........				(12)
ts'iak........				(21)	ts'uan........		•	•	(14)
ts'iang.......	•	•	•	(21)	ṭs'uăn........			•	(19)
ts'ĭk.........				(3)	ṭ'suat........				(14)
ts'im........	•	•	•	(15)	ts'ucang......	•	•	•	(22)
ts'ĭm........	•	•	•	(17)	ts'uci........			•	(11)
ts'in.........	•	•	•	(13)	ts'uéi........		•		(9)
ts'ĭn.........	•	•	•	(18)	ts'uen........		•	•	(14)
ts'ing........	•	•	•	(3)	ts'uén........		•	•	(19)
ts'ĭng........			•	(5)	ts'uet........				(14)
ts'io.........	•	•	•	(23)	ts'uét........				(19)
ts'ip.........				(15)	ts'ui.........			•	(11)
ts'ĭp.........				(17)	ts'uì.........		•	•	(12)
ts'it.........				(13)	ts'uï.........		•	•	(9)
ts'ĭt.........				(18)	ts'uik........				(4)
ts'iu.........		•	•	(24)	ts'uïk........				(7)
ts'o.........	•	•		(1)	ts'uin........		•		(14)
ts'oang.......	•	•	•	(21)	ts'uïn........		•	•	(19)
ts'oi.........	•	•	•	(10)	ts'uing.......		•	•	(7)
ts'ok........				(21)	ts'uit........				(14)
ts'ĕk........				(5)	ts'uït........				(19)
ts'om........	•	•	•	(15)	ts'uk........				(7)
ts'on........		•	•	(13)	ts'ük........				(7)
ts'êng........		•		(5)	ts'ung.......		•		(7)
ts'oo (ts'ò).....	•	•	•	(23)	ts'üng.......		•	•	(7)
ts'op.........				(15)	ts'uo........		•	•	(2)
ts'ot.........				(13)	ts'uoi........		•	•	(11)
ts'ou........	•	•	•	(24)	ts'uon.......		•	•	(14)
ts'u.........	•	•	•	(12)	ts'uėn.......		•	•	(19)
ṭs'ü.........	•	•	•	(12)	ts'uot........				(14)
ṭs'ua........		•		(2)	ts'uėt........				(19)
ṭs'ua........	•	•	•	(12)					
ṭs'uaak (ṭs'uāk)..				(22)	u...........	•	•	•	(12)
ṭs'uaang (ṭs'uāng).	•	•	•	(22)	ü...........	•	•	•	(12)

	1	2	3				1	2	3	
ua............	•	•	•	(2)		vep...........				(16)
uai............		•	•	(11)		veu...........		•	•	(24)
uak...........				(4)		vü............		•	•	(12)
uan...........		•	•	(14)		veak..........				(22)
uang..........		•	•	(4)		veang.........		•		(22)
uat...........				(14)		vei...........			•	(11)
ue............	•			(2)		véi...........		•	•	(9)
ueak..........				(22)		ven...........		•	•	(14)
ueang.........		•		(22)		vén...........		•	•	(19)
uei...........			•	(11)		vet...........				(14)
uéi...........	•	•	•	(9)		vét...........				(19)
uen...........	•	•	•	(14)		vük...........				(7)
uén...........	•	•	•	(19)		vüng..........		•	•	(7)
ueng..........	•			(4)		wem...........		•	•	(16)
uet...........				(14)		wü............		•	•	(12)
uét...........				(19)		weang.........		•	•	(22)
uii (uĭ).......		•		(11)		wéi...........		•	•	(9)
uĭ............		•		(9)		wen...........		•	•	(14)
uin...........	•	•	•	(14)		wén...........		•	•	(19)
uĭn...........	•			(19)		wet...........				(14)
uing..........	•	•	•	(4)		wét...........				(19)
uit...........				(14)		wük...........				(7)
uk............				(7)		wüng..........		•	•	(7)
ük............				(7)						
ung...........	•	•	•	(7)		yam...........		•		(15)
üng...........	•	•	•	(7)		yao...........		•		(23)
uo............	•	•	•	(2)		yeak..........				(21)
uoang.........				(22)		yeang.........		•	•	(21)
uoak..........				(22)		yéi...........			•	(8)
uoi...........	•	•	•	(11)		yem...........				(15)
uon...........	•	•	•	(14)		yem...........		•	•	(16)
uên...........	•	•	•	(19)		yém...........			•	(17)
uêng..........	•			(6)		yen...........		•		(13)
uot...........				(14)		yéng..........		•		(5)
uêt...........				(19)		yeo...........		•		(23)
vem...........	•	•	•	(16)		yep...........				(15)

	1	2	3			1	2	3
yep.........			(16)	yuet.........				(14)
yép.........			(17)	yuét.........				(19)
yeu.........		• •	(24)	yuii (yuï)......			•	(11)
yi..........		• •	(1)	yui..........		• • •	(12)
yii (yı).......		•	(10)	yuĭ.........		• • •	(9)
yĭ..........		• •	(8)	yuik.........			(4)
yik.........			(3)	yuik.........			(7)
yĭk.........			(5)	yuin.........		• • •	(14)
yim.........		• •	(15)	yuĭn.........		• •	(19)
yĭm.........		• •	(17)	yuing........		• •	(4)
yin.........		• •	(13)	yuing........		• • •	(7)
yĭn.........		• •	(18)	yuit.........			(14)
ying........		•	(3)	yuĭt.........			(19)
yĭng........		•	(5)	yük.........			(7)
yio.........		• •	(23)	yüng........		•	(7)
yip.........			(15)	yuo.........	•		(2)
yĭp.........			(17)	yuoi........		• •	(11)
yit.........			(13)				
yĭt.........			(18)	ẓe..........		• •	(1)
yiu.........		• • •	(24)	ẓeak........			(21)
yoi.........		• •	(10)	ẓeang.......		• • •	(21)
yom.........	•		(15)	ẓei.........		•	(10)
yu..........	•		(12)	ẓéi.........		• • •	(8)
yü.........		• •	(12)	ẓek.........			(3)
yuak........			(4)	ẓék.........			(5)
yuang.......		•	(4)	ẓem.........		• • •	(15)
yueak.......			(22)	ẓém.........		• • •	(17)
yueang......		• •	(22)	ẓen.........		• • •	(13)
yuei........		•	(11)	ẓén.........		• • •	(18)
yuéi........		• •	(9)	ẓeng........		•	(3)
yuek........			(4)	ẓéng........		•	(5)
yuék........			(6)	ẓeo.........		• •	(23)
yuen........		• •	(14)	ẓep.........			(15)
yućn........		• •	(19)	ẓép.........			(17)
yueng.......		• •	(4)	ẓét.........			(18)
yuéng.......			(6)	ẓcu.........		• •	(24)

	1	2	3						1	2	3	
zi.......	•	•	•	(1)				ẓuen.....	•	•	•	(14)
ziang....		•	•	(21)				ẓuén.....			•	(19)
zik......				(3)				ẓuet.....				(14)
zim......		•	•	(15)				zui......	•	•	•	(12)
zĭm......		•		(17)				zui......		•		(11)
zin......	•	•	•	(13)				zuï......	•	•	•	(9)
zĭn......		•		(18)				zuik.....				(7)
zing.....		•		(3)				zuin.....	•	•	•	(14)
zĭp......		•		(17)				zuïn.....	•	•	•	(19)
ziu......		•		(24)				zuing....		•		(7)
zou......		•		(24)				zuit.....				(14)
ẓü.......	•	•	•	(12)				ẓük......				(7)
ẓuei.....		•		(11)				ẓüng.....	•	•		(7)
ẓuéi.....	•	•	•	(9)				zuon.....			•	(14)

L'étude du syllabaire nous montre que la plupart des initiales ne s'unissent qu'à certaines voyelles, et forment ainsi des séries incomplètes. Les cérébrales, soit chuintantes $ṭs$ — $ṭs'$ — $ḍz$ — $ṣ$ — $ẓ$, ou dentales $ṭ$ — $ṭ'$ — $ḍ$ — $ṇ$ ne se trouvent que dans des syllabes où la première voyelle est un a, $ü$ ou e, pendant que les correspondantes chuintantes ts — ts' — dz — s — z, et dentales t — t' — d — n simples ne se trouvent que dans les autres syllabes commençant par o, i et u. Les labiales faibles f — f' — v — w ne se trouvent que dans la catégorie vocalique e, et les correspondantes labiales fortes p — p' — b — m, se trouvent dans les autres catégories. L'initiale g ne se trouve avec la voyelle a que dans deux syllabes : *gaak* (*gäk*) et *gai*. L'initiale y, avec la même voyelle a, se trouve seulement dans les syllabes *yam* et *yao*. La cérébrale chuintante $ẓ$ ne se trouve pas avec la voyelle a, et la chuintante simple z s'unit avec la voyelle o seulement dans la syllabe *zou*.

Toutes ces anomalies, et bien d'autres que l'on découvrira en parcourant le syllabaire, nous indiquent les difficultés qu'avaient à franchir les traducteurs religieux indiens et chinois dans leur tâche de transcrire en chinois les mots bouddhistes. Lorsqu'une syllabe manquait dans le syllabaire chinois, il fallait la remplacer par une autre dont le son s'approchait de celui que l'on voulait transcrire; mais, en faisant ainsi on devait forcément sacrifier ou la voyelle, ou l'initiale. Plusieurs transcriptions fautives s'expliquent, en conséquence, par les imperfections du syllabaire.

Le syllabaire achevé, il me restait à le comparer avec les transcriptions de Julien. Dans ce but, il fallait d'abord donner à chaque caractère cité par Julien sa prononciation selon ma théorie, et le comparer avec le son correspondant de la syllabe sanscrite. J'avais pensé d'abord faire ce travail pour tous les caractères de la Méthode, mais cela était très long et présentait l'inconvénient que, pour la plupart, le lecteur aurait dû se fier entièrement à moi pour la fidélité de la prononciation. Je résolus alors de former une liste (déjà assez étendue, renfermant plus de 1,000 exemples) de ces caractères seulement de la Méthode, qui se trouvent aussi dans les tables de Rimes de K'ang-hsi. Ainsi le lecteur, avec ma *Chinese Phonology* à la main, peut contrôler l'exactitude des sons anciens que je donne.

La liste des caractères de la Méthode, choisis selon la condition donnée, sont arrangés de la façon suivante : dans chaque ligne, il y a d'abord le numéro d'ordre de chaque exemple pour le retrouver dans la Méthode, puis le caractère chinois (qui est omis dans les exemples des lignes suivantes); la prononciation selon Julien; le numéro de la table de Rimes de K'ang-hsi, où se trouve ledit caractère; la prononciation selon ma théorie; et enfin la syllabe sanscrite représentée par ledit caractère et les exemples de mots sanscrits où se trouve cette syllabe. Cet arrangement permet toujours de vérifier, soit avec la

Méthode de Julien, soit avec les Tables de K'ang-hsi; en outre, on peut d'un coup d'œil apercevoir laquelle des deux romanisations se rapproche le plus des sons sanscrits.

La liste est composée surtout d'exemples où chaque syllabe sanscrite est représentée par un seul caractère chinois; mais, comme certaines syllabes telles que *sta*, *sva*, etc., sont rendues par la combinaison de deux caractères, et comme ces exemples peuvent aussi être utiles, j'ai ajouté une série supplémentaire pour ces exemples de syllabes représentées par deux caractères.

LISTE DES EXEMPLES DE JULIEN
AVEC LES SONS ANCIENS, SELON MA THÉORIE.

2	謁	ʻaï 1 oi........	pour âi			
5	安	ʻan 1 3 on......	—	añ......	dans	Añdjana.
6		....	—	an......	—	Antarikcha.
7		....	—	a........	—	Anyê.
8		....	—	â........	—	Âchâḍha.
10	按	ʻan 1 3 on.....	—	an......	—	Andhra.
11	暗	ʻan 1 5 om.....	—	am (final).		
13	盎	ʻan 2 1 oang....	—	añ......	—	Añgaraka.
20	奧	ʻao 2 3 oo......	—	ô........	—	Odja.
21		....	—	ân		
23	殺	cha 1 3 ṣat....	—	cha......	—	{ Sarpâuchadi; Pourouchasya.
38	憩	chaï 1 o ṣai.....	—	chê......	—	{ Pourouchêchou-Pourochêṇa.
39	灑	chaï cha 1 o ṣai.	—	cha......	—	Çirîcha.
40		....	—	chya.....	—	Çichya.
51	商	chang 2 1 ṣeang.	—	çañ......	—	Çañkha.
52		....	—	çâm......	—	Çâmbî.
53		....	—	ça.......	—	Çanaka.
54	賞	chang 2 1 ṣeang.	—	çañ......	—	Çaçañka.
55		....	—	çâm......	—	Kâuçâmbî.
56		....	—	çâ.......	—	Îçâna.

57	餉	chang 21 seang. pour çañ......		dans	Çañkha.
58	稍	chao 21 sao....	– châu......	–	Pourouchâu.
60	奢	che 1 se......	– ça.......	–	Palâçâ.
61		....	– çâ.......	–	Çâmê-Vipâçâ.
62		....	– çê.......	–	Kâuçêya.
63		....	– çya......	–	Vâiçya.
64		....	– çyâ......	–	Çyâma.
65		....	– çva......	–	Viçvamitra-Açvadjit.
66	捨	che 1 se......	– ça.		
71	社	che 1 ze......	– dja.		
72		....	– djâ......	–	Râdjâ.
73	舍	che 1 se......	– ça.......	–	Çarîra.
74		....	– çâ.......	–	{ Çâripouttra- { Vâiçâkha.
75		....	– cha......	–	{ Kôcha (on écrit { aussi Koça.)
76	舍	che 1 se......	– çva......	–	Viçvabhoû.
77		....	– çi.......	–	Çirîcha.
78		....	– çya......	–	{ Vâiçya-Samkâçya- { Vipaçyanam.
79		....	– chya......	–	Manouchya.
83		....	– chya......	–	Tichya.
88	設	che 1 set......	– ça.......	–	{ Viñçati-Dêvaçarma- { Çanaka-Çaçâñka.
96	闍	che 1 ze......	– dja	–	Açvayoudja.
96ᵃ		....	– djâ.......	–	Pradjâ.
97		....	– djya......	–	Vibhadjyavâdinas.
98		....	– tcha et tchâ.	–	Piçâtcha-Atchârya.
99 ⁽¹⁾		....	– dya......	–	Niravadya.
117		....	– dhya......	–	{ Asâdhya- { Vindhyavasa.
118		....	– dhyâ......	–	Ayôdhyâ.
119		....	– djñâ.......	–	Djñanabbadra-
120		....	– da	–	Khâdanîya.
121		....	– dha.		
122		....	– djha.		

⁽¹⁾ Ici il y a une lacune dans la série des numéros de Julien.

124	善 chen 13 zen... pour dja.......	dans	Bhôdjanîya-Vyañ-djana (devant n.)
125	.... – chan et çan..	–	Chanda et Çanda [1]
126	.... – çân.....	–	Viçântê.
127	扇 chen 13 sen... – çan.....	–	Çanda.
	.... – chan.....	–	Chanda.
134	繕 chen 13 zen... – djan.....	–	Djantou-Djanma.
135	.... – dja.......	–	Yôdjana-Bahoudja-na (devant n).
136	羶 chen 13 sen... – çân.....	–	Viçântê.
137	.... – çyan......	–	Çyantê.
140	苫 chen 15 sem... – djam.....	–	Vidjambhapoura.
142	贍 chen 15 zem... – djam.....	–	Djamboudvîpa.
142ᵃ	.... – tcham.....	–	Tchampaka.
147	受 cheou 24 zeu.. – djou.....	–	Yadjourvêda.
151	首 cheou 24 seu.. – çou.....	–	Çoubha.
152	.... – çva......	–	Maheçvara.
153	首 cheou 24 seu... – sou.....	–	Soukâñkchi.
155	世 chi 10 sei..... – çi.......	–	Çila.
156	.... – çê......	–	Kâuçêya-Vâiçê-chikas.
157	.... – çâi......	–	Çâila.
158	什 chi zép..... – djì......	–	Djîva.
161	十 chi 17 zép..... – djì......	–	Djîva.
162	史 chi 8 săi..... – chi......	–	Vârchika-Ghôchira-Touchita.
164	朱 chi 18 sét..... – çi.......	–	Çiçoumâra.
165	.... – chya......	–	Tichyarakchitâ.
166	哈 chi 8 séi..... – çi.......	–	Mârgaçiras-Takchaçila.
177	寔 chi 5 zék..... – dji......	–	Hondjikan.
178	實 chi 18 dzét.... – çi.......	–	Çikchâ.
204	時 chi 8 zéi..... – dji......	–	Djihvâ.
204ᵃ	.... – djì.......	–	Djîvaka.
204ᵇ	.... – dj......	–	Tchadj.
212	右 chi 3 zek..... – çi.......	–	Viçichta.

[1] Julien dit que Chanda et Çanda sont synonymes.

215	視	chi 8 ẓéi.....	pour dji........	dans	Djina.
218	逝	chi 10 ẓei	– djê........	–	Djêtâ.
221	釋	chi 3 ṣek.....	– çi........	–	Çikcha.
222		....	– çâ........	–	Çâkya.
223		....	– ça........	–	Çakra.
228	辰	chin 18 ẓén...	– dji........	–	Djina (devant *n*).
229	勝	ching 5 ṣéng...	– çañ.......	–	Çañkha.
230	蠅	ching 5 ying...	– djiñ.......	–	Kadjiñgara.
233	爍	cho 22 ṣeak...	– ça........	–	Oupadêça.
237	霜	chang 22 ṣaang⁽¹⁾	– çañ.......	–	Çañkha.
238		....	– ça........	–	Kaçana (devant *n*.)
239		....	– chân.......	–	Pourouchân.
240	恕	chou 12 ṣü...	– çô........	–	Açôka.
240ᵃ		....	– va.......		
256	刷	choua 14 ṣuat..	– sou.......	–	Soubâhou.
257	說	choue 14 ṣuet..	– çva.......	–	Îçvara.
258	水	choui 9 ṣuéi...	– çvi.......	–	Açvin.
259	稅	choui 11 ṣuei..	– çou.......	–	Çouddhôdana.
260		....	– çva.......	–	Avalôkitêçvara.
262	純	chun 19 ẓuén..	– tchoun.....	–	Tchounda ⁽²⁾.
263	舜	chun 19 ṣuén..	– çoû.......	–	Çoûnyata.
264	諄	chun 19 tṣuén.	– tchoû......	–	Tchoûrna.
265	順	chun 19 dẓuén.	– djou.......	–	Ardjouna.
271	伐	fa 14 vet.....	– va.......	–	Vasoumitra-Çrâvana-Îçvara.
276	梵	fan 16 vem...	– vân.......	–	Bhagavân.
277		....	– vâm.......	–	Gavâmpati.
278		....	– ba........	–	Barama-Brahmâ.
279		....	– bha.......		
280		....	– bhâ.......	–	Bhâchâ.
284	飯	fan 14 ven....	– va........	–	Lavana-Vana (devant *n*).
285		....	– ban.......	–	Bandhou.
286		....	– van.......	–	Bhavanti.

⁽¹⁾ Je donne cette prononciation selon les tables anciennes; en K'ang-hsi il y a une erreur.

⁽²⁾ Julien dit que c'est un synonyme de 捴.

288	吠	feï 11 vei.....	pour vê.........	dans	Vêda-Pravêça.
289		....	– vi.........	–	Vichnou.
289ª		....	– vâi........	–	Vâiçya.
290	分	fen 19 fén....	– poun.......	–	Poundarîka.
291		....	– poû.......	–	Poûrna.
293	苏	fen 19 fén....	– poun.......	–	Poundarîka.
294	浮	feou 24 veu...	– bou........	–	Bouddha.
295		....	– bhou.......	–	Adbhouta.
296		....	– bhoû.......	–	{ Viçvabhoû- Koumârabhoûta.
297		....	– bhaû.......	–	Bhaumadêva.
298	佛	fo 19 vét.....	– bou........	–	Bouddha.
299		....	– bhô........	–	Çrîbhôdja.
300		....	– bô.........	–	Koumârabôdhi.
301		....	– pou........	–	Vâipoulya.
304	弗	fo 19 fét.....	– pou........	–	Pouttra-Pounya.
305		....	– poû........	–	Poûrva.
306		....	– vou........	–	Helouvou.
307		....	– bhoû.......	–	Bhoûpadî.
308		....	– va.........	–	Îçvara.
309	弗	fo 19 fét.....	– bha........	–	Çoubha.
313	縛	fo 22 veak....	– va.........	–	{ Nava-Açva-Viçva- Mânavaka.
314		....	– vâ.........	–	Çanakavâsa.
315		....	– bha........	–	Karabha.
316		....	– ba.........	–	Baglan.
317	富	fou 24 feu....	– pou........	–	{ Pouroucha- Pouchya-Pourohita Vâtsìpouttrîyâs.
318		....	– poû........	–	Poûrna.
319		....	– vê (sic).....	–	Vêtâla.
322	扶	fou 12 vü....	– bhoû.......	–	Soubhoûti.
323		....	– bô.........	–	Bôdhisattva.
324	敷	fou 12 f'ü....	– pa (sic).....	–	Vâchpa.
325	赴	fou 12 f'ü....	– bhou.......	–	Prabhou.
326	附	fou 12 vü....	– bhou.......	–	Viçvabhoû.
327	含	han 15 hom...	– gâ.........	–	Anâgâmin.
328		....	– ka.........	–	Kanakamouni.

330	漢	han 13 hhon..	pour hân.......	dans	Arhân.
332	恒	heng 5 hêng..	− kañ........	−	Kañkara.
333		....	− gañ........	−	Gañgâ.
345	喜	hi 8 hhéi.....	− hî........	−	Mahîçâsakâs.
347	奚	hi 10 hī.....	− hê........	−	Hevaram.
351	系	hi 8 hī......	− hê........	−	(Particule vocative.)
356	顋	hie hhei.....	− ha........	−	Hari.
361	休	hicou 24 hhcu.	− hou.......	−	Bahouratna.
362		....	− hô........	−	Mahôraga.
364	興	hing 5 hhéng..	− hiñ........	−	Hiñgou.
365	何	ho 1 ho......	− hê........	−	Hêtouhi.
366		....	− a........	−	Arka.
367		....	− â........	−	Vyâkaraṇa.
369		....	− ha........		
378	和	ho 2 huo.....	− va........	−	Dêva, Varouṇa.
379		....	− vyâ........	−	Vyâkarana.
380		....	− pa........	−	Dvîpa.
381		....	− ha........	−	Havana.
382		....	− hê........	−	Hêlouvou.
404	訶	ho 1 hho.....	− ha........	−	Hari.
405		....	− hâ........	−	Mahânâga.
406		....	− ga........	−	Magadha.
407		....	− ka........	−	Divâkara.
407ᵃ		....	− khâ........	−	Khâdana.
407ᵇ		....	− hî........	−	Mahî.
408	豁	ho 14 hhuot...	− kou.......	−	Koustana.
409	貨	ho 2 hhuo....	− khâ........	−	Toukhâra.
416	遏	ho 13 ot.....	− a........	−	Adbhouta.
420	呼	hou 12 hhu...	− hou.......	−	Bahou.
421		....	− hoû.......	−	{ Mouhoûrta- Vahoûlam.
422		....	− hô........	−	Mahôraga.
425	胡	hou 12 hu....	− hou.......	−	Houdjikan.
426	虎	hou 12 hhu...	− hou.......	−	Houkouva.
427	護	hou 12 hu....	− hou.......	−	Lahoula.
429	桓	houan 14 huon.	− va........	−	{ Dêva, employé par erreur (Julien).

433	伊	i 8 ï........	pour i.........	dans	Iṭṭini.
434		....	– ê.........	–	Éka.
435		....	– î.........	–	Îçana, Îçvara.
436		....	– hi........	–	Hiraṇya.
452	翳	i 10 ï........	– i, ê et âi...	–	
454	逸	i 18 yït.....	– dji........	–	Adjita.
457	醫	i 8 éi........	– ê.........	–	Êlâpatra.
458		....	– âi........	–	Airâvata.
461	印	in 18 ïn.....	– in........	–	Indou.
462	因	in 18 ïn.....	– in........	–	Indra.
464	尹	in 19 yuïn....	– în........	–	Hetîndriya.
467	應	ing 5 éng.....	– añ........	–	Añga.
470	攘	jang 21 jreang.	– ṇya.......	–	Pouṇyaçâlâ.
471		....	– djñâ......	–	Djñânabhadra.
472	惹	je 21 jreak....	– dja.......	–	Radjata.
473	苦	je 1 jre......	– djña......	–	{ Manôdjñaghôcha- Yadjñadatta.
474		....	– djñâ......	–	Sarvadjñâ.
475		....	– ṇa........	–	Tallakchaṇa.
476	苦	jo 1 jre......	– ṇyâ.......	–	Kanyâkoubdja.
477		....	– ṇya.......	–	Araṇya-Çôunyata[1].
478		....	– ṇya.......	–	
479	如	jou 12 jrü....	– ṇya.......	–	Adjñâtakâuṇḍinya.
480		....	– ṇya.......	–	Pouṇya.
487	高	kao 23 koo....	– kâu.......	–	Kâuçêya.
488	客	k'e 3 k'ak.....	– khe.......	–	Khêlouda.
490	更	keng 3 kang...	– kañ.......	–	Kañkara.
505	吉	ki 10 kit.....	– ki........	–	Avalokitêçvara.
506		....	– khi.......	–	Çikhî.
507		....	– kê........	–	Kêgoura.
510	器	k'i 8 k'éi.....	– kchi......	–	Dakchiṇa.
515	憩	ki 10 k'ei.....	– kchê......	–	Outkchêpa.
517	棄	k'i 8 k'ï......	– khî.......	–	Çikhi.
518		....	– kha.......	–	{ Khakkhara (première syllabe).

[1] Julien ne donne pas le signe de la cérébrale.

521	祇⁽¹⁾ k'i 8 gï.....	pour gi.......	dans	Timiñgila.
522	....	– ghi......	–	Mabâsañghi.
523	....	– gî......	–	Mâtañgî.
524	....	– khya.....	–	Asañkhya.
525	....	– khyâ.....	–	Sañkhyâ.
526	....	– gê.......	–	Gêya.
527	....	– ghê......	–	Bôdhimêghêçvara.
528	....	– djê......	–	Djêtavana.
529	....	– k क.....	–	Açvayouk.
544	計 ki 10 kï.....	– hê.......	–	Kêtou.
544	....	– ya.......		
551	詰 ki k'i, kie 18 kït.	– kî.......	–	Vimalakîrti.
553	雞 k'i 10 kï.....	– kê.......	–	Harikêla.
554	....	– kî.......	–	Vimalakîrti.
558	伽 kia 1 ge.....	– kâ et ka....	–	Djatakâs-Lokavit.
559	....	– ga.......	–	Gòçriñga-
560	....	– gâ.......	–	Gâtha-Agâmin.
561	....	– gha......	–	Sañgha- Sañghanighâtanê- Ghana.
561ª	....	– ghâ......	–	Sañghârâma.
562	伽 kia 1 ge.....	– khya.....	–	Sañkhya.
563	....	– ha.......	–	Siñha (par exception).
570	佉 1 k'e.......	– k'ia......	–	Khara-Vaiçakha- Moukha-Khaḍga- Kharôchṭi.
571	....	– khâ......	–	Mêghaçikhâ.
572	....	– khya.....	–	Sañkhya-Vikhyata.
573	....	– ga.......	–	Samparâgata.
573ª	....	– gha......	–	Amoghâ.
574	....	– khou.....	–	Oukhoulì.
575	....	– khi......	–	Pâdalikhita.
582	迦 kia 1 ke.....	– ka.......	–	Çaçâñka.
583	....	– kâ.......	–	Kâçyapa.

⁽¹⁾ Je crois qu'il y a erreur dans ce caractère, et il faudrait lire 祇; du moins celui-ci est le caractère en Hiouen-Tchang.

584		....	pour ga.......	dans	Garouḍa.
585		....	– gâ........	–	Dourgâ.
586		....	– gha.......	–	Dîrgha.
587		....	– kya.......	–	Çakya.
593	薑	kiang 21 keang.	– ka........	–	Kikaṇa (devant n).
594	喬	kiao 23 geo....	– gâu.......	–	Gâutama.
595		....	– kô........	–	Kôçala.
600	偈	kie 10 ġei....	– ga........	–	Magadha.
601		....	– gâ........	–	Gâthâ.
602		....	– gê........	–	Gêla.
604	契	kie 10 k'i.....	– khê.......	–	
605		....	– kha.......	–	Khatcha.
608	揭	k'ie 13 k'et....	– kha.......	–	Khaḍga-Khadira.
609		....	– ka........	–	Makara-Dîpâṅkara.
610		....	– gha.......	–	
611		....	– ga........	–	{ Nâga-Magadha-Sâgara.
612		....	– gou.......	–	Lagouḍa.
622	乾	k'ien 13 gen...	– gan.......	–	{ Gandharva-Nigantha (pour Nigrantha) - Gandha.
624	健	kien 13 gen...	– kan.......	–	Skandha-Taṭkan.
625		....	– gan.......	–	Gandha.
626		....	– gân.......	–	Gândhâra.
627		....	– gha.......	–	Ghana (devant n).
628		....	– ga........	–	Nagna.
631	建	kien 13 ken...	– ka........	–	{ Kanaka-Kôñkaṇâpoura.
632		....	– kan.......	–	Skandhila.
633		....	– kâñ.......	–	Kâñtchîpoura.
634		....	– gan.......	–	Sougandhi.
635		....	– ghan......	–	Nighaṇṭou.
642	甄	kien 13 kin...	– kañ.......	–	Kaṅkara.
643		....	– kiñ.......	–	Kiñçouka.
649	丘	k'ieou 24 k'eu.	– kchou.....	–	Bhikchou.
656	鳩	kieou 24 keu..	– kou.......	–	Krakoutchtchhanda
657		....	– koû.......	–	Koûta-Doukoûla.
658		....	– gou.......	–	Gourou.

660	欽 kin 17 k'ém...	pour kam.......	dans	Kambala.
661	緊 kin 18 kĭn....	– kin.......	–	Kinnara.
662	金 kin 17 kém...	– koum (sic)..	–	Koumbhîra.
663	兢 king 3 geng...	– gañ.......	–	Gañgâ.
664[a]	殑 king 5 géng...	– gañ.......	–	Gañgâ.
667	脚 kio 21 keak...	– kou........	–	Krakoutchtchhanda
671	卻 kio 21 k'cak..	– ka.........	–	Sañkakchikâ.
673	崛 kioue 11 nguet.	– gou........	–	{ Añgolimâlya-Goupta.
687	屈 kiu 19 k'uét..	– kou.......	–	{ Koukkouta-Koułouta-Kourana.
688	....	– gou........	–	Goupta.
689	巨 kiu 12 gü....	– gô	–	गो gô (vache).
690	渠 kiu 12 gü....	– ga........	–	Varga.
691	....	– gou	–	Hiñgou.
710	郡 kiun 19 guén..	– kouñ......	–	Kouñdjikâ.
712	可 k'o 1 k'o.....	– ka	–	Açoka.
713	....	– khô.......	–	Khôchya.
716	果 ko 1 kuo.....	– ka	–	Karka.
720	歌 ko 1 ko......	– ka	–	Kali-Arka.
721	....	– gê........	–	Gêlou.
722	....	– ska........	–	Skandha.
723	渴 k'o 13 k'ot...	– kha.......–	–	Vikhatam-.
724	珂 k'o 1 k'o.....	– gha........	–	Dîrgha.
725	....	– khâ	–	Khâdana.
726	珂 k'o 1 k'o.....	– ko	–	Kotol-Kotoula.
733	恭 kong 7 küng..	– kôñ	–	Kôñkanâpoura.
734	....	– koum......	–	Koumbhânda.
735	古 kou 12 ku....	– kou.......	–	Kouroutâvi-Kouttâ.
737	孤 kou 12 ku....	– kou.......	–	Çakouni.
738	郭 kouo 22 kuok.	– kô	–	Kôti.
740	刺 la 13 lot.....	– la	–	Malaya-Lagouḍa.
741	....	– ra.........	–	{ Varana-Ratna-Dhâranî.
753	賴 laï 10 loi.....	– ra	–	Hiranyavati.
754	....	– râ	–	Râchtra.
755	....	– la.........	–	Àlaya.

756	覧 lan 15 lom...	pour ra........	dans	Brahmâ-.
763	藍 lan 15 lom...	— ram.......	—	Pramâtram (final).
764	....	— lam.......	—	Avalambana- Lambâ.
765	....	— lam.......	—	Saralam (final).
766	....	— râ........	—	Ârâma (devant m).
767	....	— la........	—	Lavaṇa.
768	蘭 lan 13 lon...	— raṇ.......	—	Kouraṇtaka- Karaṇḍa.
		— ran.......	—	Grantê.
769	....	— ram.......	—	Hêvaram (final).
770	....	— ra........	—	Poûraṇa-Aranya (aussi Araṇya) devant na et nya.
771	覧 lan 15 lom...	— lam.......	—	Samâptalambha.
772	....	— ra........	—	Brahmâ-Soûtra.
773	浪 lang 21 loang.	— ra........	—	Kouraṇa (devant na).
774	....	— la........	—	Kouṇâla.
775	....	— lañ.......	—	Kâmalañkâ.
777	郎 lang 21 loang.	— lam.......	—	Êlam (final).
778	勒 le 5 lêk.....	— ra........	—	Ratna- Pratyêkabouddha.
779	....	— rê........	—	Mâitrêya.
780	....	— la........	—	Amlaka.
781	....	— rî........	—	Kharika.
782	....	— ṛi........	—	Richabha.
789	樓 leou 24 lou...	— rou.......	—	Garouda- Pouroucha- Karouṇâ-Routchi.
790	....	— roû.......	—	Roûpa.
791	樓 leou 24 lou...	— rô........	—	Rôtcha-Pourôchita- Kharôchtha.
792	....	— lô........	—	Lôka.
793	....	— loû.......	—	Çâloûka.
806	力 li 5 lêk.....	— ri........	—	Antarîkcha.
807	....	— ऌ lṛi......	—	
808	....	— ॡ ṛi......	—	Vrika.

824	栗	li 18 lét..... pour li.........	dans		{ Litchtchhava- Tâmralipti.
825		....	– ṛi.........	–	Mṛidou-Vṛidji.
851	立	li 17 lép.....	– ṛi.........	–	Mṛigava.
880	亙	liang 21 leang.	– la.........	–	Kâlayaças.
881		....	– lâñ........	–	Lâñgali.
882		....	– lyâ........	–	Kalyâna.
884	練	lien 13 lin....	– ra........	–	Aranya (devant *n*).
885	連	lien 13 len....	– rañ........	–	Nâirañdjanâ.
886		....	– ra........	–	{ Hiranyavatî (devant *n*).
890	溜	lieou 24 leu...	– roû........	–	Viroûpâkcha.
891		....	– rou.......	–	Outtarakourou.
1001[1]	林	lin 17 lém....	– lim.......	–	Limbinî.
1008	陵	ling 5 léng...	– lin........	–	{ Pilindavatsa (écrit par erreur Piliñgavatso).
1011	餕	ling 5 léng...	– ṛiñ........	–	Gôoṛiñga.
1012		....	– liñ........	–	Kaliñga.
1014	略	lio 21 leak...	– lya........	–	Vâipoulya.
1015	呂	liu 12 lü.....	– ṛi et ṛi.....	–	
1017	律	liu 19 luét...	– rou.......	–	Anirouddha.
1018		....	– rô........	–	Nyagrôddha.
1019		....	– li.........	–	Kôlila.
1022	囉	lo lo........	– la.........	–	Moûlasarvâstivâda.
1023		....	– lâ.........	–	Palâça.
1024		....	– ra........	–	{ Nagarahâra- Añgaraka-Outtara.
1038	羅	lo 1 lo.......	– la.........	–	{ Amla-Çîlabhadra- Sâla.
1039		....	– lâ.........	–	Palâça.
1040		....	– lya........	–	{ Mañgalya-Añgouli- malya.
1041		....	– loû........	–	Piloûsâra.
1042	羅	lo 1 lo.......	– lô........	–	Alôka.
1043		....	– ra........	–	Karpoûra-Amra.

(1) Ici il y a une lacune dans les numéros de Julien, de 899 à 1000.

1044		.... pour râ........	dans		Râdjagriha-Râhou.
1050	落	lo (21) loak...	–	la.........	– { Âmalaka-Potalaka-Amala.
1051		....	–	lô.......	– Lôka.
1052		....	–	loû.......	– Piloûsâra.
1053		....	–	ra.......	– Nâraka-Sâra.
1054		....	–	râ.......	– Râdjan (roi).
1056	邏	lo 1 lo.......	–	la.........	– Laghou-Labdha.
1057		....	–	lâ.........	– Apalâka.
1058		....	–	ra.......	– Mahirakoula-Hrada.
1059		....	–	râ.......	– Rahoula.
1061	龍	long 7 lüng...	–	loum......	– Loumbinî.
1062		....	–	louñ......	– Mâtoulouñga.
1064[1]	路	lou 12 lu.....	–	rou.......	– Aroudj.
1070	盧	lou 12 lu.....	–	lô.......	– Avalôkitêçvara.
1071		....	–	rô........	– { Krôça-Vairôtchana-Kharôchṭha.
1072		....	–	rou et lou...	– { Kourou-Çatadrou-Gourou-Mêroudou-Pêlou.
1072ª		....	–	roû.......	– Viroûḍhaka.
1073		....	–	ḷri........	–
1074	祿	lou 7 luk.....	–	rou.......	– { Sroughna-Baroukatchtchhêva.
1075	路	lou 12 lu.....	–	lô.......	– Lôkavit-Alôkabhâsa.
1076		....	–	lô.......	– Lôkâyatika.
1077		....	–	rou.......	– { Garouda-Pourouchapoura.
1078		....	–	roû.......	– Roûpya.
1079		....	–	rô........	– Kharôchṭha-Çrôtra.
1079ª		....	–	ra.......	– Soûtra.
1082	魯	lou 12 lu.....	–	lou.......	– Hélouga.
1083		....	–	rou.......	– Çatrou-Routchi.
1084		....	–	ḷri........	–
1085	類	louï 9 luéi....	–	rô........	– Nyagrôdha.
1086		....	–	ra.......	– Gounaprabha-.

[1] Le numéro 1063 manque dans Julien.

1088	論 lun 19 luên... pour loum......	dans	Loumbinî.
1082	馬 ma 1 ma.....	– mâ........	–	Mâtañya.
1091	麻 ma 1 ma.....	– mâ........	–	Brahmâ.
1103	墨 me 5 mêk....	– mê........	–	Doumêlam.
1106	寐 meï 8 mï.....	– mī........	–	Pratidêçyâmi-Bhanâmi.
1107	....	– va........	–	Yavana (par erreur).
1108	眛 meï 10 moi...	– mâ........	–	Samâdi.
1110	門 men 19 muên .	– man.......	–	Maṇḍaka.
1116	茂 meou 24 mou .	– mou......	–	Mouni.
1117	....	– moû......	–	Moûla.
1118	....	– mô.......	–	Môtcha.
1120	咩 mi 1 mi.....	– mi........		
1123	彌 mi 8 mï......	– mi	–	Amita.
1124	....	– mû	–	Kâçmîra.
1125	....	– bi	–	Loumbini.
1126	....	– bî	–	Kâuçâmbî-Çâmbî.
1127	....	– mê........	–	Soumêrou-Mêkhalâ-Mêghaçikhâ.
1128	....	– mâi.......	–	Mâitreya.
1132	米 mi 10 mī.....	– mâi.......	–	Mâitrêya.
1134	蜜 mi 18 mït....	– mi........	–	Mitra.
1135	....	– vi	–	Vistara.
1137	謎 mi 10 mī....	– mi........	–	Pamira-Koumidha.
1138	....	– mê........	–	Mêla.
1139	迷 mi 10 mī.....	– mi........	–	Timi.
1140	....	– mê........	–	Soumêrou-Mêgha.
1141	....	– mâi.......	–	Mâitrêya-Parasmâipada.
1146	民 min 18 mïn...	– min	–	Nêmindhara.
1147	....	– bi	–	Loumbinî.
1148	摩 mo 2 muo....	– ma	–	Mahâ.
1149	....	– mâ	–	Koumâra-Mânavaka
1150	....	– ba........		
1151	....	– mou.......	–	Mouhoûrta.
1156	木 mo 7 muk....	– mô........	–	Pratimôkcha-Môkcha.

1158	末	mo 14 muot.. pour ma.......	dans		Mati-Çrâmanêra-Vimalamitra.
1159		....	–	ba.......	
1169	磨	mo 2 muo....	–	ma.......	– Karma-Gômaya.
1170		....	–	mâ.......	– Brahmâ.
1173	莫	mo 21 moak..	–	ma.......	– Mahĭ-Mahêçvara.
1177	麼	mo 2 muo....	–	ma.......	– Markata.
1177ᵃ		....	–	ba.......	
1180	姥	mou 12 mu...	–	mou......	– Moudra.
1183	暮	mou 12 mu...	–	ma.......	– Padma.
1184	模	mou 12 mu...	–	mou......	– Mouhourta.
1185	毋	mou 24 mou..	–	mou......	– Samoula-Moudrâ.
1186	謨	mou 24 mau..	–	mô.......	– Namô.
1185ᵃ		....	–	mou......	– Mousala.
1187		....	–	ma.......	{ Anoumata-Namaskara.
1193	挐	na 1 ṇa.....	–	ṇa.......	{ Pourṇa-Çravaṇa-Karṇasouvarṇa.
1194		....	–	nya......	– Hiraṇya.
1195		....	–	ना nâ	– Kâlapinâka.
1195ᵃ		....	–	ṇê.......	– Çrâmaṇêrikâ.
1196		....	–	ड ḍa.....	– Chaṇḍa.
1199	那	na 1 no.....	–	न na.....	{ Djoyasena-Narasiñha.
1200		....	–	ना nâ	{ Nârâyana - Nâgârdjouna-Nâtha.
1201		....	–	ण ṇa.....	– Pourṇa.
1202		....	–	nê.......	– Nêmam.
1203		....	–	nya et ṇya..	– Çoûnya-Hiraṇya.
1205	乃	naï 10 noi...	–	nâi......	– Çanâiçtchara.
1206	捼	naï 13 not...	–	na.......	– Nadî-Nara.
1207		....	–	nâ.......	– Nâraka.
1212	南	nan 15 nom ..	–	nam......	– Ghanam.
1213		....	–	ṇâm......	– Vyâkaraṇam.
1218	諵	nan 15 ṇam ..	–	ṇam......	– Vyâkaraṇam.
1219		....	–	ṇâm......	– Pourouchâṇâm.
1220	難	nan 13 non...	–	nan......	– Nanda.
1221		....	–	nam......	– Vighnam.

1222	曩 nang 21 noang pour na	न......	dans	Nagarahâra.
1223	....	– na ण.....	–	Çramaṇa.
1224	桵 no 23 noo....	– ṇa........	–	Arouṇa.
1225	呶 nao nu......	– ṇou.......	–	Paramâṇou.
1226	儜 neng 3 ṇang ..	– na.......		
1241	惡 ngo 21 oak...	– a.........	–	{ Agarou-Agni- Akchaya.
1242	....	– visarga.....		
1243	我 ngo 1 ngo....	– visarga.....		
1249	遏 ngo et ho 13 ot.	– a.........	–	{ Adbhouta - Arbouda (voir n° 416).
1253	阿 ngo 1 o......	– a.........	–	Amantram.
1254	....	– â.........	–	Arya.
1255	....	– ha........	–	{ Hariṇa-Lôha- Harîtakî-Havava.
1256	....	– ê.........	–	Êlam.
1257	....	– visarga.....		
1261	倪 ni 10 ngi.....	– ञ n palatal..		
1262	匿 ni 5 nék.....	– ni........	–	Nikchêpa.
1262ᵃ	....	– na........	–	Prasênadjit.
1264	尼 ni 8 ṇéi......	– ṇi........	–	{ Bhikchouṇî- Mâitrâyaṇî.
1265	....	– ni et ṇi....	–	{ Mani-Oupanichad- Mouni.
1266	....	– nê ⁽¹⁾	–	{ Nêmin-Nêpala- Çrâmaṇêra.
1267	....	– na........	–	Kanaka.
1268	....	– nya.......	–	{ Nyagrôdha- Godhanya.
1269	....	– nâi........	–	Nâirañdjanâ.
1272	昵 ni 18 nĭt.....	– ni........	–	Parinirvâṇam.
1274	泥 ni 10 nî.....	– ni........	–	{ Anirouddha- Nivâraṇa.
1275	....	– nê........	–	Nêtra-Sthânêçvara.
1283	仰 niang 21 ngeang	– ङ nga.....		
1284	娘 niang 21 ṇcang	– nya.......	–	Nyakkâkoura.

(1) Ici Julien devrait aussi donner ṇê (cérébral) qui se trouve dans Çrâmaṇêra.

1287 涅 nie 13 nit.... pour ni .... dans Nirvana.
1288 .... – nê .... – { Nêtra-
Sañghamighâtanê.
1295 諾 no 11 noak... – nô........ – Drônôdana.
1296 .... – na........ – { Nakoula-Nagna-
Kanakamouni.
1296ᵃ .... – ṇa........ – Çaṇaka.
1297 .... – nya....... – Nyagrôdha.
1298 .... – nê........ – Vêlou.
1299 奴 nou 12 nu... – nou....... – Manou-Anougatê.
1300 .... – nô........ – Manôdjña ghôcha.
1301 怒 nou 12 nu... – ṇou....... – Vichṇou.
1302 .... – ṇa........ – Hariṇa.
1303 袋 nou et na 12 nu. – na........ – Manas-Pounatcha.
1304 .... – ṇou....... – Vichṇou.
1305 .... – nou....... – Noutchikan.
1306 .... – noû....... – Anoûna.
1310 汙 ou 12 u...... – oû........
1311 .... – ô.........
1313 烏 ou 12 u...... – ou........ – { Oucha-
Oudoumbara.
1323 巴 pa 1 pa..... – ba et va.... – Kambala-Vakoula.
1324 .... – pya....... – Roupya.
1325 把 pa 1 pa..... – pa........ – Bhoûpadî.
1326 拔 pa 13 bat. . – va........ – Vakchou.
1327 .... – bha....... – Bhadra.
1329 礬 p'an 14 buon.. – bha....... – Bhaṇami (devant n).
1330 .... – vâ........ – Nirvâṇa.
1335 班 p'an 13 pan puan – pâṇ....... – Pâṇḍava.
1336 .... – वं vam..... – Vikavam (final).
1337 .... – bham में... – Haribham (final).
1341 報 pao 23 poo... – pâu....... – Pâucha.
1342 暴 p'ao 23 boo... – bhâu...... – Bhâumadêva.
1344 袍 pao 23 boo... – ba........ – Bahou.
1345 褒 pao 24 bou... – pâu....... – Sarpâuchadhi.
1346 褒 pao 23 poo... – pâu....... – Sarpâuchadhi.
1348 北 pe 5 pêk..... – vê........ – Vêlou.

1351	貝 peï 10 poi.... pour pa........	dans	Patra.
1352	....	– pà........	–	Karpâsa.
1354	鼻 pi 8 pĭ......	– pî........	–	Pâpîyân-Pippîlikâ.
1354ᵃ	....	– vi........	–	Vimala.
1356	....	– vya......	–	Vyavasthana.
1359	必 pi 18 pĭt.....	– pi........	–	Piṭaka.
1400	邲 pi 18 bĭt.....	– vi........	–	Viçva.
1412	鼻 pi 8 bĭ......	– vâi et vi...	–	Vâiçâkha-Vibhâchâ.
1413	....	– vî........	–	Avîtchi.
1414	....	– pi........	–	Kapiça.
1415	別 pie 13 bet....	– pi........	–	Pidhana.
1416	....	– vya......	–	Vyavasthâna.
1417	便 pien 13 bin...	– vyan......	–	Vyañdjana.
1418	....	– bhyan.....	–	Abhyanta.
1423	儐 pin 18 pĭn....	– piṇ.......	–	Piṇḍapâta.
1426	賓 pin 18 pĭn ⁽¹⁾..	– phi.......	–	Kapphina (devant n).
1427	....	– piṇ.......	–	Piṇḍada.
1428	....	– piñ.......	–	Piñgala.
1429	....	– vim.......	–	Vimbam.
1431	頻 p'in 18 bĭn...	– bim au vim.	–	Bimba ou Vimba (devant une labiale).
1432	....	– vi........	–	Vinâyaka.
1433	....	– bin.......	–	Bindousara.
1434	....	– vim et viñ..	–	Vimçati-Kalaviñka-.
1435	....	– vim.......	–	Vindhyavâsa.
1436	....	– piñ.......	–	Kapiñdjala.
1437	....	– vi........	–	Ourouvilvâkâçyapa- Vidrouma-Vivara.
1438	冰 ping 5 péng...	– piñ.......	–	Piñgala.
1440	瓶 p'ing 3 bing..	– bim et vim.	–	Bimbisâra-Vimbi- sara (aussi Bimba- sâra, Vimbasâra).
1442	僕 po 7 buk.....	– ba........	–	Bahou.
1443	....	– pa........	–	Pati.
1444	勃 p'o 19 buêt...	– bha.......	–	Bhamâtra.

⁽¹⁾ Le numéro 1424 manque dans Julien.

1415 [1]	....	pour bou.......	dans	Bouddha.
1416	....	− pou.......	−	Pouchya.
1417 博	po 21 poak...	− pâ........	−	{ Tchampâka-Viroûpâkcha.
1418 卜	po 7 puk.....	− pou.......	−	Poukkasa.
1420 婆	po 2 buo.....	− ba........	−	Vimbasara.
1420ª	....	− bâ........	−	Bâla (enfant).
1421	....	− bha........	−	Açmagarbha.
1422	....	− bhâ........	−	Vibhâchâ-Bhâraya.
1423	....	− भ bh......	−	Anouchtoubh.
1424 婆	p'o 2 buo.....	− va........	−	Virvaram.
1425	....	− pa........	−	Kalâpa-Vipaçyana.
1426	....	− फ pha.....	−	
1439 播	po 2 puo.....	− pa........	−	Gouroupada.
1440	....	− pâ........	−	Vipâçâ-Pâçoupata.
1443 波	po 2 puo.....	− pa........	−	Stoûpa.
1444	....	− pâ........	−	Oupâli.
1445	....	− ba........		
1446	....	− va........	−	{ Içvara-Avadana-Rêvata.
1447	....	− vâ........	−	Vivâha.
1448	....	− pô........	−	Pômam.
1457 破	p'o 2 p'uo....	− फा phâ....	−	Sphâtika.
1458	....	− bha.......	−	Vibhaktam.
1465 跋	po 14 buot...	− pa........	−	{ Dhrouvapatou-Nandôpananda.
1466	....	− va........	−	{ Oupavarta-Vadjra-pâṇi-Varma-Vastou-Adjitavatî-Avatâra.
1467	....	− bâ........	−	{ Bânî (langage, discours).
1468	....	− ba........	−	{ Mondrâbala-Oudoumbara - Ba-roukatchtchhêva.
1469	....	− bha.......	−	{ Bhadra - Bhadrika - Abhayagiri.
1472 跋	po 2 puo.....	− pa........	−	Vṛihaspati-

[1] Ici on retourne au numéro 1415 et l'on répète la série jusqu'à 1445.

1484	頗 p'o 2 p'uo....	pour फ pha.....	dans	Phala.
1485	....	– phâ.......	–	Sphâtika-Phâlgouṇa
1486	....	– bha et bhâ..	–	Bharadvadja-Prabhâratna.
1487	....	– tha.......		
1491	布 pou 12 pu....	– pou.......	–	Poura-Pouṇya.
1492	....	– poû.......	–	Karpoûra-Poûrṇa.
1493	....	– bhoû......	–	Sambhoûtam.
1494	....	– pò........	–	Pôtalaka-Kapôtikâ-Kapôtana.
1497	普 p'ou 12 p'u...	– फू phoû....	–	Kâraphoûrnâm.
1519	牛 pouan 14 puon	– paṇ.......	–	Paṇdaka.
1520	....	– pañ.......	–	Pañtcha.
1521	....	– pâ........	–	Kchârapânîya (devant n).
1522	....	– pou.......	–	Pounatcha (lorsque le mot suivant commence par n).
1529	奔 pun 19 puên..	– pouṇ......	–	Pouṇdravarddhana.
1530	....	– pou.......	–	Pouṇya (devant n).
1540	三 san 15 som...	– sam.......	–	Sambouddha-Sambhôga (devant f ou p).
1541	....	– sa........	–	Samantabbadra-Samyaksambodhi-Samatata-Samaya (devant m).
1542	....	– cha.......	–	Arichamê (devant m).
1543	....	– sa........	–	Sataya.
1544	散 san 13 son...	– sa........	–	Nivâsana (devant n).
1545	册 san 13 son...	– san.......	–	Sannahâ.
1547	塞 se 5 sêk.....	– sa........	–	Oupâsaka-Mahîçasaka.
1554	瑟 se 18 ṣăt.....	– षू ch.......	–	Pouchpa - Akanichṭha - Karôchṭha - Ouchṇîcha -Djâichtha - Abhayadanchṭra-Dantakâchṭha-Yachṭi (toujours sans a inhérent).

1555 色 se 5 săk..... pour sê .... dans Sêlou.
1558 參 sen 17 tsăm... — sañ....... — Sañgraman.
1559 僧 seng 5 sêng... — sañ....... — Asañga-Sañga-Saũkhya-Sañkâçya (devant une gutturale).
1560 .... — siñ....... — Siñha- (et ses composés) Siñhala-Siñhapoura (par exception).
1561 .... — सम् san..... — Sannâha.
1562 .... — sam...... — Samâpta.
1567 悉 si 18 sĭt..... — si .... — Siddha.
1568 .... — çi .... — Çrigala (contracté par exception; ordinairement सु = s.
1573 息 si 5 sĭk..... — sa .... — Sakṛidâgâmin.
1575 細 se 10 sĭ..... — sê .... — Sêla.
1576 西 si 10 sĭ..... — sî .... — Sîmam.
1577 .... — sâi...... — Sâinika.
1579 些 sie 1 si..... — çi .... — Çikhin.
1580 .... — sa .... — Nivasana.
1581 寫 sie 1 si..... — sî .... — Vârânasî.
1584 羨 sien 13 zin... — sê .... — Vîrasêna (devant n).
1585 修 sieou 24 siu.. — sou...... — Sougata-Asoura.
1586 .... — soû...... — Soûtra.
1587 .... — svâ...... — Svârtani.
1589 信 sin 18 sĭn... — sin...... — Sindhou.
1597 娑 so 1 so...... — sa ...... — Çaṇakavâsa-Bouddhadasa.
1598 .... — sâ ...... — Sâla-Pourouchadamyasârathi.
1599 .... — sô ...... — Visôdam.
1600 .... — sya ..... — Pourouchasya.
1601 .... — नृ ch..... — Dṛichṭânta.
1602 娑 so 1 so...... — chya..... — Khachya.
1603 .... — svâ...... — Svâgata-Svâhâ.
1614 索 so 21 soak.... — sa .... — Dâsa-Oupasâka-Saha.

1615	....	pour chya......	dans	Kôchya.
1618	所 so 12 ṣua.....	– सृ s........	–	Pourouchâs.
1619	莎 so 2 suo......	– svâ........	–	Svâmin-Svâgata.
1620	鎖 so 2 suo......	– svâ........	–	Svâgata.
1623	率 sou 19 ṣuăt...	– sou.......	–	Sourî.
1636	蘇 sou 12 su....	– sou.......	–	{ Vasoumitra- Soumêrou.
1637	....	– soû.......	–	Soûrya.
1638	....	– sô........	–	Sôma.
1639	....	– çou.......	–	{ Çoubhavastou (nom de fleuve).
1640	....	– sa........	–	Tâmasavana.
1643	史 sse 8 săi.....	– chi.......	–	Touchita.
1645	師 sse 8 săi.....	– sê........	–	Sênâ (armée).
1646	....	– ça........	–	Palaça.
1647	....	– cha.......	–	Dvêcha.
1648	....	– chi.......	–	Varchika-Chôchira.
1649	....	– sî........	–	Sousîma.
1665	孫 sun 19 suên...	– soun......	–	Soundarananda.
1666	....	– छन् tchhan..	–	{ Krakoutchtchhanda (par erreur).
1667	旬 sun 19 zuin...	– 繕 chen....	–	{ Yôdjana (par erreur).
1678	大 ta 10 doi.....	– da........	–	Dakchiṇa.
1679	....	– dha.......	–	
1680	怛 ta 13 tot.....	– ta........	–	Outtara-Koustana.
1681	....	– tâ........	–	Târa.
1688	答 ta 15 dop.....	– dâ........	–	Drâvira.
1689	....	– dha.......	–	{ Mâdhava- Gandharva.
1690	答 ta 15 top.....	– ta........	–	{ Gautama- Anavatapta.
1692	達 ta 13 dot.....	– ta........	–	Tapta.
1692[a]	....	– da et dâ....	–	{ Sarvada-Bhadra- Soudâna-Dêvadatta.
1693	....	– dha.......	–	{ Dharma-Djâlandha- ra-Andhra-Gan- dharva.

1698	闥 t'a 13 t'ot.....	pour tha........	dans	Atharvaṇa.
1699	....	– dha.......	–	Gandharva.
1702	但 tan 13 don....	– da........	–	Khadaniya (devant *n*).
1703	....	– tha.......	–	Nisthana (devant *n*.)
1704	....	– ta (dha?)⁽¹⁾.	–	Dhama (pour Dharma).
1710	怛 tan 13 tot....	– tra........	–	Soumâtra (devant *l*).
1712	憚 t'an 13 don...	– dan.......	–	Dantakâchṭha.
1713	旦 tan 13 ton....	– ta........	–	Antavara (devant *l*).
1714	....	– da........	–	Khadaniya (devant *n*).
1728	耽 tan 15 tom....	– tâ........	–	Tâmalipti (devant *m*).
1734	儻 t'ang 11 t'oang.	– thâ.......	–	Sourasthâna.
1735	侘 tch'a t'a.....	– ṭa........	–	Mahârâchṭra.
1736	....	– tha........		
1737	叉 tch'a 1 ṭs'a...	– kcha......	–	Yakcha-Lakcha-Takchaçilâ.
1738	....	– kchê......	–	Nikchêpa.
1739	....	– kchi......	–	Prêkchinî.
1740	....	– क्ष tchha....	–	Tatchtchhaya.
1741	吒 tch'a 1 ṭa....	– ṭa........	–	Koukkouṭapada-Kaṭapoûtana.
1742	....	– ṭha.......	–	Kharôchṭha-Akanichṭha-Djyâinichṭha.
1743	....	– tha.......	–	
1744	....	– tcha.......	–	Katcha.
1745	....	– ṭou.......	–	Dhrouvapaṭou (seul exemple connu).
1755	差 tch'a 10 ṭs'ai...	– kcha......	–	Akchayamati.
1756	....	– kchâ......	–	Kchârapânîya.
1757	....	– kchê......	–	Outkchêpa-.
1758	....	– kchi......	–	Soukâñkchi.

⁽¹⁾ Cela doit être *dha* et non *ta*.

1760	茶	tch'a 1 da.... pour da	....	dans	Drâviḍa-Garouḍa-Anḍa.
1761		....	– ḍà........	–	Tchâṇḍâla.
1762		....	– ḍha.......	–	Achâḍha.
1763		....	– dhyâ.....	–	Madhyâkchara.
1764		....	– ṭa........	–	Nîlapiṭaka.
1765		....	– da........	–	
1765ª		....	– kcha......	–	Akchayam (exemple unique.)
1766	詫	tch'a 1 t'a....	– ṭha.......	–	Akanichṭha.
1773	丈	tchang 2 1 ḍeang	– ṭam.......	–	Viçichṭam.
1774	仗	tchang 2 1 ḍeang	– dyâ.......	–	Oupyâna (devant n).
1776	掌	tch'ang 2 1 tseang	– chaṇ......	–	Chaṇḍa (eunuque).
1780	哆	tch'e 1 (ti) to..	– ṭa........	–	Samparâgata-Danta-Çata-Abhyanta-Tala.
1781		....	– sta........	–	
1794	柘	tche 1 tse....	– tcha.......	–	Tchakra-Piçâtcha.
1795	者	tche 1 tse....	– tcha.......	–	Pañtcha.
1798	車	tch'e 1 ts'e....	– छ tchha....	–	Mlêtchtchha-Gatchtchhati-Litchchhava.
1799		....	– च् tch.....	–	Tiryatch.
1801	遮	tche 1 tse.....	– tcha.......	–	Pañtcha-Motcha-Tcharitê.
1802		....	– tchâ.......	–	Atchârya.
1803		....	– kcha.......	–	Mòkcha.
1804		....	– tya........	–	Krìtya.
1805	占	tchen 1 5 tsem .	– tcham.....	–	Tchampaka.
1806		....	– djam.......	–	Vibhadjam (final).
1807		....	– tcham.....	–	Kachatcham.
1808	戰	tchen 1 3 tsen..	– tchan......	–	Tchandra.
1811	羼	ts'ien 1 3 ts'an..	– kchan......	–	Kchântisiñha.
1819	詹	tchen 1 5 tsem .	– tcham.....	–	Tchampaka.
1820	闡	tch'en 1 3 ts'en .	– क्ण tchhaṇ..	–	Tchhaṇḍaka.

(1) K'ang hsi donne un très grand nombre de prononciations différentes pour ce caractère; mais nous pouvons prendre *to* dans les cas cités.

1821	周	tcheou 24 tseu. pour tchoû	dans	Tchoûda.
1822		....	– djou.......	–	Ardjouna.
1825	制	tchi 10 tsei...	– tchâi......	–	Tchâitra.
1826		....	– tchi.......	–	Tchiti.
1827		....	– djê.......	–	Djêtâ (vainqueur).
1832	志	tchi 8 tséi....	– tchi.......	–	Routchi.
1833		....	– tchî.......	–	Kâñtchîpoura.
1837	掣	{tch'i / tch'e} 10 ts'ei.	– kchê.......	–	Kchêtra.
1839	支	tchi 8 tséi....	– tchi.......	–	{Routchi-Moutchilinda.
1840		....	– tchî.......	–	Tchîna.
1841		....	– ṭi........	–	Sañghâṭi.
1842		....	– tyê.......	–	Pratyêkabouddha.
1843		....	– tchâi......	–	Tchâitya.
1852	知	tchi 8 téi.....	– ṭi........	–	{Yachṭi-Viṭi-Sañghaṭi.
1861	緻	t'chi 8 déi....	– ṭi........	–	Iṭṭini.
1867	脂	tchi tsék.....	– tchi.......	–	Moutchilinda.
1867ª		....	– tchâi......	–	Tchâitya.
1868		....	– tchî.......	–	Tchîna.
1874	質	tchi 18 tsét...	– tchi.......	–	Tchitra.
1875		....	– tchê.......	–	Vimalatchêta.
1884	眞	tchin 18 tsén..	– tchin......	–	Soutchinti.
			– tchî.......	–	{Tchînasthana (devant n).
1885		....	– tchi.......	–	{Moutchilinda (par erreur pour 支 ou 脂).
1886	鎭	tchin tsén....	– tin........	–	Tindouka.
1887	陳	tch'in 18 dén..	– ḍi........	–	Âdjñâtakâunḍinya.
1888		....	– dji........	–	Djina.
1889	震	tchin 18 tsén..	– tchî.......	–	Tchînasthana.
1893	灼	tcho 21 tseak.	– tcha.......	–	Tchakra.
1895	綽	tch'o 21 ts'eak.	– 叐........	–	
1898	創	{tch'oang / 22 ts'ueang.}	– thà........	–	{Paṭasthana (devant na).
1908	拙	tchoue 14 tsuet.	– kou.......	–	{Koukkara (à cause de la phonétique).

1909 椎 tch'ouï 10 ṭuéi. pour ṭì........ dans Ghaṭî.
1911 村 tc'hun 19 ṭs'uên. — क्रन् tchhan.. — Krakoutchtchhanda
1912 諄 tchun 19 ṭsuén. — tchoû...... — { Tchoûrṇa (devant n).
1915 德 te 5 têk...... — dê........ — Nirdêça.
1916 .... — ta........ — Takchakanâgarâdja.
1917 .... — ti........ — Kapatika.
1927 登 teng 5 têng... — tañ........ — Mataṅga.
1928 .... — dan....... — Danchṭra.
1929 .... — ta........ — Vibhoûtagama.
1934 鄧 teng 5 dêng... — tañ....... — Mâtaṅga.
1935 騰 t'eng 5 dêng... — tañ....... — Mâtaṅga.
1936 偸 t'cou 24 t'ou.. — toû....... — Stoûpa.
1937 .... — thou...... — Mathourâ.
1938 .... — dhou...... — Madhou.
1939 兜 teou 24 tou... — tou....... — Touchita.
1940 .... — toû....... — Toûla.
1943 斗 teou 24 tou... — toû....... — Stoûpa.
1944 豆 teou 24 dou... — tou....... — Djantou.
1944ª .... — dou....... — Indou.
1945 .... — dha....... — { Anirouddha (par erreur pour 陀).
1946 .... — dhou...... — Bandhou.
1947 .... — douḥ...... — Douḥka.
1949² 頭 t'eou 24 dou.. — tou....... — Djantou.
1950 .... — dou....... — { Doukoula-Tindouka-Bindousâra.
1951 .... — doû....... — Vâidoûrya.
1952 .... — dhou...... — Sindhou.
1953 .... — ḍô........ — Piṇḍolâ.
1954 .... — dhoû...... — Dhoûta.
1956 .... — dhô....... — Çouddhôdana.
1958 .... — dâ........ — Oudâyin.
1959 .... — da........ — Koumonda.
1960 闍 teou 24 tou... — tou....... — Tchatour.
1961 低 ti 10 tī...... — ti........ — Gati.
1962 .... — tì........ — Çravastî.

1963 .... pour tê .... dans Avalôkitêçvara.
1965 弟 ti $\begin{Bmatrix} 8 & \text{dĭ} \\ 10 & \text{dĭ} \end{Bmatrix}$... – dê....... – Dêha.
1966 第 ti 10 dĭ...... – dê....... – Oupadêça.
1967 .... – tê....... – Tcharitê.
1968 .... – ti....... – Atâvati.
1969 .... – tyê....... – Nṛityê.
1970ᵃ .... – dyâ....... – Vidyâdharapiṭaka.
1973 地 ti 8 dĭ...... – ti....... – Nîti.
1974 .... – tĭ....... – Ghaṭi.
1975 .... – dî....... – Nadî-Dîrgha.
1976 .... – di....... – Ouṇâdi.
1977 .... – dhi....... – { Bodhi-
Parikchouddi-
Sarpânchaddhi.
1978 .... – tê....... – Grantê.
1979 .... – tchi....... – Avîtchi.
1983 帝 ti 8 tĭ....... – ti....... – { Itivṛittakam-
Timiñgila.
1984 .... – tĭ....... – Tchiti.
1985 .... – tê....... – Tchittê-Mouktê.
1986 帝 ti 8 tĭ....... – dê....... – Aradê.
2001 梯 t'i 10 t'ĭ..... – thi....... – Mithila.
2003 的 ti 3 tik...... – ti....... – Vibhouti.
2019 田 t'ien 13 din... – dhyân...... – Madhyântika.
2020 顛 t'ien 13 tin... – tyan....... – Âtyantika.
2021 .... – tañ....... – Patañdjali.
2023 佗 t'o 1 t'o...... – tha....... –
2025 堶 t'o 2 tuo..... – tva....... – { Bôdhisatva-
Mahâsatva.
2025ᵃ 墮 t'o 2 duo..... – dhva...... – Bharadhvadja.
2026 多 to 1 to....... – ta....... – Djataka-Tathâgata.
2027 .... – ṭa....... –
2028 .... – tou....... – Touhê.
2029 .... – tya....... – Bâlâditya.
2030 .... – tyâ....... – Kâtyâyana.
2031 .... – da....... – Dakchiṇa.
2032 .... – तृ t....... – Prasênadjit.

2033		.... pour dha.......	dans	Labdha.
2042	惰	to 2 duo.....	– dhva......	–	Bharadhvadja.
2043	掩	t'o 1 t'o......	– da.......	–	Çabdavidyâ.
2044		....	– tha......	–	
2045		....	– ta........	–	Anoumata.
2050	獨	to 7 duk.....	– tou.......	–	Toulanam.
2051		....	– dou.......	–	Doumêlam.
2053	突	t'o 19 duêt...	– dhoû......	–	Dhoûpa.
2054		....	– dou.......	–	Dourgâ.
2058	鐸	to 21 doak....	– ḍa........	–	Karaṇḍaka-Tchhaṇḍaka (à cause de la phonétique).
2080	馱	t'o 1 do......	– da........	–	Krakoutchtchhanda Çouddhôdana-Hrada.
2081		....	– dâ........	–	Dâsa.
2082		....	– ta........	–	Routa.
2083		....	– dha.......	–	Bouddha-Dhamara.
2084		....	– dhâ.......	–	Gândhâra-Dharmadhâtou.
2085		....	– dyâ.......	–	Çabdavidyâ.
2086		....	– dhyâ......	–	Oupâdhyâya.
2091	咄	tou 19 tuêt...	– tou.......	–	Kotoula-Tourouchka.
2096	咄	t'ou 12 t'u....	– thou......	–	Mathourâ.
2100	妬	tou 12 tu.....	– toú.......	–	Toûla.
2109	杜	t'ou 12 du....	– dou.......	–	Tindouka.
2110		....	– dhoû......	–	Dhoûta.
2118	荼	t'ou 12 t'u....	– thou......	–	Mathourâ.
2119		....	– tou.......	–	Stouhê.
2121	覩	tou 12 tu.....	– tou.......	–	Touchita.
2126	都	tou 12 tu.....	– tou.......	–	Touchita-Dhâtou.
2127		....	– toû.......	–	Stoûpa.
2128		....	– ṭou.......	–	Anouchṭoubh.
2131	刹	ts'a 13 ts'at...	– kcha......	–	Rakcha-Kchatriya.

2137	菜 ts'aï 10 ts'oï... pour tchha		dans	Tchhâyâ.
2139	產 ts'an 13 ṣan...	— chyan	—	Sarvamahocha-dhinichyandâm.
2140	鱻 ts'an 15 dzom.	— kchân	—	Kchânti.
2141	....	— kcha	—	(Sans doute devant n.)
2144	藏 { ts'ang / 21 dzoang. }	— tchhañ	—	Outchtchhañga.
2152	瞪 ts'eng 5 ts'êng.	— tchhañ	—	Outchtchhañga.
2158	嗟 { tsie et tso / 1 tsi / 10 ṭsai. }	— tcha	—	Pounatcha.
2158ᵃ	....	— छ tchha	—	
2159	....	— tsa	—	Matsara.
2160	....	— च tcha	—	
2160ᵃ	節 tsie 13 tsit...	— ḍa	—	Laguḍa.
2165	咀 tsin 12 dzui...	— kchê	—	Kchêpou.
2166	左 tso 1 tso.....	— tsa	—	
2167	....	— djâ	—	Djâlandhara.
2172	瑳 ts'o 1 ts'o.....	— tcha	—	Pañtcha.
2173	....	— tsa	—	Çrîvatsa.
2174	....	— kchi	—	Dakchiṇa.
2177	縒 ts'o 1 so.....	— tsa	—	Matsara.
2178	蹉 ts'o 1 ts'o.....	— tsi	—	Vâtsîpoutrîya.
2181	醋 tso 1 dzo.....	— dja	—	Djarâ.
2182	....	— djha	—	
2188	村 ts'un 19 ts'uên.	— छन् tchhan..	—	Krakoutchtchhanda
2189	敦 tun 19 tuên...	— toun	—	(Katoun « princesse » en turc).
2193	尾 weï 9 wéi....	— vi	—	Vidyâ.
2194	微 weï 9 wéi....	— bi	—	Loumbinî.
2196	未 weï 9 wéi....	— vi	—	Viti.
2201	蔚 weï 19 uét...	— vi	—	
2211	文 wén 19 wén...	— mañ	—	Mañdjouçri.
2212	....	— man	—	Manḍa.

2213	....	pour moun......	dans	Tchâmoundâ.
2218	無 wou 12 wü...	– mô........	–	Môkcha-Namô.
2219	....	– ma........	–	Dharmarakcha-Dharmagoupta.
2221	啞 ya 1 a......	– ya........	–	
2221ª	....	– a.........	–	Avadam.
2222	牙 ya 1 nga.....	– yâ........	–	Vidyâ.
2223	仰 yang 21 ngeang.	– ङ nga.....	–	
2224	央 yang 21 çang..	– añ........	–	Añgoulimâlya.
2225	盎 yang 21 oang..	– añ........	–	Añkouça-Añgâraka.
2226	鴦 yang 21 oang..	– añ........	–	Añgoulimâlya Añçouvarma.
2230	夜 ye 1 yi......	– ya........	–	Gêya-Âtchârya-.
2231	....	– ya........	–	Yama.
2232	....	– yê........	–	Çyêna «faucon».
2234	耶 ye 1 yi......	– ya........	–	Soûrya-Yaçôdharâ-.
2235	....	– yâ........	–	Gayâ.
2238	葉 ye 15 yip.....	– ya........	–	Ârya-Kachâya.
2239	....	– çya........	–	Kâçyapa.
2240	....	– çva........	–	Vicvalhou (par erreur).
2245	延 yen 13 yin....	– ya........	–	Nârâyana (devant n).
2246	....	– yam.......	–	Hiranyam.
2247	演 yen 13 yin....	– yâ........	–	Dhyâna.
		– ya........	–	Kâtyâyana-Yadjñadatta.
2251	衍 yen 13 yin ...	– ya........	–	Kouvayana-Kâtyâyana-Oudjdjayana.
2252	....	– yâ........	–	Maitrâyanî.
2266	藥 yo 21 yiok....	– ya........	–	Yakcha.
2270	月 yue 14 nguet..	– vi........	–	Vimala.
2271	....	– ou........	–	Oupaçoûnya.
2279	余 yu 12 yui.....	– you.......	–	Atyoudgatam.

12.

LISTE SUPPLÉMENTAIRE DES EXEMPLES DE JULIEN,

OÙ DEUX CARACTÈRES SERVENT À RENDRE UNE SYLLABE SANSCRITE.

24	殺 cha 13 ṣat cha-tch'a-lo....	pour chtra..	dans	Rachtra.
41	灑十他 10 ṣai+	– chta...	–	Pouchta.
67	捨十羅 1 ṣe+1 lo........	– çrâ...	–	Çrâvasti.
68	捨十 ṣe+li..............	– çrê....	–	Çrêya.
80	舍十婆 1 ṣe+2 buo.......	– çva...	–	{ Açva (Julien donne cela au n° 85).
81	｜十磨 ṣe+2 muo.......	– çma...	–	Çmaçana.
82	｜十羅 ṣe+1 lo........	– çra....	–	Çramaṇa.
89	設十剌 1 ṣet+	– çra....	–	Çraddhavarma.
123	厲十羅 1 ẓe+1 lo........	– djra...	–	Vadjra.
154	首十羅 24 ṣeu+1 lo......	– çlo....	–	Çlôka.
162ᵃ	史十咤 8 ṣăi+1 ta.......	– chta...		
241	恕十婆 12 ṣü+2 buo.....	– çva...	–	Viçvabhoû.
309ᵃ	弗十栗 19 fét+18 lét....	– vṛi....	–	Vṛidji.
320	富十樓 24 feu+24 lou....	– poûr..	–	Poûrṇa.
407ᶜ	訶十因 1 hho+18 ïn.....	– hên...	–	Mahêndra.
423	呼十栗 12 hhu+18 lét....	– hoûr..	–	Mouhoûrta.
456	逸十婆 18 yit+2 buo.....	– dja (sic)		
481	如十焉 12 jrü+en.......	– nyàn..	–	Pounyânvaya.
499	乞十灑 18 k'et+10 ṣai...	– kcha..		
500	乞十叉 18 k'et+1 ts'a...	– kcha..		
501	企十耶 8 k'ï+1 yi	– khyê..	–	Asañkhyêya.
508	吉十栗 10 kit+18 lét.....	– kṛi....	–	Douchkṛita.
511	姞十栗 10 get+18 lét.....	– gṛi....	–	Gridhra.
530	祇十難 gï+13 non.......	– ghnam.	–	Vighnam.
564	伽十 1 ge+ho........	– gha...	–	Ghanam.
565	｜十闍 1 ge+1 ẓe......	– gdja..	–	Pṛithagdjana.
566	｜十濱 1 ge+21 loang....	– glan..	–	Baglan.
588	迦十羅 1 ke+1 lo........	– kra...	–	{ Krakoutchtch- banda.
588ᵃ	｜十刺 1 ke+13 lot.....	– kâr...	–	Kàrtika.

589	丨十何	1 ke + 1 ho	pour gha...			
590	丨十寨	1 ke + 5 sèk	–	kcbà ..	dans	Çikchâ.
623	乾十栗	13 gen + 18 lét	–	hṛi ...	–	Hṛidaya.
742	剌十	13 lot + na........	–	rṇa ...	–	{ Souvarṇa-Pouçṇa.
743	丨十	13 lot + ti........	–	rti....	–	Kârtika.
744	丨十他	13 lot + ...	–	rtha ..		
745	丨十吼	13 lot + ...	–	rdjou..	–	Ardjouna.
780	勒十窶	5 lêk	–	lgou ..	–	Phâlgouna.
794	樓十那	24 lou + 1 no......	–	rṇa ...	–	Pourṇa.
826	栗十	8 lét + ye........	–	rya ...	–	Tiryatch.
827	丨十多	8 lét + 1 to.......	–	rta....	–	Mouhoûrta.
828	丨十馱	8 lét + 1 do	–	rddha..	–	Moûrddha.
829	丨十濕十縛	8 lét + ... 22 veak.	–	rçva ..	–	Parçva.
1020	律十多	19 luét + 1 to......	–	rta ...	–	Mouhoûrta.
1025	囉十佗	1 lo + 1 t'a	–	rtha ..		
1045	羅十磨	1 lo + 2 muo.......	–	lam ..	–	{ Vahoûlam (terminaison).
1046	丨十歌	1 lo + 1 ko.......	–	rka...	–	Arka.
1047	丨十	1 lo + na........	–	rṇa...	–	Karṇa.
1048	丨十嚴	1 lo + ...	–	ryan..		
1049	丨十漢	1 lo + 13 hhon.....	–	rhan..	–	Arhan.
1054	落十婆	21 loak + 2 buo	–	rbha..	–	Mousalagarbha.
1060	邏十他	1 lo + ...	–	rtha ..	–	Artha.
1092	麻十麻	1 ma + 1 ma.......	–	mam..	–	Sîmam.
1129	彌十戾	8 mï + ...	–	mlê ..	–	Mlêtchtchha.
1130	丨十利	8 mï + ...	–	mṛi ..	–	Mṛiga.
1145	蔑十戾	13 mït	–	mlê ..	–	Mlêtchtchha.
1152	摩十	2 muo + ...	–	mra ..	–	Âmara.
1153	丨十勒	2 muo + 5 lêk......	–	mala ..	–	Âmalaka.
1154	十摩	+ 2 muo.......	–	çma...	–	{ Açma (montagne).
1155	摩十阿	2 muo + 1 o.......	–	mà...	–	Vikramâdītya.
1258	阿十羅	1 o + 1 lo.........	–	ar....	–	Arhân.
1287	涅十隸	13 nit + ...	–	nṛi...	–	Nṛityê.

1307	笒十曷	12 nu + hot	...... pour nò	.... dans	Manôrhita.
1355	鼻十利	18 pĭ +	....	– prei...	– Prithagdjana.
1359	必十利	18 pĭt +	....	– prè...	– Prôkchinî.
1427	婆十羅	2 buo + 1 lo	......	– bra...	– Brahman.
1428	┃ 十塞	2 buo + 5 sêk	.....	– bhàs...	– { Bhâskara-varma.
1429	┃ 十因	2 buo + 18 ïn	.....	– vên...	– Dêvêndra.
1430	┃ 十力	2 buo + 5 lék	.....	– vṛi...	– Vṛikcha.
1431	┃ 十耶	2 buo + 1 yi	.....	– vyâ...	– Vyasa.
1449	波十多	2 puo + 1 to	.....	– pta...	
1450	┃ 十羅	2 puo + 1 lo	.....	– pra...	– Pravarma.
1451	┃ 十剌	2 puo + 13 lot	.....	– par...	– Parsa.
1452	┃ 十栗	2 puo + 18 lét	.....	– pâr...	– Pârçva.
1470	跋十耶	14 buot 1 yi	.....	– bhya...	
1471	┃ 十羅	14 buot + 1 lo	.....	– prâ...	– Prâsâda.
1548	塞十羯	5 sêk +	....	– ska...	– { Bhâskara-varma.
1549	┃ 十迦	5 sêk + 1 ke	.....	– ska...	–
1550	┃ 十畢十力	{ 5 sêk + 8 pĭ / + 5 lék }	– spṛi...	– Spṛikkâ.
1551	┃ 十頗	5 sêk + 2 p'uo	.....	– sphâ...	– Sphâtika.
1552	┃ 十縛十悉	{ 5 sêk + 22 / veak + 18 sĭt }	– svas...	– Svastika.
1554	瑟十吒	18 săt + 1 ṭa	.....	– chtha...	
	十拏	18 săt + 1 ṇa	.....	– chṇa...	– Krichṇa.
1556	色十	5 săk +	....	– chka...	– { Pouchkalavatî- Kanichka- Djyôtichka.
1563	僧十以十宕	{ 5 sêng + 8 ĭ / + 1 jre + }	{ – sañdjña / – sañdjñâ }	{ Visañdjñâgati- Sarvasañdjña.
1569	悉十羯	18 sĭt +	....	– ska...	– Namaskâra.
1570	┃ 十他	18 sĭt +	....	– stha...	– Sthavira.
1571	┃ 十底	18 sĭt +	....	– stî...	– Çrâvastî.
1571ª	┃ 十	18 sĭt +	....	– stĭi...	– Çoubhâstrî.
1572	┃ 十替	18 sĭt	....	– sthâ...	– Sthâna.
1582	寫十耶	1 si + 1 yi	.....	– sya...	– Piṇḍadasya.

1604	娑十多	1 so + 1 to........	pour sad...	dans	Sadvaha.
1605	｜十他	1 so +	....	−	{stha et / sthâ}	−
1606	｜十縛	1 so + 22 veak.....	−	çva...	−
1607	｜十嚩	1 so + veak (?).....	−	çva...	−
1608	｜十摩	1 so + 2 muo......	−	sma..	−
1609	｜十頗	1 so + 2 p'uo......	−	स्फ spha	−
1610	｜十迦	1 so + 1 ke.......	−	ska...	−
1611	｜十婆	1 so + 2 buo......	−	sva...	−	Svara.
1612	｜十路	1 so + 12 lu.......	−	çrô...	−	Çrôtra.
1613	｜十跛	1 so + 2 puo......	−	spa...	−	Vṛihaspati.
1613[a]	｜十巒	1 so +	....	−	sô....	−	Prabhâsôttama.
1616	索十弓	21 soak + 13 ken...	−	skan..	−	Skandila.
1617	｜十膩	21 soak.........	−	chṇi..	−	Ouchṇîcha.
1624	率十都	19 ṣuăt + 12 tu....	−	chtou..	−	Anouchtoubh.
1625	｜十｜	19 ṣuăt + 12 tu....	−	stou...	−	Kapilavastou.
1626	｜十堵	19 ṣuăt +	....	−	stoû...	−	Stoûpa.
1627	｜十櫟	19 ṣuăt + 7 luk....	−	srou..	−	Sroughna.
1628	｜十怒	19 ṣuăt + 12 nu....	−	chṇou.	−	Vichṇou.
1629	｜十頗	19 ṣuăt + 2 p'uo...	−	sphâ..	−	Sphâtika.
1630	｜十坡	19 ṣuăt +	....	−	sphà...	−	Sphâtika.
1641	蘇十	12 su +	....	−	stou...	−	Rôhitavastou.
1650	師十利	8 ṣăi +	....	−	çrî....	−	Mañdjouçri.
1651	｜十壇	8 ṣăi + 13 don.....	−	sthân..	−	Nisthâna.
1682	怛十羅	12 tot + 1 lo......	−	tra....	−	Kchetra.
1683	｜十麗	12 tot + 10 li.....	−	trê....	−	Maitrêya.
1684	｜十理	12 tot +	....	−	tṛi....	−	Matṛika.
1685	｜十覽	12 tot + 15 lom....	−	tram..	−	Soûtram.
1686	｜十捶	12 tot + 2 tuo.....	−	tva....	−	Tattva.
1691	答十末	15 top + 14 muot..	−	tma...	−	Âtmanêpada.
1694	達十羅	13 dot + 1 lo......	−	dra...	−	Bhadra.
1695	｜十｜	13 dot + 1 lo......	−	drâ...	−	Drâvida.
1696	｜十｜	13 dot + 1 lo......	−	driya..	−	Hêtvindriya.
1697	｜十利	13 dot +	....	−	dṛi....	−	Dṛichti.
1705	但十邏	13 don + 1 lo.....	−	trâ....	−	Trâta.

1746	吒十囉 1 ṭa + 1 lo.......	pour ṭra....	dans	Râchtra.
1747	｜十醫 1 ṭa + 8 éi......	—	ṭê....	—	{ Koukkoutêvça-ra.
1782	哆十娑 1 ti + 1 so.......	—	tsa....	—	
1930	登十陵 5 têng + 5 léng....	—	triṁ..	—	Trayastriṁças.
1957	頭十 24 dou +.........	—	dma...	—	Padma.
1964	低十黎 10 tī +..........	—	tṛi....	—	Mâtṛika.
1965ᵃ	弟十黎 { 10 dī / 8 dī }.......	—	dhṛi...	—	Dhṛitarâchtra.
1970	第十耶 10 dī + 1 i......	—	dhyâ..	—	Oupâdhyâya.
1971	｜十利 10 dī +.........	—	dhṛi...	—	Dhṛitarâchtra.
1987	帝十利 8 tī +..........	—	tṛi....	—	Kchatriya.
1980	地十力 8 dī + 5 lék......	—	dṛi....	—	Dṛichtânta.
1980ᵃ	｜十巳 8 dī +...........	—	dî....	—	Pradîpa.
2034	多十婆 1 to + 2 buo......	—	dva...	—	Sadvaha.
2035	｜十余 1 to + 12 yui......	—	tyou...	—	Atyoudgatam.
2036	｜十藍 1 to + 15 lom......	—	tram..	—	Pramâtram.
2037	｜十羅 1 to + 1 lo......	—	trâ...	—	Trâta.
2038	｜十｜ 1 to + 1 lo......	—	tra...	—	Mitra.
2039	｜十｜ 1 to + 1 lo......	—	dra...	—	Bhadra.
2040	｜十伊 1 to + 8 ï......	—	tê....	—	Avalôkitêcvara.
2041	｜十啞 1 to + 1 a......	—	tya...	—	Vyatyastam.
2052	獨十羅 1 duk + 1 lo......	—	tour...	—	Vitourṇam.
2055	突十悉 19 duêt + 18 sït...	—	douch.	—	Douchkṛita.
2087	馱十 1 do +..........	—	......	—	Dhyâna.
2091	咄十路 19 tuêt + 12 lu....	—	trou...	—	Çatrou.
2112	杜十魯 12 du + 12 lu.....	—	dhrou.	—	Dhrouvapatou.
2122	覩十嚧 12 tu + lu........	—	trou...	—	Çatrou.
2123	｜十因 12 tu + 18 ïn.....	—	tvin...	—	Hêtvindriya.
2124	｜十利 12 tu +.........	—	tṛi....	—	Soutṛichṇa.
2129	都十利 12 tu +.........	—	tṛi....	—	Soutṛichṇa.
2130	｜十嚧 12 tu + 12 lu.....	—	trou...	—	Çatrou.
2168	左十羅 1 tso + 1 lo......	—	djra...	—	Vadjra.
2237	耶十因 1 yi + 18 ïn......	—	yên...	—	Djayêndra.
1858	窒十利 13 tit +..........	—	tṛi....	—	Çoubhâstri.

Maintenant que tout le matériel extrait des Tables de K'ang-hsi et de la Méthode, arrangé symétriquement selon mon hypothèse, et mis à côté des syllabes et des mots sanscrits, est placé devant les yeux du lecteur, je peux lui montrer les résultats qui en dérivent logiquement. Il suffira de parcourir la liste pour s'assurer que les sons proposés répondent au sanscrit, bien mieux que ceux donnés par Julien. Si l'on examine les règles de Julien pour expliquer les anomalies des transcriptions, on trouvera que, dans la plupart des cas, ces règles ne sont pas nécessaires, car les anomalies n'existaient pas dans l'ancienne prononciation, selon ma théorie. La voyelle i que Julien fait disparaître et les règles, § 1 *a* et § 1 *b*, ne se trouvent pas dans la prononciation ancienne.

Mais, au lieu de ces considérations générales et de ces appréciations primesautières, nous possédons le moyen d'examiner rigoureusement si ma théorie répond aux faits philologiques accumulés par Julien. Nous n'avons qu'à arranger en séries systématiques les consonnes et les voyelles, et voir à quelles consonnes et voyelles sanscrites correspond chacune des consonnes et voyelles de ma théorie; et après, pour des raisons que je vais donner, on peut intervertir le travail et voir à quels sons chinois correspond chacune des lettres sanscrites. Si le résultat général est favorable, on ne peut pas nier que j'aie apporté de fortes preuves en ma faveur, et des preuves tirées à des sources impartiales, telles que les Tables de K'ang-hsi et la Méthode de Julien.

Pour faciliter les comparaisons, j'arrange les séries par ordre de fréquence, c'est-à-dire qu'à côté de chaque consonne ou voyelle chinoise, je mets les lettres sanscrites dans l'ordre où elles se présentent dans la Méthode, les numéros indiquant cette fréquence relative. Dans l'ordre inverse, je mets à côté de chaque lettre sanscrite les consonnes et les voyelles chinoises, par ordre de fréquence [1].

La correspondance entre les initiales chinoises, d'après mon système, et les consonnes sanscrites est si frappante dans tous les cas où les deux langues possèdent les mêmes sons, que je crois superflu de m'y arrêter longtemps, et je répondrai seulement à une objection que l'on pourrait me faire : Est-ce que ce n'est pas un cercle vicieux de prendre la valeur des initiales chinoises du sanscrit, et puis la prouver par la même langue? Non, parce que les initiales nous viennent, données par les Tables de K'ang-hsi, qui indiquent seulement l'ordre de l'alphabet sanscrit, pendant que les preuves tirées de la Méthode nous viennent des transcriptions indépendantes, faites pendant plusieurs siècles par des auteurs différents [2].

Ici les comparaisons sont plus difficiles, et il nous faudra examiner deux tableaux, l'un donnant les valeurs sanscrites des voyelles chinoises et l'autre les voyelles chinoises correspondant aux signes vocaliques sanscrits. Il ne faut pas perdre de vue que, si dans le système des consonnes les deux langues ont bien des points de rapprochement, elles diffèrent beaucoup dans le système vocalique. La langue sanscrite possède peu de signes pour les voyelles et diphtongues, pendant que la plupart des dialectes chinois modernes possèdent une grande richesse de ces sons, et selon mon hypothèse, la langue ancienne était encore plus riche. Entre deux systèmes si disparates, il y avait naturellement des anomalies, mais elles ne sont pas considérables.

D'abord, dans le premier tableau (II), nous trouvons que les voyelles chinoises *a*, *i* et *u* correspondent dans la majorité des cas aux mêmes voyelles en sanscrit. Les voyelles chinoises *e* et *o*

---

[1] Voir ci-après le Tableau des consonnes.
[2] Voir ci-après les Tableaux des voyelles et diphtongues.

correspondent généralement à la voyelle *a* du sanscrit; mais cela ne doit pas nous étonner si nous tenons compte que l'*a* inhérent du sanscrit correspond aussi à l'ε et à l'*o* des Grecs.

Dans le second tableau des voyelles (III), où nous envisageons la question du côté inverse, nous avons des résultats semblables. Les voyelles *i* et *u* sont généralement représentées par les mêmes voyelles en chinois; l'*a* inhérent est représenté par *a*, *e* et *o* en chinois, ce qui est semblable aux résultats que nous obtenons en comparant cette voyelle dans les mots de même origine des autres langues anciennes aryennes[1].

Naturellement il y a en chaque cas beaucoup de diphtongues qui compliquent apparemment la question, mais ici il faut revenir à la réflexion déjà faite, que pendant que la langue sanscrite est très pauvre dans cette classe de sons, le chinois est excessivement riche, et ainsi quelquefois on a choisi une diphtongue parce qu'elle se trouvait sous la main.

Je crois que de ces recherches nous pouvons tirer la conclusion que tout travail fait sérieusement apporte des conséquences bien au delà des prévisions de l'auteur même. Lorsque Julien, avec fierté gauloise, mettait en tête de son travail immortel : « méthode inventée et démontrée » par lui, il ne soupçonnait guère les résultats que l'on pouvait déduire de ses recherches laborieuses, et que, loin d'être simplement une explication des transcriptions, c'était une mine où l'on pouvait puiser des trésors pour la science des sons anciens de cette langue qu'il a tant aimée et illustrée.

---

[1] Voir ci-après le Tableau des voyelles et diphtongues.

I. — TABLEAU DES CONSONNES.

CHAQUE INITIALE CHINOISE SE TROUVE RENDUE PAR LES LETTRES SANSCRITES MISES À CÔTÉ ET DANS L'ORDRE DE FRÉQUENCE INDIQUÉ PAR DES NUMÉROS SUCCESSIFS.

Ch. Sans.		Ch. Sans.		Ch. Sans.		Ch. Sans.		Ch. Sans.		Ch. Sans.		Ch. Sans.		Ch. Sans.		Ch. Sans.	
K = k	36	T = t	48	T̠ = t	7	P = p	37	F = p	10	Ts = ts	1	Ṭs = tch	32	Hh = h	15	L = r	82
g	6	d	5	th	3	v	10	v	3	dj	1	dj	3	kh	2	l	51
gh	2	dh	2	ṭh	1	b	2	bh	2	ḍ	1	tv	2	k	2	Jr = djñ	4
kh	1	st	1	tch	1	bh	2					kch	1	g	1	ny	4
sk	1	ṭ	1			ph	1					s	1			ny	3
y	1											ṭ	1			dj	1
K' = kh	20	T' = th	8	T̠' = th	1	P' = ph	5	F' = p	2	Ts' = tch-h	2					r̥	1
k	7	t	3	t	1	bh	3	bh	1	ts	2	t	1	H = h	8		
g	5	dh	2	ṭh	1	th	1			kch	1	k	1	v	4		
kch	3	d	1							tch	1	Ṭs' = kch	13	k	2		
gh	3			D̠ = d	5	B = v	24	V = v	17			tch-h	9	g	2		
		D = d	31	t	3	b	12	bh	10	Dz = kch	3	tch	3	voyelle	2		
G = g	21	dh	25	dh	1	bh	12	b	7	tch-h	1	th	1	p	1		
gh	7	t	11	ḍ	1	p	10	p	1	dj	1	ts	1				
k	7	ḍ	3	dy	1	ph	1			djh	1			* = voyelle	33		
kh	3	ṭ	1	dj	1			W = m	7			Dz = dj	1	h	5		
h	1	th	1	kch	1	M = m	52	v	3	S = s	52	ç	1	visarga	2		
dj	1	tch	1	dh	1	b	7	b	1	ch	4			y	1		
						v	2			ç	3	S̠ = ç	54	v	1		
Ṅr = g	2	N = n	35	N̠ = n	10					tch	1	ch	29				
ng	1	ṇ	10	n	8					ts	1	s	7	Y = y	20		
ny	1	ng	2	ng	3							dj	1	dj	1		
n palatal	1	ny	1	ny	1					Z = s	1	v	1	tçy	1		
y	1			ḍ	1					ch	1			v	1		
visarga	1											Z̠ = dj	22	ç	1		
voyelle	1											dh	4				
												tch	4				
												ç	3				
												d	2				
												djñ	2				
												ch	1				
												djh	1				

LES VOYELLES CHINOISES CORRESPONDENT AUX VOYELLES SANSCRITES MISES À CÔTÉ DANS L'ORDRE DE FRÉQUENCE INDIQUÉ PAR LES NUMÉROS.

Ch. Sans.	Ch. Sans.	Ch. Sans.	Ch. Sans.	Ch. Sans.	Ch. Sans.	Ch. Sans.	Ch. Sans.
a = a 40	ua = u 1	e = a 94	ue = u 4	é = i 26	ué = u 8	i = ya 18	o = a 130
ā 7	muette 1	à 25	vi 2	a 9	û 3	i 10	à 30
ya 4		ya 22	va 1	u 9	ö 1	a 5	ya 7
é 3		i 5		i 5	i 1	é 5	ö 5
yà 1		va 3		û 3		yä 4	é 4
a 1		yà 2		ö 2		i 1	yä 3
i 1		u 2		é 2		va 1	và 2
		é 1		ai 1			muette 2
aa = a 2		muette 1				ī = i 32	ï 2
āu 1				éi = i 19	uéi = vi 1	i 4	ĭ 1
		ca = a 26	uea = à 1	i 7	a 1	a 1	u 1
ai = a 6		à 7		é 5	ö 1	é 1	ü 1
é 3		ya 2		âi 3			
à 1		yà 2		ya 2		īi = é 15	oo = âu 5
ya 1		u 1		muette 1		i 9	a 2
i 1						ĭ 5	ö 2
		éi = é 9	uéi = u 1	u = u 46		âi 3	
ao = âu 1		i 3	va 1	ö 18		i 1	oa = a 31
		âi 3		û 14		ya 1	à 4
au = a 2		a 2		a 8		a 1	ya 2
u 1		à 1		i 1		ya 1	é 1
ö 1						yé 1	ü 1
		eo = ö 1		ū = u 11			ö 1
ü = muette 8	nä = u 1	âu 1		ö 6		ĭi = i 17	
a 2				û 6		i 13	ou = u 20
é 1		eu = u 15		a 4		é 11	û 8
		û 7		ya 2		âi 2	ö 7
ăi = i 6		ö 2		ü 1		ya 2	a 2
a 2		âu 1		i 1		a 2	âu 1
é 1		é 1		va 1		va 1	à 1
i 1		va 1				muette 1	
						yä 1	oi = a 6
							ĭ 3
						iu = u 2	âi 1
						ü 1	
						va 1	é = a 20
							i 5
							ö 4
							i 1
							ué = u 10
							a 5
							ü 1

III. — TABLEAU DES VOYELLES ET DIPHTONGUES.

VOYELLES SANSCRITES ET DIPHTONGUES
AVEC LES VOYELLES ET DIPHTONGUES CORRESPONDANTES CHINOISES EN ORDRE DE FRÉQUENCE.

Sans. Ch.		Sans. Ch.		Sans. Ch.		Sans. Ch.		Sans. Ch.		Sans. Ch.		Sans. Ch.		Sans. Ch.		Sans. Ch.		Sans. Ch.	
a = o	130	i = y	50	u = u	46	é = ï	20	ô = u	18	â = o	30	ī = y	17	û = u	14	âi = ï	5	ân = oo	5
e	94	ï	19	ou	20	i	13	ou	7	e	25	éi	7	ou	8	ei	3	ao	1
no	47	é	24	eu	15	ei	9	û	6	uo	18	i	5	eu	7	éi	3	co	1
a	40	éi	18	ue	10	éi	5	o	5	a	7	é	3	ué	3	ï	2	eu	1
oa	31	e	7	é	9	o	4	uo	2	oa	7	e	2	é	3	oi	2	ou	1
ea	26	ai	6	ué	8	é	4	é	2	oa	4	o	2	û	1	é	1		
é	20	èi	5	û	6	ai	3	oa	1	oi	5	ái	1	iu	1				
o	9	u	4	ue	4	a	3	au	1	ai	1	é	1	ué	1				
u	8	ué	3	no	3	e	1	eo	1	ei	1	uéi	1	o	1				
ai	6	a	1	o	2	ui	1	ué	1	aa	1			on	1				
oi	6	ai	1	iu	2	â	1	néi	1	uea	1								
i	5	o	1	o	1	ai	1	oo	1	ou	1								
ue	3			an	1	eu	1	eu	1										
û	4			no	1	no	1												
aa	2			uéi	1	ou	1												
ai	2			ui	1	é	1												
am	2			ca	1														
ou	1																		
éi	1																		
oi	1																		
î	1																		
i	1																		
oo	1																		
uéi	1																		
â	1																		
néi	1																		
i	1																		
ni	1																		

LE ROI YAŚOVARMAN,

PAR

M. ÉTIENNE AYMONIER.

Les découvertes épigraphiques faites en Indo-Chine depuis une vingtaine d'années ont confirmé ce que les précédents explorateurs avaient pressenti : le caractère brahmanique de la religion et indien de la civilisation de l'ancien Cambodge. Elles nous ont aussi donné, avec nombre de dates d'une très grande précision, une liste de noms de rois, incomplète d'ailleurs, qui part du vi^e pour descendre au xiie siècle de notre ère, abattant du coup les théories accréditées par les légendes locales et à leur suite par les auteurs européens qui attribuaient aux monuments cambodgiens une antiquité quelque peu fabuleuse. Dès les débuts de ces études j'avais pu donner les dates exactes de l'érection des monuments de Bakou, 801 saka (= 879 A. D.) et de Lolei, 815 saka (= 893 A. D.).

Dans des articles parus tout récemment, cette année même, au *Journal asiatique* et à la *Revue de l'Histoire des religions*, j'ai commencé à reprendre ces questions et j'ai pu déterminer l'époque de la fondation des monuments dits de Kohker, province de Kompong Soay, qui furent construits par Jayavarman IV et son fils Harṣavarman II, de 850 à 866 saka (=928, 944 A. D.) et donner la date probable de l'édification du monument de Phnom Preah Vihéar dans la province de Koukhan, par Suryavarman Ier vers 940 saka (= 1018 A. D.).

J'entreprends aujourd'hui l'étude d'une figure curieuse, énigmatique, étrange même, celle du roi Yaśovarman. Tantôt je pourrai m'appuyer sur des données positives, tantôt je devrai avancer des hypothèses qui ne sont pas, je pense, dénuées de vraisemblance. Le choix que j'ai fait de ce prince s'explique en grande partie par la beauté et le nombre de ses inscriptions sanscrites, traduites par Bergaigne et M. Barth, mais aussi par un faible personnel dû à cette considération que la date de son avènement, 811 saka (= 889 A. D.), a été la première des dates de l'ancien Cambodge que j'aie déchiffrée avec certitude en 1879 ou 1880, et la première transmise au public avec celle de 815 saka, année où ce roi fit consacrer le monument de Lolei à la mémoire de son père Indravarman.

La traduction des inscriptions sanscrites ne tarda pas à nous donner les noms de ses prédécesseurs immédiats, mais elle se trompa sur un point qui n'est pas sans importance, en comptant parmi ces rois son grand-père, Prithivindravarman, et le beau-père de ce dernier, Rudravarman, tous les deux seigneurs de la cour de Jayavarman II. Comme je l'avais déjà écrit en 1885, dans les *Excursions* et *Reconnaissances* de Saïgon, il n'y eut que deux rois, aux règnes assez courts d'ailleurs, entre Yaśovarman et ce Jayavarman II, que nous appelons généralement Jayavarman le Grand, le prince célèbre qui monta sur le trône en 724 saka (= 802 A. D.).

Jayavarman II «vint de Java», dit formellement une inscription postérieure de 250 ans à cet événement. Le fait est à noter, car son importance pourrait être considérable au point de vue des origines de la grande architecture cambodgienne. Jayavarman, qui porta vraisemblablement d'autres noms avant de prendre celui-ci, séjourna d'abord à Indrapura, puis à Hariharālaya, et il fonda Amarendrapura. Ces trois résidences restent à identifier. Il alla ensuite ériger sa *puri* au Mahendraparvata, c'est-à-dire à l'extrémité orientale du mont Koulen, où il institua le culte du *dieu royal* avec une magnificence qui fit considérer cette fondation comme un événement prodigieux. Dès les débuts de mes explorations j'ai identifié cette *puri* de Mahendraparvata avec le monument connu aujourd'hui sous le nom de Bêng Méaléa qui était une merveille de grâce et d'élégance. Je persiste encore dans cette opinion.

Dans ses dernières années, Jayavarman II revint se fixer à Hariharâlaya, et après un très long règne, dont je pense pouvoir fixer la durée à 67 ans, il alla à *Parameçvara*, selon l'expression indigène qui fit bientôt de ce terme son nom posthume. «Puissé-je connaître parfaitement les Védas comme Parameśvara!» dit encore une inscription écrite plus de 700 ans après sa mort.

Le choix de Hariharâlaya qui doit être une résidence à proximité d'Angkor thom peut s'expliquer par la nécessité de surveiller les travaux de la future capitale et de son temple, le Bayon, grandiose ensemble de constructions qui dut exiger les efforts de plus d'une génération et que nous verrons inaugurer pendant les règnes suivants. Pour ce même motif probablement Hariharâlaya resta la capitale officielle du Cambodge jusque vers le milieu du règne de Yaśovarman. Il est possible que cette résidence soit à identifier avec les ruines de Preah Khan au nord et tout près d'Angkor thom, mais je ne suis pas en mesure de l'affirmer.

Les inscriptions ne parlent guère du jeune Jayavarman III, le fils et le successeur de Paramesvara. J'ai quelque raison de croire qu'il monta sur le trône en 791 saka (= 869 A. D.) et que ce fut donc après un règne de huit ans qu'il s'en alla au *Viṣnuloka*, et tel devint son nom posthume.

Indravarman qui lui succéda en 799 saka (= 877 A. D.) fut peut-être choisi par les ministres et les brahmanes. Sa femme, la reine Indradevi était, selon Bergaigne, la fille de Jayavarman II. Lui-même avait probablement du sang royal dans les veines, ce qui paraîtrait indiqué par la qualification de Kṣattriya donnée à son père Prithivindravarman qui fut, en tous cas, un haut dignitaire dans les dernières années du règne de Jayavarman II.

« Dans cinq jours, je ferai creuser, etc. », jura Indravarman le jour de son couronnement. En effet, outre les grands travaux qui devaient être en train, il trouva, dans son règne de douze ans, le temps de faire exécuter des œuvres secondaires, mais non sans importance. Telle la construction de Bakou ou Preah Kou, monument composé de six tours en briques, élevé en l'honneur de son père et de ses autres parents défunts et consacré à Śiva et à Parvati, mais sous des vocables qui unissent étroitement aux divinités les morts plus ou moins divinisés. Telle encore la pyramide de Bakong, pyramide étagée qui était sans doute l'autel d'un linga, revêtue en pierre de grès, décorée de lions aux perrons, d'éléphants aux angles et entourée de huit belles tours en briques. A ces monuments de Bakou et de Bakong Indravarman a laissé des inscriptions où l'écriture lapidaire s'était sensiblement modifiée en abandonnant les grands jambages des inscriptions précédentes et en prenant des formes plus régulièrement arrondies. Peut-être commença-t-il à creuser l'étang superficiel de Lolei où son fils devait ériger plus tard un temple à sa mémoire.

Mais l'événement important de son règne dut être l'inauguration du Śivāśrama c'est-à-dire du monastère ou plutôt du temple par excellence de Śiva. Il plaça à la tête de ce temple deux brahmanes renommés, son vieux gourou Śivasoma, qui paraît avoir joué un certain rôle à cette époque, et Vāmaśiva, le plus illustre des élèves de Śivasoma. Vāmaśiva remplissait en outre auprès du roi les fonctions d'*upadhyāya* (maître spirituel, précepteur qui enseigne à lire les Védas) et de *hotar* (sacrificateur, prêtre qui récite l'hymne du Rig Véda). Il était aussi le gourou, c'est-à-dire le précepteur du jeune prince héritier

Yaśovarddhana, le futur Yaśovarman. Śivasoma mourut peu de temps après l'inauguration du grand temple et Vāmaśiva en resta le seul grand-prêtre.

Au début de mes études sur l'ancien Cambodge, cédant à la tendance générale qui reculait considérablement le passé des monuments, j'avais cru pouvoir identifier ce grand temple de Śiva avec Angkorvat, mais ce dernier édifice est sensiblement postérieur, tandis que le Bayon remonte évidemment à l'époque de la construction d'Angkor thom, et nous verrons bientôt que cette capitale fut inaugurée quelques années plus tard sous Yaśovarman. Le Bayon aurait donc été achevé et ouvert au culte aux environs de l'an 880 de notre ère.

Indravarman ne tarda pas à suivre dans la tombe son vieux gourou. En 811 saka, il alla à l'*Îśvaraloka*.

En montant sur le trône son fils prit le nom de Śrī Yaśovarman, qu'il analyse lui-même ainsi dans ses inscriptions : *Sri* c'est Padmā, *Yaśas* c'est gloire, *Varman* c'est cuirasse. Donc, si nous voulons traduire : «le fortuné qui a la gloire pour cuirasse». Une inscription usant d'un terme presque équivalent l'appelle Yaśodharman. Il devait être très jeune encore, pas plus de 20 à 25 ans, puisqu'il ne lui fut donné un gourou ou précepteur que lorsque son père régnait déjà. Les inscriptions font allusion d'ailleurs à sa jeunesse.

Sitôt monté sur le trône, l'année même de son avènement, il fit envoyer dans toutes les directions, aux lieux de pèlerinage les plus fameux, de véritables affiches de pierre, contenant sur leurs deux faces le même texte, en caractères du pays d'un côté et de l'autre en une écriture également indienne d'origine, mais assez différente d'aspect de la première. Nous en avons découvert onze exemplaires; un douzième contenait le texte des autres et des prescriptions particulières. Nous avons donc trouvé ce texte reproduit 24 fois dans les deux écritures. Ces stèles sont admirablement gravées, fait remarquer M. Barth. Il est impossible d'imaginer un travail plus élégant et plus soigné en même temps. L'unité de style est si grande que si elles ne sont pas sorties du même atelier elles doivent certainement être l'œuvre des mêmes artistes.

Dans ces inscriptions digraphiques, Yaśovarman adore les dieux, retrace sa généalogie en termes vagues et pompeux, chante ses propres louanges, mentionne le don fait à Śiva du splendide Yaśodharāsrama en 811 saka, et il rend hommage à la divinité du lieu où il envoie la stèle. Les noms de ces divinités sont les seules variantes qu'offrent ces documents. Peut-être les fit-il envoyer dans les endroits où demeuraient des esclaves affectés au service du temple dont il annonce la fondation. En effet, l'une de ces stèles contient un post-scriptum ainsi conçu : « Que les serviteurs du couvent ne soient pas mis en réquisition par le gouverneur de la province et les autres fonctionnaires et qu'ils soient uniquement aux ordres du chef de la communauté et des religieux. Tel est notre commandement ». (Stèle de Houé Tamoh, en face de Bassak au Laos.)

Donc, sitôt monté sur le trône, ce jeune prince, exultant de foi, d'enthousiasme ou d'orgueil, proclamait *urbi* et *orbi* le don à Śiva d'un splendide *aśrama*, couvent et temple; au Cambodge aujourd'hui encore, le terme *aśrama*, quand il est employé, a le sens de temple plutôt que de couvent. Quel était ce temple de Yaśodhara ainsi qualifié de splendide?

Nous établirons bientôt que la ville de Yaśodhara n'était autre que Angkor thom, que l'étang de Yaśodhara était le vaste espace limité par les chaussées appelées aujourd'hui *Thnâl Baray* « chaussées du Baray », et que, au centre de cet étang, s'élevait un temple, remarquable d'ailleurs, appelé Méboune actuellement.

Mais ces termes de Baray et de Méboune sont, au Cambodge, des noms communs servant généralement à désigner, le premier, le bassin à l'est des grandes résidences, et le second, le temple secondaire construit dans un îlot au milieu de cet étang. Nous en verrons un autre exemple, à propos du monument de Bantéai Chhmar. Et ce Méboune d'Angkor n'était en réalité qu'une dépendance de la capitale et surtout de son grand temple, le Bayon.

Il en résulte que, ou bien Yaśovarman annonçait simplement la fondation du couvent dépendant du temple du Bayon, et alors pourquoi employer tant de pompe; ou bien, et j'inclinerais volontiers vers cette hypothèse, il s'appropriait, par une sorte de supercherie, la gloire d'une fondation déjà faite, celle du Bayon, le grand āśrama de Śiva inauguré pendant le règne de son père par le vieux Śivasoma et par Vāmaśiva. En montant sur le trône, Yaśovarman aurait proclamé dans tout son empire le don de ce *splendide* temple de Śiva, comme s'il eût voulu faire illusion à ses contemporains et tromper la postérité, me semble-t-il. En tous cas, il n'y a pas de doute possible sur le creusement de l'étang de Yaśodhara et sur l'édification du monument appelé aujourd'hui Méboune qui s'élevait au centre de cet étang : cette œuvre étant, à maintes reprises, mentionnée par Yaśovarman dans des documents postérieurs aux inscriptions digraphiques de 811 saka.

L'étang de Yaśodhara était un vaste bassin rectangulaire, artificiel, situé à un kilomètre au plus à l'est d'Angkor Thom dont il était séparé par la rivière. Il mesurait environ trois kilomètres dans le sens est-ouest et douze à quinze cents mètres dans l'autre direction. Son axe est-ouest était à peu près en face de la porte de la Victoire, c'est-à-dire en face du Palais royal. Ces trois ou quatre cents hectares, légèrement excavés, avaient fourni les terres de l'îlot central où s'élevait le Méboune (Mépun), le temple secondaire de la capitale, ainsi que les terres des levées du pourtour que l'on appelle aujourd'hui Thnâl Baray, chaussées du Baray (Pārāy), le grand bassin artificiel.

L'étang de Yaśodhara très superficiel, aujourd'hui transformé en rizières, n'est pas resté dans le souvenir des habitants, le terme de Baray étant trop vague et trop répandu dans le pays. Il était sans doute alimenté vers son angle nord-est par une prise d'eau dans la rivière d'Angkor, qui le longe à peu près sur ses deux faces nord et ouest. Quelque part, sur sa face d'aval (ici la face sud), un déversoir à écluse devait selon l'usage servir à vider l'eau ou à régler son niveau.

Plus tard, Yaśovarman fit lui-même selon toute vraisemblance, ériger aux quatre coins de l'étang des stèles carrées, élégantes de forme, couvertes sur leurs quatre faces d'inscriptions sanscrites, écrites en caractères étrangers et abritées sous de petites huttes en limonite ferrugineuse. Ce sont leurs textes qui précisent, à n'en pas douter, le site de cet étang de Yaśodhara.

Vers le centre de ce lac ainsi creusé à faux frais s'élevait, sur une île artificielle, le Méboune ou temple secondaire d'Angkor thom. L'île rectangulaire, carrée presque, mesure environ cent cinquante mètres de côté à sa base et une dizaine de mètres de hauteur au-dessus du sol environnant, qui est le fond de l'ancien lac. Elle offre trois terrasses étagées et en retrait, aux murs de soutènement en limonite ferrugineuse. Au centre des quatre faces, des escaliers décorés de lions monolithes conduisaient au plateau supérieur; de superbes éléphants, monolithes aussi et presque de grandeur naturelle, ornaient les angles des deux terrasses inférieures où avaient été ménagées les cellules des prêtres, des officiants. Le plateau supérieur était un rectangle d'une centaine de mètres de côté. Sur sa partie occidentale, le temple proprement dit comprenait cinq tours en briques : une centrale plus élevée et les autres aux quatre angles. Les briques de ces tours sont percées de nombreux petits trous qui semblent indiquer qu'elles étaient recouvertes d'un revêtement métallique.

Il faut noter ici que le voyageur chinois, qui fit une très curieuse relation de son voyage au Cambodge à la fin du xiiie siècle, relation traduite par Abel Rémusat, et dont les affirmations sont du reste sujettes à caution pour tout ce qu'il n'a pas vu personnellement, mentionne le vaste lac à l'est de la ville et parle d'une idole de Bouddha (sic) qui servait de fontaine au temple construit au centre de ce lac, l'eau s'échappant par le nombril de la statue.

Dans les inscriptions sanscrites des angles de l'étang, Yaśovarman se glorifie à plusieurs reprises d'avoir fait creuser ce Yaśodharataṭaka ou étang de Yaśodhara.

Beau comme la lune... pareil au disque de la lune...

C'est par ce roi des rois qu'a été creusé cet étang aux rives bordées d'arbres en fleurs, exhaussé au moyen d'une digue...

Il a creusé cet étang pareil au lotus où est né le créateur; ses vagues bondissantes qui s'épanouissent en larmes de cristal en heurtant ses bords en sont les mille pétales charmants, et il est riche d'étamines puisque le pollen y tombe des fleurs de ses rives. (Trad. Berg.)

Quatre années après son avènement, en 815 saka, Yaśovarman consacrait le temple de Loléi, situé à seize kilomètres environ au sud-est d'Angkor Thom, construit de même sur un îlot au milieu d'un étang artificiel dont les dimensions égalaient à peu près celles de l'étang de Yaśodhara et qui avait été creusé par les mêmes procédés. La terre, légèrement excavée, avait fourni les remblais des levées du pourtour et de l'île centrale qui était soutenue par les murs de trois terrasses étagées et qui s'élevait d'une dizaine de mètres au-dessus du fond du lac. L'étang devait être alimenté par une petite rivière qui coule à l'est. Il est aujourd'hui à sec, transformé en rizières et les habitants du pays n'ont pas gardé le souvenir de ce lac.

Le temple de Loléi comprenait vers l'angle sud-est du plateau supérieur de l'îlot quatre tours en briques ainsi que de nombreux édicules ou galeries aujourd'hui en ruines. Ici on n'a pas trouvé d'inscriptions aux angles des levées du pourtour de l'étang, mais elles existaient nombreuses sur les parois des portes et fausses portes des tours, sur les piliers des galeries et aussi sur une grande stèle digraphique dressée devant le temple au bord du plateau.

Le lac, paraît-il, avait été creusé d'abord par le roi Indravarman, qui l'appela Indratatāka ou étang d'Indra. Pourtant Yaśovarman revendique même cette œuvre, car il dit, dans l'inscription digraphique de Loléi, str. 62 :

> Puis cet étang quadrangulaire sa propre œuvre, astre frais et charmant pareil au disque de la lune.

Il est certain d'ailleurs que le temple de Loléi fut construit par Yaśovarman. En effet, les inscriptions du monument nous apprennent, avec un grand luxe d'indications astrologiques, qu'en 815 saka (= 893 A. D.) Yaśovarman avait élevé ce temple à la mémoire de son père et le consacrait à Śiva et à Parvati. Ou encore, comme dit une autre inscription, il érigeait aux quatre tours «quatre images de Śiva et de Devī pour le salut de ses parents et de ses grands parents dans l'île de l'Indratatāka qu'avait fait creuser son père». Ces tours étaient consacrées à Śiva et à Devī sous des vocables qui unissaient étroitement à la divinité les morts qu'on voulait honorer. En l'honneur d'Indravarman le dieu principal est appelé Śri Indravarmeśvara et il était sans doute représenté sous les traits de ce roi. Selon un usage qui paraît avoir été général dans l'ancien Cambodge et dont nous verrons bientôt un autre exemple frappant, le dieu portait ainsi le nom et la forme, *rupa*, du personnage mort et plus ou moins divinisé.

Méboune, temple accessoire, Loléi, temple funéraire et construction d'importance moindre encore, durent être élevés à faux frais et à moments perdus, pour ainsi dire : la grande œuvre de l'édification d'Angkor Thom, commencée au moins une quarantaine d'années plus tôt, devait être continuée, car il paraît bien avéré qu'elle fut achevée par Yaśovarman. Ce roi, en effet, transféra à Yaśodharapuri la capitale officielle établie depuis quarante ou cinquante ans à Hariharâlaya, résidence que je suis porté, ai-je dit, à identifier avec le monument appelé maintenant Preah Khan, près d'Angkor.

Une inscription khmère, postérieure d'un siècle et demi, dit que S. M. Paramaśivaloka (nom posthume de Yaśovarman) fonda le Nagara Śri Yaśodharapura et transporta le dieu royal de Hariharâlaya à ce *nagara*, c'est-à-dire qu'il en fit la capitale officielle du Cambodge.

Il est bien évident, d'un autre côté, qu'on ne peut faire descendre la construction d'Angkor Thom à une époque plus rapprochée de la nôtre : Yaśodharapura étant restée, à ma connaissance, la capitale officielle des successeurs de Yaśovarman pendant près de deux siècles, sauf une courte interruption bien déterminée, et on trouve dans les ruines de cette ville des inscriptions qui s'échelonnent à partir de la mort de Yaśovarman.

Donc, vers 820 de l'ère saka, c'est-à-dire aux environs de l'an 900 de notre ère, ce prince aurait été le premier roi habitant Angkor Thom. Cette hypothèse me paraît confirmée assez explicitement par les passages suivants des inscriptions sanscrites de ce roi.

Bien qu'il fût un héros incomparable (l'unique héros), il s'était fait, conformément aux śāstras une forteresse garnie de bons soldats et toujours brillante.

Il protégea Kambupurī qu'il avait rendue imprenable, terrifiante…

Kambupurī, « la ville des Cambodgiens », pourrait aussi signifier « ville des éléphants », c'est-à-dire « pleine d'éléphants ». En publiant ces inscriptions, M. Barth était déjà amené à se demander si la résidence de Yaśovarman ainsi appelée *Kambupurī* « la ville de Kambu », en d'autres termes la capitale du Cambodge, n'est pas la même que Yaśodharapurī et si les deux noms ne désignent pas en définitive Angkor Thom. Je crois avoir répondu aujourd'hui à la question que posait le savant indianiste.

En donnant ainsi son nom à la grande capitale qu'il inaugura il me semble que Yaśovarman, de même que pour le temple du Bayon, chercha à confisquer à son profit la gloire de ses prédécesseurs immédiats et surtout du fondateur probable de la ville et du temple, de Jayavarman le Grand. Celui-ci, je le répète, était mort vingt ans seulement avant l'avènement de Yaśovarman et l'édification de ces monuments colossaux dut exiger plus d'une quarantaine d'années. A mon avis, les inscriptions, tant sanscrites que khmères, forcent leur expression quand elles attribuent à Yaśovarman le mérite de la *construction*, de la *fondation* de cette capitale.

Ce qui paraît bien appartenir en propre à ce roi, c'est la construction de la *montagne centrale*, comme l'appellent les inscriptions khmères, c'est-à-dire d'une tour au centre de la ville. Les textes sanscrits la désignent sous le nom de *Yaśodharagiri* « mont de Yaśodhara ». Selon toute vraisemblance, c'est la pyramide élevée dans le palais royal au centre de la ville et appelée aujourd'hui Phiméanakas, pour *Vimānākāśa* « le Palais aérien ». A cette tour un linga fut consacré par le brahmane Vāmaśiva, alors le seul grand-prêtre du temple de Śiva, du Bayon. Est-ce à cette pyramide que se rapporte le passage suivant d'une inscription sanscrite ? « Sa gloire avait pour séjour une haute montagne ».

Deux autres fondations, celles de Bhadrapaṭṭana et de Bhadravāsa qui paraissent avoir été importantes, mais que je n'ai pas encore identifiées, furent faites pendant les dernières années du règne de Yaśovarman. Quant aux fondations moins considérables, elles durent être nombreuses, si nous en croyons les inscriptions qui sont, il est vrai, trop visiblement portées à l'exagération.

A tous les points cardinaux il fit une centaine d'āśramas (c'est-à-dire de couvents) excellents.

Ou encore :

Il a entretenu sur la terre cent āśramas chers à ses ancêtres (à qui ils comptaient comme un mérite dans l'autre monde), aux dieux (qu'on y adorait) et aux hôtes (qui y étaient reçus), pleins des subsistances et des ustensiles nécessaires, vases de prospérité.

Ayant relaté sommairement les œuvres de Yaśovarman, essayons d'examiner l'homme, d'après les indications trop flattées certainement qu'il nous a laissées lui-même.

L'élève du brahmane Vāmaśiva devait être instruit, bel esprit même. Nous avons déjà vu que son époque est caractérisée au point de vue épigraphique par un curieux phénomène, le digraphisme des inscriptions, c'est-à-dire l'usage sur la pierre d'une double écriture : l'écriture ancienne du Cambodge, originaire de l'Inde du sud et gravée sous une forme arrondie et plus ornée que dans les inscriptions des siècles précédents, et aussi une autre écriture anguleuse, allongée, également indienne d'origine et probablement dérivée de la première à laquelle elle est identique au fond quoiqu'elle présente des différences d'aspect considérables. Dans l'emploi de cette seconde écriture, mode fastueuse et éphémère qui se propagea, fait remarquer M. Barth, de l'Inde à Java et au Cambodge, il faut voir une des preuves de rapports personnels et de fréquents échanges entre toutes les communautés de cet Orient plus ou moins hindouisé. Au Cambodge, cette fantaisie de vanité ne survécut guère, sur la pierre du moins, à Yaśovarman qui semble avoir fait de sa propagation une affaire personnelle. Les inscriptions écrites en ces caractères étrangers sont riches au point de vue littéraire, fait encore remarquer l'auteur cité. Elles témoignent, de la part des auteurs, d'une grande familiarité avec la légende épique et mythologique, particulièrement avec le *Harivanśa*, la généalogie de Viṣṇu, les hauts faits de Kṛiṣṇa, poème composé dans le sud de l'Inde.

Le roi Yaśovarman qui se plaît à signer : «le roi des rois du Cambodge, l'émule du soleil, le roi aux yeux de lotus», passe, dans ces inscriptions, pour avoir composé lui-même un commentaire du Mahābhāṣya. Dans une autre strophe, il dit ceci en parlant de lui-même :

Dans toutes les sciences et dans toutes les escrimes, dans les arts, les langues et les écritures, dans la danse, le chant et tout le reste, il était habile comme s'il eût été le premier inventeur (ou comme s'il eût été Brahma lui-même).

Ou encore :

Il apprenait à danser aux princesses en leur donnant la mesure.
Le roi est le guru du monde entier.
Quant aux ennemis et aux défauts, il n'en avait pas.
Ses fils lui restaient aisément attachés.
Lourd vénérable, gros joyau, il était le conservateur des quatre āśramas (des quatre castes).
La terre qu'il protégeait était limitée par la frontière des Chinois et par la mer.
Dans une expédition il a, pour vaincre, brisé dans la grande mer des milliers de barques fraîches et blanches (réunies par des rotins) qui s'étendaient de tous côtés.

Il y a probablement ici une allusion à une expédition au Campa sur laquelle nous aurons occasion de revenir. Yaśovarman célèbre même de singuliers exploits physiques :

> De son bras gauche il tua un éléphant en rut.

Le plus étrange est mentionné à trois reprises en ces termes :

> D'un seul coup de son épée il brisait en trois morceaux une grande et dure barre de cuivre.
>
> Il fendait en un instant une barre d'airain en trois d'un seul coup de son épée.
>
> Il brisait en trois morceaux d'un seul coup d'épée un fer long, rond et dur, comme pour le punir de rivaliser avec son bras.

Exagération manifeste mise à part, ce dernier exploit peut s'expliquer par un jeu d'adresse plutôt que de force, très commun chez les Cambodgiens actuels. Tenant d'une main une canne à sucre, ils l'appuyent sur le sol de manière à la faire cintrer fortement sans aller jusqu'à la rupture et, d'un seul coup de couteau bien appliqué, ils la coupent en trois morceaux. On voit qu'il faut décidément en rabattre de tous les éloges que Yaśovarman se décerne lui-même ou se fait décerner par ses panégyristes officiels.

Je n'insisterai pas sur le curieux caractère que présentent les nombreuses règles religieuses édictées dans ses inscriptions sanscrites; lois somptuaires; tenue et discipline des couvents; fournitures et distributions aux ascètes, aux religieux, aux élèves; hospitalité et honneurs à rendre aux hôtes distingués, selon leur rang social; droit d'asile et autres immunités; défense de tuer les créatures inoffensives dans le voisinage; entrée interdite aux infirmes, contrefaits et gens de mauvaise vie; peines édictées qui sont des amendes s'élevant proportionnellement au rang des délinquants et des châtiments corporels pour les gens du commun, etc. Un point seulement doit retenir notre attention. La communauté, dit M. Barth, paraît chargée de faire des offrandes funèbres pour les pauvres, les délaissés, les inconnus, ceux qui sont morts au loin, dans l'abandon, et une portion spéciale de son revenu est affectée à ces cérémonies qui ont lieu aux équinoxes et aux éclipses, par exemple :

Quand il y a présentation de gâteaux funèbres qu'on fasse une offrande de grains de riz pour le fidèle qui venait sacrifier a l'āśrama.

Ceux qui par dévouement sont tombés sur le champ de bataille, les dévoués qui ont rendu l'âme, ceux qui sont morts sans pain (ou sans gâteau funèbre) malheureux, délaissés, dans l'enfance ou dans la vieillesse.

Pour tous ceux-là qu'on fasse chaque fois à la fin du mois une offrande funèbre de gâteaux pour lesquels on emploiera quatre āḍhakas de grains de riz.

Les gâteaux se feront dans l'āśrama puis on les apportera tous ensemble et on fera l'offrande ici sur le bord de cet étang de Yaśodhara.

Une inscription khmère très curieuse, trouvée dans le grand monument de Bantéai Chhmar, semble indiquer que des honneurs posthumes plus grands encore pouvaient être rendus aux seigneurs morts pour la cause royale, aux dévoués qui s'étaient sacrifiés pour sauver la vie du roi.

Bantéai Chhmar « la forteresse menue » (ou bien « la forteresse du chat ») est le nom donné actuellement à des ruines très importantes situées non loin des monts Dangrêk, dans le nord de la grande province de Battambang, environ par 14° 10' de latitude nord et 100° 50' de longitude à l'est de Paris. Ce vaste ensemble de constructions faites de plain-pied et admirablement ouvragées, comprend : le *Baray*, l'étang à 600 mètres à l'est du temple principal, grand bassin rectangulaire mesurant environ 2,000 mètres est-ouest et 1,000 mètres nord-sud. Les énormes levées de son pourtour sont revêtues intérieurement par un mur en limonite, haut de trois mètres. Sans doute ce lac artificiel était alimenté par un ruisselet temporaire venant du nord-est, car un déversoir à écluse, encore pavé et revêtu en limonite, avait été ménagé non loin de son angle sud-ouest. Le barrage ayant disparu depuis des siècles, le lac, quoique bien excavé, n'a plus d'eau à la saison sèche.

Au milieu de cet étang, l'îlot du Méboune, du temple secondaire qui est moins important que celui d'Angkor Thom en tant que constructions, présente successivement une première levée de terre de forme ovale, puis une ceinture de quatre bassins, une seconde levée de terre, un bassin-fossé rectangulaire paremanté de murs à gradins, un mur d'enceinte en limonite (avec porte monumentale à l'est) qui enclôt un préau où se trouvent un édicule et une galerie conduisant de la porte monumentale à la tour-sanctuaire. Ce petit temple avait donc jadis une triple ceinture d'eau. Aujourd'hui tout est à sec.

A l'ouest, mais s'avançant de deux cents mètres sur les côtés latéraux du lac, une grande levée de terre rectangulaire mesurait environ 2,000 mètres nord-sud et davantage est-ouest. Elle devait former l'enceinte de la ville, probablement revêtue de madriers, de troncs d'arbres, rien n'étant resté de son revêtement.

A l'intérieur de cette enceinte, autour et à 150 ou 200 mètres du monument principal que nous verrons en dernier lieu, s'élevaient cinq temples secondaires, quatre aux points cardinaux et le cinquième au sud-est. Ces petits temples comprenaient généralement un fossé, un mur, un second fossé, un second mur, des portes monumentales, une tour-sanctuaire reliée par une galerie à une porte monumentale et flanquée d'un édicule; le tout en pierre de grès, sauf le mur qui était en limonite.

Au centre des levées, à 1,600 mètres droit à l'ouest du Méboune, à 600 mètres du lac, le temple principal avait pour première enceinte un fossé large de quarante mètres, aux parois revêtues en limonite, long de plus de 1,000 mètres est-ouest et de 800 mètres nord-sud. Il était traversé au passage des axes par quatre chaussées semblables aux chaussées d'Angkor Thom, larges de 12 mètres, dallées et ornées de balustrades de dragons supportées par des géants. Ces chaussées accédaient à quatre portes monumentales sommées de tours au quadruple masque de Brahma. De gigantesques Garoudas raccordaient ces tours à un mur d'enceinte en limonite qui régnait sans discontinuité sur les quatre côtés du temple.

De ces portes monumentales partaient quatre avenues dallées, bordées de lions monolithes, longues de 250 mètres au moins, traversant une cour où étaient construits quelques édicules et galeries et conduisant à la deuxième enceinte du temple, galerie de bas-reliefs moins étendue que celle d'Ang-kor Vat, mais plus grande que la galerie extérieure du Bayon. Entre tous les anciens temples royaux du Cambodge, Bantéai Chhmar est le seul avec ces deux fameux monuments qui reçut l'honneur de cette décoration de galeries à bas-reliefs. Ces galeries de Bantéai Chhmar, à double colonnade extérieure de piliers, selon l'usage, et à mur de fond couvert de sculptures, sont ruinées aux trois quarts. Ce qui subsiste encore représente, de même qu'aux deux autres monuments cités, des scènes guerrières, des défilés princiers ou religieux et nombre de divinités brahmaniques plus grandes que nature dont plusieurs offrent cette particularité de porter un petit Bouddha sculpté sur leur haute coiffure cylindrique.

Les galeries des bas-reliefs entouraient un labyrinthe de galeries intérieures et de tours généralement décorées du quadruple masque de Brahma, dont l'état de ruine ne faciliterait guère la reconstitution du plan.

De nombreuses statues du Bouddha très anciennes, et aussi la particularité que je viens de signaler, semblent indiquer que ce monument fut bouddhique, ou tout au moins que le bouddhisme ancien y eut son culte aussi bien que le brahmanisme. D'un autre côté, les sculptures naïves et massives permettent d'attribuer à Bantéai Chhmar une grande antiquité entre les monuments cambodgiens. L'inscription que nous allons examiner après cette longue digression prouve, il me paraît, que ce temple existait déjà lors du règne de Yaśovarman.

Sous les décombres des galeries de Bantéai Chhmar ont été trouvées sept inscriptions khmères, une grande de vingt-neuf lignes et six petites de une, deux, trois ou quatre lignes. Toutes étaient en médiocre état de conservation. L'écriture en lettres carrées, à fleurons, indique une époque fort postérieure à l'édification du monument. Malgré la particularité qu'y présente la lettre *r* souvent écrite avec deux branches, forme archaïque qui nous ramènerait à deux siècles en arrière, on peut dire que ces documents, par l'écriture comme par la teneur et par la langue même, semblent bien contemporains des courtes inscriptions que l'on trouve au Bayon, à Tanéi, à Bantéai Kedei. Vers le xie ou le xiie siècle saka, alors que les traductions anciennes menaçaient de se perdre, des lapicides, grattant les fines arabesques ou rosaces primitives, inscrivaient sur les parois de ces vieux temples le nom des divinités brahmaniques qui étaient adorées dans les galeries et souvent mentionnaient aussi le personnage, prince ou princesse, seigneur ou dame, dont le nom avait servi à former le vocable de la divinité et dont les traits, le corps, *Vrahrūpa* avaient donné le modèle de la statue divine. A Bantéai Chhmar la situation des statues est quelquefois indiquée selon les points du compas.

La plus grande des inscriptions de Bantéai Chhmar, celle qui compte vingt-neuf lignes, écrite sur la paroi de droite d'une porte intérieure de galerie, est malheureusement endommagée, ce qui est d'autant plus regrettable que ce document unique dans son genre expliquait les motifs de ces honneurs suprêmes octroyés par le roi Yaśovarman à quatre de ses *mantri*.

En voici la traduction, sauf quelques lacunes :

Au milieu de la sainte galerie des joyaux (vraḥ griha ratna) est le dieu Śrī Śrīndradeva *forme* du Kamrateṅ añ Śrī Śrīndra Kumāra rāja putra.

Au sud-est, le dieu Arjunadeva.

Au nord-est, le dieu Śrī Dharadevapuradeva.

Au sud-ouest, le dieu Śrī Devadeva.

Au nord-ouest, le dieu Śrī Varddhanadeva; tous *mantri* (c'est-à-dire conseillers, ministres, mandarins).

Cette qualification et les explications qui suivent ne s'appliquent qu'aux quatre derniers personnages. Il n'est plus question du premier, qui était un prince du sang, mort jeune sans doute.

Lorsque le (ou *les*, la langue khmère ne distinguant pas plus les nombres que les genres) Bharata Rāhu Saṃvuddhi se révolta contre le roi Yaśovarman et monta à l'assaut du saint Palais royal (vraḥ mandira), toutes les troupes de la ville ayant pris la fuite, le roi dut venir combattre (en personne). Le sañjak (fidèle? dévoué? frère d'armes?) Arjuna et le sañjak Śrī Dharadevapura luttèrent pour défendre le roi et succombèrent en le couvrant. Après la répression de la rébellion le roi accorda les titres de Vraḥ Kamrateṅ añ Śrī *Nṛipasiṅha varman* au sañjak Devapura, fils du sañjak Śrī Dharadevapura; il conféra le titre d'aṃteṅ aux deux (défunts) sañjak et il combla leurs familles de biens et de faveurs.

Quand le roi fit invasion dans le Campa qui est à l'orient, il s'empara de la forteresse (? durggati) que le roi du Campa, nommé Śrī Jaya Indravarman, avait fait construire sur le mont Vek (le texte étant aussi ambigu que mal conservé, on pourrait lire qu'il fit mettre à mort le roi du Campa sur ce mont Vek). Il plaça sur le trône un senapati du Campa. Mais les Campa firent tomber (le roi) dans une embuscade et le firent cerner par douze corps de troupes (semble-t-il, tout ce passage étant très obscur). Le roi fit reculer son armée en combattant jusqu'au mont Trayāçar où les Campa l'entourèrent en faisant monter leurs (guerriers à) turbans qui furent tous, sauf trente, mis hors de combat. Le roi descendit en se battant jusqu'au pied du mont où les Campa l'entourèrent sans qu'un seul osât se mesurer avec lui. Le sañjak Śrī Deva et le sañjak Śrī Varddhana, originaires tous les deux du pays de Vijayapura, demandèrent au roi l'autorisation de se dévouer pour lui. Les Cāmpa montant en foule les assaillirent à coups de javelots (littéralement : en lançant leurs lances) et ils tombèrent blessés au ventre. Le roi proclama que les souverains et les Khmèrs les honoreraient tant que durerait le Kambujadeśa; il conféra à ces deux sañjak le titre d'amteṅ et il érigea leurs statues.

L'écriture et la langue de cette curieuse inscription ne permettant pas de la faire remonter, ai-je dit, au delà du xie ou du xiie siècle saka, il est évident qu'elle relate des faits qui sont antérieurs de deux ou trois siècles, car nous ne connaissons pas au Cambodge de roi nommé Yaśovarman, en dehors de celui qui monta sur le trône en 811 saka. La chronologie des rois du Cāmpa ne nous donne un premier Śrī Jaya Indravarman qu'en 887 saka, il est vrai; mais cette chronologie a une lacune précisément à l'époque du Yaśovarman cambodgien et le nom de Śrī Jaya Indravarman paraît avoir été porté par plusieurs rois du Cāmpa. Il n'y a donc pas là une réelle objection.

Yaśovarman eut, on le voit, un règne assez agité. Quant à sa fin, environnée d'un certain mystère, elle aurait été tristement tragique, si une dernière hypothèse qui le concerne se trouvait être exacte. Je suis, en effet, très porté à l'identifier avec ce roi lépreux des traditions indigènes, dont l'existence paraît bien certaine.

Dès le xiiie siècle, l'officier chinois déjà cité en parle dans ces termes : « Il y eut jadis un roi qui fut affligé de la lèpre et ses sujets ne s'en sont pas effrayés ». Cette tradition est restée très vivace jusqu'aujourd'hui. La statue de ce roi, dépourvue des attributs royaux, il est vrai, existe encore bien connue même des Européens, sur un beau belvédère tout à proximité du palais, dans cette ville dont il fut le fondateur, disent les indigènes. Or nous avons vu que Yaśovarman pouvait, aux yeux du peuple, être considéré comme le fondateur d'Angkor Thom : il en acheva la construction, fut le premier roi qui l'habita et lui donna même son nom. Il y a sur le socle de cette statue une inscription de deux lignes; mais elle est illisible, sauf ces deux mots *vraḥ aṅga* « corps sacré » qui semblent confirmer qu'il s'agit d'un roi.

De plus, à une journée de marche au nord-est d'Angkor, sur les dernières pentes du mont Koulên, est un petit vallon bien abrité par les hauteurs voisines où murmure gaiement la petite rivière avant de sauter en dernières cascades pour couler en plaine et porter ses eaux toujours vives et abondantes à l'ancienne capitale. Ce vallon fut, selon la tradition, la retraite où le pauvre roi lépreux alla soigner ou cacher sa terrible maladie. On y montre l'endroit où il prenait ses bains dans le lit de la rivière, et à côté, la construction sur laquelle fut dressé le bûcher qui consuma sa dépouille mortelle.

L'examen des inscriptions sanscrites de Yaśovarman me semble confirmer cette hypothèse qu'il fut lui-même ce roi lépreux.

On sait que ces inscriptions sont de deux époques : les digraphiques, de l'année même de l'avènement du jeune prince dont elles chantent la gloire en annonçant le don du splendide temple de Śiva — celles-là ne sont pas en cause; — mais les stèles des angles de l'étang de Yaśodhara sont évidemment postérieures, au point que Bergaigne leur traducteur s'est finalement décidé, après hésitation, à les tenir pour posthumes. Elles sont, en effet, rédigées au passé : « Aujourd'hui encore, on dit, on sait, on voit telle ou telle chose de lui »; ainsi s'expriment-elles.

Selon M. Barth, ceci peut se réduire à un expédient de rédaction et il croit que ces inscriptions furent rédigées du vivant du roi. Nulle part on ne le dit uni à Śiva; aucun successeur ne se nomme dans ces documents. Une stance de ces inscriptions, pleine de doubles sens comme tant d'autres, dit que « Yaśovarman était supérieur au soleil et à la lune par la manière de voyager (par la situation qu'il occupe dans l'autre monde), car ils touchent la terre du pied (avec leur rayon) et franchissent le pas (dépassent le séjour) de Viṣṇu ». Yaśovarman au contraire y demeure, expliquait Bergaigne. « Cette stance, dit M. Barth, est une de celles où Bergaigne pensait voir la preuve que Yaśovarman était mort quand furent rédigées ces inscriptions. Je crois qu'il faut entendre autrement ne serait-ce que pour une raison : l'inscription est śivaïte, et quelle qu'ait pu être la croyance personnelle de Yaśovarman, ce n'est pas au paradis de Viṣṇu (hareḥ pada) que notre texte l'aurait placé. » (*Notices et Extraits*, p. 336-516.)

Le nom posthume, *Paramaśivaloka*, c'est-à-dire le Prince qui est allé « au monde de Śiva suprême », donné à Yaśovarman dans diverses inscriptions en langue indigène, vient, je crois, à l'appui de l'opinion de M. Barth. Même l'inscription khmère du Phiméanakas, gravée, selon toute vraisemblance, très peu de temps après la mort du roi, lui donne ce nom posthume. Les inscriptions de l'étang de Yaśodhara furent donc rédigées du vivant du roi, mais, me semble-t-il, vers la fin de son règne alors que, frappé par son épouvantable infirmité, il avait déjà quitté sa capitale. Ces inscriptions paraissent contenir des allusions, forcément discrètes mais suffisamment significatives, à son malheur et à sa retraite. Tels sont les passages suivants :

Même dans l'adversité, il n'abandonna jamais la vertu.
Comment donc Lakṣmi a-t-elle pu renoncer à ses embrassements?
Le lieu profond où il a été porté.
Il s'est réfugié dans une retraite qui est le souvenir des hommes.
Sa gloire avait pour séjour une haute montagne.

Ce dernier passage, déjà cité plus haut, pourrait contenir,

il est vrai, une allusion à la tour de Phiméanakas, que Yaśovarman érigea dans le Palais royal même, ce genre de tour étant appelé couramment «montagne» aussi bien dans les textes sanscrits que dans les textes indigènes.

Yaśovarman termine en devenant pathétique; il pousse un cri de détresse, s'abaisse aux supplications et conjure ses successeurs :

C'est lui, répète-t-il, qui a creusé cet étang pareil au disque de la lune...

Et voici ce qu'il demande avec instance à tous les futurs rois des Kambujas, lui qui marche à la tête des bienfaisants :

Défendez cette œuvre pie dont j'ai voulu faire un pont.

Par égard pour moi qu'on n'emmène pas captifs les très peu nombreux gardiens de l'étang et qu'il ne leur soit fait aucun mal...

Les arbres, ces tendres veaux de la terre qu'elle nourrit des eaux de cet étang comme du lait de ses mamelles et qui font entendre le doux murmure de leur voix enfantine (ou qui ont pour doux murmure le ramage des oiseaux), défendez-les contre toute atteinte de ce serpent, le méchant.

Les généreux donnent volontiers même de précieux joyaux à leurs suppliants. Comment ne m'accorderiez-vous pas ce (que je vous demande) ici, rien que de l'eau?

Et je sais très bien que supplier, c'est la mort surtout pour un roi. Et pourtant que cela soit (fait)! Car la mort pour une cause sainte est un bien pour les bons. Je vous supplie donc, vous qui ne refuserez pas.

(Inscriptions du Thnâl Baray, dans les *Notices et Extraits*).

«Nous ne connaissons pas la date de la mort de Yaśovarman dit M. Barth. La stance 7 de l'inscription de Phimanakas n'a pas été écrite de son vivant. Or, en présence des détails minutieux avec lesquels est donnée la date de cette inscription, on a tout lieu de croire que celle-ci a été rédigée immédiatement à l'occasion du fait qu'elle relate. Il résulte donc de notre texte que Yaśovarman était mort en 832 saka et il ne faudrait pas moins qu'une donnée expresse qui fait défaut jusqu'ici pour établir le contraire. »

Sur l'autre paroi de la porte du sommet du Phimanakas, en face de l'inscription sanscrite dont il vient d'être question, est gravée une inscription khmère de la même date et due au même auteur, à Satyavarman, l'ancien ministre de Yaśovarman. Ce texte indigène fournit une preuve très positive confirmant l'opinion de M. Barth. Il parle en effet de Yaśovarman en ces termes : « le roi qui est allé au Paramaśiva (loka) ». Malgré la lacune des deux dernières syllabes provenant d'une écaillure de la pierre, il n'y a pas de confusion possible : Yaśovarman était mort en 832 saka (= 910 A. D.), après vingt ans environ de règne et, selon quelque vraisemblance, avant d'avoir atteint l'âge de quarante-cinq ans.

Nous savons qu'il eut pour successeurs à Yaśodharapuri ses deux fils, Harṣavarman Ier et Iśanavarman II, dont les règnes sont quelquefois accolés comme si leur père leur avait transmis le trône en commun; que, en 850 saka (= 928 A. D.), Jayavarman IV, oncle des deux précédents, quitta Angkor Thom en montant sur le trône et alla fonder sa résidence à Chok Gargyar, là où sont les ruines dites de Koḥ Kér, province de Kompong Soay, lieu qui fut aussi la capitale de son fils cadet et successeur, Harṣavarman II; mais que le fils aîné de Jayavarman IV, qui prit en montant sur le trône le nom de Rājendravarman, revint immédiatement, 866 saka (= 944 A. D.), se fixer dans la somptueuse et magnifique ville de Yaśovarman « qui avait été longtemps abandonnée », dit une inscription, et qui resta dès lors la capitale officielle des souverains des Kambujas.

TAKKOLA,

BY

R.-F. Sᵗ ANDREW Sᵗ JOHN.

I have been asked to submit a few notes on the subject of Takkola' a place mentioned in the Milinda Pañha (Rhys Davids's translation, vol. II, p. 269) 21 : «Just, o King, as a shipowner who has become wealthy by constantly levying freight in some seaport town, will be able to traverse the high seas, and go to Vanga or Takkola, or China, or Sovīra, or Surat, or Alexandria, or the Coromandel coast, or further India (Suvaṇṇabhūmi), or any other place where ships do congregate. »

It was evidently a seaport, and though, from the position of the word between Vanga and China, one might suppose that it lay between these two countries, yet the conclusion is anything but certain.

I have no special qualification for the work beyond the fact that I have a knowledge more or less of the languages and coasts of Burma.

The subject has been touched on by Lassen, Yule, Mᶜ Crindle, Dʳ Forchhammer and Captain G.-E. Gerini (whose article in the *R. A. Soc., Journal of the* July 1897, is most masterly) and there appear to be two theories :

1. That held by Lassen and Gerini that it was situated in the Malay Peninsula;

2. That of Dʳ Em. Forchhammer that it was in the estuary of the Sittang at the extreme North of the Gulf of Martaban.

I had however studied the subject before Gerini's article

appeared. The date of the Milinda Pañha is uncertain, but Kl. Ptolemy mentions Takola in his geography as «a mart of the Golden Chersonese».

It was therefore well known prior to A. D. 200.

It was also situated in a *Chersonese* and not on what no doubt was considered to be the main *continent* even in those times.

The only part of the coast described by Ptolemy upon which I consider it necessary to make preliminary remarks is that which lies between the Naf estuary (between Chittagong and Akyab lat. 21° N. Arakan) and Mergui in Tenasserim.

It must be borne in mind that, at the time when Ptolemy wrote, this coast was not inhabited by the Burmese race, they were then located as an uncivilized federation of tribes in the Northern valley of the Irrawaddy, and therefore the derivation of names of places cannot be sought for in their language.

The Burmese are not known to have come below the parallel of Prome prior to the year 1050 A. D., and probably the Arakanese branch of the family did not reach the sea coast of the Bay of Bengal much before 145 A. D., if then. According to the Burmese chronicles the Kanran tribe did not leave the Irrawaddy Valley till the time of Supañña (108 A. D.) and it is not likely that they got to the lowlands of Arakan until many years afterwards.

Before the end of the second century A. D., the sea coast from the Ganges to the isthmus of Kra must have been occupied by uncivilized tribes amongst whom trading communities from the west had planted marts; and the names of these various marts and refuges were either corruptions of native names, of which we know nothing, or names given by the western traders. The largest of these tribes was probably the Mun[1].

---

[1] Spelt by some *Môn*, and also called *Talaings* or *Peguans*.

Ptolemy's Argura, the silver country, has been identified with Arakan (*i. e.* Rakaing), though it is admitted there is no silver there, simply on a fancied resemblance to a name which did not then exist.

Mons Maiandrus is identified with the Arakan range, which terminates near Cape Negrais and from which few rivers descend, instead of with the great central mass of mountains north of Burma and beyond *Kirrhadia,* which is probably Silhet, Assam, etc; and the *Bésyngeitai* are placed on what is now called the Bassein river.

Bassein is a foreign corruption, and it is not even certain that the Mun *Pasim* was the name of that part. The deltas of the Irrawaddy and Sittang river have undergone changes in the last 1600 years, and it is possible that the Gulf of Martaban, or the Sabaric Gulf as it was then called, extended further North, up the Irrawaddy Valley, studded with islands like the Mergui Archipelago. Lassen was of opinion that the river Tokosanna was the river of Aracan. Which river?

The first below Chittagong is a broad estuary called Naf or Nat; the second is the Mayu or Malayu, a large river with a bad entrance. The third is the Kulahdan (a very modern Burmese word), which has been classically named Gacchabha and is called Yampang by the Hill-people; and fourthly the Le-mro (river of Four Cities) classically called the Añjanadī. There are also other creeks innumerable.

Yule's idea that the word has to do with Tak-naf is based on a misconception. There was no tribe called Tek. There was a tribe called Sak, which the Burmese lisp into Thak. They could not turn S into T or $'T$. Taknaf means the upper Naf (or Nat) river.

The Tokosanna[1] river or estuary was probably somewhere

near that spot; perhaps Hunter's Bay, as that is nearer to the passes which lead over the hills to the Irrawaddy Valley, by which silver may have been brought, together with other products, from the upper parts of Burma where silver was found.

The Burmese traditions state that the oldest city of Arakan was called Dhaññavati : Vesāli was not founded till about A. D. 700 and it is not clear when the name Rakkhapura (Rakaing) was first used.

Sir A. Phayre thought Argyre might be a corruption of Rakkha, but the derivation is very far fetched : either silver from the upper Irrawaddy was exported thence, or there is a mistake in the name, it being confounded with Argyre in Sumatra. There are no white parrots (cockatoos) or ravens (crows) in Arakan (Mc Crindle, p. 233).

The first town mentioned in this part of the country is Sada, near the river Sados, and these names may be connected with San-dwai (Sandoway), as the Burmese can only explain that name by a foolish legend, a sure sign that the name of the place is not derived from their language.

Stones with ancient inscriptions have been found near Sandoway which are attributed to the vIII[th] century A. D. All the pagodas there are said to have been built about that time.

The next place is Bêrabonna which, if Captain Gerini's figures are correct, will be Gwa [2]. This is the first of several names beginning with Bê (Bee) a syllable which in the Mun language means «a river» (*Bee-lin* in the Shwegyin District means «the destroyed river»); and it appears that words commencing with this syllable are connected with rivers. The Gwa stream however is a very small one.

---

[1] Toko may represent the Mun *t'kau*, an island.
[2] A Burmese word meaning «the fork of a river».

Yule relying on Ptolemy's statement that, "from this range (Maiandros) descend all the rivers beyond the Ganges as far as the Bêsynga"[1], and thinking Maiandros to be the Arakan range (or Roma), terminating in Negrais, fixed the Bêsynga at Bassein.

In doing so however he clearly made a great mistake, there are no important rivers which descend from the Arakan range south of Hunter's Bay, and the name Bassein is a modern corruption. If we take Maiandros, as I think we are justified, to mean the mass of mountains lying to the north of latitude 23°, we find that all the important rivers descend from them even as far as the Me-Kong and most certainly the Salween (Sanlwin) which fits in with the latitude and longitude given for the Bee Synga.

But to return to the itinerary, I have long been of opinion that Têmala[2] ought to be identified with Diamond Island at the mouth of the Bassein River.

The Burmese call it *Thami-hla* which means "pretty daughter", but there is every reason for supposing that the word is a corruption of some other name. Captain Gerini fixes Têmala near this spot; but states that Ptolemy made that coast too long. It is not improbable that in Ptolemy's time the Arakan range instead of terminating, as now, at Hmaw-din point, was continued further southwards to the Alguada Reef or even the Preparis shoals.

Within the last century the Southern part of Haingyee (Negrais Island) has been carried away and the old brick factory, built in 1753 A. D., is now almost, if not completely, swept away.

---

[1] Mc Crindle, p. 205. Bee-ra-hon might mean "four rivers".
[2] *Ti* (in Mun) means "earth", and *Di* (pron. *Ti*) "a tidal wave". *T'mau-lah* "flat stone".

The real Negrais is a point slightly north of 16° and derives its name from Nāgarāja (contracted to *Nagarit*) because there are mud volcanoes there [1]. For the name Têmala many derivations might be suggested, but I do not like to hazard one in particular. If there was a town, it was probably to the east of the cape, unless the cape, which has been washed away, was a continuation of the limestone promontory now called Poorian on the eastern side of the Bassein River.

Captain Gerini gives Sida as a name of old Bassein, but I should like to know his authority for this. Sida was much further north.

The only place known as Bassein is about 80 miles north of Negrais Island and is called by the Muns *Passim*. The Burmese name is Putheim which is said to represent the Pali name «Kusīmā». *Kusīmā mandalam* was the name of the District in general use, and there have been many stories told as to why the name was changed to Pusima, or Pusi, but none are satisfactory. Possibly the name may be treated in the same way as *Kupati* for *Bhupati*; or the original name may have been Pusim, which in Monkish Pali turned to Pusima, just as in the Kalyani inscriptions Pugan is made into Pugama. Then Pusima, having no meaning, was turned into Kusīmā which means the «limits of the earth».

After passing Têmala we are in the Sarabic Gulf, now the gulf of Martaban, in which there was a city named Sabara.

The one name seems to be connected with the other and it is not therefore clear whether both should be Sabara of Saraba.

There are several places in the Irrawaddy delta where there

---

[1] In the Kalyani inscriptions the whole range is called *Nagarasi*. These inscriptions were discovered near Pegu, and published in Pali and English at Rangoon in 1892. The old Arab and Portugese charts show a town near this cape called *Āmori* or *Amhuram* of which there is now no record.

have been ancient Indian Colonies, but none exists that is said to have had any name like either of these words.

The nearest approaches that I can find are the Sarawbun Creek near old Myoung-mya, and the forgotten town of Sāravati, which I brought to the notice of this Congress in 1892, and which is situated near an old branch of the Irrawaddy, 60 miles north of Rangoon. Lassen thought that Sarabos was a form of Sarāvati (Mᶜ Crindle, p. 99). Possibly Sarabos is the old name of the Irrawaddy, which great river otherwise does not appear to be mentioned. Up till quite lately it was thought to come out of Tibet.

Dʳ Mason says the Salwen is called in the Mun language *Bee Klung;* all that it is possible to suggest, with an imperfect knowledge of that language, is that, if Captain Gerini's calculations are correct, the Bêsynga or Bee Sung was either the present Sittang or another river further east, and now silted up, which washed the walls of Thaton.

The people who dwelt in these parts were the Mun, yet Ptolemy says they were *cannibals;* it is difficult to believe this, and one must suppose that he got mixed up with the Andamanese or that there was an isolated tribe here similar to the Wa of the Northern Me-kong.

Captain Gerini thinks that Saraba is a form of Sallavati a Pali name of the Salween. *Ra* may be turned to *la*, but I doubt *la* being turned to *ra*. It is also very doubtful if the name be old.

Bèrabaï denotes another river and, according to Captain Gerini, should be E. 100° 58' — N. 12° 32' which is close to the Tenasserim river. This river is composed by the confluence of *two* principal streams and *Bā* is the Mun for *two*. Mergui and Tenasserim have always been important ports. Tenasserim or Tanintharī is a comparatively modern name.

The city was built by the Siamese in A. D. 1373, and there do not appear to be any very ancient places about that spot though there is an old town called Wedi or Vedi further north in Tavoy Dist., and also two other old towns in that District called Sāgara and Maungkara which were founded about A. D. 700-750.

We now come to Takkola or, as Ptolemy calls it, Takola, a mart in the Golden Chersonese.

Mᶜ Crindle says : « The Golden Chersonese denotes generally the Malay Peninsula, but more especially the delta of the Irrawaddy, which forms the province of Pegu, the Suvaṇṇabhūmi of ancient times » [1]. He then quotes Yule as informing us that Sonaparanta is an old province above Ava.

I certainly fail to see what the name of a province which is not old, and north of Ava, has to do with the *delta* of the Irrawaddy, and I do not think there is any evidence to show that the *delta* of the Irrawaddy was included in Suvaṇṇabhūmi. Thaton or (Saddhamma-nagara) is said to be in Suvaṇṇa-bhūmi, for it is not in the Irrawaddy delta, but east of the estuary of the Sittang. We really do not know what was included in the real Suvaṇṇabhūmi.

Ptolemy however seems to consider it a Chersonese and it may therefore have included that part of Siam, Annam and Malaya which is east of the Sittang (97°) and south of lat. 20°.

The identification of Rāmaññadesa, which included the Irrawaddy delta, with Suvaṇṇabhūmi appears to be of later date.

It is very clear from the old legends of Pagodas, especially that of the great Shwe Dagôn of Rangoon [2], that the people who introduced Buddhism into Burma located all the Indian

---

[1] *Ancient India*, p. 198.
[2] See *Notes on the Early History and Geography of British Burma*, by Em. Forchhammer, Ph. D.; part I. Rangoon, 1883.

names of places, mentioned in the Pali books, as being situated in Burma or rather Pegu, and related that Gotama and other Buddhas, and their followers, were actually Muns.

In one inscription, the great pagoda of Rangoon is said to have been built on the Tatta hill to the east of Asitañña Nagara, which Forchhammer fills in as Tamagatta. From the inscription on the great bell it appears that this word is Tampakutta, Tambakuta or Tambagutta, the last is the most probable. In another legend, the hill is called «Singuttura to the south east of Asitañña-nagara».

The hill on which the Shwe Dagôn is built could never have been a *peak* (it is only 166 feet), but may have been called *northern* with reference to the great Syrian Pagoda to the south.

Taphussa and Bhallika of the Mahāvagga[1] were changed into *Poo* and *T'paw* by the half savage Muns and then, in after years, it was related that the said Muns were the original Orissan travellers renamed by Buddha.

These nagarā (like the Saxon *tun*) were probably stockaded clusters of houses or monasteries, round the sacred shrine, named by the Indian emigrants after the old town they had left behind them.

The most ancient account of the introduction of Buddhism to Burma is to be found in the Kalyānī Inscriptions of Pegu[2] which were drawn up by order of King Dhammaceti, in 1476 A. D., who had been a monk and married the daughter of Shin Sawboo the last representative of the Shan dynasty founded at Martaban in 1287 A. D. It is as follows : « At that time, a King called Srīmasoka ruled over the country of Suvaṇṇabhūmi.

---

[1] *The third Katha of the Mahavagga*, Em. Forchhammer.

[2] So called because the *Sima* was named after that upon the Kalyānī River in Sihaladipa (Ceylon).

His capital was situated to the north west of the Kelāsabha-pabbata-cetiya. The eastern half of this town was situated on an upland plateau while the western half was built in the plain country. This town is called, to this day, Goḷamattikanagara because it contains many (*mattika gharanam*) mud or mud plastered houses of the Goḷa-men. The town was situated on the sea shore, and there was a sea-dwelling Rakkhasī who was in the habit of always seizing and devouring every child born in the King's palace. On the night of the arrival of the two «theras» (Sona and Uttara), the chief Queen gave birth to a child. The Rakkhasī, knowing that a child had been born in the palace, came towards the town surrounded by 500 other Rakkhasas with the object of devouring it. When the people saw the Rakkhasī, they were stricken with terror and raised a loud cry. The two «Theras», perceiving that the Rakkhasī and her attendants had assumed the exceedingly frightful appearance of lions each with *one head and two bodies*, created Monsters of similar appearance, but twice as many as those accompanying the Rakkhasī so the latter fled to the sea. The «Theras» preached the *Brahma-Jālasutta* to the people and at the conclusion of the service 60,000 attained to the comprehension of the truth. Thus was religion established in this country of Rāmañ-ñadesa by the two «Theras» in the 236th year that had elapsed since the attainment of Parinibbana by the Sammasambuddha.
..... A stone on which the same appearances (those created by the «Theras») were engraven (*likhitva*) was placed on the top of a hill to the north east of the town. This stone may be seen to this day.» «The country was broken up into separate principalities, and was conquered by the armies of the seven Kings.» «During the reign of Manoharī, who was also known by his princely name of Suriya kumāra, the power of the kingdom became very weak.» «In 1601 A. B. 419 Sakkaraj (A. D.

1058) King Anuruddha (*Anawrahta zaw*), the Lord of Arimaddana-pura brought a community of priests together with the Tipitaka and established the religion in Arimaddana-pura otherwise called Pugāma (Pugan). »

The greater part of this extract appears to have been borrowed directly from the Cingalese Mahāvamsa, and yet Dr Forchhammer considers that it has been effectually proved that the lower part of Burma is the real « Suvaṇṇabhūmi ». On this point, I am afraid I cannot agree with him and believe that the true « Suvaṇṇabhūmi » has yet to be located.

There are also several discrepancies. According to the Mahāvamsa, from that period the princes born in that palace obtained the name *of Sonuttara*, and though the same assertion is made by Dhammaceti, I cannot find one single Sonuttara in the list of Kings from Sri Dhammasoka to Manuha (Manōhari).

Again the King who reigned over Suvaṇṇabhūmi at the time of Sona and Uttara's mission was called, according to the Kalyānī inscription, *Sridhammasoka,* which is highly improbable seeing that Dhammasoka was the Indian monarch who sent out the Missionaries.

Dr Forchhammer has elsewhere clearly shown that all the early traditions of Taphussa and Bhallika, of Ukkala, were transferred to Burma and located there, and there is every reason to believe that this was done in the first place by Buddhist emigrants from Orissa who planted colonies at Twante, slightly south of Rangoon, and other places on the coast of the Gulf of Martaban; probably about A. D. 350 when (according to Hunter) Orissa was conquered by Rakta-bahu.

The Mahāvamsa does not state where Sona and Uttara landed, but says « in a certain place ». Dhammaceti states it was at a town north west of the *Kelāsabhā-pabbata-ceti*, and Forchhammer apparently not understanding the word *bhā* [1] omits it in his translation. This word or termination has, I am informed, no meaning in Pali. In Mun however it means «monastery» and is probably a corruption of «Vihara», and indicates that the mountain or hill was so named *after* a monastery had been founded there.

Near the Shwe Dagôn Pagoda of Rangoon we find that there was also a walled space called Ukkala bhā. Dagôn itself was never considered a city, and I am of opinion that some of these walled places were not towns, but fortified monastic enclosures.

It is therefore probable that the hill was called Kelāsa after the monastery was founded.

The Kalyānī inscription of Dhammaceti runs thus : «Tam pana nagaram Golamanussagharānam viya mattika-gharānam bahulatāya Golamattika nagaram ti yāv ajjatanā voharanti.» (They express it until this day «Golamattikanagara» because it contains many mud houses like the houses of the Gola-man.) This place in now known as Taik-kälä, and Forchhammer argues that this place, that Dhammaceti alludes to under the word *Gola-mattika-nagara*, is Takkōla, *i. e.* Taik-gōla [2].

In Burmese *Taik* means «a brick or stone house», «a secure place or depository», a cluster of monasteries surrounded by a fence. According to Forchhammer it means a brick building in Mun. As the Mun language since (say) A. D. 1100 has contained several Burmese words, and possibly the Burmese has also borrowed from the Mun, this may have been true in Dhammaceti's time (A. D. 1476), but we are treating now of a place called Takkōla prior to A. D. 100. And we must be first satis-

---

[1] *Bhā* is pronounced almost like *bhā-er*, and is the same word which Sangamano writes as *Bao*.

[2] See *Notes in early History and Geography of British Burma*, by Em. Forchhammer, part II. Rangoon, 1884.

fied of two things, viz : that «taik» is an old Mun word for a «brick building», and secondly that Gola has been changed to «kalā». If we cannot be sure of this we must look upon Dhammaceti's rendering of the word into Pali as fanciful. The Burmese are very fond of such explanations of the names of places[1].

Forchhammer says he found a number of old brick buildings, but that does not prove much for they may not be of any great date. He does not mention that he found traces of a royal city, as at Thatôn, or of the sculptured stone. All he saw was a «fantastically shaped boulder».

He does not venture an opinion as to the age of the brick buildings which ought to be over 1800 years, and they might have been of a very modern type. To settle a question of more than 1800 years, especially in such a climate, excavation would be necessary. A superficial survey would be ridiculous. The very monuments erected by Dhammaceti himself, in A. D. 1476, were utterly unknown to the natives of Pegu in the xix[th] century until excavated by a railroad contractor.

Forchhammer writes of the place as *Golanagara*, surely if such a place had existed it would have been so mentioned, and not by its supposed Mun appellation of Taik Gola.

Ptolemy does not call Takōla a city, but a *mart*, meaning a place where traders congregated at certain seasons as a good place for exchange of merchandise.

It is well known that, within historical periods the Sittang estuary at the head of the Gulf of Martaban has been a most dangerous place and dreaded by sailors on account of its enormous bore or, as the Portugese called it, *maocereo* (10-15 feet high), which twice a day swept everything before it. In fact

---

[1] T'kau-lah, *flat-island* is quite as good a derivation as Taik-gola.

the dangers of getting out of reckoning and being drawn in must have made even the Ports of Martaban and Moulmein at the mouth of the Salween places to be approached with care from the south.

Until therefore it is proved that in the days of Ptolemy the present deltas of the Irrawaddy and Sittang were open sea, studded with islands and promontories, we must take it that they were pretty much as they are now.

As a proof that Taik-kâla and Thatôn were once frequented ports, it is stated that parts of ships and hawsers are dug out of the alluvium, but that fact would simply prove that there had been ship wrecks in the estuary.

Though there are good reasons for believing that there were colonies of Indians, at an early date, on the shore of the Gulf of Martaban, at present there is no evidence to show distinctly at what places and at what dates those colonies were founded.

Forchhammer states that « the oldest ruins, sculptures and inscriptions found in and about Thatôn belong to the IIIrd and IVth centuries after Christ [1]; they do not owe their origin to an impulse transmitted from Golanagara ». If there was no impulse from Golanagara, which was only 22 miles distant, one cannot well believe in Golanagara.

Captain Gerini has worked out his latitudes and longitudes so as to place Takkōla (or Takōla) at or near [2] the mouth of the Pakchan river in the Malay Peninsula (lat. 10° N.) just at a point where ship-captains, who had not yet learnt the way round, or did not wish to encounter the dangers of a longer voyage, would establish a mart, and which would remain a

---

[1] Forchhammer's *Notes*, part II, p. 11. Some of these colonies may have been Gola-men from Gaur, but as yet we have no evidence of colonies prior to A. D. 300, if so early.

[2] Where there appears to be still a cape Takopa.

mart even after the discovery of the passage round by Singapore.

In an old edition of Ptolemy, published at Venice in 1611, I find Takola marked near that spot; and also in an atlas published by R. Wilkinson in 1807.

Most authorities have considered that Takola ought to be in the Malay Peninsula, and I think that Captain Gerini has distinctly shown that they were right.

Ptolemy, in his review of Marinos (cap. xiii, 7, 8, 9), says distinctly that the passage across the Gangetic Gulf is from *Paloura* to *Sada* and thence to *Têmala;* from Têmala (or Tamala) to the Golden Cheronese the direction is still towards *the South-East.*

The direction of the mouth of the Salween or Sittang would be E. or N. E.

Everything therefore seems to show that the merchants went first from Vanga (viâ Sada and Têmala) to Takkola in the Chersonese, crossed thence over the isthmus of Kra (Pakchan), instead of over the great mountain ranges further north, and on the shores of the Perimulic Gulf, had before them, within easy distance, the *Suvaṇṇa bhumi* of the Buddhists, the Campa of Hiuen Tsiang and other travellers, the Zabai of Ptolemy. The position in the Milinda text agrees with this.

This Kingdom obtained its fullest power between the vi[th] and xi[th] centuries and may have embraced the countries on the east of the Gulf of Martaban including Thatôn (or Saddhamma), at the mouth of the Sittang R., which province was wrested from Campa by Anawrahta of Pugan in A. D. 1050, the prince Manohari with all his Buddhist books being carried off to Pugan. More proof however is wanted as to whether Pegu once belonged to Cambodia or was always separate.

Unless it is clearly proved, by future excavations, that there was an old settlement of the Goḷas at the present Taikkala, it is impossible to believe that so unsuitable a place was ever a great port and any thing more than a monastery of unknown date. That it was not the Takkola of the Milinda Pañha, and Ptolemy has, I think, been clearly proved by Captain Gerini and every other indication.

As regards the terms *Arguré* and *Chrysos*, I would suggest that it is also possible that these two terms represent two facts which struck travellers then, and which may be noticed at the present time, viz : that certain (aboriginal) races prefer *silver* ornaments whereas others, more civilized, prefer those which are *golden*.

I trust this subject may be of interest and beg to conclude by asking this Congress to urgently request the Government of Burma to do something towards :

1st The excavation, under competent persons, of some of the old cities of Burma and Pegu;

2nd Of taking means to investigate the traditions and names of places south of the latitude of Prome with the help of some one acquainted with the Mun tongue and able to sift thoroughly truth from fiction.

We shall then, I hope, be able to get at something like the ancient history of these provinces and not be inundated with books on Burma which systematically quote as gospel the traditions heard and relied upon by those workers who were honestly groping for light in chaos.

As there are a large number of Muns in Siam, the descendants of those who fled from Alompra, Captain Gerini may also be able to get more information from them.

Since writing the above I learn from M. Stevens, a missionary in Burma, that Captain Gerini has discovered a Mun work called *the five books of Ganpati*, two of which have been lost and three translated into Siamese, which given a great deal of information regarding Mun history and topography, and it is to be hoped that he may give us more information from them and that the two lost books may be discovered in Burma.

OBSERVATIONS

SUR

LA COMMUNICATION DE M. S^T JOHN,

SUR LE MOT «TAKOLA»,

PAR

M. BLAGDEN.

En me permettant de faire quelques observations sur l'intéressante communication de M. St John à propos de la question de *Takóla* et de la *Géographie ptoléméenne de l'Indo-Chine*, je dirai d'abord que je suis complètement d'accord avec lui en voulant chercher l'explication des anciens noms de lieux du littoral occidental de l'Indo-Chine dans la langue *moune* du Pégou. Il est vrai que les commerçants et les navigateurs hindous, qui ont été les premiers à faire la découverte de cette région, ont souvent donné aux lieux qu'ils visitèrent des noms indiens, empruntés pour la plupart au sanscrit, et qu'on retrouve (comme par exemple le mot *nagara*) jusque sur les côtes de la Chine dans le rapport que nous en a fait Ptolémée. Mais il y a aussi d'autres noms qui ne peuvent être expliqués ainsi, et il est du moins fort probable qu'ils aient une origine pégouane. Avant la conquête du Pégou par les Birmans, la langue moune était assurément bien plus répandue qu'elle ne l'est à présent : mais même aujourd'hui il se parle parmi les tribus sauvages des forêts de la presqu'île malaise, du pays de Ligor au nord jusqu'au territoire de Johor au midi, des dialectes réduits pour la plupart, il est vrai, à un état de décadence par suite d'un contact de plusieurs siècles avec le malais, mais dans lesquels la numération et une partie assez considérable du vocabulaire en général se composent de mots tout à fait pégouans, mêlés toutefois d'un assez grand nombre de mots cambodgiens.

Ce fait, qui a été constaté d'abord par le savant anglais Logan, dans les cinquantaines, a été confirmé plus récemment par les recherches du professeur Kuhn, de Munich, ainsi que d'autres investigateurs, et tout porte à croire que la langue la plus généralement parlée dans la presqu'île malaise aux premiers siècles de notre ère était un dialecte qui se rapprochait d'un côté du moun, et de l'autre du khmer.

Il y a donc des raisons très fortes pour chercher dans la langue moune l'explication des noms de lieux de ces pays, et il est très concevable que le nom Takola soit dérivé du moun *t'ko* « île », comme le propose l'auteur de la communication.

Je voudrais ensuite remarquer, par parenthèse, à propos de Suvaṇṇabhumi et du pays d'or de Ptolémée, qu'il paraît y en avoir deux de ces pays d'or, d'abord la Chrysê Chora, et en second lieu, la Chrysê Chersonnesos; la dernière est, sans nul doute, la presqu'île malaise, mais il me semble (comme le dit M. Gerini dans son récent travail sur la géographie de Ptolémée) que l'autre peut très bien être une partie du Pégou. On sait d'ailleurs que ces noms qui se rapportent à l'or sont assez répandus : inutile d'ajouter que les Malais appellent aussi l'île de Sumatra par le nom de Pulau Mas, c'est-à-dire « île d'or ».

En ce qui regarde l'entrepôt de Takola, je vais avancer une hypothèse.

Les géographes chinois nous parlent d'un endroit qu'ils appellent Kala ou Kola (peut-être Kora, puisque les Chinois représentent le *r* par le *l*) et nous indiquent qu'il était situé sur la presqu'île malaise, et que ce pays avait aussi porté le nom de Tun-Sun ou Tien-Sun. Or, à propos de ce dernier, il y a un récit dans une autre chronique chinoise suivant lequel ce pays était situé dans une presqu'île qui s'étendait à une distance considérable au midi du Funan, et qui contenait cinq petits royaumes tributaires de ce dernier. Le Funan, c'est sans doute l'Indo-Chine méridionale et surtout le Siam. Puis, continue le même récit, dont le texte, paraît-il, offre quelques difficultés, quand on arrive à ce pays de Tun-Sun, on a encore à faire un long trajet pour parvenir à l'Océan et, à cause de cela, il faut y toucher. M. Groeneveldt, savant néerlandais qui a fait la traduction de ces textes chinois, s'appuyant, si je me rappelle bien, sur une version de M. d'Hervey de Saint-Denys, en donne l'explication en la rapportant à la longueur du voyage autour de la presqu'île malaise, et il paraît, en effet, qu'il y a eu de l'avantage pour le commerce à traverser l'isthme étroit de Kra, surtout dans les temps anciens de bateaux à voiles primitifs qui ne pouvaient pas compter sur un rapide voyage dans le détroit de Malacca, où la mousson est très faible et assez variable. Ce n'est, en effet, que de nos jours que l'invention des bateaux à vapeur et la percée du canal de Suez a amené à Singapour, par le détroit de Malacca, tous les bateaux d'Europe dont une grande partie continuaient, pendant longtemps, à passer par le détroit de Sunda.

Tout cela donne lieu de croire que c'est au voisinage de l'isthme de Kra qu'il faut chercher le Kala ou Kola des auteurs chinois.

Je remarque ensuite que les voyageurs arabes du IXe siècle parlent d'un pays qu'ils appellent Kalah ou Qalah, où l'on touchait avant d'arriver à la mer de Chine et qui fut un entrepôt commercial où les Arabes d'Oman venaient acheter l'aloès, le camphre et l'étain (ou plomb de *qala,* nom très répandu de l'étain à l'Orient). Or l'étain, comme on le sait, c'est le produit le plus caractéristique de la presqu'île malaise : il y en existe des mines presque partout, et aujourd'hui cette contrée nous le livre encore en quantité très considérable.

Ce Kalah des voyageurs arabes, c'est peut-être le pays de Kedah, comme l'ont voulu certains auteurs; mais n'est-il pas possible qu'il soit identique avec le Kala des Chinois et le Takola de Ptolémée ? Voilà au moins trois entrepôts très rapprochés l'un de l'autre et qui portent à peu près le même nom : on est bien tenté de n'en faire qu'un seul.

Notons enfin la position de Takola : pour m'en rendre compte, j'ai dressé une carte d'après les renseignements de Ptolémée et je l'ai comparée avec une carte moderne. Or ce qui me frappe, c'est qu'en suivant la côte en commençant par la tête du golfe de Martaban et après avoir passé par Berabai, on rencontre dans la carte ptoléméenne deux caps, assez peu éloignés l'un de l'autre, et que c'est entre ces deux points qu'il met son entrepôt de Takola. Dans la carte moderne, il n'y a aussi que deux caps considérables : le premier protège l'embouchure du Pakchan; le second, c'est la courbe que fait la côte près de l'île d'Ujong Salang : et c'est effectivement entre ces deux caps que nous trouvons la partie la plus étroite de l'isthme; c'est là à peu près la situation de la ville de Kra, et l'embouchure du Pakchan y offre un mouillage assez sûr aux bateaux des voyageurs venant de l'ouest, dont les marchandises ont très bien pu être transportées à travers l'isthme pour éviter le long détour au midi. C'est du moins là que le transport aurait pu s'effectuer dans les conditions les plus favorables, et c'est là, me semble-t-il, qu'il faut mettre le Takola de Ptolémée ainsi que le Tun-Sun et le Kala des auteurs chinois, et peut-être le Kalah des voyageurs arabes.

THE MEDIEVAL CHRONOLOGY

OF MALACCA,

BY

C. O. BLAGDEN.

That Malay history is as yet in a very unsatisfactory state will be readily admitted by all who have taken the trouble to look into the subject. So far as the medieval period is concerned, it may be fairly said that what passes for history amongst the Malays consists mainly of a string of purely mythical legends, partly of native, partly of Arab but mainly of Indian origin, followed by and to some extent mixed up with anecdotic accounts of real Malay kings and kingdoms, in all of which there is much of ethnological interest, a great deal that is of value to the student of Malay customs, institutions and characteristics generally, but not a single reliable date and hardly a single fact that could enable one to fix the period concerning which the tales are told.

Unfortunately we are, in the Malay Peninsula, almost entirely deprived of that fruitful study of monuments and inscriptions which, in other Eastern countries, has been of such signal service in correcting the native traditions of history and in establishing a sound chronology, and it would seem that the foreign sources of history that could be used to check the Malay authorities are scanty, though they have not as yet been fully explored. Siamese and other Indo-Chinese chronicles, for instance, should throw some light on the history of the Malay Peninsula from the xiii[th] to the end of the xv[th] century, if not also in earlier periods : but nothing of the sort seems to be accessible at present to the ordinary reader.

For the history of Malacca before its conquest by the Portuguese the principal sources are :

1st The Chinese records contained in the *Ying-yai Sheng-lan* (1416), the *Hai-yü* (1537) and the *History of the Ming dynasty* (1368-1643) of all of which translated extracts are to be found in Groeneveldt's *Notes on the Malay Archipelago and Malacca* (*Essays relating to Indo-China*, series II. vol. 1, p. 243-254);

2nd The *omme Cntaries of Alboquerque*, of which a translation by W. de G. Birch has been published by the Hakluyt Society (see especially vol. III, p. 71-84);

3rd The *Sejarah Malayu*, the well known native work [1], the preface of which gives indications that it dates from the early part of the xvii[th] century but which contains internal evidence of having been at any rate in part composed at a somewhat earlier date.

The last named is the authority mainly followed by the Dutch historian Valentijn (see *J. S. B. R. A. S.*[2], n° 13, p. 62-70) and also by later authors, such as Marsden and Begbie. It has been largely accepted as a historically trustworthy work, though Crawfurd in his *History of the Indian Archipelago* (vol. II, 374 seq.), and also in his *Descriptive Dictionary of the Indian Islands* (under the heading "Malacca"), pointed out long ago that it was in several respects open to serious criticism.

The fact that it is considerably at variance with the earlier account of the origins of Malacca contained in the *Commentaries of Alboquerque* (and followed by the author of the tract published in *J. S. B. R. A. S.*, n° 17, p. 117-119, as well as some other

---

[1] The greater part of the Sejarah Malayu has been made accessible to English readers by Leyden, who translated it under the name «Malay Annals».

[2] *Journal of Straits Branch of the Royal Asiatic Society.*

Portuguese writers) must not be lost sight of in estimating the trustworthiness of these so-called «Malay Annals». The *Commentaries of Alboquerque* embody Malay legends current soon after the Portuguese conquest and therefore some two generations nearer to the events they profess to relate than the more detailed and elaborate accounts of the *Sejarah Malayu*, and to that extent the former may claim the greater weight as authorities.

Both however are based on the same precarious foundation of oral Malay tradition, and neither can lay claim to anything like chronological accuracy. In both a purely legendary story of the foundation of the town and state of Malacca leads up to a short list of the Rajas who reigned there within the few generations that preceded the advent of the Portuguese, the *Sejarah Malayu* merely giving a much fuller and more detailed account of their reigns, mixed up with a great deal of episodical matter, and also stating in some cases the number of years during which each Raja is supposed to have occupied the throne.

It is from these figures that the received chronology of Malacca during the medieval period has been compiled, and this calculation, supplemented apparently by other figures of equally doubtful authenticity, is the basis of the often repeated statement that the old Singapore was founded in 1160 and conquered by the Javanese of Mojopahit in 1252, two dates which have been taken on trust so long, that one is almost surprised to find on what slender evidence they really rest, when we consider that they have been assumed as fixed points in almost all accounts of the history of the Straits Settlements and the Malay Peninsula.

The Chinese authorities already mentioned stand on an entirely different footing. They are contemporary records, very meagre, it is true, and also no doubt to some extent distorted by the point of view of the Chinese historian who sees in every trading enterprise or complimentary diplomatic mission a tribute to the exalted majesty of the Chinese Emperor. But they are matter of fact documents containing definite dates and the only pity is that they do not add much to our knowledge of the internal history of the Malay states to which they refer. What is worth noting is that they do in the most remarkable way confirm the fact mentioned in the *Sejarah Malayu* of the existence of diplomatic relations between the Raja of Malacca and the Chinese Emperor.

The Malay author of course represents it as a correspondence between equals: the Chinese historian regards it from a totally different point of view, and makes the Malay Raja a very humble and loyal vassal. But the historical fact remains, well attested from both sources, that during the whole of the xvth century diplomatic relations and trade under the forms of embassy were continuously maintained between China and Malacca.

There is one point on which the Chinese and the Malay historian are widely at issue: the former makes Malacca a revolted vassal state of Siam (in which view he is supported by Alboquerque, who puts the emancipation of Malacca some ninety years before the Portuguese conquest), the definite recognition of its independence being attributed by the Chinese historian to a grant of regalia in 1405 by the Chinese Emperor.

The Malay scorns any such admission; according to him Malacca was never subject to Siamese supremacy in any form but held out successfully against all attempts made by Siam upon it. He admits a series of such invasions, in all of which he contends that the Siamese were uniformly unsuccessful.

At this distance of time it may be hazardous without more definite data to form any conjecture as to what actually was the course of history. The Siamese kingdom of Ayuthia was itself but of recent creation (1350 A. D.) at the time of which the Chinese historian wrote. But it was preceded by other kingdoms in the same region and it may have inherited the reversion of some older Indo-Chinese claims of supremacy over the Malay Peninsula, which it attempted with more or less sucess to vindicate. It is needless to say that Malacca is by the Siamese themselves numbered as one of their tributaries in those days. But then so is Java where there would seem to be no foundation for the claim, but the vainglorious ambition of the Siamese.

The main purpose, however, of this paper is not to deal with the foreign relations or internal history of Malacca and the Malay Peninsula, but to point out to what extent the Chinese records can be used to check and correct the traditional Malay chronology, and by necessary inference to indicate the estimate which should be formed as to the trustworthiness of the latter.

Each of the three authorities already referred to gives us a list of kings and the comparative table below will show how far they differ from one another. The *Commentaries of Alboquerque* give no dates but indicate that a period of about a century covers the reigns that they enumerate. Both the *Sejarah Malayu* and the *Commentaries* give an account of the foundation of Malacca, but the two accounts differ (as has been already stated) in several material particulars. The Chinese historian of the Ming dynasty does not tell us how or when Malacca was founded. That its foundation took place in pre-Muhammadan days there seems no reason to doubt, though, as Crawfurd points out, Iskandar Shah, the founder according to the *Sejarah Malayu*, bears a Muhammadan name and title. That however is not decisive, as the legend of its foundation has all the appearance of being mythical. The *Commentaries* make the founder one Parimiçura, late of Palembang and

Singapore, and represent Xaquendarsa his son as the second raja and the first convert to Islam. There is no reason to doubt that Xaquendarsa represents the same person as Iskandar Shah, though the two lines of tradition have diverged in their accounts of him.

The Chinese historian, however, finds Malacca Muhammadan in 1409, under the rule of a chief whom he styles *Pai-li-su-ra*, which title is probably the same as the *Parimiçura* of the *Commentaries*.

Here are debateable points enough and to spare, but to return to the safer ground of the period immediately preceding the Portuguese conquest, it is noticeable that there is hardly any discrepancy in the lists so far as the last few kings are concerned. The Sultan Mahmud Shah whom Alboquerque expelled is indeed represented by two names in the Chinese list : but the second may well be intended to represent his son (styled Sultan Ahmad by the *Sejarah Malayu* and Prince of Malacca by the *Commentaries*) to whom, according to the Malay authority, Sultan Mahmud had delegated the actual administration of the state. According to Valentijn, who follows Malay sources, Mahmud came to the throne in 1477, while it appears from the Chinese records that his accession should be put some years later. He was a young man when his father Alaeddin died, poisoned according to the *Commentaries* at the instigation of the kings of Pahang and Indragiri.

Alaeddin, of whom little is said in the *Sejarah Malayu*, appears to have had a short reign and it is not surprising therefore that he is not mentioned by the Chinese chronicler. No one can doubt that, so far as the names go, the *Wang-su-sha* and *Wu-ta-fu-na-sha* of the latter are to be identified with Mansur Shah and Mudhafar Shah, the Marsusa, and Modafaixa of the *Commentaries*, respectively. Up to this point therefore the agreement between the three lists may be said to be practically complete.

The Chinese authority does not state that *Wu-ta-fu-na-sha* had just succeeded to the throne at the time of sending his embassy in 1456 and as no king is mentioned as having died since 1424, it may well be that the two names preceding his on the list are merely alternative titles of his own. This view is to some extent supported by a passage in the *Commentaries* from which it may perhaps be inferred that the name Mudhafar Shah was assumed by him somewhat late in his reign.

His predecessor according to the *Sejarah Malayu* was his brother Abu Shahid, who was slain after a brief reign of seventeen months, which accounts for the absence of any reference to him in the other authorities.

So far everything seems plain enough, but as one goes further back the difficulties increase. Passing over the two names in the Chinese list which seem to be alternative titles of Mudhafar Shah, our sources then give us the following names as representing the next king, viz. *Mu-kan-sa-u-tir-sha* — Xaquendarsa — and Muhammad Shah, respectively. The last two, each by his own historian, are represented as being the first Muhammadan Raja of the state of Malacca. *Mu-kan-sa-u-tir-sha* on the other hand is represented as the son of Pai-li-su-ra, in whose time according to the Chinese historian Malacca was already Muhammadan.

There would seem to be here a discrepancy which we cannot get over. The difficulty about the introduction of Muhammadanism may, however, be due to some confusion between this Raja and a predecessor of his. As to the difference in names. I have only a conjecture to offer : by a very slight change in one of the characters, Mu-kan-sa-u-tir-sha could be read Mu-kan-sa-kan-tir-sha, and it is just conceivable that this may represent a corrupt form of Muhammad Iskandar Shah, a name for which it is true there is no other authority but which would reconcile the conflicting traditions represented respectively by the *Sejarah Malayu* and the *Commentaries*. It is worth mentioning, too, that Bastian in his *Geschichte der Indo-Chinesen*, p. 365, writing presumably from Siamese sources, though he does not give his authority, states that one Sakanadhara, who made himself obnoxious to the Siamese by interfering with their trading vessels, was Raja of Malacca about the year 1418, the very period covered by the reign of this mysterious Mu-kan-sa-u-tir-sha in the Chinese record. The comparison of the three lists cannot be carried any further and it is noticeable that instead of names the *Sejarah Malayu* from this point onwards gives us nothing but titles without personal names or facts connected with them till we get to the legendary founder of the state, the Hindu Raja with the Muhammadan name [1]. But it is clear from the comparison, where comparison is possible, that the definite chronological data of the Chinese historian make short work of the long reigns of the received chronology.

A priori of course such long reigns are most suspicious, especially in an Asiatic country : as Yule [2] in his *Marco Polo* (2nd ed., p. 263) pointed out, the average of 33 years ascribed to the reigns of the kings of Malacca indicates that the period covered by them according to the received chronology requires considerable curtailment. His conclusion is «that Malacca was «founded by a prince whose son was reigning and visited China

---

[1] In one place the *Sejarah Malayu* styles a son of his Raja Ahmad. These Muhammadan names occurring in professedly pre-Muhammadan days exemplify the legendary character of these early Rajas.

[2] Crawfurd, *l. c.*, also notices this point but, in the absence of data, draws no very definite conclusion from it.

in 1411 ». That is, he accepts the view supported by the *Commentaries*, and to some extent also by the Chinese historian, if we identify the *Pai-li-su-ra* of the latter with the *Parimiçura* of the former, that Malacca was founded about the end of the 14th century.

It is fair to point out that there is one possibility of error in the Chinese records worth mentioning. The name of the father may in some cases have been wrongly put for that of the son.

Thus *Wu-ta-fu-na-sha* may possibly represent Sultan Mansur ibn al-marhum Mudhafar Shah and so on. But this would not help the Malay historian materially : it would only reduce the discrepancy, which amounts to a century or more, by the length of a single reign.

The received chronology, however, taken together with the traditions recorded in the *Sejarah Malayu*, and quite apart from comparison with extraneous sources, is intrinsically so extremely improbable that a simple inspection is almost enough to destroy all belief in its correctness. That the reigns of four generations of Rajas, from Sultan Muhammad Shah to Sultan Alaeddin Shah inclusive, could cover a space of 201 years is utterly incredible, and it seems to me extraordinary that such a palpably impossible chronology should ever have been taken seriously. The *Sejarah Malayu* itself, if its evidence be worth anything, contains sufficient data to upset it. To take only one case, the story of the life of the great Bandahara Paduka Raja begins in the reign of Mudhafar Shah, when under the name of Tan Perak he helped to repel the attacks of the Siamese and became successively a Mantri and eventually Bandahara (the highest office in an ancient Malayan state, next to that of the Sultan) which office he retained throughout the reigns of Mansur Shah and Alaeddin Shah. And finally he was visited on his death bed by Sultan Mahmud, the last of the Malacca Rajas. Now according to the received chronology the life of this great officer of state would cover something like 130 years and his tenure of the office of Bandahara would exceed 100, which is manifestly absurd.

But the *Sejarah Malayu*, as its introduction proclaims, owes its inspiration to the national sentiments of the descendants of some of the leading chiefs who took a principal part in the affairs of Malacca during the period immediately preceding the Portuguese conquest. Besides being in great part what it professes to be, a history of the principal Malay states of those times, it is full of matter of a genealogical and personal interest and is far more likely to be correct in its accounts of the leading men of Malacca in the xvth century (for whose descendants in the xviith it was composed) than in matters of chronology. Malays are very fond of recalling the stories of their ancestors and many a village headman even can recount his pedigree for five or six generations back, though he could not tell his own age, to say nothing of the date of his father's or grand-father's birth. There is therefore considerable probability in the view that the *Sejarah Malayu* contains, together with much mythical matter and many irrelevant details and episodes, a substantially true account of the principal Malacca chiefs of the period comprised between the establishment of Islam and the arrival of the Portuguese, or at any rate from about the beginning of the xvth century. Of course if it is to be considered untrustworthy even in this respect, then *a fortiori* the chronology clumsily deduced from it and from similar native chronicles, also falls to the ground : but I prefer to believe that facts of such great personal and family interest would be remembered fairly correctly, while the dates connected with them would very probably be left unrecorded and would be forgotten.

The probability that the foundation of Malacca, which is

usually laid in the middle of the xiii[th] century, must be put nearly a century and a half later, is supported by a certain amount of negative evidence.

Not one of the travellers, whose accounts have come down to our day and who visited these regions during the period in question, that is to say the xiii[th] and xiv[th] centuries, mentions Malacca at all.

Marco Polo, Odoric, Ibn Batuta are all alike silent on the subject. The case of the last named is no doubt the strongest argument, as his visit was the latest in point of time. Like the other travellers he spent some time in Sumatra, and if Malacca had been in the middle of the xiv[th] century anything like the great emporium of trade which it certainly was in the xv[th], Ibn Batuta would scarcely have failed to speak of it.

From the fact of his visit, moreover, an additional argument can be adduced in favour of the view that Malacca did not exist in his time. The state he visited was Samudra, otherwise Pasei [1], and the *Chronicles of Pasei*, which are extant in Malay, relate at somewhat greater length the same events as chapters vii to ix of the *Sejarah Malayu*. Now according to both these histories the founder and first Muhammadan Raja of that state was one Marah Silu, who on his conversion adopted the style of Malik-al-Salih. His son, according to the *Pasei Chronicle*, his eldest son according to the *Sejarah Malayu*, and his immediate successor according to both authorities was Malik-al-Dhahir.

It was this Malik-al-Dhahir, king of Pasei and Sumadra, who was Ibn Batuta's host in or about the year 1346; and a year or two later, on returning from China, Ibn Batuta visited him again and was present at the wedding of his son.

[1] The two places were distinct but not far apart and they were sometimes united in one state, sometimes governed by separate princes of one dynasty.

It seems probable therefore that Muhammadanism can hardly have been established in Pasei much earlier than the last quarter of the xiii[th] century and there is every reason to believe that it was established there before it took root in Malacca. The *Commentaries of Alboquerque* for instance represent the Malacca Raja Xaquendarsa as a Hindu who became Muhammadan on marrying a daughter of the King of Pasei, and indicate that Malacca was regarded in Alboquerque's time as a younger state than Pasei.

The conversion of Pasei is moreover related in the *Sejarah Malayu* before that of Malacca and in fact the whole of the chapters of the Pasei story in that work give one the impression that the events they relate preceded the foundation of Malacca for they are inserted as an episode after the mention of the birth of the last Singapore Raja and before the account of the fall of that town, an event which tradition connects closely with the subsequent foundation of Malacca.

The successor of Ibn Batuta's friend Malik-al-Dhahir was according to the *Sejarah Malayu* his son Ahmad. The *Pasei Chronicle* makes Ahmad a grandson, inserting a generation between him and Malik-al-Dhahir. But the matter is of no importance beside the fact that according to the *Pasei Chronicle* Ahmad was the Raja in whose time Pasei, Jambi and Palembang were taken by the Javanese of Mojopahit. The Chinese account of Palembang, as translated by Groeneveldt, fixes the conquest of that state at about the year 1377, and the *Pasei Chronicle* goes on to relate that about the same time Mojopahit [1] took Bangka, Lingga, Riau and *Ujong Tanah* (the well-known xvi[th] century name of Johor) as well as a number of other places,

---

[1] In 1252 Mojopahit was probably, not yet founded, a point which also tells against the ordinary chronology, though as Crawfurd says it is not decisive, as the name may be loosely used for Eastern Java generally.

and made an attempt on Menang kabau by way of the Jambi River.

This then, we may with some probability conclude, was the course of events, which, involving, as it did, the breaking up of the old island state or empire of Singapore by a real, historical expansion of the Javanese power, actually led to the foundation and subsequent development of the new commercial emporium, Malacca. But if so, we must revise our received chronology. The foundation of Malacca instead of being laid in 1252 must be put at least 125 years later, and the establishment of the Muhammadan religion there would then precede by only a few years the end of the xivth century[1], instead of taking place about the end of the xiiith as is generally supposed.

To this conclusion all the facts here adduced would seem to point, and considering that the opposite view rests only on untrustworthy figures deduced from native chronicles and inconsistent with the main facts contained in those same chronicles, probably it will be generally admitted that the weight of evidence is very strongly in its favour.

To sum up, from the considerations here brought together it seems to follow :

1st That during the xvth century and up to the Portuguese conquest five or six Rajas reigned in Malacca;

2nd That the last four Rajas mentioned in the *Sejarah Malayu* are undoubtedly historical but that their reigns fall well within this period and cannot be extended to the lengths which the Malay author would give them;

3rd That the next two or three Rajas are more or less doubt-

---

[1] De Couto, I know not on what authority, gives the date as 1388 and agrees with the Sejarah Malayu in styling the first converted Raja *Muhammad*. Including him, he speaks of five Rajas down to the Portuguese conquest. (Crawfurd, *Dict.*, l. c.)

ful and all the earlier ones merely legendary and that the Malay chronology is unworthy of credit ;

4th That the foundation of Malacca probably and its importance as an emporium of trade in these seas certainly cannot be put back earlier than the beginning of the last quarter of the xivth century, and that the establishment of Muhammadanism as a State religion on the western coast of the Peninsula must be referred to the same period.

COMPARATIVE LIST OF THE KINGS OF MALACCA

ACCORDING TO DIFFERENT AUTHORITIES.

HISTORY OF THE MING DYNASTY.	COMMENTARIES OF ALBOQUERQUE.	SEJARAH MALAYU.
Pai-li-su-ra, 1403 chief, 1405 invested as king by the Emperor of China, 1411 comes to Court.	Parimiçura, founder of Malacca.	Sri Iskandar Shah, founder of Malacca [1252] [1]. Raja Besar Muda [2]. Raja Tengah.
Niu-kan-sa-a-ti-sha, 1414 succeeds his father and comes to Court, 1419 again comes to Court.	Xaquendarsa, goes to China and is invested with regalia; dies soon after his return.	Raja Kechil Besar, afterwards styled Sultan Muhammad Shah [1276-1333].
Sri Ma-ha-la, 1424 succeeds his father and comes to Court, 1433 again comes to Court.	Modafaiza, confirms the treaties made by his predecessor with China, Siam and Java; conquers and converts to Islam Kampar, Pahang and Indragiri; assumes the name of Madofaixa [sic] and soon afterwards dies.	Abu Shahid, son of the preceding [1333-1334]. Mudhafar Shah, brother of the preceding [1334-1374].
Sri Pa-mi-si-wa-r-tiu-pa-sha, 1445 sends envoys.		
Sulthan Wu-ta-fu-na-sha, 1456 sends envoys and is invested as king.		
Su-tan Wang-su-sha, 1459 sends tribute and is invested as king.	Marsusa, overcomes rebellions in Pahang and Indragiri and compels these states to pay double tribute.	Mansur Shah, son of the preceding [1374-1447].
	Alaodin, poisoned at the instigation of the rajas of Pahang and Indragiri.	Alaeddin Ra'ayat Shah, son of the preceding [1447-1477].
Ma-la-ma-sa (after 1481).	Mahamet, and his son the	Mahmud Shah, son of the preceding [1477-1511], and his son
Sultan Mamet, «who fled from the Franks».	Prince of Malacca, conquered and expelled by Alboquerque.	Raja Ahmad, conquered and expelled by Alboquerque.

[1] The dates in square brackets are those of the ordinary received chronology, deduced from the Sejarah Malayu and other native works.

[2] According to the account followed by Marsden, Sri Iskandar Shah reigns till 1274 when he is succeeded by Sultan Magat who reigns two years only and is succeeded by Sultan Muhammad. According to the Sejarah Malayu, Iskandar only reigns three years in Malacca.

NOTES

SUR

LES ORDRES ET DÉCORATIONS AU SIAM.

ÉTUDE DE L'ORDRE ROYAL «NOPARATANA»,

PAR

M. RAPHAËL RÉAU.

D'après les anciennes chroniques siamoises, les rois héréditaires et les conquérants usurpateurs sont, au moment de leur avènement, soumis à une consécration religieuse; dans une cérémonie solennelle, le nouveau souverain reçoit successivement de la main des brahmanes les divers attributs symboliques du pouvoir royal : le premier de ces attributs est une chaîne garnie de neuf pierres, appelée *Nopha kao* (*nopha*, en bali, veut dire «neuf», et le mot *kao*, en thaï, exprime le même sens).

Cette chaîne a une grande vertu religieuse qui provient de ce qu'elle est regardée comme un ornement propre à Siva. Ce dieu porte en effet un collier fait de la peau du serpent Nasuki, diversement colorée (*naga-kundala*, c'est-à-dire «collier du serpent»). Le serpent a souvent été considéré comme portant des gemmes sur sa tête, notamment dans la littérature hindoue (Vishnou Purana[1]). En imitation du collier de Siva, fait du corps d'un serpent, le *Nopha kao* était donc orné de pierres ou d'émaux différents. De la vertu considérable attribuée au *Nopha kao* on comprend qu'il soit devenu l'insigne de la puissance au Siam : les rois, depuis les premiers jours d'Ayuthia, portèrent à

[1] M. Gerini, *The Tonsure Ceremony as performed in Siam.*

la fois un anneau orné de neuf pierres et un collier appelé le *Sangwǎn Nopha rat* (สงวานย์ นพรัตน์), orné de la même façon.

Le peuple et les nobles pouvaient, à l'occasion de certaines cérémonies (tonte du toupet, onction), porter l'anneau *Nopha kao;* suspendu à la ceinture, le *Nopha kao*, croyait-on, rendait les guerriers invulnérables.

Le Nopharat fut restauré comme ornement royal par l'usage qu'en fit le premier souverain de la dynastie actuelle, *Phra Phutt'a Yot Fa*. Il était alors formé de neuf médaillons ornés chacun de neuf pierres différentes et reliés par des chaînons agrémentés aussi de pierres variées. A la cérémonie de son couronnement, le roi reçoit d'abord la plaque d'or sur laquelle il inscrit son nom et ses titres; puis le chef *Purohita* lui remet le collier du Nopharat qu'il passe autour du cou : en ceci consiste l'investiture royale.

Les neuf pierres du Nopharat sont les suivantes :

1° เพชรดิ (*phet*) en sanscrit *vajra* «diamant».

2° มณิ แดง ou ทับทิม แดง (s. *thap thim*) «rubis».

3° มรกต (s. *morakot*), sanscrit *marakata* «émeraude».

4° บุษผราค่ำ *butrákham* (*phushyarayá*) «topaze».

5° โกเมน *kômen* (*gomeda*).

6° นิล *nin* (*nilaratua*) «saphir».

7° มุรดาการ *mukdâ* (*mukta*) «pierre de lune».

8° เพทาย *phetdi* «hyacinthe».

9° ไพฑูรย์ *phaitun* (*vaiduryâ*) «œil de chat».

Cette liste se trouve dans les ouvrages sanscrits sous le nom de *navaratna* «les neuf pierres».

D'après M. Gerini (érudit italien au service du Siam), ces neuf pierres représenteraient les neuf planètes; et comme les jours de la semaine sont, ainsi que leurs noms l'indiquent (dans le calendrier sanscrit ainsi que dans le calendrier européen), sous l'influence de ces planètes, il lui a été possible de déterminer les relations de ces pierres avec tel jour de la semaine et telle planète :

1° Le lundi (*luna dies*), en siamois, *van chan*, jour de la Lune; il était propice de porter la pierre de lune;

2° Le mardi (*Martis dies*) *van angkan*, jour de Mars, est représenté par l'hyacinthe;

3° Le mercredi (*van phut*), jour de Mercure, représenté par l'émeraude;

4° Le jeudi, jour de Jupiter (*van prahat*), représenté par l'œil de chat, symbole de Jupiter aux couleurs variées;

5° Le vendredi (*van suk*), jour de Vénus, a le diamant pour emblème;

6° Le samedi (*van sao*), jour de Saturne, avec le saphir pour emblème;

7° Enfin le dimanche (*van alhit*), jour du Soleil, avec le rubis.

Le roi Mongkut, père du roi actuel, crée la première décoration siamoise en accordant à son frère, le second roi Phra Pin ke-lao, le droit de porter la *chaîne royale aux neuf pierres*, puis en créant en 1851, sous le même nom de *Noparatana*, une décoration en forme d'étoile à huit pointes garnies de pierres au nombre consacré de neuf, destinée à être conférée à quatre autres membres de la famille royale.

Enfin, en 1235 de l'ère siamoise, ou 1869 de notre ère,

le roi actuel, Phra Maha Chulalongkorn, étend à huit le nombre des princes qui peuvent recevoir le *saint Ordre*, ce qui donne, en comprenant sa personne royale, un total de neuf membres; il stipule en outre que ce nombre sacré, qui rappelle celui des pierres de la chaîne, ne sera pas augmenté.

Le roi, comme chef de l'Ordre, porte seul la chaîne d'or, insigne primitif de sa souveraineté, ornée de neuf médaillons revêtus des neuf pierres décrites plus haut.

Les huit autres membres de l'Ordre reçoivent une décoration qui n'est composée que d'un médaillon en or orné des neuf pierres, suspendu par un anneau à la grande couronne siamoise ou *Mongkut* (มงกุฎ) surmontée du *ratsami* เรศมี ou «rayons de soleil», symbole de la splendeur royale, accotés par deux parasols royaux ou *nat* (ฉัตร).

Cet insigne se porte attaché à une écharpe en soie jaune bordée de vert avec lisérés bleus et rouges.

Parmi les articles du décret de 1231, nous remarquons celui qui stipule pour tout membre de l'Ordre l'obligation de professer le bouddhisme; le Noparatana apparaît donc encore ici avec un caractère religieux : c'est le *saint Ordre*.

Les autres ordres sont tous, à ce qu'il semble, créés à l'imitation des ordres européens; ils sont du reste de création récente, et n'ont pas, comme le Noparat, de caractère religieux ou royal; nous allons rapidement les énumérer.

C'est en 1861, dans la dix-septième année de son règne, que le roi Mongkut, père du roi actuel, pensa à doter le Siam d'un ordre national; il institua l'ordre de l'Éléphant Blanc que les princes, les grands fonctionnaires, les grands personnages étrangers même peuvent recevoir. Napoléon III, à la suite de négociations avec le Siam en 1867, reçut du souverain siamois une magnifique décoration de l'Éléphant Blanc enrichie de brillants.

Mongkut meurt l'année suivante 1868. Son fils Chulalongkorn lui succède, mais comme il est trop jeune pour régner, on le place d'abord sous la tutelle de Phya Suriawongse, proclamé régent du royaume.

S'inspirant d'idées européennes, le régent fait paraître un décret par lequel :

1° L'ordre de l'Éléphant Blanc, reconnu comme étant une excellente institution, est divisé en cinq classes ayant des noms spéciaux;

2° Une nouvelle décoration est créée en l'honneur du jeune roi, sous le nom de *Mongkut Siam* (มโกุฎ สยาม), et divisée aussi en cinq classes «afin de récompenser ceux qui ont bien mérité de l'État et de les exciter à se dévouer de plus en plus au nouveau souverain et à l'État». Ce décret applique aux deux ordres les mêmes dispositions qui sont, en France par exemple, relatives aux classes de la Légion d'honneur, distinguant les formes des décorations et des rubans et conférant des droits et des devoirs aux membres de ces ordres.

En 1235 de l'ère siamoise (1873), le roi Chulalongkorn devenu majeur reçoit le pouvoir des mains du régent. A l'occasion de son couronnement et en reconnaissance des services rendus à la monarchie siamoise par ses sujets, le roi institue un nouvel ordre destiné à être conféré aux *nobles* familles : c'est le *Chula Chom Klao*, ordre aristocratique.

Cette même année 1873, le 19 septembre, un nouveau décret institue trois nouveaux petits ordres, destinés à être conférés :

1° Aux soldats (*Chakramalah*);

2° Aux artistes (*Busapamalah*);

3° Aux hommes de lettres (*Ratanahpaun*);
et qui offrent quelque analogie avec la Médaille militaire et les décorations dites académiques de chez nous.

Enfin, en 1881, le roi a institué un dernier ordre, le *Maha Chakkri*, conféré aux princes et princesses que sa faveur distingue. Par exception, le chef du petit royaume de *Xieng-Mai* a été fait membre de cet ordre, bien que n'étant pas de sang royal.

Nous devons aussi signaler, pour mémoire, les nombreuses médailles commémoratives que le roi a fait frapper à certaines dates de son règne. Il en est une, le *Ratsada Pisek*, frappée à la vingt-cinquième année du règne de Chulalongkorn, qui a été distribuée aux fonctionnaires siamois et que ceux-ci sont autorisés à porter comme décoration.

PAPER

BY

GENERAL J.-G.-R. FORLONG,
H. B. MAJESTY'S ARMY.

To many of us who are interested in the histories ancient and modern of Eastern Trans-India, from the extensive possessions of France, stretching from the China seas to the upper and lower Mekong and Kambodia; the kingdoms of Siam and Malayana (including all the Indian archipelago, Java, Sumatra and Burma), the researches which are embraced in the first 150 pages of a volume just published by M. Quaritch, of London, must be of extreme interest and importance.

Here, and apparently for the first time is published a synchronous and consecutive history of the precise rise and growth of these nations and states, collected after long and patient labor from all known sources, Asiatic and European; and by one who has resided for over thirty years in the East in various administrative capacities, and has matured his studies in the libraries of Europe.

The subjects treated of are to all of great and enduring interest, historically, academically and religiously, indeed even to the mythologist and folk-lorist. It ought to prove a classic and *sine qua non* to the peoples and governing classes of French-Indo-China, Siam, Java and other Dutch possessions, for in addition to a minute treatise extending over some 120 pages, showing the rise and amalgamation of the races as they grouped themselves into states and nations with intricate and ever changing political entanglements, due to their varied social and religious biases, the author adds three sets of chronological tables, giving all that his own and past research has elicited of facts, as well as the probable and doubtful, and with a full, free runing commentary.

On this important part of his work, the author writes : «We have here with the view of keeping close to generally acknowledge facts, embodied the result of much laborious study of a considerable and often rare literature which cannot fail to be of great use to students. The prehistoric dates are of course subject to constant revision, being more or less *constructive* chronology, which though necessary to keep before us, is liable to be upset by fresh discoveries alike in the laboratory of archæologists and scientists, and by the explorer's spade..... The Tables notice in due sequence, all important monumental records, sacred stones or stelæ, shrines, inscriptions, early and popular names of deities, their habitats, rise and fall, rites, fetes and customs, and much like matter which though often perhaps material to the conclusions given in the text, are two numerous to be there mentioned... There is thus placed methodically before the world, so far as we know for the first time, a regular and synchronous history of the quasi aboriginal and leading races of Eastern Trans-India, — a history of which the present rulers and ruled may be said to know little and Europe still less, and certainly not in regard to the past or even present cults. » These matters are however of supreme importance to statesmen and administrators.

Strong reasons appear in this work against the popular belief that Aryans were even in India, and *a fortiori* in Eastern Trans-India, the first or chief civilizers; this being attributed to Turanians, conveniently designated «Dravidians», whether Mongolic from the East and North, or Sacæ, etc.; or colonizers from ancient Babylonia or intermediate lands West of the Indus. Stress is laid on the very early ingress, probably at long intervals, of a Mid Northern people by the sources of the Gogra, the Srāvastī and Māl-Inda or «river of Mālas». These spread themselves from here (*Uttar* or «Northern» Kosāla or Oudh), over all northern «Hindustan», being known as Mālas, Māghs, Mugs, Māns, Môns, Mūnds, etc., and established the empire of Māghada. Their race and languages are still recognizable throughout Gangetic India, the Nāga tribes of Āssām, the Mugs of Arakan and Burma, and all the dwellers in islands of the Mālay archipelago.

Part of the Panjab was called after them *Mala-désa*, and they established kingdoms ruled from Māla-tāna, the present Multān, and Mālawa or Māla-land. It was Mālas who nearly seized Alexander the Great, and drove him from upper India; and it was their maritim tribes that aided his departure from the lower Indus. They founded states from Sindh to all over the *Māla-bār* coast of India, dominated the Māla-dives or «Māla islands» and Mālagasa or Madagascar, and passing easterly founded the Mālia or Bāli kingdom at *Mā-veliapur* or Māha-Bālipur on the Madrās coast and Ceylon. From this they passed into the Indian archipelago, Burma, Siam, etc., and established the *Indo Mal-a-ka* states, a long passage in the world's history which this volume goes far to establish. The author does so by the methods of history, the names of leaders, dynasties, towns and capitals, gods and rites, religious symbols, architecture, and that peculiar and exquisite handicraft seen first in high Western India as in the elaborate monolithic and cave temples of the Narbada, their «Nar-Munda» or «river of Muns, Munds or Mughs».

Other subjects of the highest importance form the themes of the remaining «Studies» of this volume, but the above seem of more special interest to this Oriental Congress.

NOTICE SUR LE CHOLÉRA,

D'APRÈS LA LÉGENDE ANNAMITE,

PAR

M. MASSE.

Lorsque l'épidémie du choléra fait son apparition, les Annamites disent que c'est l'Armée des esprits *Âm binh* qui se met en mouvement. Cette armée, comme celles des hommes, a des chefs peu scrupuleux et très avides qui, préférant s'enrichir plutôt que d'avoir leurs soldats en nombre suffisant, se voient souvent forcés de chercher de nouvelles recrues parmi les vivants.

D'autres, comme les Chinois, pensent que les âmes des gens morts accidentellement, c'est-à-dire avant l'époque fixée par le destin, errent dans le monde, n'ayant de demeure ni dans le paradis, ni dans l'enfer. Elles sont donc, jusqu'au jour de leur jugement, obligées de se nourrir comme les humains. Ne trouvant aucune compassion, aucun secours chez les vivants, elles se vengent en leur infligeant toutes sortes de maux.

Les visions et les oracles confirment la légende. Bien des gens, quand on parle du choléra, vous disent qu'ils ont vu en songe un bateau chargé de soldats, et que le mandarin qui le commandait, personnage très richement vêtu, était descendu, et s'était rendu chez le chef du village lui demander dix recrues pour son armée. Après bien des supplications, ce chiffre avait été réduit à trois.

Les soldats montés sur le navire sont les esprits; le personnage qui en est descendu est leur commandant. Le chef du village représente le *Ông thánh* génie de la pagode, les dix hommes réquisitionnés pour le service du chef des esprits sont dix habitants du village qui devaient mourir. Grâce à l'intervention du génie tutélaire, le nombre des victimes est réduit à trois.

Quelquefois les divinités révèlent aux hommes par la bouche des illuminés la cause et le but du *ôn dich* (choléra).

Un homme du peuple est pris subitement d'un accès de folie; les yeux hagards, il parcourt les rues en se meurtrissant le corps à coups de couteau; il se perce les joues avec un poinçon et marche sur un brasier ardent que l'on a préparé pour voir si réellement cet homme est inspiré par quelque divinité; d'une voix surnaturelle, il crie :

« Mortels, vos péchés sont si grands et si nombreux, que le roi céleste (*ngọc hoàng*) a décidé d'envoyer une armée d'esprits pour vous châtier; moi qui suis telle divinité, j'ai compassion pour votre malheur, et je viens vous révéler l'arrêt suprême en vous donnant le moyen de ne pas en être victime. Mortifiez-vous, faites pénitence, priez, abandonnez le vice pour entrer dans la voie de la vertu, sans cela vous périrez. »

L'homme tombe alors sans connaissance; on s'empresse de lui donner des soins, et il revient à lui comme d'un lourd sommeil, sans se souvenir de ce qu'il vient de dire ou de faire.

Les bonzes chinois font imprimer sur du papier jaune des sentences qu'ils prétendent avoir trouvées sur des pierres tombées du ciel. Ces sentences renferment les mêmes exhortations, et sont écrites en caractères hiéroglyphiques (*chữ bùa*) ou caractères des talismans qui ont la vertu de faire fuir les démons, les esprits malfaisants, etc. Est-on malade, vite avec du réalgar on trace ces caractères sur du papier jaune que l'on brûle, et dont la cendre doit être avalée avec de l'eau.

Le récit suivant tiré des *Truyền kỳ mang lục* prouve encore que le choléra est considéré par les Annamites comme suscité par l'armée des esprits :

Vers la fin du règne de Trùng-quang, de la dynastie des Trân (Annam), vivait un lettré nommé Van Dì Thanh; c'était un homme d'une haute vertu et d'une grande bravoure, qui n'avait pas peur des démons.

Dans ce temps-là, les esprits malfaisants se réunissaient en bandes, hantaient les cabarets et les mauvais lieux pour s'enivrer et satisfaire leurs mauvaises passions. Si on avait le malheur de les rencontrer, on tombait malade; enfin ils faisaient beaucoup de mal, et on était impuissant contre eux.

Dì Thanh ayant appris tout cela, se rendit à cheval à l'endroit où se trouvaient ces esprits, qui s'enfuirent à son approche; il les rappela et leur dit : «Ô vous qui êtes des braves gens tombés malheureusement dans l'état où je vous trouve, ne craignez rien de moi, je veux vous donner de bons conseils.» Les esprits firent asseoir le lettré sur une élévation et se prosternèrent à ses pieds. Il continua : «Quel est votre but en faisant tant de mal aux vivants? Vous voulez augmenter votre nombre; vous êtes dans l'erreur; plus vous serez nombreux, moins vous trouverez de vivres; plus il y aura de morts, moins il y aura de gens pour vous offrir des sacrifices. Votre calcul est faux, et le ciel ne tardera pas à vous punir.» — «Nous sommes forcés, malgré nous, de faire le mal, répondirent les esprits; nous avons vécu dans un temps peu favorable, nous sommes morts avant l'époque fixée par le destin. Si nous avons faim, personne ne nous donne à manger. Nous n'avons d'autre gîte que les hautes herbes, et nous souffrons du froid.»

A peine les esprits eurent-ils cessé de parler que le repas fut servi. Dì Thanh mangea avec tant d'appétit que tout le monde en fut émerveillé. Les esprits se dirent : «Voilà un homme digne d'être à notre tête. Notre armée n'a pas de discipline, nous voulons tous commander et nous finirons par ne plus nous entendre. C'est le Ciel qui nous envoie ce seigneur, il fera un bon chef.»

Dì Thanh leur dit : «Je connais aussi bien la littérature que l'art de la guerre; je me crois capable de vous diriger, mais que deviendra ma vieille mère si je me joins à vous?» Les esprits répondirent qu'il n'était pas nécessaire de quitter le monde des vivants, qu'il devait tout simplement devenir leur chef. Dì Thanh accepta leur proposition et leur donna rendez-vous à la troisième nuit, pendant laquelle il affermit encore son autorité en faisant couper la tête à un vieux diable arrivé en retard, ce qui remplit les autres de terreur. Le lettré profita de l'impression causée par cette exécution pour faire des recommandations.

« Vous ne mépriserez pas mes ordres, déclara-t-il, vous ne commettrez pas la fornication, vous ne prendrez les biens de personne; je serai votre chef, et je saurai punir sévèrement toute infraction à la discipline. »

Dî Thanh divisa ensuite les esprits en régiments et en bataillons, leur recommandant de lui rapporter fidèlement ce qu'ils feraient. Un mois après, Dî Thanh vit arriver chez lui un homme se disant envoyé des enfers, qui le pria de se rendre à l'appel du roi, qui connaissait sa vertu et sa bravoure, et voulait le récompenser.

Dî Thanh demanda un délai à l'envoyé et assembla ses légions d'esprits pour leur communiquer ce qui était arrivé.

Les démons lui dirent qu'étant donné le bouleversement qui régnait dans le monde des vivants, le roi des Enfers voulait lever quatre armées et mettre à la tête de chacune un chef muni de pleins pouvoirs sur le sort des humains.

« Votre réputation est grande, dirent les esprits, ne refusez pas d'accepter les hautes fonctions de chef d'une de nos armées. » — « Certes, répondit Dî Thanh, il m'est pénible de quitter cette terre, mais j'accepte cependant votre offre. »

Ayant mis ordre à ses affaires, Dî Thanh mourut quelques jours après.

Un de ses amis, qui habitait un pays lointain, reçut un jour sa visite; il lui fit connaître qu'il avait pris le commandement d'une armée de démons qui, sous le nom de choléra, allait dévaster le monde et faire périr la moitié de ses habitants; il lui conseilla de retourner dans son pays natal, pour que, s'il venait à mourir, son corps pût reposer à côté de ses ancêtres. L'ami demanda à Dî Thanh s'il pouvait, grâce à sa position, le sauver du choléra. Dî Thanh lui répondit que ce n'était pas possible, mais il voulut bien indiquer à son ami un moyen, grâce auquel celui-ci pourrait peut-être se soustraire au fléau.

C'était de placer dans la cour de sa maison une énorme quantité de vin et d'aliments sur lesquels les démons se précipiteraient; il n'aurait ensuite qu'à se prosterner devant eux.

L'ami suivit le conseil de Dî Thanh et fut sauvé ainsi que toute sa famille.

Les Annamites ont foi dans cette légende; pour conjurer le mal qui les frappe, ils ne prennent aucune précaution, se bornant par leurs offrandes à gagner les bonnes grâces des démons affamés, ou à les chasser après les avoir comblés de présents.

Pendant l'épidémie, on construit devant les portes des maisons de petites huttes en bois sur lesquelles on met une affiche rouge portant les caractères 天神 *Thiên thanh* (anges du ciel) qui ont la vertu de chasser les démons. Ces huttes restent quelquefois à demeure, mais souvent on les enlève aussitôt que le choléra a disparu.

La plus grande mesure de préservation contre le choléra consiste à chasser les esprits tous à la fois, après les avoir appelés et réunis.

Pour arriver à ce but, on fait une procession dans le village.

Elle est précédée de trois jours d'abstinence et de trois nuits de veille, auxquelles sont strictement astreints tous les notables.

Le cortège, précédé de drapeaux de diverses couleurs, s'avance dans les rues aux sons de la musique du tam-tam, et au bruit des pétards. Viennent ensuite les porteurs d'armes du culte avec leurs lances, leurs épées, et des tables chargées de fruits sur lesquelles on brûle de l'encens et des cierges, puis une jonque portée par les habitants. Cette jonque, construite avec des roseaux et du papier de couleur, a quelquefois trois à quatre mètres de longueur; elle représente celle qui sert à transporter l'armée du choléra. On la remplit de provisions, du riz, du sel, de la viande, du vin, des poulets, du tabac et de l'opium, le tout en grande quantité.

Pendant la procession, les habitants placent devant leurs portes des tables chargées d'offrandes, et brûlent des bâtonnets d'encens et des cierges. Pendant le passage du cortège, on tire des pétards et on jette du sel sur le feu.

Les cymbales et les tambours qui accompagnent la danse de l'animal fabuleux *Con làn*, font un bruit étourdissant pour chasser les mauvais génies.

Ce cortège ayant parcouru tout le village, on lance la jonque à l'eau et on la laisse emporter par le courant au son de la musique et au bruit des pétards.

Souvent un sorcier accompagne la procession; il a pour mission d'appeler les démons et de les chasser ensuite.

Sur une table portée par quatre hommes, on a placé des sabres la pointe en haut; le sorcier qui y est monté a deux pointes sous les fesses, deux sous les genoux et deux sous les pieds; il a également deux pointes sous les aisselles; avec d'autres couteaux il se frappe pour montrer son courage et faire peur aux esprits.

Ce tour de force se nomme *Ngồi gươm tréo* «s'asseoir sur des épées croisées».

Terminons en donnant la liste des différents noms que l'on donne au choléra :

Ôn dịch «peste, choléra» ou simplement *Dịch*.
Ôn hoàng «roi de la peste».
Dịch lệ «satellites de la peste».
Dịch đầu «chef de la peste».
Ôn binh «soldats de la peste».
Thiên thời «temps du ciel», c'est-à-dire l'époque à laquelle l'épidémie sévit.
Thời chứng «maladie du temps».
Thời khi «air malsain qui cause la peste».
Dịch khí «air de la peste».

Comme imprécation on dit :

Dịch bắt mầy
Ôn dịch bắt mầy
Ôn hoàng dịch bắt mầy
Ôn binh bắt mầy
} «Que la peste te prenne!»

ou bien encore:

五 道 行 兵 *Ngũ đạo hành binh.*
五 瘟 行 遣 *Ngũ ôn hành khiển bắt mầy.*

cela veut dire que: «Cinq corps d'armées en marche, cinq corps de peste te fassent mourir».

LA PRÉSERVATION

DES MONUMENTS HISTORIQUES ANCIENS

EN INDO-CHINE,

PAR

MM. LEFÈVRE-PONTALIS ET LEMIRE.

L'une des préoccupations les plus vives de la Commission d'exploration du Mékong en 1868 fut de préserver d'une ruine totale les importants monuments du Cambodge. Elle adressa, à cet effet, des vœux pressants aux pouvoirs compétents.

Plus tard, en 1886, ce fut aussi l'une des premières préoccupations du résident général Paul Bert. Il institua à cet effet un comité d'études non seulement agricoles, commerciales et industrielles, mais archéologiques.

C'était l'époque où M. Aymonier interrompait ses explorations chez les Tjams (Kiams) dont il avait décrit les monuments.

J'en signalai d'autres après lui et je les décrivis. Puis le Ministère de l'instruction publique et des beaux-arts confia une mission à M. C. Paris. Elle eut pour résultat la découverte d'importants monuments et de nombreuses stèles couvertes d'inscriptions.

Ces recherches démontrèrent que l'on pouvait relever et conserver les traces d'un passé qui n'avait pas été sans mérite artistique. Les religions, les civilisations diverses, l'histoire, l'archéologie se reconstituaient par les vestiges des monuments, «ces pierres qui parlent».

Le comité fondé par Paul Bert avait disparu avec lui. Nous en avons, en vain, demandé plusieurs fois la reconstitution. Il est pourtant dans les traditions de la France, dans ses sentiments artistiques, de s'attacher aux souvenirs historiques laissés par les peuples qu'elle domine ou qu'elle protège. Sa protection ne s'applique pas seulement aux personnes, mais s'étend aussi au génie des races disparues ou déchues.

Nous prions en conséquence les membres de la deuxième Section d'émettre un vœu qui serait appuyé par tout le Congrès et qui aurait le but suivant :

1° Qu'une étude comparée soit faite des monuments brahmaniques et bouddhiques de l'Indo-Chine française, du Siam, de Birmanie, de Java, avec le concours des gouvernements intéressés;

2° Qu'un comité composé de spécialistes soit reconstitué en Indo-Chine, en vue de rechercher les emplacements des anciennes capitales et villes, les monuments civils ou religieux, palais, temples, tours, forteresses, nécropoles, ayant existé ou existant encore dans toute l'étendue de notre domaine, et que des gardiens de ces monuments soient établis;

3° Que ce comité soit chargé de proposer les mesures de préservation, de conservation, de protection de ces monuments et de ces ruines.

Enfin que les mesures proposées soient mises à exécution avec le concours des administrations locales le plus tôt possible, afin que les intempéries et les ravages des habitants ne fassent pas disparaître à jamais ces précieux vestiges de peuples et de civilisations qui présentent encore un intérêt considérable.

ÉTUDES

D'ETHNOGRAPHIE RELIGIEUSE ANNAMITE,

PAR

M. G. DUMOUTIER.

SORCELLERIE ET DIVINATION.

Le culte du Génie au Pied unique. — Envoûtement. — Les diverses sortes de sorciers. — L'hypnotisme. — Le culte du Tigre. — Le culte des Trois Mères. — Les âmes errantes. — Les diseurs de bonne aventure. — Les baguettes et les blocs divinatoires. — Le livre des sorts et les dés de l'empereur Minh-Mang. — Le Chiromancien de la patte de poule. — Le Chiromancien de la main humaine. — Chiromancie. — Phrénologie. — Physiognomonie. — Incantations et exorcisme. — Prophéties. — Sacrifices aux *quan-ôn*. — Fétiches contre les maladies. — Totémisme. — Thériomorphose. — Le cochon porte-bonheur. — Zoolâtrie. — La sorcellerie dans l'histoire annamite. — Les mythes. — Sacrifices humains. — Souvenirs de cannibalisme. — La sorcellerie dans les contes populaires. — Le Rat et la Tortue. — Le Renard et le Corbeau. — Le soleil, la lune et les étoiles dans la sorcellerie. — Version annamite de Cendrillon. — L'âme du lettré dans le corps du charcutier. — Le roi Lê-Loi et le Serpent du lac Tong-Tinh. — Législation concernant la sorcellerie.

LE GÉNIE AU PIED UNIQUE.
Độc-Cước.

Ce qui nous reste à examiner des manifestations religieuses des Annamites appartient au domaine de la jonglerie pure et du fétichisme, et cependant il y a lieu de distinguer encore, dans ce fatras d'exorcismes, d'incantations, de pratiques démonolâtriques, des cultes distincts parmi lesquels celui de Doc-Cươc est le plus remarquable.

Độc-Cước, le génie au Pied unique, est un génie guerrier

qui n'a qu'un profil; son corps est coupé en deux par sa partie médiane et en longueur; il repose par conséquent son profil sur un *pied unique*, d'où son nom, et brandit une hache de son unique main. Ce culte est, disent les Annamites, originaire du pays de Nam-quan, en Chine, d'où il fut apporté au Tonkin par un religieux taoïste, nommé Đỗ-Lê, qui venait de Tày-Vưc; il s'est propagé dans tout le pays, ici se greffant sur les autres croyances, là s'exerçant à part, avec ses prêtres, ses livres de formules et ses temples. C'est au Nghê-An qu'il paraît avoir le plus prospéré, mais il possède au Tonkin un grand nombre d'adeptes; le temple du village de Đông-Ngac, près de Hanoï, a pour patron le Génie au Pied unique. Voici comment l'on raconte, dans la contrée, l'érection de ce temple.

« Le docteur Phan-phu-Tiên, gouverneur du Hoan-Châu, se trouvant un jour dans son pays natal qui est le village de Đông-Ngac, près de Hanoï, pénétra dans le temple du village et se mit, machinalement et sans y attacher d'importance, à songer en souriant à des vers quelque peu satiriques qu'un lettré avait composés sur les pratiques des dévots du Đoc-Cưóc. La nuit suivante, le Génie se présenta à lui pendant son sommeil, et, d'un air irrité, il lui dit : « Vous m'avez insulté en vous complaisant à réciter des vers désobligeants pour moi, ignorez-vous donc ma puissance ? Je viens d'exterminer le renard du Cư'ong-Nam, qui prenait toutes les formes imaginables pour faire du tort aux hommes, et les trompait en se faisant passer pour moi. L'Empereur du Ciel m'a confié la mission de protéger le royaume d'Annam et d'en chasser les diables; je viens ici avec la puissance suprême, et je briserai tous ceux qui s'opposeront à mes desseins. Allez, dites cela autour de vous, et repentez-vous. »

Le fonctionnaire s'éveilla tout effaré, et, craignant la colère du génie, il s'empressa de lui offrir un sacrifice d'encens, puis

獨腳大將

Le Génie au Pied unique.

il fit construire sur le bord du fleuve Rouge un temple à son culte, et le village accepta le Đoc-Cưởc pour patron. C'est, nous l'avons dit, le village de Đồng-Ngac.

Plus tard, le temple fut transféré à quelque distance, au hameau de Ngo-Rươu; voici la traduction de la stèle qui fut gravée et érigée alors en commémoration de cet événement :

STÈLE GLORIFICATOIRE DU GÉNIE ĐOC-CƯỞC ET COMMÉMORATIVE DU TRANSFÈREMENT DE SON CULTE DANS LE TEMPLE DE NGO-RƯƠU.

L'être qui manifeste une puissance surnaturelle est un génie. Le génie, c'est celui qui secourt les hommes dans le malheur, qui donne la pluie dans le temps de sécheresse, qui exauce les vœux légitimes des hommes et des nations. Le Đoc-Cưởc est un génie. Son temple, qui est aujourd'hui au village de Đồng-Ngac, était d'abord situé au hameau Ngac; mais on a décidé par la suite qu'il valait mieux le reconstruire au hameau Rươu, du même village, et les travaux ont été terminés le 24e jour du 12e mois de l'année Đinh-Ti, de la dynastie de Lê. Ce temple est vaste et superbe, borné à l'est par le domaine Cân-Xa, à l'ouest par la bonzerie, au sud par les rizières du village, au nord par la route. Deux fois par jour, matin et soir, les marchands se réunissent autour des murs et y traitent d'importantes affaires.

La construction des murs, l'érection des colonnes, le pavage des cours ont eu lieu aux jours propices; les travaux ont été exécutés rapidement par des ouvriers habiles. Le temple est splendide à voir, il est grandiose. Auprès des autres édifices, il paraît fait d'or et de perles. La statue du Đoc-Cưởc y fut placé le 8e jour du 11e mois; elle est majestueuse et somptueuse; le bois dont elle est faite est odorant; sa vue apaise l'âme et rafraîchit l'esprit.

Le génie est puissant, il protège le pays, tout le monde le craint, l'aime, le respecte et l'adore. Armé d'une hache d'or, il plane sur les nuages et parcourt la contrée, invisible mais permanent. Par sa grâce, le lettré est reçu aux examens, le cultivateur est assuré de la récolte, les buffles sont forts et agiles, la basse-cour est prospère, l'or et l'argent s'amassent dans les coffres, il n'y a plus de pauvres dans le village; tout ceci est dû à l'influence du génie, parce qu'il est heureux de nos hommages et de voir son temple érigé dans le lieu propice.

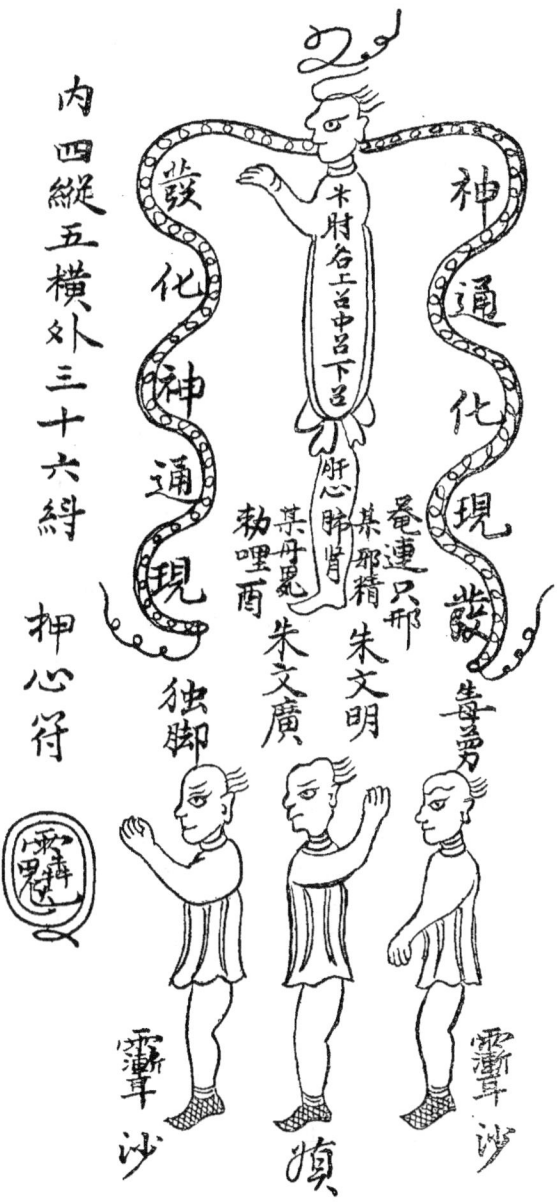

Amulette pour l'obtention d'une faveur.
(Culte du Pied unique.)

C'est pourquoi, reconnaissants de ses grâces, nous avons rédigé cette inscription et l'avons fait graver sur la pierre, afin de dire notre piété aux générations futures.

Le 3ᵉ jour du 3ᵉ mois de l'année Tân-Hoi qui était le 3ᵉ du règne de Dương-Hoà, de la dynastie Lê, le docteur Hà-Hoang-Bót a composé cette inscription [1].

On appelle encore le Génie au Pied unique *Lao-Tô*, ou le vieil ancêtre, ou bien encore *Chu-vãn-Minh, Chu-vãn-Quang, Độc-Tôn, Chế-ky-Lôi*. Son pouvoir s'exerce au moyen d'amulettes et de formules d'une nature particulière, dans le grimoire desquelles on retrouve presque toujours une jambe humaine ou la silhouette de profil de Đọc-Cước. Son rituel et son formulaire comprennent deux livres manuscrits, qui sont entre les mains des prêtres de son culte, et dont il est extrêmement difficile de se procurer des copies. Ce n'est qu'après cinq années de demandes réitérées qu'un prêtre du Đọc-Cước consentit, moyennant une certaine somme d'argent, à me remettre les copies des grimoires sur lesquels j'ai pu établir cette étude.

Pour obtenir une faveur du Génie au Pied unique, il faut, dit le rituel, tracer sur un papier blanc une formule spéciale, la placer sur l'autel avec une somme d'argent représentant une ligature et deux tiềns, et l'y laisser pendant cent jours (fig. n° 1).

Avant de rédiger les formules, le servant prépare un autel surmonté de deux petites tables sur lesquelles il dépose deux coqs vivants, toutes sortes de fleurs et de fruits, cent sapèques de zinc, cent feuilles de papier doré et cent sapèques en papier.

Quand l'officiant veut invoquer le génie, il prend une feuille de papier blanc sur laquelle il trace une formule magique au

---

[1] Lê-duy-ky, ou Thân-Tôn, prit le chiffre de règne Dương-Hoà l'an 1636; l'inscription de la stèle date donc de 1639.

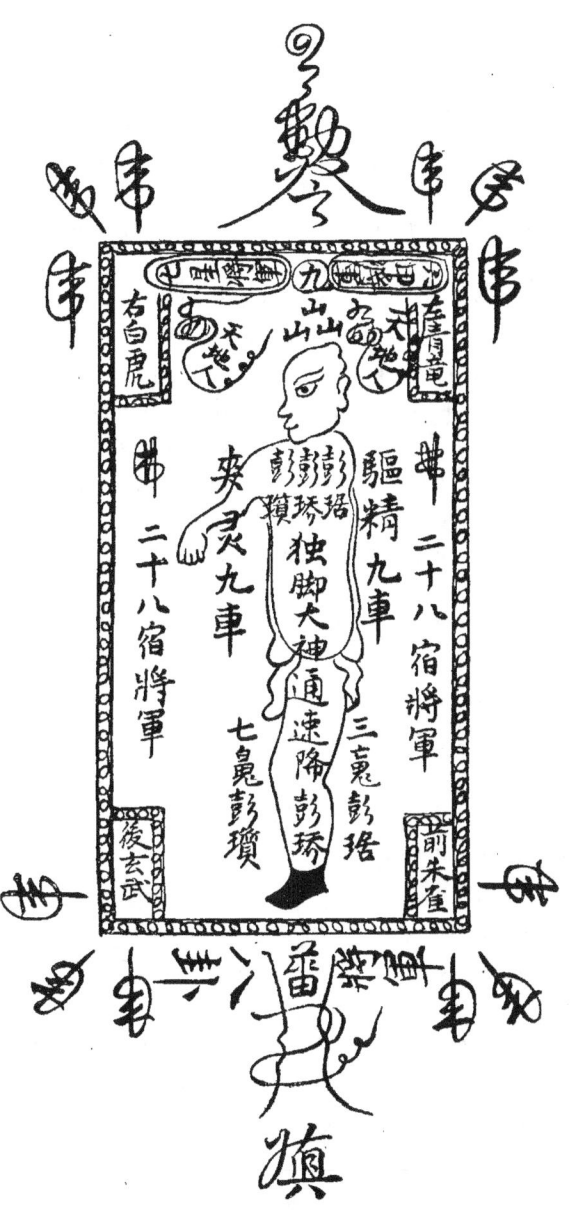

Amulette pour les femmes stériles.
(Culte du Pied unique.)

moyen d'une baguette d'encens fumante; il donne à ce papier la vague figure d'un homme, il le place dans un bol de riz avec douze chiques de bétel, et il plante dans le bol de riz une baguette d'encens qu'il allume. A ce moment, l'officiant doit ressentir une secousse dans les épaules; c'est l'esprit du Génie au Pied unique qui prend possession de sa personne; il est alors *médium*, ou *Đồng*; il doit couvrir les yeux de sa main pour rendre les oracles et se tenir accroupi.

S'il est sollicité de ramener la concorde entre deux époux, il trace la formule et la remet à celui des conjoints qui réclame son assistance. La formule doit être enterrée sur le tombeau des parents de l'époux contre lequel on réclame l'intervention du génie, et recouverte d'un bol renversé.

Le formulaire contient des modèles d'amulettes pour les cas ci-après :

Pour se rendre invisible : on écrit la formule avec de l'encre noire sur du papier noir;

Contre le mal de dents : on écrit la formule avec la chaux, à l'extérieur du pot à chaux dont se sert le patient pour ses chiques;

Contre les maladies infantiles : on brûle la formule et on en fait avaler la cendre au malade;

Pour les femmes enceintes : même procédé;

Pour chasser les diables qui font fumer la lampe : on place la formule sous la lampe;

Contre les maladies d'entrailles : on peint la formule en rouge sur du papier blanc, et on la place sous la natte du patient;

Pour éloigner les diables d'une maison : on enterre la formule dans le sol;

Pour faciliter les couches des femmes : on place des formules

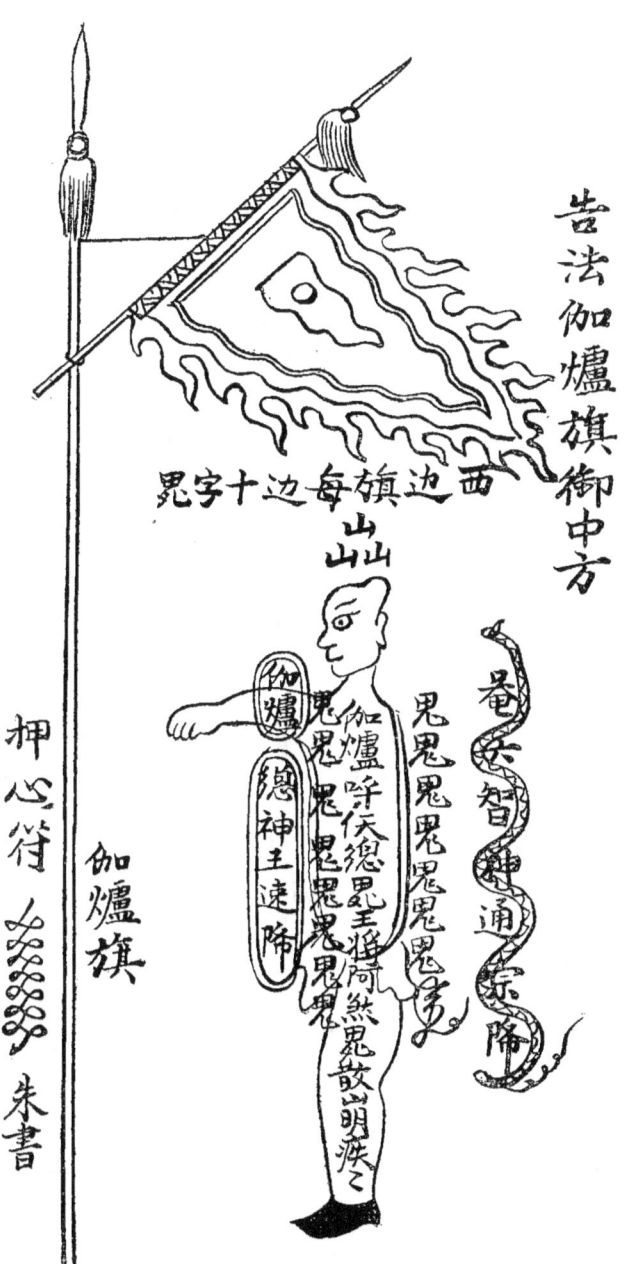

Amulette pour éloigner les diables d'une maison.
(Culte du Pied unique.)

différentes sur les pieds, sous les mains, dans les oreilles de la patiente; on en suspend au-dessus du lit, devant la porte de la maison et dans la cuisine; cette dernière formule doit être peinte sur un coquillage;

Pour éloigner les diables d'un cadavre (le rituel donne la formule sans explication);

Pour les femmes stériles qui désirent avoir des enfants: elles doivent mâcher le papier de la formule et l'avaler;

Pour les cas de présentation contre nature du fœtus (le rituel donne la formule sans explications);

Pour assurer la procréation d'un enfant mâle (sans explication);

Pour faire taire les enfants qui pleurent la nuit: on trace l'amulette avec une plume de coq et on la met sous le lit de l'enfant;

Pour punir le client qui ne paye pas le sorcier: on trace la formule sur le seuil de sa porte, de manière à ce qu'il applique son pied dessus en sortant de chez lui;

Pour recouvrir la bouche de l'officiant afin d'éloigner les diables qui pourraient s'y introduire et prendre ainsi la parole à la place du génie;

Contre les cauchemars (aucune explication);

Contre les fantômes (aucune explication);

Pour purifier l'eau dont on se sert pour laver les enfants (aucune explication).

Nous bornons ici les citations, et nous donnons plus loin les fac-similés de ces formules.

La phraséologie hiératique de ce culte étrange n'a pas une valeur supérieure à celle du taoïsme; voici une oraison tirée du rituel du Đoc-Cu'ó'c:

Le Génie au Pied unique n'a qu'un œil et qu'un pied, mais il est rapide comme l'éclair et voit tout ce qui se passe dans le monde. Il aperçoit au loin les mauvais esprits qui apportant la peste, la ruine, le malheur. Il appelle à son aide les millions de soldats célestes, il protège et venge les hommes. Les tigres et les diables le redoutent. Il fait à son gré le beau et le mauvais temps, fait luire le soleil ou tomber la pluie et il guérit toute maladie.

Dans certains cas, le prêtre fabrique une figure humaine en paille ou en bois ou en papier; il l'anime d'un souffle emprunté au Đoc-Cước et lui enjoint de se transporter dans tel lieu, de pénétrer dans telle maison et de s'y livrer à tel acte. Ou bien encore, dans les cérémonies d'exorcisme, il contraint le démon possesseur d'abandonner la personne possédée et de se réfugier dans une figure de bois ou de papier que l'on brûle ensuite.

Je possède un grimoire qui fut trouvé, attaché au moyen de fils de cinq couleurs, à une petite statuette en bois couverte de caractères, dans la ceinture d'un pirate décapité; il plaçait le porteur sous la protection de l'Empereur de Jade et du Génie du sol, le rendait invulnérable, et devait lui attirer tous les bonheurs. J'ai fait déposer la petite statuette au Musée national des Religions.

Les sorciers délivrent généralement de semblables statuettes à ceux qui ont à poursuivre quelqu'un de leur vengeance. Ce sont de petits morceaux de bois grossièrement façonnés au couteau, sur lesquels on figure au moyen d'un pinceau le nez, les yeux, la bouche, et qu'on recouvre de formules embrouillées.

Ce fétiche a la propriété de s'animer, de pénétrer dans les maisons, de faire mourir les gens, les bestiaux, de lancer de grosses pierres pour briser les meubles, d'incendier les cases, etc. C'est l'agent le plus puissant des sorciers, tous les diables doivent lui obéir.

Les prêtres du Génie au Pied unique pratiquent l'envoûtement au moyen de ces statuettes, qu'ils transforment en doubles des personnes auxquelles ils veulent nuire. Ils les mutilent, les décapitent, leur enfoncent des clous au travers du corps, persuadés que les êtres que représentent ces doubles souffriront des mêmes coups et mourront.

Thày-Phù-Thúy 茱符水.

Les *Tháy-phù-thúy* sont des sorciers d'un ordre inférieur, et leur nombre est très considérable.

Thày-phù signifie « le maître des amulettes », et *Thúy* « eau »; on les appelle ainsi parce que, dans leurs exorcismes, ils se servent parfois d'eau bénite. Ce sont des magiciens; non seulement ils peuvent disposer des mauvais esprits et les employer à des besognes quelconques, mais encore ils ont le pouvoir d'influencer, dans la nature, la succession normale des choses.

Ils peuvent jeter des sorts, changer momentanément la nature des êtres et des substances, provoquer chez les hommes des passions, des vices, des maladies; ils suggèrent à distance des pensées à certains individus qu'ils veulent employer contre d'autres; ils peuvent de même faire le bien, guérir les maladies, appeler la pluie ou la faire cesser, faire réussir des entreprises.

Lorsqu'une personne se trouve sous l'empire d'un de ces sorciers, il ne lui reste, pour se soustraire à cette influence et reconquérir son libre arbitre, qu'à remettre son affaire entre les mains d'un autre sorcier plus savant que le premier; il y a alors lutte entre les deux puissances, et c'est naturellement la plus forte qui l'emporte.

On raconte qu'un sorcier de Hanoï, ayant demandé, sans pouvoir l'obtenir, la main de la fille d'un de ses collègues, s'avisa, pour se venger, de jouer cent tours pendables à toute la famille de la jeune fille. Chaque fois, par exemple, que l'on servait le repas, les mets se trouvaient tout à coup changés en ordures. Mais le sorcier avait affaire à forte partie, et, grâce à la puissance supérieure de l'autre, les choses étaient immédiatement rendues à leur état naturel.

Lorsque, pendant un exorcisme, le Phù-Thủy est tout à coup possédé par un mauvais esprit qui le pénètre par surprise, il a le pouvoir de s'en débarrasser en l'envoyant s'incorporer dans un arbre ou un objet quelconque, sur lequel il tombe alors à coups de bâton pour lui enlever l'idée de recommencer.

Le Phù-Thủy tient sa puissance de certains esprits supérieurs, génies ou diables, dont il s'est déclaré le disciple, et avec lesquels il se met en communication; à son appel, ils pénètrent en lui, le possèdent et parlent en empruntant sa voix. Le Phù-Thủy loue ses services; il se rend à domicile, dispose chez son client ou devant sa porte un autel avec des accessoires et officie. Ils sont les prêtres de certains temples ou autels votifs élevés par des particuliers et qui, par conséquent, n'ont pas de clergé spécial pour l'exercice du culte. Ils y officient à certains anniversaires ou lorsqu'un solliciteur veut obtenir quelque faveur du génie sous l'invocation duquel l'autel ou le temple sont placés.

Quand on veut avoir des nouvelles d'une personne morte dont l'âme est aux Enfers, le Phù-Thủy procède à la cérémonie dite du *Dông-Thiệp* : il s'étend sur le sol et, après avoir prié, tombe dans une immobilité absolue; son âme, pendant ce temps, descend aux Enfers et se met en communication avec les juges et avec les damnés.

C'est le Phù-Thủy qui délivre l'amulette *Thát-Hung* ou des *sept puissances*. Cette amulette se compose des sept? ingrédients suivants, réunis par un réseau de fils d'argent et enveloppés dans un petit sachet que l'on suspend à sa ceinture au moyen de deux cordons :

1° *Ngọc-Quế*. Besoar de cannelier (c'est un fragment de cristal de roche qui passe pour être produit par le cœur du cannelier);

2° *Kim-Mâũ*. Fragment de pyrite de fer;

3° *Ngọc-Xà*. Besoar de serpent, qui permet d'entendre tout ce qui se dit, quelle que soit la distance (c'est un second morceau de cristal de roche);

4° *Ngọc-Da*. Fragment de lazulite ou de saponite;

5° *Ngọc-qua*. Besoar de corbeau (fragment de serpentine). Cette amulette est un préservatif efficace contre les blessures de guerre, le choléra, et en général toutes les maladies et tous les accidents.

Le *Thày-Pháp*.

Le *Thày-Pháp* ou *Thày-Đông* est une autre variété de sorcier; il possède un temple à domicile; son grand-maître est Ngoc-Hoàng, l'*Empereur de Jade*, assisté de Nam-Tàc et Bàc-Dào, les génies stellaires; mais il les évoque rarement; il les place tellement haut, qu'il les redoute et se contente de mettre l'exercice de son culte sous leur patronage.

Comme le Phù-Thủy, il évoque les diables et les mauvais esprits, les adjure de guérir tel ou tel individu malade par leur faute, ou bien encore il fait entrer un esprit favorable dans le corps d'un client et le prie de procurer à ce client la faveur spéciale, objet de la consultation.

Le Thày-Đông ne se rend jamais à domicile, les solliciteurs doivent le consulter chez lui; les plus renommés d'entre eux gagnent beaucoup d'argent et font alors construire, pour y exercer leurs pratiques de sortilège, des temples en maçonnerie.

Ils adorent le tigre, qui est l'incarnation de la puissance

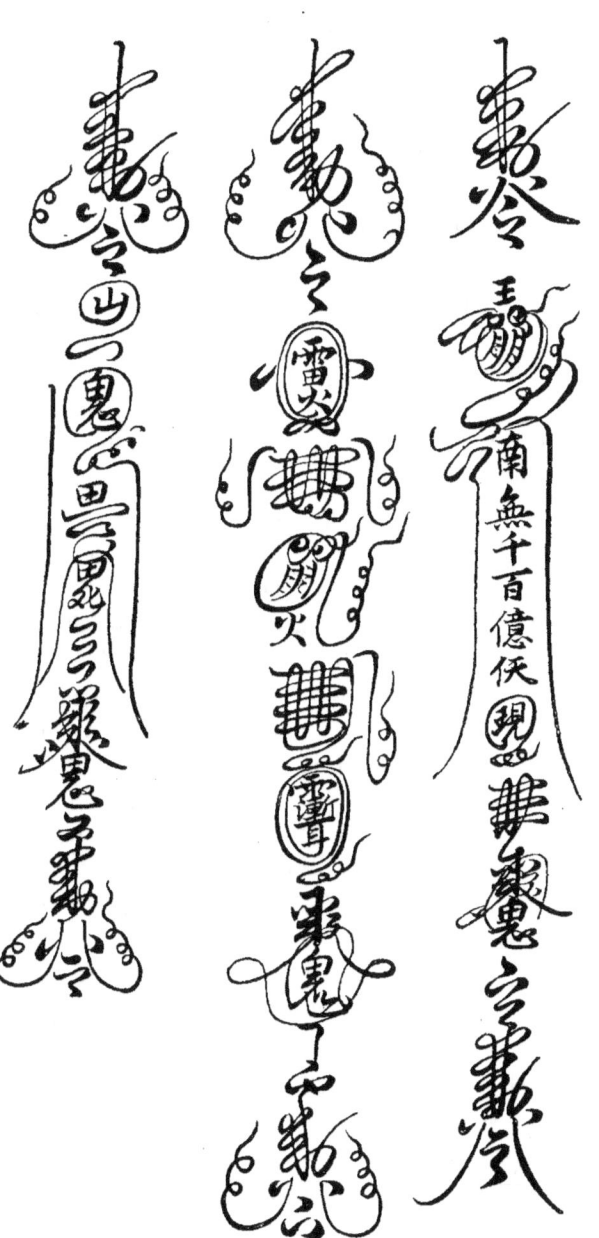

occulte; son image, peinte sur un écran, figure au pied de leurs autels; l'animal est représenté assis, les moustaches hérissées, et ses yeux sont taillés dans des plaques de mica.

Cette image figure également, en ronde bosse ou en bas-relief, sur les panneaux extérieurs des temples des Thày-Đồng. Les temples les mieux pourvus possèdent cinq tigres de couleur différente, qui personnifient les cinq éléments.

L'autel du Thày-Pháp est garni d'un ou de plusieurs vases à baguettes d'encens, de plateaux pour les offrandes, de lampes à huile et de vases pour les fleurs.

Tout au fond du temple, en arrière du premier autel, s'en trouve un autre surmonté d'un trône laqué et doré devant lequel brûle une lampe plus grosse que les autres. C'est sur ce trône que repose l'Esprit supérieur ou patron du temple, et au pied de cet autel que se trouve l'écran du tigre.

Les accessoires du Ông-Đồng se composent de cinq petits drapeaux de différentes couleurs; il y en a un vert, un jaune, un blanc, un rouge et un bleu. Ces drapeaux sont destinés à empêcher les mauvais esprits de pénétrer dans le corps des patients, à la place des bons esprits qui sont appelés de temps en temps; pendant l'invocation, le sorcier agite l'un ou l'autre de ces drapeaux au-dessus de la tête du patient. Il arrive parfois qu'en dépit de ces précautions, le mauvais esprit prend possession du sujet; l'officiant doit alors recourir aux voies de fait pour l'en faire sortir, et il administre à cet effet, au possédé, une volée de coups au moyen des trois sortes d'instruments laqués et dorés, qui sont généralement rangés en panoplie sur le côté de l'autel :

Le maillet de bois (*cái-mõ*);
Le bâton (*cái-trượng*);
Le rotin (*cái-roi*).

Quand le diable, malgré cela, ne veut pas sortir, le sorcier

壓空
鬼击神精神亡顏前刻乾柒童王瘟瘴母邪神

火

玉崩克馬

陰首亡

新亡

n'a d'autre ressource que de faire le simulacre d'égorger le patient ou de lui couper la tête avec une épée ou un sabre de bois, accessoires qui font également partie du mobilier de l'autel.

Quelquefois, au cours d'une évocation, le sorcier est tout à coup et par surprise possédé par un mauvais esprit : il doit alors s'administrer à lui-même les coups de maillet et les coups de bâton.

Le Thày-Đồng n'a qu'une seule formule d'amulettes : c'est un cachet carré, apposé en rouge sur du papier rouge ou blanc (fig. 309).

On appelle encore *Đồng* la tierce personne qui assiste l'officiant dans les cérémonies d'évocation ou d'exorcisme dans laquelle s'incarne l'esprit évoqué par le sorcier, et qui sert de médium entre cet esprit et le client intéressé.

Le Đồng doit s'être préparé à son rôle par la prière et le jeûne; il doit être pur de toute souillure depuis vingt-quatre heures. Dans certaines cérémonies très importantes où il s'agit d'évoquer plusieurs généraux de l'armée diabolique, on emploie quatre ou cinq Đồng, voire plus encore.

Certains sorciers provoquent à leur gré, chez des sujets névropathes, des phénomènes hypnotiques. Le procédé qu'ils emploient le plus généralement consiste à s'agiter avec frénésie devant le sujet, en chantant sans interruption une sorte de mélopée sur un rythme rapide, bruyamment scandé par des coups de tambour et de gong; deux baguettes d'encens, allumées et fixées horizontalement au-dessus de chacune de leurs oreilles, font tremblotter le scintillement de leur rouge étincelle aux yeux du patient. Celui-ci, agenouillé, le buste droit, tenant à deux mains l'extrémité d'un bâton dont l'autre bout s'appuie sur le sol, imprime à tout son corps et au bâton un mouvement de balancement giratoire qui va en s'accélérant avec le rythme de la chanson du sorcier.

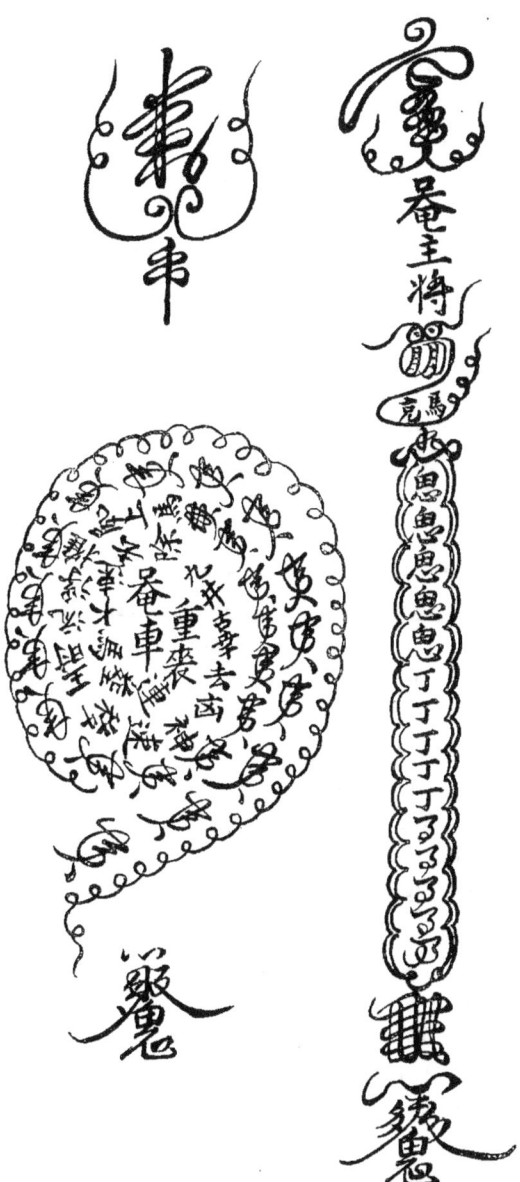

Amulettes des Phù-Thủy, affectant des formes d'animaux.
(L'escargot et le Scolopendre.)

J'ai vu en 1888, au camp des militiens de Hanoï, un de ces sorciers magnétiser de cette façon quatre sujets à la fois. Il se trémoussait avec frénésie, se multipliait pour aller de l'un à l'autre, en passant rapidement devant leurs yeux et au-dessus de leurs têtes un petit drapeau rouge. La scène dura dix minutes; après quoi, les quatre sujets, arrivés successivement au paroxysme de l'énervement, se levèrent d'un bond et, brandissant le bâton qu'ils tenaient à la main, se précipitèrent comme des forcenés au travers du camp et revinrent les uns après les autres tomber à la renverse aux pieds du magnétiseur.

Il me parut alors que les sujets étaient en état de léthargie; ils avaient les yeux demi-clos, sans expression, les muscles souples, les réflexes abolis, la peau et les muqueuses insensibles; leurs membres prenaient toutes les positions qu'on leur imprimait, sans raideur, sans résistance, mais ne les conservaient pas comme dans l'état cataleptique; ils retombaient inertes. Ce degré d'hypnose ne fut pas poussé plus loin : le sorcier réveilla les patients en leur soufflant sur le visage.

Les évocateurs du tigre ont, dans certains endroits, des temples spéciaux dans lesquels on ne voit d'autre emblème que la figure du tigre. Au village de Nghia-Đô, sur le bord du Sông-Tô-Lịch, non loin du pont du village des papetiers près de Hanoï, au milieu d'un petit bosquet très touffu, se dissimule un de ces temples. Le bosquet est entouré de murs; on pénètre dans l'enceinte par une porte basse au-dessus de laquelle on lit ces mots : *ân nhiên hữu thể* (隱然有㝵). Dans cet endroit solitaire est le tout-puissant.

Au milieu d'un taillis assez épais, une voie d'un mètre environ de largeur, pavée de briques, conduit au temple, lequel figure une grotte artificielle en rocaille de trois mètres de hauteur. Dans l'enfoncement de la grotte, on voit un tigre de pierre dont les yeux et les dents sont dorés; près de lui sont placés

SORCELLERIE.

Culte du Tigre.
(Un temple au village de Nghia-Do, près de Hanoï.)

deux morceaux de bois laqués, un bâton de commandement et un rotin (*roi*), instrument de punition. Un plateau laqué, pour les offrandes, repose sur un petit autel de pierre, et devant l'autel est un vase en terre cuite rempli de sable, dans lequel on pique des baguettes d'encens.

En avant de la grotte, sur la voie, pavée à cet endroit de larges dalles de céramique annamite, se dresse un bloc de maçonnerie dont la partie supérieure forme une table lisse, et dont le pied creusé tout autour sert de fourneau pour incinérer les offrandes en papier et les amulettes évocatrices ou votives.

Aux arbres du bosquet, autour de la grotte, sont suspendus des ex-voto en papier de couleur, représentant des souliers, des paquets de lingots d'or et d'argent, etc.; sur les pierres, et jusque sur le mur d'enceinte extérieure, sont entassés des pots à chaux hors d'usage, dans le goulot desquels sont fichées des baguettes d'encens.

Le *Thầy Cúng*.

C'est un particulier qui, sans avoir positivement embrassé la vie religieuse, a cependant suivi la plupart des études nécessaires aux bonzes pour exercer leur sacerdoce.

Il connaît toutes les divinités bouddhiques ou taoïques et, de plus, toutes les pratiques des sorciers. Il n'a pas de temple spécial, mais il exerce, selon le cas, dans un temple bouddhique ou dans un temple taoïque. Il se transporte à domicile pour les exorcismes et les consultations; c'est surtout un auxiliaire pour les Bà-Cô; il lit le *văn-thi*, ou composition religieuse, dans toutes les cérémonies taoïques. C'est en somme une sorte de sous-diacre ou de servant.

Le *Bà-Đồng*, ou *Bà Cốt*.

Dans certaines parties latérales ou dépendantes des pagodes bouddhiques ou taoïques, on trouve les autels d'un culte très spécial, celui des *Trois Mères* ou *Bà-Đức-Chúa*. Les Trois Mères sont représentées par trois petites statuettes de femmes, habillées d'étoffe rouge, rangées sur la même tablette. On les appelle :

1° *Mẹ-thượng-Ngàn*, le Génie des forêts;
2° *Mẹ-thủy-Phủ*, l'Esprit des eaux;
3° *Đức-mẹ-Cả*, l'Esprit de l'air et du ciel.

Souvent, de chaque côté de l'autel et tournés vers les Trois Mères, on voit deux statuettes féminines également recouvertes d'une petite draperie rouge; elles ont les mains jointes; ce sont les assistantes. On remarque également sur des gradins une grande quantité de vases de faïence à fleurs bleues, remplis de sable, dans lesquels sont fichées des baguettes d'encens. Ces vases appartiennent aux membres de la congrégation de ce culte particulier; chaque dévote en apporte trois, un pour chaque Mère.

Les prêtresses de ce culte se nomment *Bà-Đồng*; elles habitent le village; leurs cérémonies diffèrent peu de celles des sorciers; quand la Bà-Đồng reçoit une néophyte, elle lui fait déposer d'abord des offrandes en nature et en numéraire sur le grand plateau placé au pied de l'autel, puis elle pose les trois vases sur sa tête afin de les consacrer, et elle les place ensuite parmi les autres; la néophyte est alors admise.

Les génies féminins ou fées ont un nom générique : *Chư-vị*; ils habitent les forêts et les sources des fontaines; ce sont les nymphes et les naïades des Grecs; chaque bois, bosquet, arbre isolé, est la demeure d'une fée qu'on appelle *Bà-Chúa*.

Il y a cinq fées suprêmes; ce sont :

1° *Thủy-Tinh-công-Chúa* ou Étoile des Eaux;
2° *Quỳnh-Hoa-công-Chúa* ou Fleur d'Hortensia;
3° *Quế-Hoa* ou Fleur de Cannelier;
4° *Bạch-Hoa* ou Fleur Blanche;
5° *Hoàng-Hoa* ou Fleur Jaune.

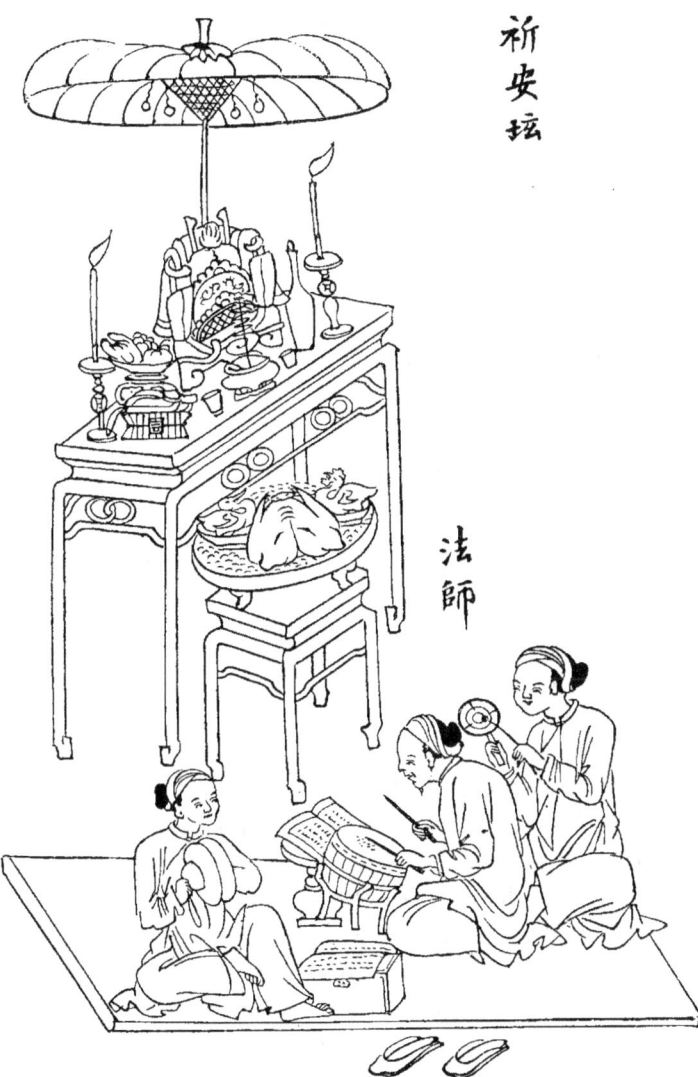

On les invoque et on les prie; on leur fait des offrandes pour l'obtention des mêmes grâces que l'on sollicite des génies et des diables.

Les Bà-Đồng sont encore les prêtresses de ce culte, mais elles doivent être assistées par un Thầy-Cung, lequel psalmodie les prières en s'accompagnant sur un tambour. Les Phù-Thủy ne participent jamais au culte des fées.

Les buissons, les bosquets, les arbres isolés, demeures des fées, sont aussi le refuge des âmes errantes des malheureux morts sans sépulture; elles s'y réfugient pour s'abriter ou se reposer. Ces âmes sont l'objet d'un culte qu'on appelle *Lé-am-Chúng-Sinh;* on leur élève de petits temples en bois, quelquefois un petit autel de maçonnerie, voire une simple pierre entre les racines ou dans les branches des arbres, au carrefour des chemins, sur la berge des fleuves.

Lorsqu'un particulier souffre d'un dommage quelconque dans sa personne ou dans ses biens, et veut se rendre favorables les millions de pauvres âmes errantes, il vient faire un sacrifice dans le temple et commence une véritable neuvaine, veillant soigneusement pendant ce temps à ce qu'aucun objet impur ou malpropre ne séjourne devant la porte de l'édifice.

Beaucoup d'entre ces temples sont de misérables huttes en bambous, couvertes de feuillages, du plus pauvre aspect. Les bonnes femmes des environs en sont à peu près la seule clientèle; quelquefois une vieille dévote vient s'installer près de la porte avec une table, sur laquelle fument, fichées dans un petit pot de sable, les baguettes d'encens; une corbeille de bambous tressés sert à recueillir les sapèques des passants.

On offre aux âmes errantes des souliers de papier, des paquets de barres d'or et d'argent en papier. On leur distribue du riz, et l'offrande se fait de la façon suivante : on prend une poignée de riz et on en projette quelques graines dans la direction des

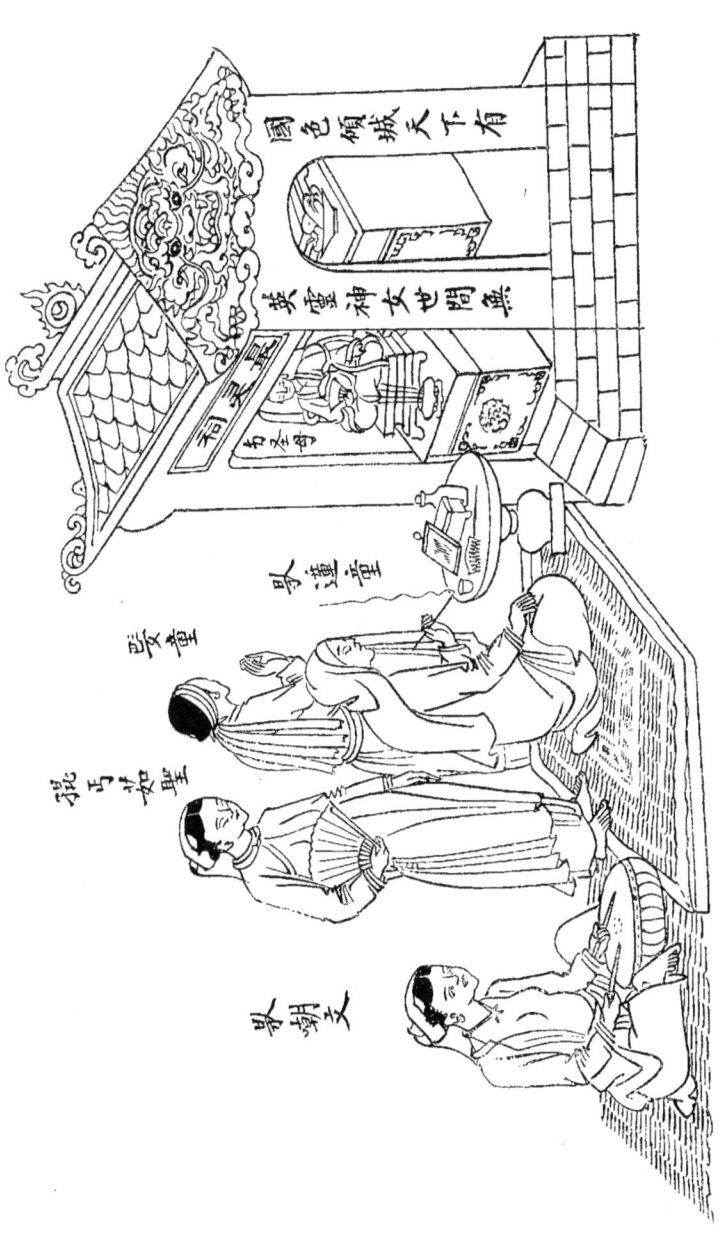

points cardinaux, en disant : « *Ceci est pour les âmes infortunées qui errent à la suite des nuages, au gré des vents, et dont les corps ont pourri sur le chemin ou sous les eaux. Qu'un seul grain de riz en produise cent, que cent grains en produisent cent mille, et que les âmes errantes soient rassasiées.* »

Quand ces offrandes ont lieu, deux génies se manifestent aux âmes errantes. Le premier, *Châu-Riêu,* est chargé de les avertir en agitant une sonnette; et le second, *La-Sát,* qu'on représente avec la figure noire ou brune, striée de bandes noires, grimaçante et rébarbative, surveille la répartition, la main appuyée sur une épée.

On rencontre très rarement les statues de ces derniers personnages; nous ne les avons trouvées que dans une seule pagode au Tonkin, c'est celle de *Thụy-Chương,* près du grand lac de Hanoï.

Suspendus aux racines adventives qui tombent en longs filaments, comme des chevelures, des banians des pagodes, amoncelés au pied de certains arbres alignés sur le mur de clôture des petits temples ou des autels en plein air, on remarque dans les campagnes tonkinoises des vases ventrus en terre blanche, le plus souvent vernissée, un peu plus gros que le poing, pourvus à la partie supérieure d'une anse plate et n'offrant qu'un orifice circulaire sur le côté de la panse. Cet orifice est barbouillé d'une épaisseur de chaux durcie qui forme parfois un véritable col allongé. C'est le pot à chaux dont le contenu constitue l'inéluctable assaisonnement de la chique de bétel.

La légende raconte qu'autrefois, en punition d'un méfait, un certain bonze fut changé en pot à chaux et, Prométhée d'un nouveau genre, condamné à avoir les entrailles constamment fouillées par la petite curette dont on se sert pour retirer la drogue.

Dans la famille annamite, on attache au pot à chaux des

Banian consacré aux âmes errantes, portant des pots à chaux suspendus en ex-voto.

vertus particulières; on laisse soigneusement s'accumuler et durcir autour de l'orifice l'excédent de la chaux que l'on puise. Plus ce monticule ou col de chaux s'allonge en goulot, plus la

famille a des chances d'être heureuse. Lorsqu'un accident survient au vase, ou lorsqu'un goulot artificiel vient à se décoller, on redoute les plus grands malheurs et on se hâte alors d'en faire offrande aux âmes errantes qui s'abritent dans les buissons et dans les arbres des pagodes.

LA BONNE AVENTURE.

Le diseur de bonne aventure s'appelle, au Tonkin, *Bóc-Phệ-óng* 卜筮翁, ou bien encore *Thày-bói*. C'est une profession en général peu lucrative et réservée aux aveugles. Quelques-uns cependant parviennent à acquérir une certaine renommée et ont un cabinet de consultation; une planchette pend devant leur porte, et sur cette planchette on lit le caractère suivant *Bóc*, qui signifie «sortilège, divination» et se prononce *Bóc*. Les autres sont ambulants et vont solliciter la clientèle sur les places publiques, dans les marchés et les carrefours. Le Thày-bói porte, pour tout bagage, une boîte contenant quelques effets et ses instruments de divination, qui consistent simplement en une cassolette de cuivre ou de porcelaine et en une poignée de sapèques de cuivre.

Celui qui vient consulter l'augure apporte une certaine quantité de chiques de bétel pour se rendre l'esprit favorable; le Thày-bói met les chiques dans la cassolette, y ajoute quelques sapèques de cuivre et une baguette d'encens allumée. Il élève le tout à la hauteur de sa tête, respire fortement, et prononce ensuite une courte formule d'évocation; après quoi il prend les sapèques de cuivre et les laisse une à une sur la table; leur position pile ou face (*âm* ou *dương*) détermine la prédiction. On paye selon l'importance de la consultation : une simple question contre trois *tiên* (cinq sous); mais les renseignements étendus et circonstanciés vont jusqu'à une ligature (environ 0 fr. 75).

On peut encore consulter l'avenir en interrogeant, dans les

聖

僊鄉社
聖母証
明靈祠

孔聖前照鑒　六三八八八　興祿

孔聖前照鑒　六三八八八　興祿

temples, les blocs et les baguettes divinatoires. Les blocs sont deux morceaux de bois laqué ressemblant aux deux cotylédons séparés d'un énorme haricot; on les jette ensemble sur le sol en formulant la question à laquelle on désire une réponse; s'ils tombent tous les deux du même côté, la réponse est négative; elle est affirmative si les deux morceaux de bois retombent sur une face différente.

Les baguettes (*Quẻ*) sont de minces lamelles de bois d'environ o m. 3o de longueur, sur lesquelles sont écrits des chiffres en caractères chinois; ces baguettes au nombre d'une trentaine sont placées dans un tube de bambou en forme de vase. La personne qui veut consulter l'oracle dépose d'abord une offrande, s'agenouille, se prosterne et récite une prière; elle prend ensuite le tube de bambou et le secoue d'avant en arrière jusqu'à ce qu'une des baguettes, se séparant progressivement du faisceau, soit projetée hors du tube et tombe par terre; le nombre inscrit sur cette baguette, reporté sur un répertoire, désigne alors la réponse de l'oracle.

L'empereur Minh-Manh, qui régna sur l'Annam de 1820 à 1840, et qui fut un des plus sages monarques de la dynastie actuelle, avait la plus grande confiance dans les oracles. Il composa lui-même un système d'horoscopes et écrivit un livre d'oracles intitulé *Thiên-cơ-du-triệu*, qui fut publié par ordre de son successeur Thiêu-Tri.

Voici quelles sont les instructions données par l'auteur dans la préface de son livre : «Pour consulter avec fruit le livre du destin, il faut prendre deux dés en bois, taillés en forme de décaèdre et portant sur chacune des faces un des dix signes du cycle; un de ces dés sera rouge et l'autre blanc. On placera ces dés dans les deux compartiments d'une petite boîte fermée d'un couvercle, et l'on portera cette boîte dans un temple; s'il n'y a aucun temple à proximité, on pourra se contenter de

placer la boîte sur la table de la maison, en ayant soin qu'il ne se trouve aucune poussière, aucune impureté sur cette table ou sur le sol environnant. On disposera, sur l'autel du temple ou sur la table, des offrandes de fruits, de vin, de thé, et on allumera l'encens. Tenant ensuite la boîte à deux mains, après avoir fait les prosternations d'usage, on l'élèvera à la hauteur de son front en priant le génie ou le Bouddha de lever pour un instant le voile impénétrable de l'avenir, puis, exposant la boîte au-dessus de la fumée de l'encens, on l'agitera trois fois, après quoi on la reposera sur la table ou sur l'autel et on lèvera le couvercle.

« Les deux caractères qui apparaîtront alors sur les dés seront associés dans cet ordre : rouge et blanc et reportés sur le tableau des deux cents signes, qui constitue le répertoire de notre livre; le tableau indiquera la page du livre où est inscrite la réponse de l'oracle [1]. »

Suit une énumération de circonstances dans lesquelles on devra consulter le livre; la première partie concerne les cas suivants : *Résultats d'un examen; chances d'un commerce; projets de mariage; risque de voyage; désir de progéniture; carrière administrative; santé; longévité; construction d'une maison; achat de propriétés; récoltes.*

La deuxième partie répond aux questions concernant : *les maladies; l'emplacement des tombeaux; l'issue des procès; la recherche des objets volés; la capture des voleurs; la destruction des rebelles; le succès de la chasse; la pluie; la sécheresse; le vent; la famine.*

Les réponses de l'oracle ne sont pas sans quelque finesse, ainsi qu'on pourra s'en convaincre par celles que nous citons au hasard :

---

[1] Les Grecs consultaient de même l'oracle au moyen de dés polyédriques sur chaque facette desquels était gravée une lettre de l'alphabet. On peut voir un de ces dés d'ivoire au Musée du Louvre.

N° 6 (signe *Giap-Ky*). Le commencement sera bon, la fin mauvaise; à la chaleur succède le froid; l'hiver vient après l'été. La fleur de l'arbre devient un fruit, puis le fruit tombe, pourrit et se dessèche ne laissant qu'une enveloppe; mais l'enveloppe contient la semence.

N° 12 (signes *ât ât*). Pertes; gardez la maison; défiez-vous des inconnus.

N° 18 (signes *ât-tân*). Il suffit, pour nourrir une famille, du labeur d'un seul buffle, mais il faut que ce buffle soit fort et sain. La santé et la force sont le résultat des bons soins et de la bonne nourriture.

N° 35 (signes *dinh-mâu*). Gardez-vous des désirs immodérés. Vous avez des légumes, pourquoi désirer de la viande?

LES BLOCS DIVINATOIRES.

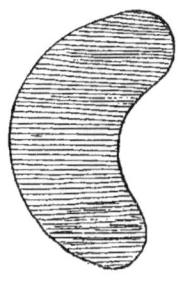 

Côté plat (âm).   Côté convexe (duo'ng).

Dé divinatoire de l'empereur Minh-Manh.

Vous avez la tranquillité de l'esprit, qu'avez-vous à faire des honneurs?

N° 40 (signes *dinh-Qúi*). Si le faible rotin s'appuie sur le robuste pin, il peut atteindre la cime la plus haute. Il peut aussi étreindre et étouffer son soutien.

N° 80 (signe *Nhâm-Giap*). Ta femme est morte, marie-toi de nouveau. Tu viens d'échouer aux examens, entreprends le commerce.

N° 82 (signe *Nhâm-ât*). Si tu obtiens la richesse et la longévité, si tu réussis dans toutes tes entreprises, ta femme en revanche sera stupide et stérile.

N° 99 (*Qúi-Nhâm*). Il ne suffit pas d'être apte pour réussir, il faut encore rencontrer l'occasion. Deux époux peuvent être remplis d'affection l'un pour l'autre; s'ils vivent séparés et s'ils ne se rencontrent jamais, comment leur naîtra-t-il une postérité?

CHIROMANCIE, PHYSIOGNOMONIE, PHRÉNOLOGIE.

Thày-Giò et le *Thày-Twong*.

Le premier est un chiromancien d'une espèce particulière; il tire ses augures de l'inspection de la patte d'un coq ou d'une

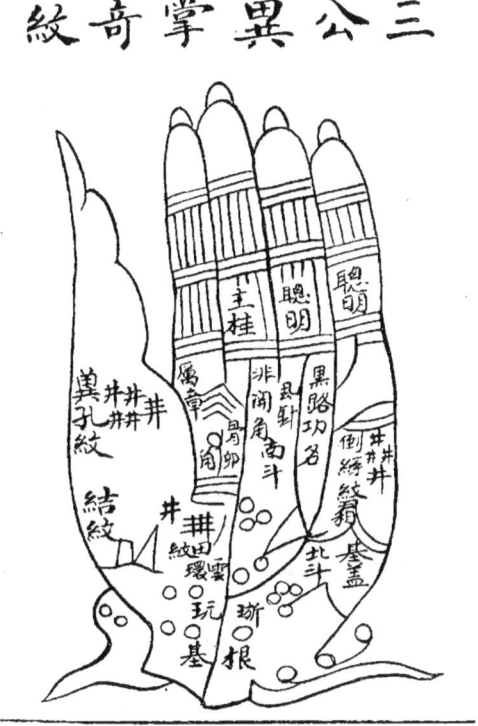

Tableau divinatoire de *Sam Công*.

poule; on peut l'appeler zoochiromancien; celui qui veut connaître le résultat d'une opération engagée, d'un procès, d'une maladie, d'un concours ou d'un examen, tue une volaille et porte les deux pattes chez le *Thày-Giở* qui les examine et prononce la prédiction. Les pattes de poule restent la propriété du devin qui les suspend à sa boutique; plus ces pattes sont nombreuses, plus la renommée du praticien est grande. Il n'existe aucune rédaction, manuscrite ou imprimée, concernant les principes de l'art divinatoire basé sur l'examen de la patte de poule; le zoochiromancien obéit simplement à son inspiration et prophétise arbitrairement. Il tire les tendons du poignet sectionné et observe de quelle façon les doigts se replient et se crispent. Il examine l'intérieur de la patte et paraît parfois déterminer son oracle par le rapprochement des rides et des protubérances de celle-ci avec les accidents similaires de la main humaine.

Le *Thày-Tương* tire l'horoscope des gens d'après les lignes de leur visage et de leur main, d'après les bosses de leur crâne et d'après la conformation de leur corps. Son art réunit les principes de la chiromancie, de la phrénologie et de la physiognomonie. Il existe au Tonkin quelques traités sur la matière; les Thày-Tương reconnaissent pour le fondateur de leur science divinatoire un Chinois qu'ils appellent *Trân-Boàn* et dont ils placent l'existence au règne de l'empereur Th'ai Tsou, de la dynastie chinoise de Soung (960 de notre ère).

Dans l'étude de la main, les chiromanciens paraissent suivre deux inspirations : la première se rapporte aux principes du Phong-Thuy, lesquels forment la base de la géomancie et constituent toute la science naturelle des Annamites et des Chinois; tandis que la seconde, par la localisation des signes déterminatifs des pronostics, se rapproche davantage de l'observation, et peut être comparée à la chiromancie des Européens, telle que nous la font connaître les livres de Desbarolles et de ses émules.

L'observation de la main à l'aide des principes du Phong-Thuy fait intervenir les *huit diagrammes* de Phuc-Hi, le *Lion d'azur* et le *Tigre blanc*, les deux énergies génésiques *âm* et *dương*, le *Soleil*, la *Lune* et la *Grande Ourse*, les *cinq éléments*.

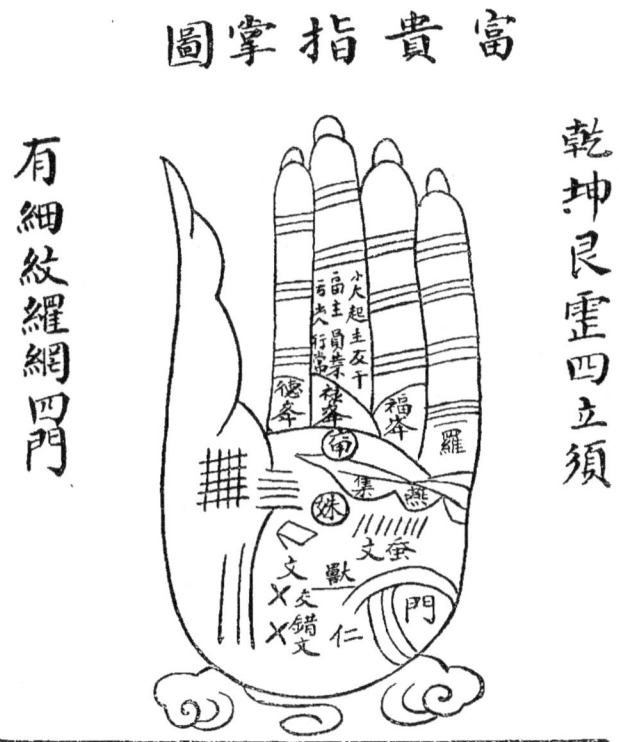

Indication des signes chiromantiques du bonheur et de la fortune.

La main est divisée en quatre cantons, marqués chacun par une lettre cyclique : *Càn*, *Khôn*, *Cấn*, *Chân*; on les appelle les *Quatre portes de la fortune*. Ces cantons correspondent à Mercure, à la Lune, au sommet et à la base de Vénus, des tables chiromantiques européennes.

Ils doivent, pour annoncer le bonheur et la fortune, être striés de grilles de la forme de celles qui sont indiquées sur le tableau.

Le plus ou moins de concordance entre les signes représentant ces divers symboles dans la main humaine, et les influences terrestres et astrales auxquelles l'homme est soumis par sa naissance, déterminent l'heureuse ou malheureuse conjonction, et partant la nature de l'oracle.

L'examen des différentes localisations des aptitudes et des défauts est pour nous plus intéressante, en ce qu'elle nous permet d'établir des comparaisons et des rapprochements assez curieux. La planche de la page 317 nous donne le tableau chiromantique dit des *huit diagrammes* et des *douze palais*. Les huit diagrammes se rapportent, nous l'avons dit, aux principes cabalistiques du Phong-Thuy, et nous ne nous en occuperons pas davantage ici, cette science occulte ayant été suffisamment traitée dans notre *Étude sur la géomancie*. Les douze palais sont les localisations des particularités de tempérament et de caractère. Nous remarquons que le mont de Vénus (pour employer le langage consacré), qui, pour nos chiromanciens, est le siège de la génération et de la matérialité, a le même rôle chez les chiromanciens annamites; ils y placent l'indice d'une nombreuse et puissante famille. Trois plis latéraux, à la base du front, annoncent une grande fortune territoriale, surtout s'ils sont accompagnés d'un point à la base de l'index (mont de Jupiter), qui est considéré comme le siège de l'économie. Le pouce est dit le *palais de l'étude*, il détermine par sa forme la science et l'éloquence, la gloire et la célébrité. Les lignes dites *du cœur*, *de vie*, *de tête*, n'ont qu'une importance secondaire; cependant la ligne de tête, très marquée, figure parmi les heureuses conditions de réussite de la planche. Le palais de l'intelligence est situé à la base de l'annulaire, c'est-à-dire sur Apollon. Une grille sur Vénus (fig. p. 317) est l'indice de passions déréglées. La vertu siège à la base de l'index, l'humanité sur le mont de la Lune. La ligne dite *de chance*, qui coupe longitudinalement la main depuis l'index jusqu'au poignet, est nettement marquée sur la figure p. 317, qui représente l'ensemble des signes extraordinaires

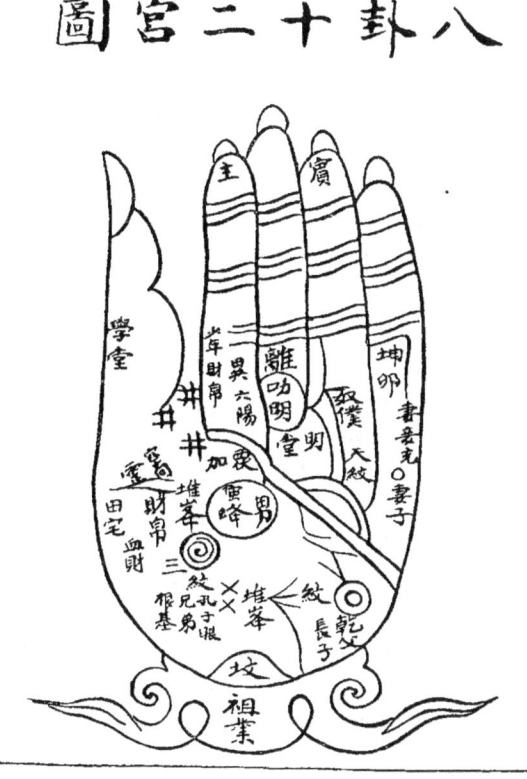

Tableau des huit diagrammes et des douze palais.
(Pour servir à l'étude chiromantique de la destinée.)

qui prédisent la plus haute destinée. On y voit figurer l'*ingéniosité* sur la seconde phalange du petit doigt, la *puissance suprême de raisonnement*, indiquée par quatre rides horizontales et parallèles sous Apollon, et par une série de signes en forme de dièzes à la base du pouce. D'autres pronostics sont indiqués d'une façon symbolique sous des rubriques difficiles à reconnaître, telles : le *ver à soie*, l'*hirondelle*, l'*œuf osseux*, le *chemin ténébreux*, la *cannelle royale*, le *bracelet nuageux*, la *Grande Ourse*, etc. D'autres indications sont données par des traits croisés, des points, des rides en spirale, des dièzes, des figures de petites montagnes, des triangles, etc., qui font de la main humaine, pour le chiromancien annamite comme pour son collègue d'Europe, le miroir des facultés de l'individu et le livre de sa destinée. La physiognomonie tire ses augures de l'examen de la face, de la position des verrues et grains dits *de beauté*, et de l'allure générale de l'individu. Les principes de Trân-Doàn se sont modifiés en passant de la Chine en Annam, et il existe aujourd'hui, entre les deux peuples, de très grandes divergences d'opinion quant aux règles du pronostic : chez les Annamites par exemple, le critérium de l'intelligence est indiqué, en physiognomonie, par la hauteur et la largeur du front; chez les Chinois, par la puissance et la largeur du maxillaire inférieur.

Les devins annamites ont divisé la figure humaine en une infinité de fractions qui sont, chacune, le siège d'un indice dont l'étude révèle à la fois une partie des qualités du sujet et les événements qui devront marquer sa vie dans l'avenir. Chacune de ces localisations porte un nom qui permet à l'observateur de consulter les tables spéciales et très compliquées qui constituent le *corpus* de la science divinatoire. Ils ont établi des tableaux, pour la répartition des traits du visage, d'après des cadres magiques, comme ceux des diagrammes de Phuc-Hi ou du cycle duodénaire, et d'après les *cinq éminences* et les *neuf constellations*.

Ils ont localisé sur le front les *trois capacités* et les *quatre devoirs*, sur la face et la partie postérieure du crâne, les *huit aptitudes*.

Trois tableaux synoptiques sont, dans les traités divinatoires, consacrés à la répartition des signes particuliers, tels que ver-

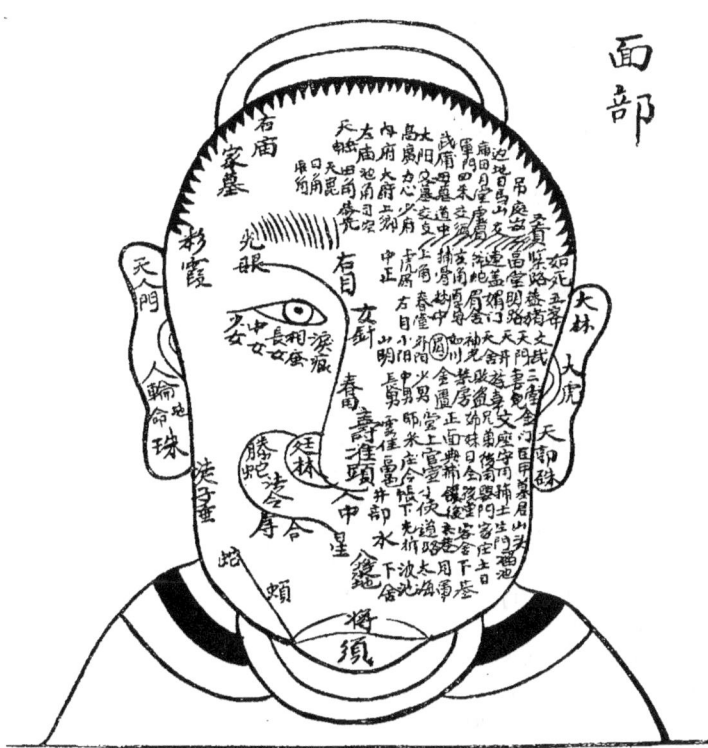

Répertoire de la figure humaine pour la connaissance de la destinée.

rues, stigmates et grains de beauté sur la face, les oreilles et le cou.

Dans l'étude de la main, les chiromanciens annamites n'attachent qu'une importance secondaire aux grandes lignes dites *de vie* et *du cœur*, mais ils observent avec la plus grande attention le nombre, l'intensité et la direction des petites rides qui strient diversement les endroits reconnus, par eux, à la fois comme le siège des facultés de l'individu et le livre de son destin.

Les quelques exemples que nous donnons ci-après de diagnostics et de pronostics sont extraits du livre *Thân-tưong-Mây-Tập*:

Le front, le nez et le menton sur le même plan : *heureux pronostic, richesse*.

Le visage tout à fait plat : *le meilleur des pronostics, tous les bonheurs*.

Front élevé et large : *intelligence, richesse*.

Front bas : *pauvreté, intelligence*.

Nez droit : *grandes dignités*.

Nez à racine très enfoncée : *pauvreté*.

Front carré et large : *hautes fonctions, anoblissement*.

Protubérances latérales du front saillantes : *misère*.

Yeux noirs sur un blanc pur : *intelligence*.

Visage mélancolique : *pauvreté, servitude*.

Protubérance sur le sommet de la tête : *richesse et honneurs*.

Les maxillaires carrés : *gloire et noblesse*.

Les maxillaires étroits et allongés : *pauvreté*.

Attitude de tête droite, regard direct : *franchise, droiture*.

Attitude de tête oblique, regard fuyant : *fausseté et perversité*.

Rire immodéré et sans cause : *mauvaise nature*.

Le bout du nez épais : *bonté native, richesse*.

L'arête du nez bossue : *méchanceté*.

Le visage ridé autour du front et des joues : *férocité*.

Finesse de peau : *intelligence*.

Peau grossière : *ignorance*.

Les pieds et les mains maigres et affinés : *douleur et chagrins perpétuels*.

Les pieds et les mains gras et d'apparence huileuse : *joie et bonheur*.

Front bas, cheveux croissants jusqu'aux sourcils et peau épaisse : *intelligence, astuce et perversité*.

Les extrémités des doigts fines et jolies : *aisance, loisirs, vie facile*.

Les joues planes, sans dépression : *richesse*.

Les côtés de la bouche gonflés en forme de bec d'hirondelle : *honneurs, puissance*.

Le dos bossu et le visage carré : *richesse*.
Les yeux clairs et les lèvres fortes et fermées : *bonheur et profit*.
La peau brune et les sourcils obliques : *grande puissance, autorité*.
La mâchoire inférieure en bec d'hirondelle et la tête comme celle du tigre : *grand général*.
Le sillon de la lèvre supérieur profond : *longévité*.
Les yeux allongés : *intelligence, succès littéraires*.
Les yeux clignotants : *mort prématurée*.
Les pommettes décharnées : *mort à trente ans*.
La peau sèche et peu de musculature : *mort à quarante ans*.
Les muscles du cou fortement accentués : *loisirs, vie facile*.
Deux proéminences sur l'occiput : *mauvaise santé*.
Les cheveux en forme d'épi : *mauvaise conduite*.
Le sillon lacrymal brun : *mauvaise santé*.
Le plat de l'épaule bien formé et luisant : *vie facile*.
Le nez aquilin, les yeux enfoncés et des stries transversales sur le corps : *absence de progéniture, veuvage*.
Les yeux constamment humides et les sourcils froncés : *impossibilité de conserver des enfants*.
La peau grossière comme une peau d'orange : *pas de progéniture, veuvage*.
Le visage frais comme la fleur du pêcher : *luxure, pas de progéniture dans la jeunesse, des enfants seulement dans l'âge mûr*.
Les sourcils qui se rejoignent, la voix plaintive : *pauvreté, pas de progéniture*.
Le nez aplati au niveau des joues : *pauvreté, mort prématurée*.
Extrémités grossières : *existence vagabonde et laborieuse*.
Les yeux troubles, le nez de travers : *servitude, pauvreté*.
Le visage ouvert, les yeux souriants, la bouche gracieuse : *beaucoup de talent*.
Visage coloré : *aisance*.
Visage à peau huileuse : *pas de progéniture*.
La peau tendue sur les muscles : *mort prématurée*.
Nez proéminent : *mort prématurée*.
Les yeux habituellement humides : *luxure*.
Les yeux allongés et peu ouverts : *débuts difficiles, bonheur dans l'âge mûr, vieillesse malheureuse*.

Des plaques jaunes apparaissant subitement sur le visage : *pour un mandarin, promotion; pour un homme du peuple, grande joie.*

Les yeux cerclés de bistre : *malchance, perte d'enfants.*

Angle externe de l'œil noirâtre : *présage de veuvage.*

Le bout du nez rouge : *astuce, finesse, aptitudes commerciales; c'est aussi parfois l'indice d'un abcès dans le corps.*

Allure sautillante, mouvements brusques : *complots méchants.*

Pommettes très saillantes : *avarice, ambition.*

Yeux enfoncés et nez crochu : *mauvais caractère.*

Celui qui, en marchant, n'applique pas le talon sur le sol : *mourra dans la misère, après avoir perdu tous ses biens.*

Le nez retroussé : *vagabondage, mort à l'étranger.*

Les lèvres habituellement béantes découvrant les dents : *indiscipline, désordre.*

La barbe poussant dans le sillon de la lèvre supérieure : *misère.*

Les yeux saillants : *progéniture tardive.*

Les yeux obliques et troubles : *perte de la fortune et mort prématurée.*

La bouche communément béante et proéminence du gosier : *discorde permanente avec les frères consanguins.*

La peau très lisse, tendue fortement sur une grosse ossature : *mort prématurée.*

Beauté du visage, majesté des attitudes : *richesse et haut commandement.*

Les yeux caves : *progéniture tardive.*

Les yeux boursoufflés : *progéniture hâtive.*

Le front déformé : *dissimulation.*

Allure déhanchée, marche irrégulière : *mauvais sentiments.*

Les tempes déprimées et brunes : *ignorance, difficulté d'élever ses enfants.*

Les tempes planes et de couleur claire : *intelligence moyenne, aisance dans le ménage.*

Grosse figure et petit nez : *vie misérable.*

La face grasse et le nez maigre : *débuts difficiles, réussite dans l'âge mûr.*

Le front et le nez sur le même plan : *fortune à cinquante ans.*

Deux protubérances à la partie supérieure des pariétaux : *mandarinat à trente-neuf ans.*

Les oreilles larges et détachées de la tête au point qu'on puisse les apercevoir en regardant de côté : *grand commandement militaire.*

Le corps voûté comme celui de la tortue : *vocation religieuse.*

La tête bossuée comme celle du dragon, et les yeux comme ceux du phénix : *aptitudes aux fonctions publiques*.

Deux protubérances frontales : *vocation religieuse*.

L'arête du nez osseuse et arquée : *vocation militaire*.

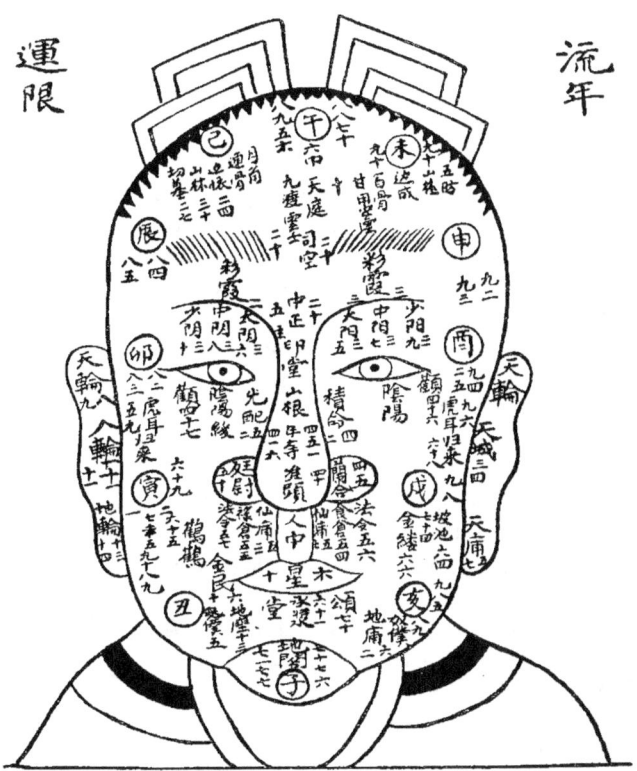

Tableau indiquant les différents points localisés de la face humaine par l'examen desquels on peut pronostiquer les événements heureux qui surviendront dans le cours de la vie.

Chacun de ces points est désigné par un nom spécial : le *Tigre*, les *Huit Vertus*, la *Lumière centrale*, etc., ou par un numéro d'ordre. Ces désignations, tout arbitraires, n'ont par elles-même aucune signification et permettent seulement de se reporter aux explications du texte dans les livres de physiognomonie.

Aspect noble, attitude fière, allure d'un génie immortel : *santé robuste, aptitudes admirables, brillants succès, longévité remarquable.*

Yeux de poisson : *mort prématurée.*

Teint flétri, peau sans éclat : *existence difficile.*

Peau rugueuse et sans élasticité : *mort prématurée et tragique.*

Le nez qui vient subitement à se tordre de côté : *mort prématurée.*

La peau avec des reflets métalliques (argent ou fer brillant) : *carrière difficile.*

Des plaques jaunes sur le front : *succès aux examens ou profits commerciaux.*

Quand l'angle de l'œil devient noir et le blanc de l'œil jaune, et que la barbe perd son éclat, on doit s'attendre à tous les malheurs.

Rides sur les joues : *mourra orphelin et sans progéniture.*

Rides au coin des yeux : *existence toujours malheureuse.*

Sourcils embroussaillés : *dissipation, fortunes diverses alternativement bonne et mauvaise.*

Deux yeux d'ouverture inégale : *ruse, astuce, richesse.*

Points noirs sur le visage : *mort prématurée.*

Oreilles velues : *longévité.*

Talon osseux : *pauvreté.*

Poitrine velue : *bonté d'âme, mais caractère vif.*

Front élevé : *belle carrière administrative.*

Menton carré et replet : *richesse.*

Rides bleues de chaque côté des ailes du nez : *ambition et pauvreté.*

Cou court et petit corps : *richesse, abondance, vie facile.*

Lignes de la main très accentuées : *pauvreté, vie difficile.*

Dents bien alignées : *abondance de richesses.*

Mains molles : *vie facile, richesse.*

Paumes des mains rouges : *faveur, dons précieux.*

Sourcils bifurqués : *bonheur.*

Sourcils arqués : *instincts de débauche, amour du libertinage.*

Trois rides en travers du nez : *revers de fortune.*

Oreilles pâles et décolorées : *grande renommée, anoblissement.*

Une tache noire sous la plante du pied : *actions héroïques.*

Proéminence de l'os malaire : *aptitudes militaires.*

Voix sonore, comme sortant d'un vase de bronze : *longévité.*

Proéminence du cervelet : *richesse, longévité, nombreuse progéniture.*

Joues rosées : *vie agréable*.
Nez petit et barbe fournie : *grands revers de fortune*.
Poitrine bombée et dos déprimé : *impuissance, mort prématurée*.
Cheveux bouclés naturellement : *existence d'abord riche, puis pauvre*.

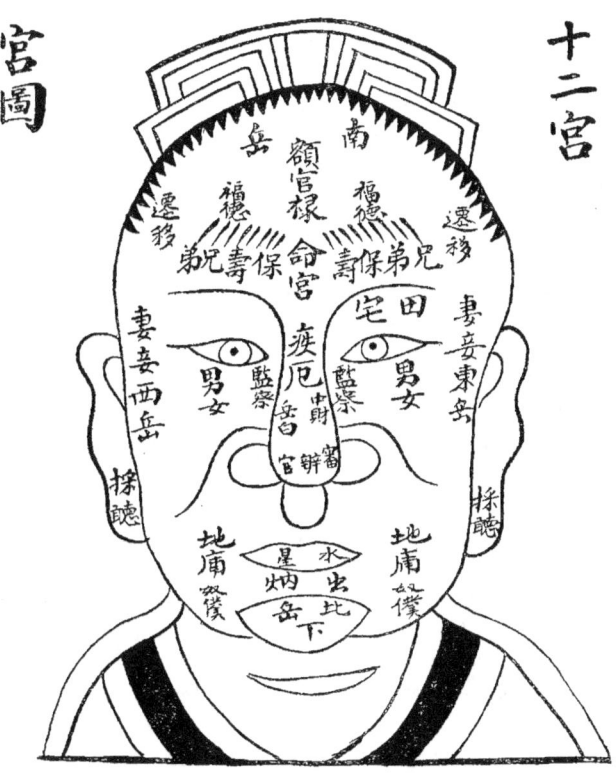

Veines apparentes sur la face : *beaucoup de chagrins et de revers*.
L'orbite très anguleux : *longévité, misère et absence de progéniture*.
Yeux jaunes (comme les yeux d'un coq) : *ruine par instincts de débauche et brutalité de caractère*.

Une ligne bleue au travers du visage : *mort subite en voyage.*
Le derrière de l'oreille noirâtre ou bleu : *maladie incurable.*
OEil cave, cerné de bleu jusqu'aux tempes : *imminence d'une maladie mortelle.*
Face blanche comme l'ivoire : *maladie mortelle.*
Tache noire sur le visage : *mort prématurée.*
Tristesse habituelle et apparence d'ivresse : *vie courte.*
Nez camus à bout pointu : *maladie incurable.*
Pâles couleurs : *vie soucieuse.*
Démarche lente, sans gestes des bras : *longévité, richesse.*
Tache noire derrière l'oreille : *mort en voyage.*
Sillon transversal du menton très marqué : *mort par noyade.*
Le dessous des paupières gonflées : *ambition, luxure.*
Le sillon de la lèvre supérieure oblique : *Deuils de famille, perte de la mère et des enfants.*
Dents pointues et inégales : *ruse et mauvaise foi.*
Sourcils obliques et yeux brillants : *cruauté.*
Maigreur extrême : *misère.*
Les parties latérales du cervelet protubérantes : *longévité.*
Yeux ordinairement écarquillés : *mort par blessures d'arme blanche.*
Nez paraissant divisé en trois parties : *pauvreté, vie difficile.*
Le fémur plus long que les tibias : *existence vagabonde, grandes dispositions pour le commerce.*
Lèvres minces et avancées : *diffamateur.*
Sourcil arqué et élevé : *ambition, avarice.*
L'arête du nez en dos de sabre et les yeux secs comme ceux de l'abeille : *méchanceté, vie misérable.*
Les pommettes effacées : *impuissance.*
Rides nombreuses et dans tous les sens sur le front : *deuils de famille, vie triste et solitaire.*
Un signe noir sous l'œil : *impossibilité de conserver sa progéniture.*
Sourcils courts : *luttes incessantes avec sa famille.*
Yeux bleus et grande bouche : *dispositions littéraires.*
Face large et menton carré : *richesse.*
Visage harmonieux et coloré : *sagesse, prudence, bon conseil.*
Longue chevelure et gros membres : *pauvreté.*
Front carré et osseux : *aptitudes aux plus hautes fonctions publiques.*

Les yeux en losange : *mourra pauvre après avoir perdu sa femme et ses enfants.*

Le nez écrasé du bout, mais gros au milieu : *malheurs successifs.*

Doigts épais et ronds comme des bambous : *servitude, existence inférieure.*

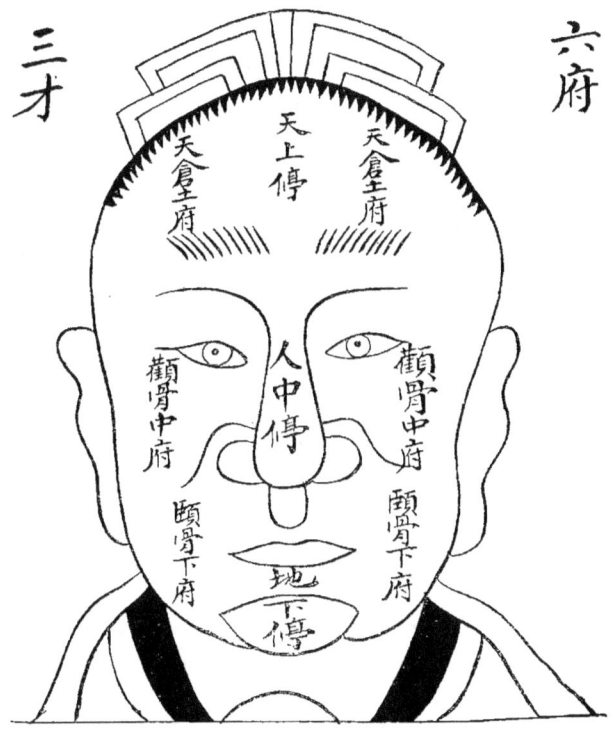

Voix sourde et sans sonorité : *pauvreté, mauvaise destinée.*

La bouche béante, les lèvres épaisses : *mort en voyage.*

Les veines de la main apparente : *ignorance et mauvais caractère.*

La bouche toujours souriante : *richesse dans l'âge mûr, pauvreté dans la vieillesse.*

PRONOSTICS POUR LES FEMMES.

La femme qui a le visage d'un dragon et le corps d'un phénix : *épousera le roi.*

Celle qui a le front et le nez court *aura une existence toujours subordonnée ; elle ne sera jamais épouse de premier rang.*

Les épaules élevées et carrées : *veuvages successifs.*

Grosse tête : *même pronostic.*

Grosse voix, membres épais, embonpoint : *stérilité, veuvage.*

Grande bouche, yeux brillants : *ambition, gourmandise.*

Balancement habituel de la tête : *veuvage prématuré.*

Cheveux grossiers, habitude de regarder furtivement et obliquement les hommes : *ambition et dérèglement.*

Voix sonore : *bonne épouse, excellente ménagère.*

Le nez droit, sans dépression à la racine : *mariage riche.*

Le nez et le front sur le même plan : *richesse chez les descendants, le premier-né deviendra mandarin.*

Fines extrémités, finesse de peau : *vie facile et oisive.*

Cheveux frisés : *vie misérable, impossibilité de réussir.*

Peau luisante et graisseuse : *mariage riche.*

Chevelure abondante et souple : *droiture de cœur, fidélité.*

Yeux ronds et vifs : *caractère ardent, méchanceté.*

Les oreilles collées aux tempes : *stérilité.*

Extrémités grossières : *disposition à la sorcellerie.*

Brièveté du front et du nez : *asservissement.*

Le dessous de l'œil brillant et un sillon rouge parallèle à la ligne du nez : *brillante destinée pour la progéniture.*

Les sillons latéraux du nez rouges : *prospérité dans la famille.*

Grande bouche et les coins des lèvres relevés : *ruine.*

Taille fine et arrondie : *brillant mariage.*

Embonpoint, peau douce et brillante : *richesse et longévité.*

La face arrondie et les jambes fortes, apparence masculine : *richesse, belle destinée.*

Maigreur, fermeté des chairs : *bonheur domestique, prospérité.*

Petite tête et gros ventre : *gourmandise.*

Voix forte et habitudes silencieuses et réservées : *belle destinée.*

Les sourcils longs et arqués : *servitude et luxure; signes caractéristiques des servantes débauchées.*

La bouche petite, rose et arrondie comme une fleur de lotus au milieu d'une figure grâcieuse : *heureuse destinée.*

Un grain noir sur le nez. Si la santé paraît chétive : *longévité.* Si la santé paraît robuste : *mort prématurée.*

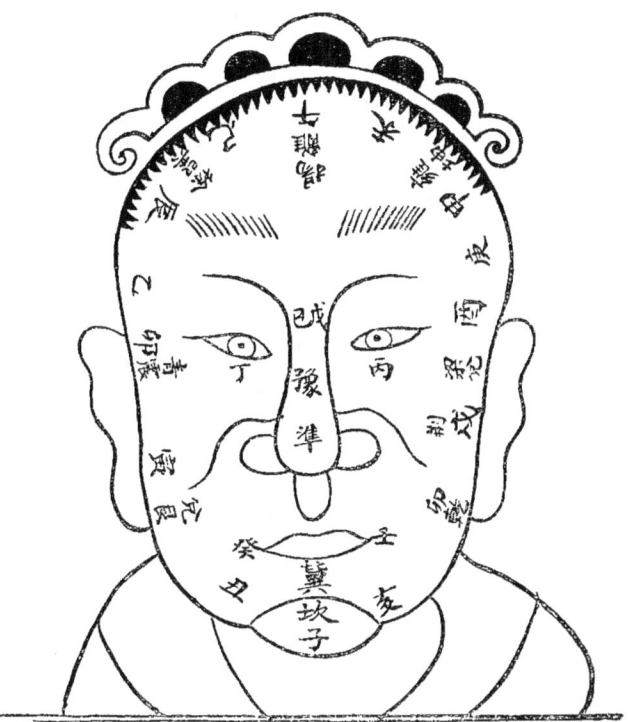

Divisions de la face humaine selon l'ordre des caractères du cycle duodénaire.
(Pour servir à la prédiction de la destinée.)

Nombreuses rides sous les yeux : *Dissensions de famille, mort par noyade.*
Les dents petites et bien alignées : *belle destinée, fortune.*
Le nez retroussé : *désordre, dilapidation.*
Visage triste : *progéniture tardive.*
Petit corps et voix forte : *supériorité intellectuelle.*
Tête ronde : *richesse et longévité.*

Gros corps et voix faible : *mort à quarante ans.*
Nez carré : *pertes d'argent.*
Pommettes saillantes et rouges : *nombreuses progénitures, prospérité dans le ménage.*
Tête de biche, yeux de rat : *mauvaise épouse, mauvaise mère.*
Tête de cheval, yeux de serpent : *mort accidentelle.*

PRONOSTICS POUR LES ENFANTS.

L'enfant qui, en pleurant, poussse des cris perçants : *jouira toujours d'une très bonne santé.*
L'enfant qui a la tête allongé : *jouira d'une bonne santé.*
Le front carré et le visage large : *bonne santé.*
Un sillon bleu à la racine du nez : *santé débile.*
Le bout du nez noir : *furoncles et plaies suppurantes.*
Visage gonflé et peau tendue : *difficile à nourrir, santé chétive.*
Le crâne conique : *mort à quatre ans.*
Les fontanelles déprimées : *mort à deux ans.*
Le nez mou, sans consistance : *mort imminente.*
Les cheveux très bas sur le front : *mort prématurée.*
Le front haut et découvert : *intelligence.*
Brièveté de la respiration : *mort prématurée.*
Les jambes courtes : *élevage facile.*

QUELQUES APPLICATIONS HISTORIQUES DES PRINCIPES DE LA SCIENCE DIVINATOIRE.

Thái-Công, *qui pouvait voir ses oreilles en regardant de côté,* parvint au titre de maréchal à l'âge de 80 ans, sous le règne de Văn-Vương.

Ma-chu, *qui avait les sourcils châtains,* fut nommé à l'âge de trente ans, sous la dynastie Dương, à la première fonction militaire de l'Empire.

Lã-Đong-Tân, *qui ressemblait à la grue symbolique et à la tortue,* devint un des huit immortels génies des Taoïstes.

Phong-Nguyên-Linh, *qui avait la tête du dragon et les yeux du phénix*, devint le premier ministre de Thái-Tôn de la dynastie Dương.

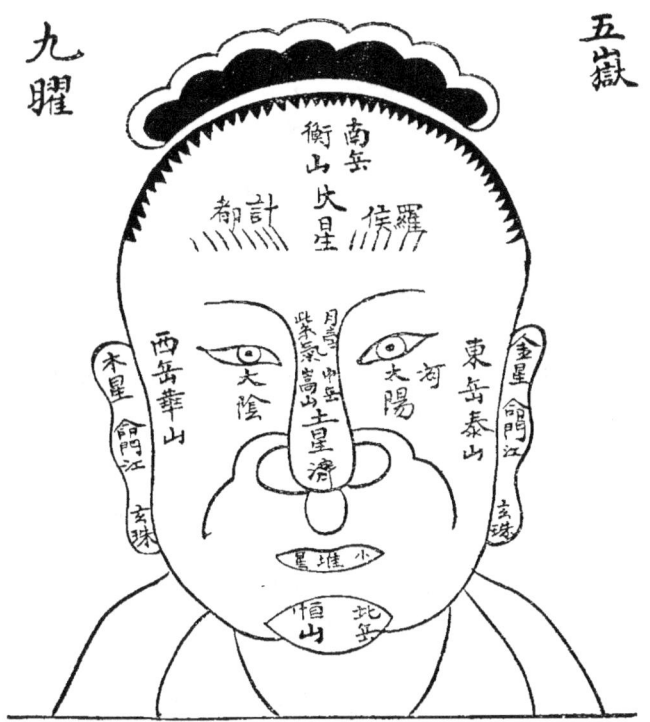

Le pli de la face, partant du coin du nez, s'il vient rejoindre la commissure des lèvres, annonce la *mort par famine;* exemple historique : Đang-Thông qui vécut sous les Han.

Celui dont le pli facial fait le tour de la bouche *mourra également de faim;* exemple historique : l'empereur Vu-Đế, de la dynastie Lương.

La tête comme celle du tigre, la bouche comme le bec de l'hirondelle : *honneurs militaires;* exemple historique : Ban-Siêu, de la dynastie Hán.

La démarche du tigre et la gracilité du dragon : *honneurs civils;* exemple historique : Lưu-Đu de la dynastie des Tông.

TABLEAU DE LA FACE HUMAINE
INDIQUANT LE SIÈGE DES PASSIONS ET DES VICES.

Ce tableau est établi d'après les principes du Phong-Thuy; les localisations sont mises en relation avec les *neuf lumières du Ciel* et avec les *cinq montagnes sacrées.*

Les neuf lumières célestes sont : le Soleil, la Lune et les sept étoiles de la Grande Ourse.

Les cinq montagnes sacrées correspondent aux cinq points cardinaux et aux cinq points de la figure humaine; ce sont : 1° sur le front (sud), *Hanh-sơn* (montagne du Hou-Nan); 2° sur la tempe droite (ouest), *Hoa-sơn* (montagne du Chên-Si); 3° sur la tempe gauche (est), *Thái-Sơn* (montagne du Chan-Tong); 4° sur le menton (nord), *Hang-sơn* (montagne du Tchê-Li); 5° sur le nez (le zénith), *Tung-sơn* (montagne de Ho-Nam).

Ces localisations correspondent aux défauts et aux vices suivants : *brutalité, paresse, mensonge, ingratitude, vol, cruauté, insolence, ivrognerie, débauche, hypocrisie, orgueil* et *lâcheté.*

Les deux grands principes Mâle (*Thái-dương*) et Femelle (*Thái-âm*) ont leur siège, le premier sur la pommette droite de la face, le second sur la pommette gauche. Ils indiquent, par le plus ou moins de protubérance de ces parties, le plus ou moins d'intensité des passions.

Les grains dits *de beauté* et les taches de rousseur ont une grande importance en physiognomonie annamite; selon leur position sur le front, autour des yeux, sur les joues, sur les oreilles, le nez et le menton, les pronostics sont heureux ou malheureux.

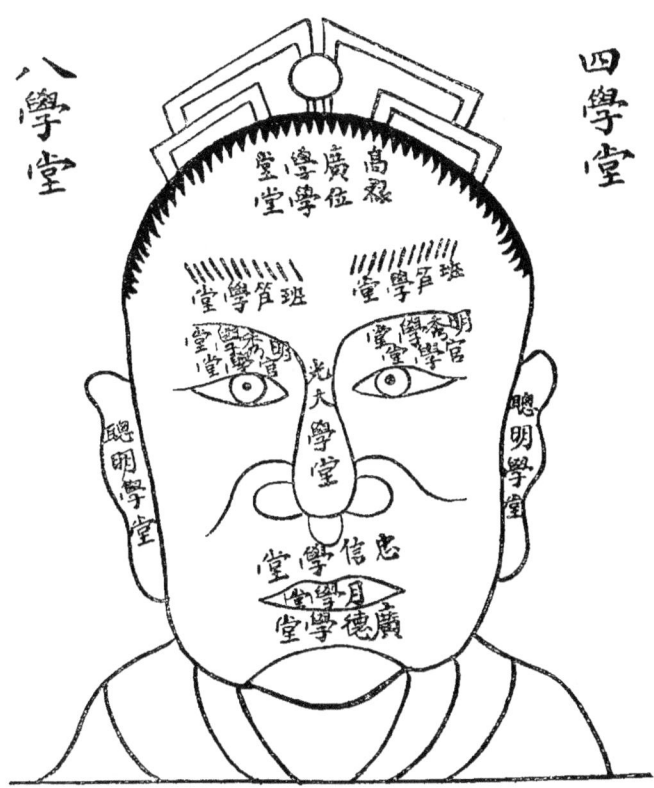

Tableau des quatre et des huit palais de l'éducation.
(Indiquant les aptitudes morales et intellectuelles de l'individu.)

Le front est le siège des aptitudes procurant des bénéfices et des profits; l'arcade sourcilière protubérante indique la finesse en affaires. Les qualités philosophiques et littéraires siègent autour des yeux. Les vertus humaines, la fidélité, la sincérité, résident sur les lèvres et sur le menton. La prévoyance est en raison de la proéminence du nez, et la finesse de l'intelligence résulte de l'ampleur du pavillon de l'oreille.

Ier Tableau (*visage de l'homme*).

Sur le front, en commençant par la droite :
1. Ne doit pas entreprendre de longs voyages.
2. Mourra des suites de blessures de guerre.
3. Sera investi de hautes fonctions publiques.
4. Excercera ses fonctions avec beaucoup de sagesse.
5. Sera orphelin de bonne heure.

Sourcil gauche :
1. Sera ruiné.
2. Sera toujours malheureux.
3. Mourra noyé.
4. Sera investi de fonctions publiques.
5. Éprouvera de grands dommages dans sa fortune.

(*Même répétition pour le sourcil droit.*)
6. *Au-dessus du sourcil droit :* noblesse.

Autour de l'œil gauche :
1. Sera heureux.
2. N'aura que peu d'enfants.
3. N'aura pas d'enfants.
4. Perdra tous ses enfants.
5. Mourra jeune.

Autour de l'œil droit :
1. Sera luxurieux.
2. N'aura que peu de filles.
3. Éprouvera de grands chagrins.
4. Perdra son père.
5. Perdra sa femme.

Sur la joue gauche :
1. Sera très riche.

2. Mourra noyé.
3. Sera ivrogne.
4. Aura bon cœur.
5. Sera très doux.

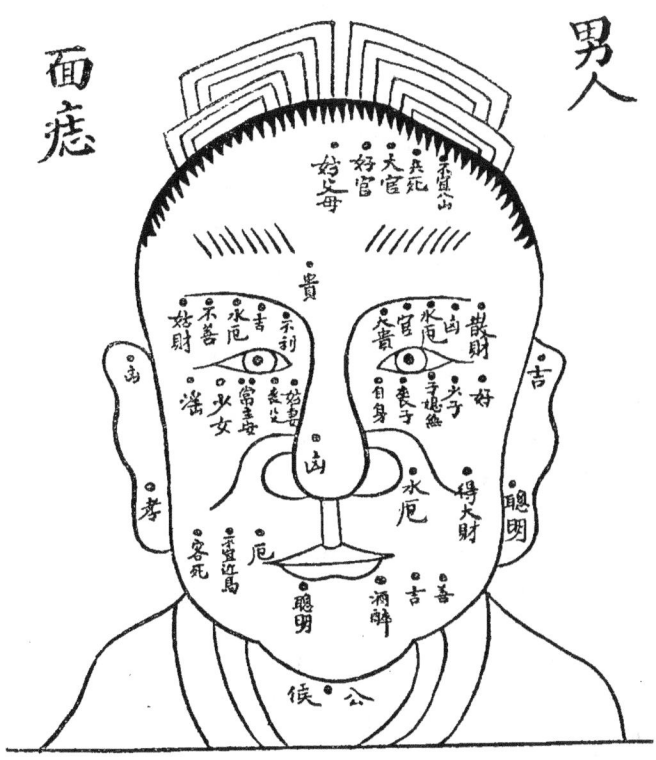

1ᵉʳ Tableau.
Grains de beauté qui peuvent se rencontrer sur la face de l'homme.
(Pour la détermination des horoscopes.)

Au coin de la bouche, à droite :
1. Sera très intelligent.

Sur la joue droite :
1. Éprouvera de grands malheurs.
2. Devra éviter de monter à cheval.
3. Mourra en voyage.

Sur le bout du nez : grandes calamités.

Au coin du sourcil droit : deviendra noble.

Sur le cou : deviendra noble.

Sur le bord de l'oreille gauche : sera heureux.

Sur le bord de l'oreille droite : sera malheureux.

Sur le lobe de l'oreille gauche : sera intelligent.

Sur le lobe de l'oreille droite : sera le meilleur des fils.

IIe Tableau (*visage de l'homme*).

Sur le front :
1. Ne devra pas entreprendre de longs voyages.
2. Mourra en voyage.
3. Deviendra fonctionnaire.
4. Sera un bon administrateur.
5. Sera méchant.
6. Sera heureux.
7. Conservera ses parents jusqu'à la vieillesse.
8. Sera investi de fonctions publiques.
9. Éprouvera beaucoup de bonheur.
10. Deviendra riche.
11. Mourra jeune.
12. Deviendra riche.

Sur le sourcil gauche :
1.-2. Sera malheureux.
3. Sera heureux.

4. Mourra pauvre.
5. Deviendra mandarin.

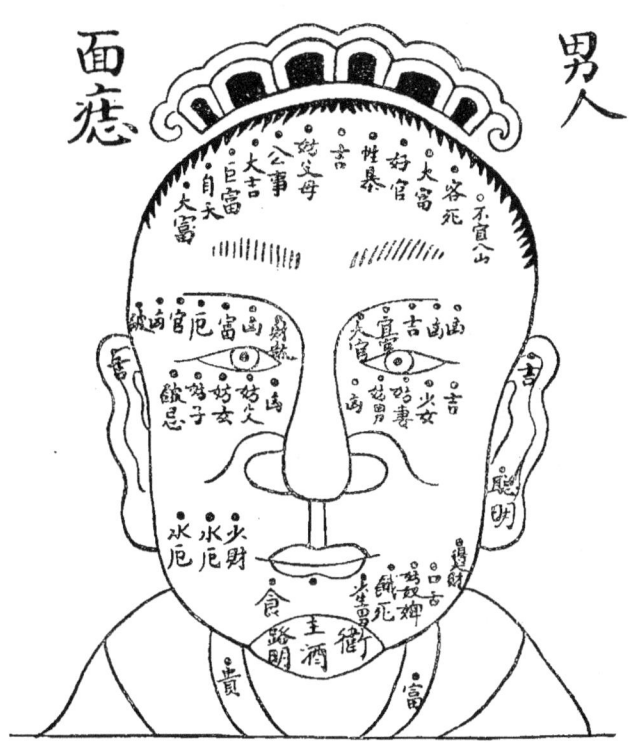

2ᵉ Tableau.
Grains de beauté chez l'homme.

Sur le sourcil droit :
1.-2. Sera malheureux.
3. Deviendra mandarin.
4. Sera malheureux.
5. Deviendra riche.

6. Sera malheureux.

Sur la joue gauche :
1. Sera heureux.
2. N'aura que peu de filles.
3. Deviendra veuf peu de temps après son mariage.
4. Perdra son fils aîné.
5. Sera très malheureux.

Sur la joue droite :
1. Éprouvera de grandes pertes.
2. Verra mourir tous ses enfants.
3. Souffrira de la trahison.
4. Perdra ses filles.
5. Sera malheureux.

Sur le bord de l'oreille : sera heureux.

Sur le lobe de l'oreille : sera intelligent.

(*Même pronostic pour les deux oreilles.*)

Au bas du visage, à droite :
1.-2. Mourra noyé.
3. Sera pauvre.

A gauche :
1. Perdra son fils.
2. Sera misérable.
3. Mourra sur le chemin.
4. Mourra de faim.
5. N'aura que peu d'enfants.

Sous la lèvre : gourmandise.

Sur le menton :
1. Intelligence.
2. Ivrognerie.

VISAGE DE LA FEMME.

Ces grains de beauté ou taches de rousseur sont répartis sur le front, autour des yeux, sur les joues, le menton, le nez et

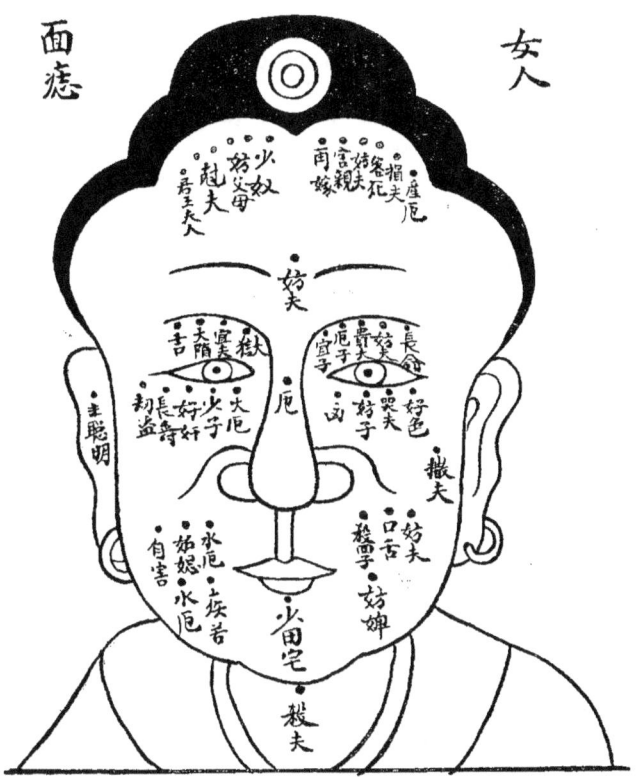

Tableau des grains de beauté qui peuvent se rencontrer sur le visage de la femme.
(Pour servir à la détermination des horoscopes.)

les oreilles. Ils se présentent aussi sur le tableau en commençant par la droite :

Sur le front :

1. Aura des couches difficiles.
2. Deviendra veuve.
3. Mourra en voyage.
4. Deviendra veuve.
5. Se mariera deux fois.
6. Ne pourra conserver de servantes.
7. Verra mourir ses parents de bonne heure.
8. Épousera un haut personnage.
9. Épousera le roi (trois points sont sans signification).
10. Sera une épouse accomplie.

Entre les sourcils : veuvage.

Sur le nez : grands malheurs.

Autour des yeux :

1. Épousera le fils aîné d'un homme riche.
2. Deviendra veuve.
3. Épousera un homme titré.
4. Ne pourra élever ses enfants.
5. Épousera un prince.
6. Ira en prison.
7. Mourra en voyage.
8. Épousera un bel homme.
9. Sera heureuse.
10. Épousera l'homme qui a les plus beaux yeux.
11. Perdra son mari.
12. Perdra ses enfants.
13. Sera heureuse.
14. Mourra dans un incendie.
15. Sera ruinée par les voleurs.
16. Sera très heureuse.

17. Atteindra à l'extrême vieillesse.
18. Sera ruinée par les voleurs.

Sur les joues :

1. Sera veuve.

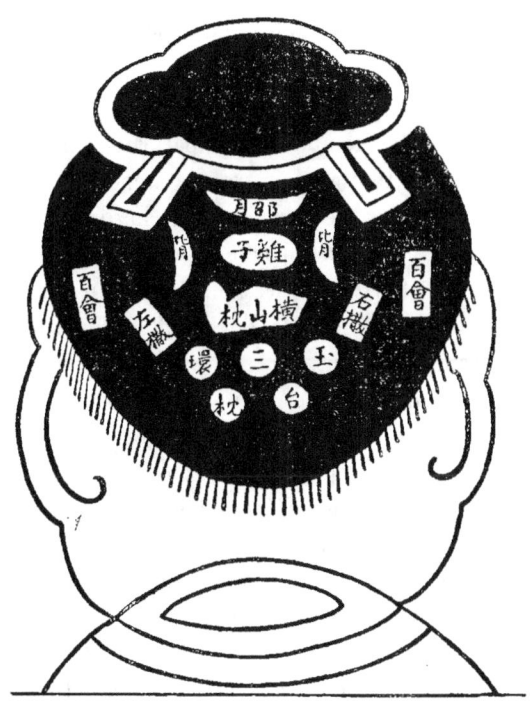

Tableau des protubérances du crâne pour l'examen des aptitudes.

2. Sera bavarde.
3. Perdra ses enfants.
4. Mourra noyée.
5. Sera jalouse.

6. Se suicidera.
7. Acariâtre.
8. Pauvreté.
9. Maladies.
10. Mourra noyée.
11. Assassinera son mari.

La phrénologie a bien moins d'importance aux yeux des Annamites que la physiognomonie; ils ne considèrent, comme ayant une valeur de pronostic, que la partie postérieure du crâne. Le frontal, les temporaux et pariétaux font pour eux partie de la face, et sont étudiés avec le visage.

Ils divisent cette surface crânienne en cinq régions ou protubérances. La première à la partie supérieure du plan est en forme de croissant horizontal, les pointes en l'air; on l'appelle la protubérance *du Ciel et de la Terre;* elle présage de hautes destinées et l'anoblissement.

La seconde comprend trois protubérances placées horizontalement : celle du milieu, de forme ronde, et celles des côtés, en forme de croissants opposés par leur convexité; ce sont les protubérances *lunaires;* elles présagent également une brillante carrière, plutôt militaire que civile.

La troisième présente une forme oblongue à crête dentelée : c'est la protubérance de la *montagne;* elle révèle la sincérité, la droiture et la justice, mais une grande sévérité de caractère. Ceux qui possèdent ce signe très accusé amasseront une grande fortune.

La quatrième région est celle des *Sept planètes* ou *Sept lumières du monde;* elle s'étend d'un pariétal à l'autre en s'abaissant vers la base du crâne; elle est le siège de sept protubérances, qui toutes, à des degrés différents et avec des nuances dans la qualité et la quantité, présagent la fortune, les honneurs, la longévité; si les trois du milieu, qui sont de forme circulaire, se trouvent ensemble sur un sujet, c'est la promesse d'un trône.

La cinquième est celle des trois puissances, le *Ciel*, la *Terre*, et l'*Homme;* elle occupe la région du cervelet. C'est la réunion des instincts médiocres. Les protubérances ne sont pas avantageuses : l'une révèle l'absence de sincérité; la seconde, l'obscénité; la troisième, l'inaptitude en général.

EXORCISMES ET INCANTATIONS.

Nous nous sommes étendu avec quelques détails sur le rituel de Hùng-Ðao[1], sur les pratiques des prêtres du Pied unique; nous nous contenterons, pour donner au lecteur une idée des pratiques de sorcellerie annamite, de le faire assister à quelques séances dont nous avons soigneusement noté les détails.

Cérémonie d'exorcisme pour chasser les diables qui ont pris possession d'un individu, ou pour guérir un malade.

On dispose dans la cour et en face de la maison du possédé ou du malade une petite table sur laquelle sont placés des vases avec des fleurs, des assiettes chargées de fruits et des coupes d'eau-de-vie de riz. Autour de la table sont rangés des personnages, des éléphants, des étendards en papier; des baguettes d'encens fument sur la table. Le Phu-Ðông s'avance : il est vêtu de rouge, porte un turban bleu et une ceinture verte; parfois aussi, il est vêtu d'une robe composée de morceaux de toutes les couleurs. Il roule son turban en écharpe autour de son bras et fait avec ses mains des passes de magnétiseur; autour de lui, des gens accroupis frappent en cadence sur des timbres et sur des tambours.

[1] Voir la partie de nos études d'ethnographie religieuse annamite relative à l'évhémérisme : *Grands hommes annamites et chinois divinisés.*

Le Phu-Đồng, debout devant la table, commence à agiter sa tête à la façon des derviches, d'avant en arrière et de gauche à droite, avec une rapidité toujours croissante; sa face se congestionne, ses yeux s'injectent et, tout à coup, les traits déformés par un rictus hideux, il pousse un cri et se jette à terre. Il a invoqué le tigre, l'«Eminent seigneur» (*Quan-Twong*), et le tigre a pris possession du Phu-Đồng; l'homme ne s'appartient plus : il rugit, il bondit, gratte la terre avec ses doigts recourbés en forme de griffes; il prend des aliments à terre et les pousse dans sa bouche, à la manière des animaux; la musique fait rage. La scène dure deux heures et plus. Enfin l'homme se calme, il se relève, prend une bouchée de viande crue, la mâche, la délaye dans une gorgée d'eau-de-vie de riz, s'approche du patient ou possédé, et lui crache le tout à la figure, après quoi il se livre à quelques contorsions et recommence ainsi trois fois.

Quand l'exorcisme est terminé, le Phu-Đồng tombe brusquement à la renverse; cela signifie que le tigre l'abandonne et que, brisé par la fatigue, son corps humain ne peut plus se soutenir. On s'empresse autour de lui, et on lui fait avaler quelques tasses d'eau-de-vie de riz [1].

Une veuve s'étant remariée après un deuil de trois ans, son premier mari revint l'obséder pendant la nuit à tel point qu'elle tomba malade. Elle se rendit alors chez le sorcier pour le prier de la délivrer de cette obsession.

Le sorcier allume les bougies de l'autel et commence une musique barbare en frappant d'une main sur un tambour et de l'autre sur un morceau de bois de fer; pendant ce temps, la femme accroupie devant l'autel, sur la natte, balance son corps et sa tête; au bout d'un quart d'heure, le sorcier cesse son va-

---

[1] Observé au village de Chiêu-Huyên, le 21 février 1890.

carme : il se lève et s'avance, tenant à la main un drapeau rouge, l'agite au-dessus de la tête de la femme et l'adjure de lui dire le nom de son premier mari, afin qu'il puisse procéder à l'exorcisme; la femme, congestionnée par ses balancements frénétiques, répond par monosyllabes, mais ne donne pas le nom demandé; puis elle donne un faux nom qui lui est suggéré par l'esprit qui la possède.

Le sorcier alors multiplie ses gestes; il devient pressant, menaçant; il prend un petit marteau de bois laqué et en donne des coups sur la face et sur le crâne de la patiente, qui pousse des cris; il agite de plus en plus son drapeau rouge, et la femme renversée sur le sol, se tord et paraît en proie à une lutte intérieure. Enfin le sorcier prend un sabre de bois, s'élance et fait le simulacre de couper la tête de la patiente.

Aussitôt l'esprit terrifié abandonne sa proie, et la femme, se relevant soudain, profère un nom : *Lê-van-Ba*. C'est le nom de son premier mari; le charme est rompu, le sorcier procède à l'exorcisme, après quoi il casse en deux une sapèque de zinc dont il remet une partie à la femme et l'autre à son nouveau mari [1].

CÉRÉMONIE NOCTURNE D'EXORCISME,
POUR DÉBARRASSER UNE MAISON D'UNE BANDE DE DIABLES QUI LA HANTAIENT.

C'est à Hanoï, au pied de la haute digue du fleuve Rouge où s'amorce le Sông-Tô-Lich. La nuit est très noire; devant la porte de la maison hantée, une dizaines d'Annamites se tiennent avec des torches. Un mannequin composé d'un assemblage de bambous, recouvert d'une natte liée au sommet comme un grossier manteau d'herbes, surmonté d'un drapeau blanc autour duquel brûlent des baguettes odorantes, est fiché dans le sol;

[1] Observé sur la route du Grand Bouddha à Hanoï, le 10 avril 1890.

cinq paquets d'offrandes en papier sont disposés autour du mannequin, à environ 1 m. 50 de distance; auprès de chaque paquet, quatre bols à riz sont empilés, deux reposant debout sur un troisième et couverts par un quatrième à plat et renversé. Sur le côté de la scène, une poêle sur un réchaud, de l'alcool de riz dans la poêle.

A l'intérieur de la maison, la musique et le tambour se font entendre. Le sorcier, les reins ceints d'une écharpe rouge dans laquelle, par derrière, est passé un sabre de bois, et coiffé d'un turban rouge, sort de la maison avec un faisceau de bambous secs allumés; il décrit autour du mannequin, et en passant par-dessus les paquets d'offrandes, une sorte de ronde en faisant dans la direction du mannequin des moulinets avec sa torche. De l'autre main il tient une écuelle dans laquelle on a mélangé de l'eau-de-vie de riz froide et de l'eau-de-vie chaude, de celle qui est dans la poêle; il prend dans sa bouche une gorgée de ce liquide et, tournant toujours, la projette sur la torche qu'il tient à la main; l'alcool s'allume en produisant une longue flamme, et tous les assistants poussent des clameurs. Quand tout l'alcool est épuisé, le sorcier fait une dernière ronde au cours de laquelle, chaque fois qu'il passe par-dessus un paquet d'offrandes, il écrase d'un coup de son pied nu le petit édifice de tasses à riz qui se trouve à côté, puis il trépigne avec rage sur les débris, s'évertuant à les réduire en miettes.

Quand tout est brisé, il jette à la volée, loin de lui, le faisceau enflammé dont les bambous se dispersent et s'éteignent dans la nuit, et la cérémonie est terminée [1].

INCANTATION POUR LA GUÉRISON D'UNE FEMME.

C'est une sorcière qui opère; l'autel est creusé dans un com-

---

[1] Observation du 22 avril 1890.

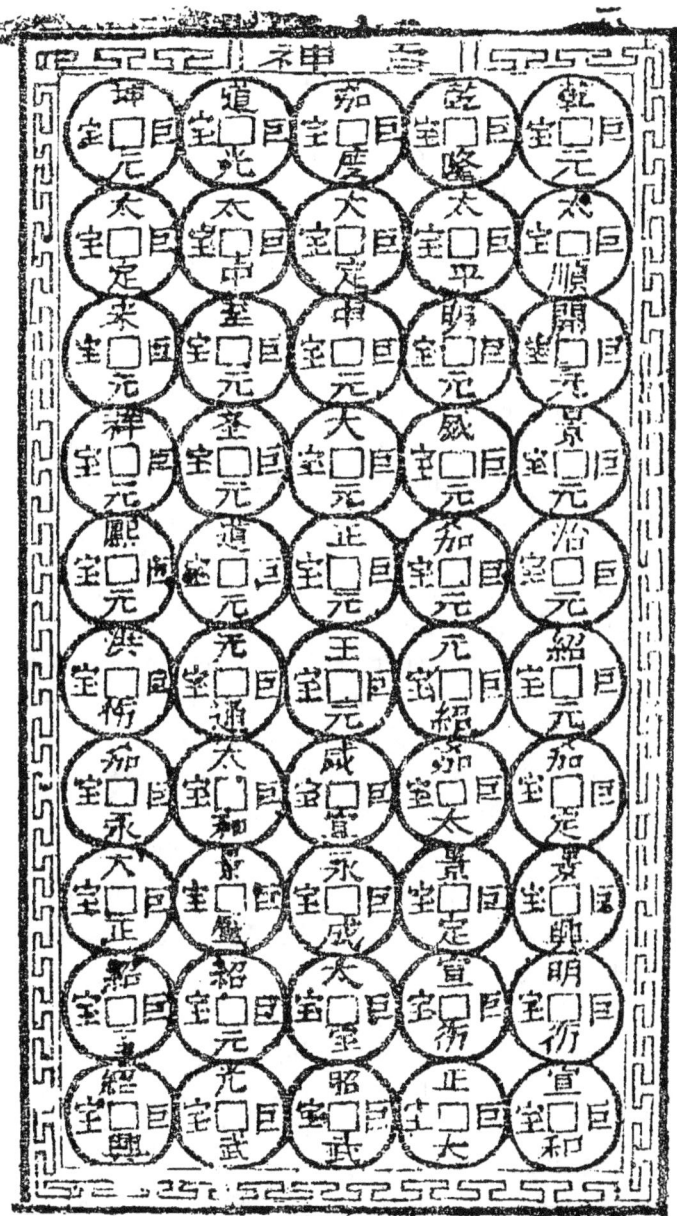

Papier-monnaie, pour les offrandes aux diables et aux esprits.

partiment de la case où gît la malade; il est garni des accessoires d'usage.

La sorcière, vêtue d'une robe de soie rouge, dénoue ses cheveux qui lui retombent sur les épaules et se couvre la tête d'une pièce d'étoffe rouge; le musicien frappe avec ses baguettes sur un tam-tam de peau et sur des morceaux de bois de fer; des enfants frappent sur des cymbales et sur des timbres; c'est l'invocation au diable qui doit s'incarner dans le corps de la sorcière. Après une demi-heure de musique, la sorcière commence à balancer son corps et à faire rouler sa tête sur ses épaules; cela signifie qu'elle entre dans la possession du diable et qu'elle ne s'appartient plus. Quand cette cérémonie d'introduction est terminée, la sorcière se débarrasse de son voile rouge, revêt une robe verte et un turban vert; elle roule ses cheveux et les peigne, tout en continuant ses balancements qui ne doivent cesser qu'à la fin de l'incantation.

Le démon, par la bouche de la femme, commence alors à se manifester; une seconde sorcière assiste la possédée : elle prie le diable de guérir la patiente; le musicien improvise des supplications déclamées et accompagnées de tam-tam et de tambour; le diable résiste, il se débat, exige qu'on lui fasse des cadeaux, et le colloque suivant s'engage au son du tambour et des gongs :

« Délivrez cette pauvre femme, Monseigneur, du démon de la maladie qui va la faire mourir.

« — Je suis le diable tout-puissant; je règne sur la terre et dans les airs; mon pouvoir s'étend jusqu'au fond de la mer.

« — Guérissez la malade, Monseigneur, elle brûlera des baguettes sur l'autel et vous offrira des chiques de bétel et des fruits.

« — J'accepte les chiques de bétel, les baguettes d'encens et les fruits; mais je veux aussi de riches présents, des bijoux et des vêtements.

« — Vous aurez de riches bijoux, des colliers de grains d'or, des bracelets et des bagues.

« — Je veux une robe de soie.

« — Vous aurez une robe de soie rouge, et une autre robe de soie brochée de nuages et de dragons.

« — Je suis le génie puissant, je commande à cent mille diables, je puis guérir toutes les maladies.

« — Nous vous parerons de beaux habits, vous serez le plus beau des génies, guérissez cette femme, Monseigneur.

« — Cette femme est très malade; si je ne la secours avant la nuit, elle mourra; elle avait autrefois des bijoux et des barres d'or et d'argent; d'où vient qu'elle est pauvre?

« — Cette femme est très âgée, son mari est mort, ses enfants sont morts, sa maison a été incendiée, le malheur l'a ruinée.

« — Qu'elle fasse des présents à l'autel, qu'elle donne des chevaux, des bateaux, des paquets de barres d'or et d'argent.

« Elle donnera tout cela, voici des fruits, voici des ligatures de sapèques.

Ici le diable se fâche : « — Je veux de l'or, vous dis-je, beaucoup d'or, je suis le génie puissant; il me faut de beaux habits, sans quoi je monterai à deux pieds sur le corps de cette femme et je la ferai mourir.

« — Là, là, calmez-vous, Monseigneur; voici de l'or, beaucoup d'or (on place des paquets votifs sur l'autel); guérissez la malade et nous vous donnerons des poules, des canards, et un cochon en or (*sic*).

« — C'est bien, je vais appeler cent mille diables et toutes les légions d'esprits des quatre plages du monde. »

La sorcière se lève et procède à une danse bizarre dans laquelle les pieds n'ont qu'un rôle bien modeste; elle lance avec force ses bras tantôt en l'air, tantôt devant elle, et fait avec les mains des passes de magnétiseur, puis elle prend deux baguettes qu'elle allume, fait avec ces baguettes, devant l'autel, des signes mystiques, décrit des cercles dans l'espace et pique ces baguettes dans ses cheveux, horizontalement, au-dessus des oreilles.

Elle prend ensuite des bananes, les expose à la fumée de l'encens.

« Portez ces bananes à la malade, qu'elle les mange et qu'elle se garde de cracher jusqu'à sept heures du soir, et elle guérira; si elle crache, elle mourra. »

Après quoi, elle expose la plante de son pied au-dessus de la mèche fumeuse d'une lampe de terre, et quand son pied est complètement noir, elle le pose sur les épaules et sur les genoux de la patiente. Elle prend des amulettes de papier, des formules écrites, les brûle dans une soucoupe, verse par-dessus de l'eau-de-vie de riz qu'elle allume aussi; quand le liquide est éteint, elle remue le tout avec une baguette d'encens, en prend une certaine quantité dans sa bouche et, gonflant ses joues, crache ce liquide à la figure de la malade.

Elle revient à l'autel, fait avec les baguettes allumées, au-dessus des plateaux couverts de fruits, des passes très compliquées, et elle distribue ces fruits et du bétel à tous les assistants :

« — Voici des fruits, des bananes, des oranges, gardez-vous de les manger avant sept heures du soir, sans quoi la malade mourra.

« — Nous gardons ces bananes et ces oranges. Soyez sûr, Monseigneur, que nous ne mangerons qu'au clair de la lune. »

La sorcière prend un sabre de bois, s'avance vers la malade, lui trace sur la tête et sur le corps des signes en croix, puis se renverse brusquement en arrière dans les bras des assistants qui se précipitent pour l'empêcher de tomber par terre.

C'est le diable qui quitte le corps de la sorcière; celle-ci se relève enfin, se frotte les yeux, prend une chique de bétel, sourit aux assistants, et s'entretient immédiatement avec eux sans paraître ressentir la moindre fatigue [1].

LES QUAN-ÔN, GÉNIES DU MALHEUR.

Les *quan-ôn* sont la horde innombrable des génies malfaisants qui guettent l'homme et les créatures et les tuent par la fièvre, par la guerre, par la famine, par tous les maux et les accidents. Les grandes chaleurs de l'été sont particulièrement favorables à la mortalité, dans le peuple annamite; aussi les sacrifices aux *quan-ôn* ont-ils lieu au commencement de la saison chaude.

Les sacrifices sont individuels; chacun fabrique ou achète la figure, en papier, des créatures qu'il désire soustraire à l'influence néfaste des *quan-ôn*, hommes, femmes, enfants, buffles, porcs, chevaux, etc., et les brûle, après s'être livré à quelques prosternations préalables, sur l'aire des incinérations de la maison commune du village (*dinh*). Les offrandes spéciales aux génies néfastes des eaux ne sont pas incinérées, mais déposées dans de petites barques en papier et placées sur la rive des fleuves, ou abandonnées au courant.

Les maisons dans lesquelles se trouve une femme en couches, ou des enfants en bas âge pour lesquels on craint la contagion d'une épidémie, ou un malade atteint de la variole, sont signalées au passant par une branche de cactus barbouillée de chaux, suspendue sous le toit, devant la porte; dans cer-

---

[1] Observé à Hanoï, le 20 avril 1890.

tains villages, la branche de cactus est remplacée par un morceau de bois à demi consumé.

Ce fétiche éloigne les diables de la maladie, excepté ceux du choléra. Contre ces derniers, on doit recourir à des pratiques spéciales, et la plus commune consiste à porter, suspendues au cou par un cordon, deux amulettes distinctes. La première se compose d'un *buà* ou grimoire, où les noms des génies des quatre mers : *A-Minh*, 阿明, génie de la mer de l'Est; *Truc-Dong* 祝融, génie de la mer du Sud; *Cư-Thùa* 巨秉, génie de la mer de l'Ouest, et *Ngung-Cuong* 禺強, génie de la mer du Nord, sont écrits sur du papier jaune au moyen d'une couleur composée de trois drogues, dont nous n'avons pu reconnaître la nature, mais que les Annamites appellent *Thân-Sa* 碾砂, *Chu-Sa* 硃砂 et *Hóng-Hoang* 雄黃.

La deuxième est une pâte composée de camphre, de célastre et de soufre; on appelle cette drogue-amulette *Thuốc-Tru*.

Les prophéties annamites rappellent parfois, dans l'obscurité de la rédaction, celle de Nostradamus; l'oracle qui annonça la ruine de la première dynastie des Lê et l'avènement de la dynastie des Ly, au xie siècle de notre ère, ne laissait rien à désirer sous ce rapport; la foudre, tombant sur un Gao en fleurs (Bombax malab), au village de Duyên-Uân, fendit l'arbre en deux et découvrit l'inscription suivante :

> La racine de l'arbre est sombre.
> L'écorce de l'arbre est claire.
> Comme le riz sous le couteau, l'arbre tombera;
> Le dix-huitième fils alors sera promu.
> Puis, entrant dans la région de l'Est,
> L'arbre extraordinaire renaîtra de nouveau.
> Le soleil se lève à l'est du côté du palais,
> Dans six ou sept ans, le royaume sera en paix.

Voici l'explication, donnée par un bonze de l'époque, de ce

thème énigmatique, qui n'est qu'une cryptographie basée sur l'analyse des éléments constitutifs des caractères chinois qui le composent.

Les caractères «riz, couteau et arbre» réunis forment le caractère *Lê*, qui est le nom de la dynastie régnante. La phrase suivante: «dix-huitième fils», se compose de trois caractères qui, réunis en un seul, forment le caractère *Ly;* les éléments constitutifs du caractère chinois qui est le nom dynastique des *Trần* se retrouvent dans *Dông-A* (côté de l'est sur la boussole géomantique); l'«arbre extraordinaire qui renaîtra» représente la dynastie Lê qui reviendra de nouveau. Enfin la dernière phrase fixe à six ou sept ans l'accomplissement de la première partie de la prophétie, c'est-à-dire de l'avènement de la dynastie des Ly qui rendra le calme au royaume[1].

Les bonzes exploitent les prophéties pour se faire attribuer des aumônes, des offrandes, des donations; ils sèment la terreur dans les âmes timorées des gens du peuple, provoquant parfois des séditions; imitant notre clergé du moyen âge, ils annoncent d'épouvantables calamités, voire même la fin du monde, dont on peut toutefois se racheter par des prières et surtout par de l'argent.

Voici la traduction d'une de ces prophéties, écrite en langue chinoise, qui fut répandue à milliers d'exemplaires au Tonkin en 1886; elle rappelle l'avertissement de l'ange à la famille de Loth.

Le 15e jour du 5e mois de la 13e année du règne de l'empereur Quang-Siu, la cloche de la pagode de la montagne de Thiên-Dày, près de la ville de Dông-Nhân, province de Kouei-Tchéou, se mit à sonner toute seule, et soudain un vieillard de 74 ans, qui était assis dans cette pagode, leva les yeux au ciel et prononça cette prophétie:

---

[1] Cf. notre *Étude archéologique sur Hoa-Lu*.

« La déesse Quan-âm viendra parmi nous et les récoltes seront abondantes, mais aussi de grands malheurs vont fondre sur le genre humain. Le 15° jour du 5° mois, la légion infernale des ôn [1] va descendre sur la terre; elle séparera les bons des mauvais et fera périr ces derniers. Celui qui ne croira pas en cette prophétie mourra le 5° jour du 9° mois.

« Seuls les bons échapperont au désastre, les mauvais seront exterminés.

« Cette prophétie vient de la pagode de Thiên-Dai; s'il en est qui doutent de son authenticité, ils seront punis par le Ciel.

« Celui qui y croira ne périra pas.

« Celui qui la copiera 10 fois sauvera sa famille.

« Celui qui en fera 100 copies protégera tout son village.

« Celui qui ne fera pas son possible pour propager la prophétie vomira le sang jusqu'à la mort.

« Le pécheur qui se repentira sera épargné.

« Le 15° jour du 9° mois, il soufflera un vent mortel, chacun devra s'en préserver.

« Celui qui brûlera des baguettes d'encens devant sa porte et fera des offrandes de papier d'or et d'argent ne mourra pas.

« La déesse Quan-âm a composé 5 caractères et signes cabalistiques (buà); ils sont écrits ci à gauche.

« Celui qui voudra se préserver du fléau devra les écrire à l'encre rouge sur un papier, le brûler et en avaler les cendres.

« Cette feuille vient de Liên-Tchéou, elle doit être répandue partout.

« Elle a été imprimée chez Hoa-Tinn à Hông-Còng, près de l'entrepôt de vin de Ba-ly. »

Suivent les hiéroglyphes ordinaires des grimoires de sorciers.

[1] *Ôn, ôn-qui, ôn-thân* ou *quan-ôn*, ce sont les génies du malheur, ainsi que nous l'avons vu plus haut.

TOTÉMISME, MYTHES ET SUPERSTITIONS.

HISTORIQUE DE LA SORCELLERIE.

C'est dans les livres de magie, dans les pratiques des sorciers, dans les contes et dans les légendes populaires, qu'il faut rechercher les traces des mythes grossiers qui furent jadis la religion sauvage des Annamites.

Dans la partie légendaire des annales historiques de l'Annam, on trouve de nombreux exemples de totémisme; il y avait, parmi les tribus qui se partagèrent le pays, la race des renards et la race des dragons; il y avait aussi les éperviers rouges.

Afin de tromper les crocodiles qui abondaient alors dans les cours d'eau du pays, et leur faire croire qu'ils étaient de la même famille, les riverains et les pêcheurs tatouaient sur leur corps l'image de ces animaux; ils tatouaient également l'image des serpents, afin de se préserver de leurs morsures. L'usage de tatouer des dragons sur le corps des rois de l'Annam s'est perpétué jusqu'au règne de Trân-anh-Tôn, au xive siècle de notre ère, et l'on peut encore considérer comme un souvenir du totémisme cet usage que les Annamites et les Chinois ont conservé de peindre des yeux ouverts à l'avant de leurs bateaux et d'orner la façade de leurs maisons et les portes de leurs villes murées du talisman du bonheur représenté par la figure de cinq chauves-souris fétiches.

Les idées totémiques s'enchevêtrent, dans les livres de sorcellerie annamite, comme dans toutes les religions sauvages, avec les idées thériomorphiques.

L'éléphant est né de l'étoile Giao-Quang, et le lapin est procréé par la lune; des hommes revêtent à leur gré des corps d'animaux, et certains animaux empruntent la forme humaine.

Un roi annamite, de la dynastie Trân, ayant perdu sa mère, l'inhuma au village de Hoang-Huong et fit construire un autel pour y offrir des sacrifices aux mânes de la défunte. La première fois qu'on y fit brûler l'encens, on vit apparaître un serpent rouge qui s'enroula autour du brûle-parfums et disparut en laissant sur l'autel une chevelure de femme.

Le renard, à cinquante ans, peut se changer en vieille femme, et, à cent ans, prendre la forme d'une jolie fille; il en profite pour abuser de pauvres jeunes gens et se faire épouser par eux. Quand il atteint mille ans, le renard se change en homme ou plutôt en une sorte d'être humain, comparable aux *prétas* des mythes indous. Il peut aussi se changer en fantôme, mais à la condition de trouver un crâne humain qui s'adapte à sa tête. Il se rend à cet effet dans les cimetières et creuse les tombes; quand il a exhumé un crâne, il le place sur sa tête et l'agite en tous sens afin de voir s'il s'ajuste bien. Les renards apparaissent toujours, dans la sorcellerie annamite, comme l'incarnation de la ruse; ils se font passer pour sorciers, énoncent de fausses prophéties, donnent à des gens en prière de pernicieux avis. Quelquefois, mais rarement, cette ruse astucieuse se transforme en finesse bienveillante, il s'agit alors de la thériomorphose de vieux instituteurs ou de vieux mandarins. Le plus terrible des renards est le renard à neuf queues; on le considère comme une calamité permanente, qui revêt, pour fondre sur les humains, toutes les formes imaginables.

Un roi d'Annam, se promenant sur la montagne Dô-son, remarqua une jeune fille d'une admirable beauté, qu'il épousa. A dater de ce mariage, les affaires de l'État s'embrouillèrent, les voisins lui déclarèrent la guerre, et il tomba dangereusement malade; sa femme le soignit avec dévouement, mais la maladie empira et le roi mourut; quand il fut près d'expirer, il ouvrit les yeux pour apercevoir une fois encore sa femme, qu'il aimait beaucoup et dont il tenait une des mains dans les siennes; mais il vit avec effroi qu'il tenait par la patte un renard à neuf queues.

Les truies ont également le pouvoir de se transformer en filles de joie.

C'est aux idées totémiques qu'il convient de reporter les faits de zoolâtrie dont nous avons parlé plus haut, et les offrandes de figures d'animaux dont nous nous occuperons par la suite. L'animisme domine tout dans les pratiques et les croyances populaires annamites; ainsi qu'il se produit chez les races inférieures, l'Annamite superstitieux semble n'avoir pas la conception d'une séparation physiologique absolue non seulement entre l'homme et la bête, mais encore entre les choses animées et inanimées, végétales et inorganiques.

Des animaux apparaissent, dans certaines circonstances, à de hauts personnages ou à des particuliers pour leur prédire des faits extraordinaires. Un cheval blanc, surgissant d'un marécage, traça dans une course folle la direction et l'étendue des remparts de Dai-La. Ce fait paraît être une réminiscence annamite d'une légende chinoise qui donne la même origine miraculeuse au tracé d'une partie de la Grande Muraille. Voir en songe une tête de buffle suspendue et sanglante annonce une prochaine promotion à une haute dignité. Les serpents et les dragons parcourent l'espace, portés par des nuages; les nuages les plus brillants portent les dragons, les plus sombres portent les serpents; certains serpents sont doués d'une puissance surnaturelle : ils ont le front orné d'une pierre précieuse de couleur blanche. On vit un jour sortir de la chambre d'un roi Lê, à Hanoï, dix-sept serpents; le roi dit aux assistants : « Seize rois déjà sont morts dans cette même chambre, mon heure est venue, je serai le dix-septième. » Il mourut en effet au commencement de l'automne. La rencontre d'un serpent par un roi est toujours un avertissement du Ciel qu'un danger le menace. Si le serpent a deux têtes, c'est un signe de mort violente qu'il est possible de conjurer en tuant le serpent. Si l'animal a le front orné de deux petites cornes, c'est un présage excellent de grande fortune et d'honneurs civils pour celui qui le rencontre, mais il peut être assuré de mourir à quarante-deux ans. Certains serpents parlent et recourent volontiers à l'assistance des hommes; un de ces serpents, guéri d'une loupe par un Annamite qui s'était, par mégarde, laissé choir dans le précipice qui lui servait de demeure, enveloppa de ses anneaux le corps de son bienfaiteur et le déposa sain et sauf hors du gouffre; un autre, sauvé d'un grand danger par un jeune homme, lui apporta une pierre inestimable qui fit sa fortune. Un rat apporta de même un sac de perles à Thai-Hi-Phu, qui l'avait sauvé d'une inondation.

On connaît la brillante épopée des deux héroïnes annamites, les sœurs Trung, qui délivrèrent au premier siècle de notre ère l'Annam du joug des Chinois, et dont les statues sont l'objet d'un culte national dans leur temple d'un faubourg de Hanoï. Le général chinois qui les vainquit et les tua, Ma-Viên, se retira après ses victoires au village de Vu-Lang, dans une maison qu'il avait fait construire sur le versant du mont Hô-Dâu. Cette maison, après la mort du général, fut transformée en temple funéraire dans lequel sa mémoire était honorée. Un jour apparut dans ce temple un énorme serpent dont les anneaux reposaient sur l'autel; pris d'épouvante, le gardien s'enfuit. Quand il revint, l'animal avait disparu; il procéda alors aux offrandes ordinaires de fruits et de viandes prescrites par le rituel, mais le serpent reparut et, lentement se dirigeant vers l'autel, dévora les offrandes. Il en fut ainsi pendant de longues années; cela durerait encore même, si l'on en croit les sorciers, et tout le monde dans la contrée est persuadé que le serpent de

Vu-Lang est l'incarnation de l'âme de Ma-Viên. Dans les dépendances d'une des pagodes du village de La, auprès du fleuve Rouge, dans la province de Son-Tây, vit depuis longtemps un serpent à taches rouges que les habitants considèrent sans frayeur, à qui ils s'abstiennent de nuire et qu'ils respectent même en quelque sorte, convaincus que cet animal est la réincarnation d'un vieux bonze de cette pagode, mort depuis le commencement du siècle.

Il est de singuliers exemples de thériomorphose : l'arbre Chuoi, quand il a mille ans, se transforme en un bouc bleu; un arbre banian, coupé dans l'enceinte d'un temple auprès de Hanoï, se transforma en buffle bleu. Le *Ngô-Dông*, végétal chanté souvent par les poètes, se change la nuit en fantôme à tête de buffle. Certains sorciers ont le pouvoir de créer à volonté des abeilles; ils n'ont pour cela qu'à remplir leur bouche de grains de riz qu'ils soufflent en l'air avec violence; chaque grain de riz devient une abeille, et l'essaim bourdonnant ne tarde pas à se poser sur une branche. Le sorcier Truo'ng-qua, que les Chinois appellent *Tchang Kou-Lao*, n'avait pour monture qu'un carré de papier blanc qu'il changeait en âne quand il voulait s'en servir, et qu'il pliait et rangeait dans sa boîte de bétel lorsqu'il rentrait chez lui.

Le rat des champs, au troisième mois de l'année, se transforme en oiseau *Nhu*, et ne reprend sa première forme qu'au huitième mois. A l'âge de cent ans, le rat se transforme en chauve-souris. Quand la chauve-souris noire atteint mille ans, elle se change en hirondelle. Celui qui mange de la chair de chauve-souris, quand elle est sur le point de se métamorphoser, obtient l'immortalité.

Les fées prennent quelquefois la forme des papillons pour se promener à leur aise dans les jardins de fleurs; il est aussi des fleurs qui se transforment en papillons; la jeune fille qui peut s'emparer d'un de ces papillons et le piquer dans sa chevelure est assurée de se marier dans l'année. Il est, sur la montagne de La-Phu, une pelouse émaillée de ces fleurs qui, chaque année, donne naissance à une multitude de papillons.

Quand une cigale se pose sur un étudiant, c'est l'annonce de sa prochaine promotion à un emploi public; cette croyance se rattache sans doute à ce fait que le bonnet de cérémonie des hauts fonctionnaires est dit *à ailes de cigales*.

Les naissances miraculeuses foisonnent dans les traditions annamites. La mère de Dông-Thiên-Vương conçut en plaçant sur le chemin de Dap-Câu son pied nu dans une empreinte de pas d'une longueur démesurée. La mère de l'assassin du roi Dinn-Thiên-Hoang conçut en songeant qu'elle avalait la lune; d'autres encore, en grand nombre, songèrent que des étoiles leur tombaient dans la bouche. La seconde femme de Dê-Côc, trouvant dans un nid d'hirondelles un œuf fraîchement pondu, l'avala, et enfanta le roi Thiêt.

L'empereur chinois Kao-Tsou naquit d'une façon tout aussi étrange; sa mère le conçut en rêvant qu'elle se disputait avec un corbeau rouge. Sous le règne de Chen-Nong, le législateur fabuleux que les Chinois et les Annamites révèrent comme le génie de l'Agriculture, la femme d'un nommé Fou-Pao aperçut un jour, autour de la Grande Ourse, une auréole étrange que personne ne voyait avec elle; sous l'influence de cette lueur, elle conçut et, après une grossesse de vingt mois, mit au monde l'empereur Hoang-Ti. La mère de l'Empereur blanc le conçut de même en voyant une grosse étoile tomber dans l'eau. Il est peu de personnages un peu marquants, dans l'histoire antique de l'Annam et de la Chine, auxquels la légende n'attribue une naissance miraculeuse.

Les empreintes dans le roc du pied d'un génie ou d'un animal miraculeux sont également nombreuses, et ont été généralement laissées au moment d'une ascension au ciel; telles sont celles des quatre pieds du cheval de fer du héros Dông-thiên-Vương. Ce cheval de fer est le pendant du cheval de pierre qui servait de monture au roi An de la dynastie des Hung, et dont on peut voir encore une moitié sur la montagne de Cưu-Tư, du village du même nom, près de Bac-Ninh, et l'autre moitié au sommet de la montagne voisine de Đao-ân. Un autre cheval de pierre se trouvait au fond de l'étang de Hoa-Lư; il mangeait les aliments que lui portaient d'habiles plongeurs; il avala ainsi un paquet d'ossements que lui présenta Dinh-bô-Linh, fils d'une loutre et d'une femme, lequel devint, au xe siècle, le fondateur de la première dynastie nationale annamite.

Les êtres humains et les animaux changés en pierre se retrouvent dans les *märchen* annamites. Tout un troupeau de chèvres dont le berger avait été transporté au ciel par un génie fut ainsi changé en pierres blanches sur le versant de la colline où il paissait.

Des rochers isolés, dressés sur des endroits élevés, passent toujours pour des exemples de métamorphose. Auprès de Lang-Son se trouve le rocher de la *Femme qui attend son mari*, ou rocher de *Vong-Phu*. Une petite fille, fuyant la brutalité de ses parents qui la maltraitaient et l'avaient grièvement blessée à la tête, vécut de longues années dans une grotte déserte; elle vit arriver un jour auprès d'elle un jeune voyageur harassé de fatigue, qui lui demanda l'hospitalité; il avait perdu sa famille et ses biens dans une terrible inondation et il s'en allait à l'aventure, cherchant un emploi qu'il ne trouvait pas; les deux jeunes gens se plurent, s'épousèrent et vécurent ensemble. Un jour que le mari peignait la chevelure de sa femme, il découvrit une longue cicatrice et lui demanda d'où elle provenait. La jeune femme raconta les malheurs de son enfance et dit le nom de son père. Le mari pâlit soudain et s'éloigna de sa femme : il venait de découvrir qu'il avait épousé sa propre sœur. Il se contint cependant et ne voulut rien dire à sa malheureuse compagne, mais, prétextant un voyage, il partit et ne revint plus. La pauvre femme attendit d'abord patiemment, mais les mois et les années s'écoulèrent et l'époux ne revenait pas; elle finit par mourir de chagrin, à l'endroit où elle se rendait chaque jour pour voir si, au loin, elle n'apercevait pas l'absent, et son corps fut changé en pierre. C'est le rocher qu'on aperçoit de loin au sommet de la montagne. Il existe dans la province du Quang-Si, au-dessus des gorges de Chao-Ching, un second rocher de la *Femme qui attend son mari*, et sur lequel Colquhoum rapporte une légende un peu différente, bien que semblable par le dénouement. Dans le pays des Châu de la rivière Noire, une jeune fille et un cheval ont été ainsi pétrifiés au cours d'un acte monstrueux. A Lang-Côc, des grenouilles et des crapauds sont devenus des rochers, et l'imagination des Annamites a ainsi établi des mythes sur un grand nombre de rochers et de montagnes dont la forme rappelle celle d'êtres animés.

Le cochon, chez les Annamites, a la réputation d'attirer le bonheur. Les enfants portent au cou des pendeloques et des amulettes, au nombre desquelles figure souvent un petit cochon taillé dans un morceau de réalgar ou de sanguine. Dans la grande pagode bouddhique de Hô-Nam, à Canton, sur la rive droite de la rivière des Perles, les bonzes élèvent, dans un bâtiment spécial, des cochons sacrés qu'ils nourrissent avec le plus grand soin et qu'ils entourent de certains égards; ainsi les prêtres grecs élevaient autrefois des cochons dans l'enceinte du temple de Déméter, et le peuple croyait que l'offrande d'une statuette de cochon dans le temple de Cnide rendait le mariage fécond.

Dans les villages du Tonkin, il arrive parfois qu'un certain

Le cochon fétiche.

nombre d'habitants se réunissent pour procéder, à frais communs, à l'élevage d'un animal fétiche. A cet effet, ils choisissent un cochon noir bien constitué, le placent dans un local spécial, très propre, très ventilé, et l'engraissent avec des aliments de choix et abondants.

Il prend dès lors le titre de *ông-lo'n* «Son Éminence» ou de *ông-y* «Monsieur le Pourceau»; il est l'objet de soins assidus; on le nettoie chaque jour, et sa nourriture ne lui est présentée que dans des vases bien propres et parfois même luxueux. Comme marque de consécration, et afin d'empêcher que le diable ou les mauvais esprits ne viennent troubler ses digestions, on peint sur sa peau la figure symbolique du *âm-duong*.

Dans ces conditions, eu égard surtout à la quantité et à la qualité de la nourriture qu'il ingurgite, l'animal engraisse d'une façon monstrueuse et, jusqu'à son immolation au génie protecteur, il est considéré comme le *palladium* du village. Les pauvres diables qui ne peuvent participer à l'offrande commune se contentent de coller, sur la porte ou sur les colonnes de leur maison, l'image grossière et peinturlurée du cochon fétiche décoré du signe *âm-duong* (fig. p. 363).

La sorcellerie est la religion des sauvages; la lâcheté de l'homme devant l'inconnu a créé le sorcier; celui-ci commande aux éléments, provoque la pluie, la sécheresse, l'éclat de la foudre. A sa voix, les montagnes s'entr'ouvrent; les flots de la mer s'écartent devant lui; il peut, comme Yên-du'o'ng-Vu'o'ng, descendre au fond de l'océan, entre deux murailles liquides. Il arrête le soleil, les planètes, et les étoiles lui obéissent; les hommes le redoutent, le consultent, l'implorent. Le sorcier a été le chef des premiers groupements humains; on le retrouve tout-puissant à l'origine de toutes les sociétés, et les faits historiques sont remplacés, à l'aurore des civilisations, par des récits de jongleurs et de magiciens. Au IVe siècle avant notre ère, on voit au Tonkin des sorciers lutter d'habileté et rivaliser de puissance; Son-Tinh et Thuy-Tinh se disputent la main de la fille du roi de Bach-Hac, et mettent en antagonisme les monstres marins et les animaux des forêts. Lors de la fondation de Cô-Loa, une tortue d'or vient donner au roi des conseils pour la construction des remparts, qui s'enfonçaient dans le sol au fur et à mesure des travaux. Dans cette légende de la fondation de Cô-Loa, on retrouve des idées totémiques : une jeune fille épouse un coq blanc. On faisait à cette époque des sacrifices humains à certains génies anthropophages : l'un d'eux s'appelait Ro, un autre Xu'o'ng-Rông. Cette coutume était une réminiscence de l'état de cannibalisme des Annamites. Les offrandes sacrificatoires ou propitiatoires à la divinité, chez les peuples sauvages, se composent toujours d'aliments, et là où les sauvages sont cannibales, l'offrande consiste naturellement en chair humaine. Ce souvenir du cannibalisme n'est pas isolé dans les mythes et dans les histoires religieuses antiques des Annamites. Le plus grand acte de dévouement consistait à faire manger à quelqu'un la chair de son propre bras, afin de le guérir d'une maladie incurable. Le remède était infaillible et l'acte conférait la sanctification à celui qui se dévouait. Aujourd'hui encore, les Annamites et les Chinois placent dans le foie de l'homme le siège du courage, et on les a vus, dans certains cas, après un combat par exemple, manger le foie des victimes pour se communiquer la bravoure et l'ardeur militaires. Dans les cérémonies religieuses en dehors du bouddhisme, c'est-à-dire dans les habitudes populaires qui prennent leurs sources dans les temps les plus reculés, aux origines mêmes de la race annamite, on sacrifie des animaux vivants de trois sortes, et toujours du sexe mâle : buffle, bouc et cochon. Pour donner au serment plus de force et de solennité, on boit une tasse de sang en prononçant la formule prescrite. Des traces indéniables de totémisme se retrouvent encore dans les animaux éponymes du cycle chinois, lesquels imposent à ceux qui sont nés sous leur signe des pratiques particulières dans toutes les phases de leur vie, maladies, voyages, construction d'une maison, etc., et auxquelles on doit se conformer encore lors de leurs funérailles, après leur mort, pour le règlement du rituel et l'orientation des sépultures. Ce sont encore des réminiscences des sacrifices sanglants du premier état de sauvagerie des Annamites, que ces offrandes, ces incinérations de figures en papier représentant des personnages et des animaux, à côté d'objets mobiliers et de vêtements. Les annales chinoises nous ont conservé le souvenir d'inhumations royales à l'occasion desquelles on procédait à de véritables tueries humaines. On enterrait alors avec le défunt non seulement ses femmes, mais encore ses serviteurs; on vit même des parents et des amis réclamer l'honneur de suivre le mort dans sa tombe. La même coutume a persisté, seulement on a remplacé les personnages vivants par des figures inertes, que la flamme consume, mais dont les éléments subtils s'élèvent avec la fumée au-dessus de notre terre et s'en vont, par delà la vie, reprendre leur forme et s'animer pour se mettre à la disposition de l'âme à qui l'offrande est faite.

Chez les Grecs, on offrait aux dieux lares un chien, et les statues des lares eux-mêmes avaient les épaules couvertes d'une peau de chien; la porte de la maison, chez les Annamites, est gardée par un chien de pierre dont la tête seulement émerge du sol; il en est de même des portes des villages et de certains temples, dont l'accès est gardé par un chien de pierre, parfois de grande taille. La danse hiératique, qui fit partie de tous les mystères dans l'antiquité, et que pratiquent encore actuellement les sauvages, se retrouve chez les sorciers et chez les bonzes taoïstes annamites. Dans une chaîne aux évolutions rapides, ils tracent sur le sol les figures du mythe cosmogonique, le Grand Absolu, le Daï-Kiêc, monade cosmique primordiale, dont l'aspiration et l'expiration alternatives créèrent les forces antagonistes, énergies génératrices des êtres et des choses.

L'armée des fantômes, des gnomes, des vampires est considérable dans les superstitions annamites, et la plus grande partie des pratiques de la kabbale des sorciers est consacrée à conjurer leurs maléfices. Les fantômes pratiquent à leur gré l'anthropomorphose et s'ingénient à jouer aux pauvres mortels tous les mauvais tours imaginables; quand on se doute qu'on a affaire à un fantôme, il faut tâcher de le saisir par le bras et, le maintenant fortement, de lui écrire dans la paume de la main, au moyen d'un pinceau, le grimoire représentant le caractère chinois *diable* et le caractère *mort*. Si c'est un renard ou une truie qui a emprunté la forme humaine, l'animal reprend immédiatement sa figure primitive et on peut à son gré le rouer de coups; si c'est un fantôme, il s'évanouit. Il est des gnomes qui n'ont qu'une tête et des bras, d'autres qui n'ont qu'un ventre et pas de tête; une série de gravures illustrant, dans un traité taoïste annamite de la vie du Buddha, la scène de l'agression de Shakyamouni par l'armée de Mara, présente une très grande variété de ces gnomes difformes et monstrueux qu'on croirait avoir été dessinés par Callot. Les vampires s'introduisent pendant la nuit dans les maisons et sucent le sang de leurs victimes jusqu'à la mort. Des démons ou des génies prennent la forme humaine pour abuser des femmes pendant leur sommeil, ou bien vivent auprès d'elles sous les traits du mari; O-Lôi, un personnage célèbre de la cour des rois à Hanoï, était le fils du génie de la pagode de Ma-la et de la femme de Si-Doang, ambassadeur annamite à la cour de Chine. Liêu-Hanh, la fille de l'empereur céleste Ngọc-Hoàng, épousa, sous les traits d'une princesse de la famille Ly, un haut fonctionnaire annamite nommé Đao-Làng; elle mourut, reprit un corps et rencontra plus tard son mari, qui, mort de douleur par suite de son veuvage, s'était aussi réincarné dans le corps d'un lettré du Nghệ-An; ils s'épousèrent de nouveau et il leur naquit un fils.

On cite, dans les légendes annamites, de nombreux personnages fils d'incubes et de succubes. Le mythe de la naissance du roi des singes, *Tuyết-Sơn,* ou « la Montagne neigeuse », qui accompagna Fa-Hian dans la mission religieuse aux Indes[1], met en action un diable et une fée. Le diable, désirant ardemment posséder une jeune fée, qui avait coutume de prendre son bain dans le bassin de pierre d'une fontaine, au fond d'une forêt déserte, et, ne pouvant parvenir à ses fins, imagina de tracer un grimoire magique sur le bloc de pierre qui servait de siège à la jeune fée lorsqu'elle sortait de l'eau. La première fois qu'elle se reposa sur cette pierre, la fée se sentit invinciblement retenue et dans l'impossibilité de se lever. Le diable alors apparut, sous la figure d'un singe, et voulut s'approcher; telle fut la frayeur qu'il inspira à la pauvre nymphe, qu'elle parvint à se lever et à s'enfuir; mais elle laissa dans le roc l'empreinte de son corps. Le singe à son tour vint s'asseoir sur ce même rocher qui, plus tard, produisit un œuf de pierre d'où naquit Tuyết-Sơn.

Les fictions des Annamites ont parfois une origine commune avec les fictions des autres peuples. On retrouve dans leurs apologues notre fable du Renard et du Corbeau, avec ce dénouement imprévu qui ne manque pas de moralité : « *Comme le renard se préparait à manger le gâteau que le sot oiseau avait laissé échapper de son bec, un chasseur survint qui le tua.* » Les ani-

---

[1] Cf. notre étude sur l'introduction du bouddhisme en Chine, d'après les taoïstes annamites.

maux parlants interviennent à tout propos dans leurs récits :

Une tortue, qui vivait dans son marécage, eut un jour l'occasion de régaler un de ces rats qui font leur nid sur la cime des aréquiers; le rat, ne voulant pas demeurer en reste, convia la tortue à un festin chez lui.

«Comment ferai-je, dit celle-ci, pour vous suivre au sommet de l'arbre? — Serrez, dit le rat, ma queue entre vos mâchoires et je vous remorquerai sans peine.» La tortue suivit ce conseil, et le rat parvint à la cime de l'aréquier, traînant son amie derrière lui. Comme il atteignait à la première branche, la femelle du rat avança la tête hors du nid et, voyant la tortue, lui dit :

«Vous me faites bien plaisir, ma voisine, de venir me voir.» La tortue, voulant répondre quelque chose d'aimable, ouvrit la gueule, lâcha la queue du rat et tomba au pied de l'arbre. Le rat descendit précipitamment et chercha à calmer la tortue qui avait failli se briser dans sa chute. «Venez, lui dit-il, mais ayez soin de ne rien répondre à ma femme si elle vous adresse la parole.» On recommença l'ascension de la même manière. La femelle du rat les accueillit encore et ajouta : «J'espère que vous n'êtes pas trop meurtrie de votre chute.» La tortue, sans réfléchir, répondit avec aigreur : «Ce n'est pas votre faute si je ne suis pas tuée.» Elle tomba de nouveau et, cette fois, s'en retourna chez elle. Le lendemain, le rat vint pour s'excuser encore, mais comme il se tenait sur le bord du ruisseau profond, appelant la tortue, celle-ci apparut et lui dit : «Je ne vous garde pas rancune, j'ai de bons poissons en réserve, venez jusque chez moi, vous en mangerez votre part. — Comment ferai-je, dit le rat, pour traverser ce ruisseau profond? — Montez sur mon dos, dit la tortue, et je vous passerai à la nage.»

Le rat s'accrocha à la carapace de la tortue, mais lorsqu'ils furent arrivés au milieu du ruisseau, la tortue plongea et le rat fut noyé.

Dans d'autres circonstances, ce sont des animaux qui parlent aux hommes. Ces légendes sont très anciennes, elles datent de la vie de tribu; on les retrouve surtout chez les montagnards qui ont conservé, plus que les Annamites de la plaine, les habitudes et les traditions des temps primitifs. Dans le mythe de la création de l'homme, chez les montagnards du Tonkin, on voit un arbre arraché par la tempête donner naissance à deux oiseaux, Ac-Cac et Ua-Quê. Ces deux oiseaux, dit la légende, s'accouplèrent et, de leur premier œuf qui était carré, naquit un homme, lequel engendra de lui-même une multitude de fils et de filles qui s'unirent ensemble et formèrent le premier peuple. Quand ce peuple devint trop nombreux, il se sépara en deux groupes, dont l'un demeura dans les montagnes et l'autre descendit dans les plaines. Ce fut là l'origine des Annamites et des Thôs de la montagne.

Le soleil est tour à tour un globe de feu et un être animé qui peut engendrer d'autres soleils; on lit dans le *Hoai-Nam-tw* que le soleil ayant un jour amené avec lui, dans sa course au-dessus de la terre, neuf autres soleils, le monde terrestre était menacé de périr de chaleur, lorsqu'un habile chasseur d'arc, nommé Hâu-Nghê, parvint à tuer ces neuf soleils à coups de flèches. Ils disparurent et l'on vit tomber sur la terre neuf cadavres de corbeaux noirs. Le soleil obéit à la voix qui sait prendre assez d'autorité. Lo-dương combattant les Han, et voyant le soleil sur le point de disparaître avant que ses troupes n'eussent remporté la victoire, étendit sa lance et enjoignit au soleil de s'arrêter. Le soleil non seulement suspendit sa course, mais on le vit rétrograder et remonter dans le ciel.

Le soleil est comparé parfois à un char de feu dirigé par un être lumineux qu'on appelle Hi. Quand il y a éclipse de soleil, les hommes doivent pousser de grands cris et battre du tambour afin de contraindre le démon des ténèbres d'abandonner sa proie. Quand il y a éclipse de lune, ce sont les femmes qui doivent crier et frapper sur des objets sonores. Les Annamites ont emprunté aux Malais cette opinion, que le soleil mange la lune et que la lune mange le soleil pendant les éclipses.

La lune possède en sorcellerie une influence considérable sur le monde terrestre. Quand le roi est menacé d'un complot, le soleil et la lune se lèvent en même temps sur l'horizon. Quand le nombre des femmes adultères est trop considérable dans un pays, il y a éclipse de lune. Pendant les nuits sans lune, les poissons n'ont pas de cervelle. Certaines traditions placent un lapin dans la lune, d'autres y placent une grenouille à trois pattes. Les étoiles sont des êtres humains ravis au sommet des cieux; deux frères ennemis, At-Ba et Thuc-Tham, furent séparés par l'empereur d'alors et moururent l'un et l'autre aux deux extrémités opposées de la terre; mais la mort n'ayant pas éteint leur haine, le maître du ciel les plaça dans le firmament de telle façon qu'ils ne pussent jamais se rencontrer; l'aîné est l'étoile du matin et le cadet l'étoile du soir. Il en est de même de la *Fileuse*, l'étoile des épouses malheureuses, qui est séparée de son époux bien-aimé, *le Gardeur de buffles*, par le grand fleuve du ciel, la Voie lactée. Une fois par an seulement, le septième jour du septième mois, le maître du ciel leur permet de se réunir, et ce sont les corbeaux qui font au-dessus de la Voie lactée un pont vivant sur lequel passent les deux époux; c'est pourquoi, à cette époque de l'année, les corbeaux ont la tête pelée. La Fileuse et le Gardeur de buffles ne doivent rester ensemble qu'un seul jour, et leur séparation provoque chez eux des torrents de larmes qui tombent en pluie sur la terre le huitième jour du septième mois. C'est en souvenir de cette malheureuse histoire que les Annamites s'abstiennent de fiançailles et de mariage pendant le septième mois, craignant de voir leur union maudite comme celle de la Fileuse et du Bouvier. Ce mythe est d'origine chinoise.

Les contes populaires caractérisés par la présence d'animaux à voix humaine, malfaisants ou secourables, par l'existence accordée à des objets inanimés, par l'intervention de puissances stellaires et planétaires, sont nombreux chez les montagnards tonkinois, et on y retrouve toutes les pratiques de la sorcellerie des Annamites de la plaine; malheureusement, ce sont de véritables chroniques scandaleuses, embroussaillées à ce point de mots orduriers et de faits érotiques, qu'il est presque impossible d'en donner des spécimens. Les contes héroïques sont surtout répandus chez les Annamites de la plaine, et le merveilleux en fait toujours les frais; des fées, des ogres, des monstres, des bêtes féroces se font les protecteurs ou les ennemis du héros, qui possède souvent un talisman à l'aide duquel il poursuit sa destinée, déjouant tous les charmes et tous les enchantements. C'est la même intrigue, ce sont les mêmes obstacles vaincus, les mêmes idées morales qui font la trame et le tissu de nos contes populaires, des *märchen* et des *household-tales* dont les folkloristes nous ont recueilli de si nombreux et de si intéressants spécimens en Europe. C'est un enchaînement de faits tenant à la fois des *Mille et une Nuits*, des *Contes* de Perrault et des rhapsodies grecques; quelques-uns de ces contes sont marqués au coin de la grâce la plus exquise, tel le mythe suivant, de l'arec et du bétel, que l'on croirait tiré d'Horace pour la forme et d'Ovide pour la fiction.

Il y a bien longtemps de cela vivait un mandarin que le roi avait surnommé Cau, et qui avait fait de ce surnom son nom de famille. Il eut deux fils, Tân et Lang, beaux à voir et se ressemblant tellement qu'il était presque impossible de les distinguer l'un de l'autre; lorsqu'ils eurent l'âge d'homme, ils perdirent leur père et leur mère; orphelins et n'ayant aucune fortune, ils entrèrent tous deux comme domestiques chez un nommé Đa-Ly que l'on appelait aussi Lưu-Huyên.

La fille de Đa-Ly était une fort jolie personne de dix-sept ans, on l'appelait Liên.

Les deux jeunes gens en furent de suite amoureux et voulurent l'un et l'autre la prendre pour femme. Liên, fort embarrassée de choisir entre ces deux êtres si parfaitement semblables, résolut d'épouser l'aîné.

Afin de le reconnaître, car aucun d'eux ne voulait le désigner, elle fit apporter une table chargée de mets et les leur offrit; le cadet, sans réfléchir, prit instinctivement les baguettes et les présenta avec respect à son aîné qui fut ainsi découvert.

Elle obtint le consentement de ses parents et les jeunes gens s'unirent.

Après ce mariage, le cadet se vit délaissé par son frère, non point que celui-ci ne l'aimât plus, mais l'affection qui lui appartenait autrefois tout entière était désormais partagée, et au sentiment pénible qu'il en éprouvait se mêlait encore le regret de ne pas posséder la jeune fille et peut-être, à son insu, un peu de jalousie envers son frère. Il les quitta et s'en alla droit devant lui.

En traversant une forêt, il rencontra un ruisseau large et profond; ne pouvant le franchir, il se laissa tomber sur le bord en pleurant, et se désespéra tellement de son triste sort, qu'il mourut.

Son corps se changea en un arbre à la tige élancée, couvert tout au sommet d'un panache de feuilles et de régimes de fruits: c'était l'aréquier.

L'aîné, ne voyant plus son frère, s'en fut à sa recherche; il suivit le même chemin, arriva au ruisseau, vit l'arbre extraordinaire et voulut s'asseoir au pied; il fut métamorphosé en pierres de chaux.

Quand la femme vit que son mari tardait à revenir, elle alla également à la forêt et parvint jusqu'au ruisseau; lorsqu'elle aperçut l'aréquier et les pierres qui l'entouraient, une révélation céleste lui apprit ce qui s'était passé; folle de douleur, elle se précipita au pied de l'arbre, étreignant les pierres, criant qu'elle voulait mourir. Elle mourut en effet, et son joli corps fut changé en une liane flexible à la feuille aromatique, dont les rameaux enlacèrent les pierres et le tronc de l'aréquier.

Les parents de la jeune femme rassemblèrent toute la famille des Luu, et ils élevèrent près de là une pagode où une foule de gens vinrent, des contrées les plus éloignées, rendre un pieux hommage à ces victimes de l'amour conjugal et fraternel.

Pendant les chaleurs accablantes des 7e et 8e mois, le roi Hùng-Vu'o'ng se reposait souvent dans cette pagode; un jour, considérant l'arbre et la liane, il se fit raconter la légende. Afin de se rafraîchir, il fit prendre des fruits de l'arbre et des feuilles de la liane dont il composa un masticatoire qui lui fit le plus grand bien en lui parfumant la bouche; la salive qu'il cracha avait la couleur du sang vermeil. Il imagina de faire cuire les pierres qui étaient autour de l'arbre, et il en ajouta un peu au mélange qu'il prit dès lors l'habitude de mâcher. Il fit planter des graines de l'arbre et de la liane; elles poussèrent à merveille et tout le monde en voulut avoir.

C'est en mémoire de cette histoire que, dans le royaume d'Annam, le premier présent des fiançailles consiste depuis lors en bétel et noix d'arec.

La version annamite de Cendrillon, que j'ai recueillie et traduite sous le pinceau d'un vieux chef de canton de la rivière Claire, n'a certes pas été influencée par Charles Perrault, et elle peut être considérée comme une des plus archaïques que l'on connaisse. Ce fabliau nous reporte au IIIe siècle avant notre ère; il est contemporain de la guerre du Péloponèse et de la Grande Muraille de Chine; si nous le donnons ici, c'est que la Cendrillon annamite, divinisée par les générations antiques, possède encore un temple au Tonkin et qu'elle appartient dès lors doublement à l'ethnographie religieuse du pays.

Au temps du dernier roi Hùng vivait un homme appelé Ðao-chi-Pham, originaire du village de Lam-Sơn, de la préfecture de Quê-dương, dans la province de Bac-Ninh.

Cet homme, un jour, perdit sa femme; elle lui laissait une fille en bas âge qui s'appelait Cơi-Tâm, *Pellicule de Riz*. Pour soigner cette enfant, notre Ðao-chi-Pham prit une autre femme nommée Thi-Cao, et en eut une deuxième fille qui reçut le nom de Cơi-Cơm, *Balle de Paddy*. Les deux enfants grandirent côte à côte, partageant les mêmes plaisirs et en apparence l'affection de leurs parents.

Balle de Paddy était jolie et mignonne, mais Pellicule de Riz ne tarda pas à la surpasser en sagesse et en beauté; la mère de Balle de Paddy en éprouva beaucoup de dépit. Tant que le père vécut, elle fut forcée de dissimuler ses mauvais sentiments, mais bientôt Ðao-chi-Pham vint à mourir et la méchante Thi-Cao put témoigner toute son aversion à Pellicule de Riz. Dès ce jour, la pauvre enfant fut chargée des travaux les plus pénibles et les plus rebutants; si elle avait le malheur de montrer quelque répugnance ou quelque fatigue, sa marâtre la rudoyait, et même la battait.

Or chaque année, dans le village comme dans tout le royaume, était célébrée une fête en l'honneur du génie local. Pour réunir le poisson des offrandes religieuses, le chef du village faisait mettre à sec les mares communales. Après la pêche, ce qui restait dans les trous et dans la vase était abandonné aux habitants qui envoyaient leurs enfants chercher le poisson. Un jour, Pellicule de Riz reçoit de sa marâtre l'ordre d'aller à la mare communale, mais elle a beau chercher, elle ne peut rapporter qu'un mauvais petit poisson Bô'ng, et, à la maison, quand elle rentre, Thi-Cao furieuse lui donne des coups de rotin.

Pour pleurer à son aise, la fillette s'enfuit au bout du jardin en emportant le poisson dont on n'a pas voulu.

La petite Pellicule de Riz se lamentait de toutes ses forces, quand un génie lui apparut :

« Cesse de pleurer, mon enfant, et va porter ce poisson Bô'ng dans la pièce d'eau qui est au milieu du jardin ; tu auras soin de lui donner à manger tous les jours, et plus tard tu seras récompensée. »

La fillette obéit ; elle porte le poisson dans la petite pièce d'eau au milieu du jardin, et chaque jour, en sortant de la *Ca'i-nhà* pour laver les bols et les bâtonnets du repas, elle ne manque pas de venir apporter sa nourriture au poisson Bô'ng. Elle frappait ses mains l'une contre l'autre et appelait :

« Bô'ng, Bô'ng ! viens manger le riz d'or et d'argent de notre maison, et garde-toi de toucher aux malpropres débris de la cuisine des autres. »

Aussitôt le poisson, qui reconnaissait la voix de la gentille Pellicule de Riz, accourait en frétillant ; elle lui donnait du bon riz préparé en cachette pour lui, et le poisson Bô'ng ainsi nourri devenait magnifique.

Un jour, Balle de Paddy accompagnait sa sœur. Elle la voit jeter du riz dans la pièce d'eau et, comme elle est déjà très jalouse de Pellicule de Riz, elle va tout raconter à sa mère. Deux jours après, Thi-Cao se cache derrière un arbre du jardin et elle voit le poisson Bô'ng se précipiter au-devant de la petite fille et recevoir sa nourriture quotidienne ; et elle est très irritée, car elle est très avare. Le lendemain, elle envoie la petite Pellicule de Riz à un grand marché, bien loin, à dix journées de marche, sous prétexte d'y acheter un cochon, comme si elle ne pouvait pas en trouver au marché voisin ; mais elle voulait éloigner sa belle fille. Pendant son absence, elle fait prendre le poisson et, avec Balle de Paddy, elle le mange. Elles se moquaient toutes deux de Pellicule de Riz, qui serait très malheureuse de ne plus retrouver son ami le poisson Bô'ng.

Dès son retour, Pellicule de Riz court à la pièce d'eau et appelle le poisson Bô'ng; mais le poisson n'accourt plus à sa voix, et la pauvre fille se met à pleurer. Alors le génie lui apparaît de nouveau et lui dit :

« Va ramasser près de la porte les débris du poisson; place-les dans quatre vases que tu enterreras sous les quatre pieds de ton lit, le poisson te récompensera plus tard. »

Pellicule de Riz obéit; elle enfouit les arêtes du poisson sous les pieds de son lit, mais elle ne pouvait se consoler de la perte de ce poisson qui était son seul ami.

Trois ans après, un village voisin donnait une grande fête, et tout le monde y allait de fort loin. Balle de Paddy, qui était devenue une très belle fille, prépare ses plus beaux habits pour s'y rendre avec sa mère et sa sœur. Mais toujours Thi-Cao, jalouse de la grâce et de la gentillesse de Pellicule de Riz, veut lui jouer un mauvais tour et la priver d'assister à cette fête. Elle mélange sur une natte des haricots blancs, noirs, rouges, d'espèces différentes, récoltés dans le jardin; puis elle dit à sa belle-fille :

« Je te permets de venir à la fête, mais seulement quand tu auras séparé les uns des autres ces haricots de différentes couleurs. »

Une fois seule, Pellicule de Riz voit bien quel a été le dessein de sa marâtre. Elle ne pourra pas assister à la fête. Elle se jette dans un coin et elle sanglotte amèrement. Soudain, en levant les yeux, elle voit le génie, son protecteur, qui lui sourit :

« Eh quoi! pleureras-tu toujours ? »

« — Hélas! répond la pauvre fille, ma mère et ma sœur sont allées à la fête du village, et moi je ne pourrai les rejoindre que quand j'aurai séparé les uns des autres ces haricots de différentes couleurs; je vois bien que je n'y arriverai jamais. »

« — Verse ces haricots, reprend le bon génie, dans deux grands chapeaux que tu placeras dans la cour et je ferai venir des gens pour t'aider. »

Elle obéit. Soudain une volée de moineaux s'abat sur les chapeaux, et ces oiseaux, du bec et des pattes, se mettent à trier les haricots, si vite, si vite, qu'en une minute toute la besogne est terminée.

Mais Pellicule de Riz, au lieu de se réjouir, continue à pleurer et à se lamenter, et le bon génie lui demande :

« — Pourquoi pleures-tu toujours ? »

« — C'est, dit-elle, que je songe à mes compagnes qui vont paraître à la fête vêtues de beaux habits, tandis que moi, je n'aurai que de misérables vêtements.

« — N'est-ce que cela, répond le génie, va chercher dans la chambre, sous les pieds de ton lit, les quatre vases que tu as enfouis, et tu y trouveras ce que tu désires. »

Pellicule de Riz rentre dans sa chambre, creuse la terre sous les pieds de son lit. Dans le premier vase qui contenait les arêtes du poisson Bô'ng, elle découvre de riches vêtements à sa taille; dans le deuxième, des bijoux d'or; du troisième sort une jolie fille qui se met à la servir, et du quatrième un cheval superbement harnaché.

La joie de Pellicule de Riz est sans bornes. Avec l'aide de la jeune servante elle s'empresse de revêtir les habits somptueux, de se parer de bagues, de bracelets et de colliers; puis, voyant le soleil baisser à l'horizon et craignant d'arriver trop tard à la fête, elle monte sur le cheval qui l'emporte rapide comme une flèche.

En route, une de ses petites chaussures brodées d'or se détache de son pied et tombe sans que Pellicule de Riz s'en aperçoive. Le fils du roi qui se rendait lui-même à la fête, suivi de tous ses courtisans, est émerveillé de la petitesse de la mignonne chaussure; il jure d'épouser la jolie fille à qui elle appartient. Au village, il la fait chercher partout, et bientôt on lui amène Pellicule de Riz. Sa fraîcheur, sa grâce virginale et sa distinction achèvent de le séduire. Il lui dit le serment qu'il vient de faire, et la jeune fille rougissante de plaisir lui répond en enfant bien élevée : « Je ne puis ainsi disposer de moi, il convient que vous me demandiez à ma mère. »

Le lendemain, le prince dépêcha un de ses officiers présenter la demande à Thi-Cao. Alors la méchante femme, voyant tout le parti qu'elle peut tirer de la situation pour Balle de Paddy, sa fille chérie, entreprend de tromper le prince amoureux. Elle répond qu'elle consent avec reconnaissance à donner sa fille au fils du roi; puis, comme Pellicule de Riz ne sait rien de ce qui se passe, elle l'éloigne pour quelques jours sous un prétexte quelconque, et, le jour des noces, elle présente au prince Balle de Paddy. Trompé par les riches vêtements et les bijoux qu'il reconnaît, le prince croit épouser la jolie fille de la fête, et Thi-Cao est toute joyeuse du succès de sa méchante invention.

Quand, après dix jours d'absence, la pauvre Pellicule de Riz revient au village et apprend ce qui s'est passé, elle est prise de désespoir et se jette dans un puits. Son esprit est transporté dans le séjour des génies, où il obtient la faculté de reprendre sur la terre telle forme qu'il lui plaira, d'apparaître et de disparaître à son gré. Mais le conte ne finit pas avec la mort tragique de Pellicule de Riz. Un jour que Balle de Paddy, l'heureuse femme du fils du roi, après avoir lavé dans l'eau de l'étang le *cai-ao* du prince son mari, le plaçait sur une haie pour le faire sécher, l'esprit de sa sœur prit la forme d'un loriot et se mit à chanter, perché sur le toit d'une maison voisine :

« Loriot, loriot, tu laves le *cai-ao* de ton mari, du mari que tu as volé à ta sœur; mets au moins le *cai-ao* sécher sur la perche, et non pas sur une haie où il peut se déchirer. »

Le prince, qui entend, a comme une révélation qu'il a été trompé par la mère de sa femme, et qu'il a épousé une femme pour une autre, et il se met à chanter de son côté :

« Loriot, loriot, si tu es vraiment ma bien-aimée, la jeune fille à la pantoufle, viens te réfugier dans la manche de mon *cai-ao*. »

L'oiseau quitte aussitôt le bord du toit et vient se cacher dans la manche du prince.

Balle de Paddy, qui assiste à la scène, découvre alors la supercherie de sa mère qu'elle ignorait. Elle voit combien elle a fait du tort à sa sœur, elle est honteuse du rôle qu'elle a joué à son insu et se précipite aussi dans un puits où elle meurt.

Dans le séjour des génies, elle devient également un esprit très puissant, dont l'action est bienfaisante.

Depuis, les habitants du pays ont réuni les deux sœurs dans un culte commun et, en leur honneur, ont élevé une pagode au pied de la montagne de Lam-Sơn, dans la province de Bac-Ninh.

Une certaine année que la sécheresse était très grande, le village fit des sacrifices au temple des deux sœurs et la pluie tomba en abondance, arrosant seulement ce village.

Et voici comment finit l'histoire de la Cendrillon annamite. Plus heureuse qu'elle, celle de Perrault épousa le prince qui l'aimait et en eut beaucoup d'enfants.

L'intervention de la sorcellerie dans les contes populaires a persisté par la suite des siècles jusqu'à nos jours. Les héros sont le plus souvent choisis parmi les personnages historiques; on réunit sur un seul personnage les actions d'éclat et les prouesses de vingt héros différents et, comme il advint en Grèce dans la littérature nationale postérieure à Homère, les auteurs ont une tendance à combiner dans un seul personnage des actions de la plus haute portée morale avec des faits empruntés aux plus grossières conceptions du fétichisme et de la sorcellerie. Les contes les plus anciens se rapportent toujours à un roi de cette fabuleuse et hypothétique dynastie des Hung dont la fin marqua l'aurore des temps historiques annamites.

Le nombre des mythes, des contes populaires et légendes héroïques est très considérable dans le pays annamite, leur réunion en un recueil ne serait pas sans intérêt pour l'étude comparée du folklore. Je donnerai ci-après, pour terminer cette étude, deux échantillons seulement de ces contes; le premier est du XIIe et le second du XVe siècle de notre ère.

L'ÂME DU LETTRÉ DANS LE CORPS DU CHARCUTIER.

HISTOIRE TONKINOISE DU XIIe SIÈCLE.

Cette aventure arriva au temps de la dynastie des Ly, dans le village de Liên-Ha, appartenant à la sous-préfecture de Dưong-Hao, du département de Binn-Giang, dans la province de Haidưong.

Un nommé Trưong-Ba et son voisin Trang-ưng-Long avaient l'habitude de se réunir tantôt chez l'un, tantôt chez l'autre, et de se livrer à d'interminables parties d'échecs. Ce jeu les passionnait au plus haut point, et comme chacun y apportait une habileté et un acharnement égal, et que le perdant n'était tranquille que lorsqu'il avait pris sa revanche, l'intérêt était toujours aussi vif pour les deux partenaires.

Un certain soir que la bataille était restée longtemps indécise, Trương-Ba réussit tout à coup à s'emparer d'une pièce capitale dans le jeu de son adversaire et, plein de joie, s'écria : «Maintenant vous voilà bien malade, et je crois que le génie *Dé-Thich* lui-même ne m'empêcherait pas de gagner cette partie. »

Et il se frottait les mains en clignant des yeux. A ce moment on frappa à la porte; le domestique, étant allé voir qui c'était, introduisit dans la maison un vieillard dont les pieds couverts de poussière témoignaient d'une longue marche.

Les deux joueurs d'échecs, qui étaient très hospitaliers, se levèrent pour recevoir le voyageur et l'invitèrent à se reposer et à passer la nuit dans la maison; ce qui fut accepté.

Le vieillard, qui avait faim, mangea quelques fruits et ses hôtes lui servirent du thé; après quoi, ayant été mis au fait de leurs habitudes, le vieillard les pria de continuer leur partie.

«A quoi bon, dit Trương-Ba, mon adversaire peut s'avouer vaincu : il lui est impossible de continuer la partie dans de telles conditions; jugez vous-même et dites votre avis. »

Le vieillard regarda les pièces de l'échiquier et demanda à continuer la partie de Trang-U'ng. Tout le monde y consentit et, en trois coups, le triomphant Trương-Ba était vaincu. Jamais les deux amis n'avaient assisté à un jeu pareil; on recommença : ils perdirent tous les deux à tour de rôle contre le vieillard qui ne disait rien et se contentait de les regarder à la dérobée en souriant. Ils étaient tout interdits. Trương-Ba surtout, qui avait beaucoup plus de prétentions que son ami et qui se flattait de n'avoir jamais rencontré plus fort que lui, ne savait comment se tenir.

Il soupçonna quelque magie, retint le vieillard qui voulait partir et l'amena dans sa propre maison; il le combla de prévenances, le priant de lui enseigner quelque méthode secrète.

Le vieillard se mit à rire et lui dit : «Il n'y a là aucune sorcellerie et je n'ai rien à vous enseigner. Je passais près de la maison de votre ami et j'ai entendu prononcer mon nom, je suis entré; je suis le génie Dê-Thich, j'ai voulu vous prouver que je pouvais gagner cette partie d'échecs.»

Trương-Ba se prosterna et pria le génie de lui pardonner sa fanfaronnade et son étourderie. Le génie le releva avec bonté et lui dit : «Je vous connais depuis longtemps, je sais que vous êtes un homme instruit, aimant le bien et la vie calme; dites-moi ce que vous souhaitez, peut-être pourrai-je vous le faire obtenir.»

Trương-Ba répondit : «Je suis très heureux de mon sort : ma femme est douce, mes amis sont sincères, ma santé est bonne, mais cela peut changer; je voudrais être assuré d'être heureux et riche jusqu'à la plus extrême vieillesse et connaître à l'avance l'heure de ma mort.»

Le génie se leva et dit : «Je ne puis vous dévoiler l'avenir, et surtout vous révéler l'heure de votre mort, car il ne serait plus pour vous de bonheur sur la terre; mais je puis vous secourir dans l'adversité. Prenez ces trois baguettes d'encens, et, quand vous aurez besoin de moi, brûlez-les, je viendrai». Ayant dit ces mots, le génie remit à Trương-Ba trois baguettes d'encens et il disparut.

Notre homme, resté seul, considéra un moment les baguettes d'encens, puis, voulant les soustraire à la curiosité de sa femme et des voisins, il les cacha dans la charpente de sa maison, et reprit sa vie tranquille et les parties d'échecs avec son ami Trang-U'ng. Trois ans après, rentrant chez lui après une petite promenade, Trương-Ba se sentit tout à coup mal à l'aise, et comme il voulait demander quelque chose à sa femme, il tomba mort. On procéda à ses obsèques qui furent magnifiques;

sa femme poussa des cris lamentables, ses amis composèrent de délicates stances et de savants poèmes en son honneur; on parla pendant quelque temps de lui, de son excellent caractère, de ses talents; puis on oublia, et chacun reprit, indifférent, le cours de sa vie. Seul son ami Trang-U'ng se montra inconsolable d'avoir perdu son vieux partenaire; il mit son échiquier dans un coin, en jurant de n'y plus toucher.

Le temps du deuil étant terminé, sa femme, qui songeait à se remarier, voulut changer de demeure, afin que rien ne lui rappelât son défunt mari qu'elle avait cependant beaucoup aimé et qu'elle avait sincèrement pleuré. Comme elle déménageait tous les objets de la maison, elle trouva sur une poutre trois baguettes d'encens, enveloppées d'un papier; ne voulant pas les jeter, elle les alluma et les fit brûler devant la tablette de son mari. Elles étaient à peine consumées que le génie Dê-Thich apparut et lui dit : « Vous m'avez appelé, me voici; votre mari serait-il en danger?

« — Mon mari, dit-elle, est mort. » Le génie parut surpris et ajouta : « Conduisez-moi vite près de son corps; s'il n'est pas attaqué par les vers, je puis lui redonner la vie.

« — Hélas! sanglota la pauvre veuve, voici plusieurs années qu'il est dans la terre!

« — La perte est donc irrémédiable, dit le génie, et je ne puis plus rien. »

A ce moment, on vint annoncer à la veuve que le charcutier du village venait de mourir.

« Voulez-vous, dit Dê-Thich, que je ranime le corps du charcutier avec l'âme de votre mari? Cela est en mon pouvoir. »

Le charcutier était, de son vivant, un fort bel homme : « Oh! dit la veuve, faites cela et je vous en serai bien reconnaissante. »

Le génie se rendit à la maison du charcutier; le corps était étendu sur le lit et près de lui se tenait sa veuve, éplorée et les cheveux dénoués sur le visage.

« Voulez-vous, lui dit Dê-Thich, voir revivre votre mari? Je puis faire ce miracle.

« — Alors, fit-elle, vous êtes un génie du ciel; faites cela, et je vous bénirai éternellement. »

Dê-Thich leva les yeux au ciel, fit une courte invocation, et l'on vit le charcutier ouvrir les yeux et se dresser sur ses pieds, l'âme de Trương-Ba venait de prendre possession de son corps.

Le bruit de ce miracle se répandit dans toute la contrée; chacun voulut voir le ressuscité; sa femme ne tarissait pas de détails sur l'aventure; quant au génie, il avait disparu. Cependant chacun s'accordait à dire que le charcutier avait beaucoup changé depuis son retour du pays des Ombres; il ne parlait plus de même, ne reconnaissait plus ses intimes amis, et on disait même tout bas qu'il paraissait aimer beaucoup moins sa femme, ce dont tout le monde le blâmait.

Mais ce fut bien autre chose lorsqu'au bout de trois jours on vit le charcutier quitter sa maison, abandonner sa femme et aller s'installer chez la veuve Trương-Ba, qui l'accueillit avec des transports de joie immodérés. Ces honnêtes gens furent scandalisés et les notables du village crièrent à l'adultère. Cependant, comme il s'agissait d'un ressuscité, ils soupçonnèrent quelque sorcellerie et ne dénoncèrent pas le crime aux autorités de la préfecture, ne se souciant pas de s'attirer une affaire avec le diable.

La charcutière, après avoir bien pleuré, s'en alla, poussée par des voisines, chez la veuve de Trương-Ba pour chercher son mari, mais elle fut mise à la porte par ce même mari qui lui dit : « Comment n'avez-vous pas honte de venir réclamer un homme jusque dans les bras de sa femme! Vous êtes un sujet de scandale pour le village, votre conduite est une injure à la mémoire du charcutier. »

L'événement fit grand bruit et finit par arriver aux oreilles des magistrats; le préfet fit comparaître tous les personnages de l'affaire dans son prétoire, les confronta les uns avec les autres et les interrogea.

« Pourquoi, dit-il à la veuve du lettré, avez-vous ensorcelé ce charcutier au point de lui faire abandonner sa femme pour vous suivre ? »

Elle répondit : « Mon mari est mort depuis quatre ans, mais le génie céleste Dê-Thich a fait un miracle en sa faveur : il a rappelé son âme et lui a donné pour nouvelle demeure le corps du charcutier qui venait de mourir. » En entendant cela, le préfet ressentit un grand trouble; comment juger une affaire ainsi embrouillée ?

Il s'adressa à la femme du charcutier : « Vous avez entendu ce qu'a dit votre rivale; son mari était lettré, le vôtre n'était-il pas aussi très versé dans la littérature ? — Mon mari, répondit-elle, ne savait pas lire, mais il était très habile à tuer les porcs et à préparer leur chair pour en faire des saucisses. »

Le préfet commanda d'apporter un porc et un couteau, et, se tournant vers le ressuscité, il lui dit :

« Allons, souvenez-vous de votre métier et faites-nous sur-le-champ des saucisses. »

Le pauvre homme, pour obéir, prit le couteau qu'on lui tendait, et s'approcha du pourceau qui grognait, mais il le fit si gauchement et regarda l'animal avec une frayeur si comique, que tous les assistants éclatèrent de rire et furent convaincus qu'il n'avait jamais fait le métier de charcutier.

« Qu'on lui donne donc un pinceau, dit le préfet, nous allons voir s'il est meilleur poète. »

L'homme s'approcha d'une table où se trouvaient des feuilles de papier et écrivit au courant du pinceau une composition de cent caractères; tout le monde fut émerveillé.

A ce moment, un des assistants qui se tenait à l'écart s'écria : «Nous allons bien voir si c'est véritablement Trương-Ba.» C'était l'ami de Trang-ưng-Long qui avait apporté son échiquier sous son bras.

Ils s'installèrent tous les deux à la table et commencèrent la partie; elle n'était pas achevée, que Trang-ưng-Long tombait en pleurant dans les bras de son ami en s'écriant : «Ah! je ne doute plus, tu es véritablement Trương; quel autre homme sur la terre pourrait jouer ainsi!»

L'épreuve était décisive, le préfet rendit sa sentence.

«Attendu que, s'il est établi que le corps de cet homme, autrefois charcutier, ait appartenu en cette qualité à la demanderesse, il est non moins certain que ce même corps est aujourd'hui animé par l'âme de Trương-Ba, le lettré, et doit être par conséquent considéré comme le mari de la défenderesse;

«Considérant, d'autre part, que c'est l'âme immortelle et non le corps périssable qui constitue la réelle individualité;

«Considérant en outre qu'il serait absurde de prétendre faire fabriquer des saucisses à un lettré inhabile dans l'art de la charcuterie,

«Décidons :

«L'homme ici présent sera reconnu par tous comme Trương-Ba, le lettré.»

Tout le monde fut d'accord pour trouver cette sentence admirable et chacun se disposait à s'en aller, quand le nouveau Trương-Ba prit la parole et dit à sa femme, en regardant la charcutière qui pleurait : «Le sort de cette femme est vraiment triste, ne pouvons-nous rien faire pour l'adoucir?»

La femme de Trương-Ba alla prendre la main de sa rivale et lui dit : «La loi permet à l'homme d'épouser plusieurs femmes; venez vivre avec nous, ma sœur, d'autant plus que je me trouve bien vieille maintenant pour garder à moi seule tout l'amour de mon mari. »

Trươ‘ng-Ba et son ami Trang-U‘ng, celui-ci portant toujours son échiquier sous son bras, reviennent au village, suivis par les deux femmes qui se donnaient la main.

LE ROI LÊ-LỌ‘I ET LE SERPENT DU LAC TÒNG-TING.

ÉPISODE LÉGENDAIRE DE LA GUERRE D'INDÉPENDANCE.

(XIᵉ SIÈCLE.)

Nguyên-Trai était un savant lettré du règne de Hô-qui-Ly. Originaire du village de Nhi-Khê, de la préfecture de Thươ‘ng-Phuc, dans la province de Hanoï, il avait été reçu docteur à l'âge de 21 ans.

A cette époque, les Annamites étaient plongés dans la plus grande misère; la Chine avait déclaré la guerre à la dynastie des Hô, le pays était rempli de soldats, de longs convois parcouraient les routes, les villages étaient excédés sous le poids des corvées et des charges de toute nature; tous les hommes valides avaient pris les armes.

Nguyên-Trai, qui était très pieux, essayait par ses prières d'attirer les grâces des génies sur son pauvre pays; un jour qu'il avait fait des sacrifices dans la pagode du Lac de la nuit, et qu'il avait prié tout le jour, il s'endormit dans le temple même, et soudain le génie du lieu lui apparut et lui dit : «Celui qui rendra le calme et la prospérité au royaume d'Annam est un pauvre paysan qui vit en ce moment dans les forêts du pays de Lam-So‘n; il se nomme Lê-Lọ‘i.»

A son réveil, Nguyên-Trai, se souvenant de ce songe, comprit qu'il avait réellement été en communication avec le Ciel; il réfléchit et résolut de rechercher ce Lọ‘i pour se mettre au service de sa cause et l'aider dans sa mission. Il partit donc pour le pays de Lam-Son, s'enquit et finit par se trouver en face de Lê-Lọi. C'était en effet un brave paysan, que rien dans son extérieur ne dénonçait comme appelé à de hautes destinées; aussi Nguyên-Trai, malgré sa foi inébranlable dans les génies, conçut-il un doute. Il se tut sur le véritable mobile de sa démarche et, se donnant lui-même comme un paysan en quête de travail, s'offrit à Lê-Lọi en qualité de laboureur, se promettant de l'observer à loisir. Il fut agréé et demeura dans la maison pendant une année, épiant toutes les circonstances, essayant de scruter la pensée intime de son maître et de deviner ses intentions; tous ses efforts furent superflus. Lê-Lọi paraissait n'être en vérité qu'un grossier paysan, sensuel et cruel, et nullement un patriote ou un ambitieux politique. Un dernier fait vint détruire complètement ce qui pouvait rester, dans le cœur de Nguyên-Trai, de soupçons en faveur de la mission de Lê-Lọi. Au jour anniversaire de la mort de son père, Lê-Lọi, en faisant le sacrifice commandé par les rites, se permit de découper et de manger la chair de l'animal immolé, avant qu'il eût été offert sur l'autel. Un tel homme ne pouvait avoir été choisi par les dieux! Nguyên-Trai, désabusé, le quitta et se mit en route pour rentrer dans son pays.

Arrivé au débarcadère de Dương-Xa, il tomba au milieu d'un petit détachement de soldats chinois; les hommes, groupés çà et là, devisaient entre eux en attendant le bac qui devait les transporter sur l'autre rive du fleuve; il s'arrêta près d'eux et, feignant de se reposer, écouta leurs conversations. Ils s'entretenaient de récents présages annoncés par les astrologues : « Nous ne tarderons pas, disaient-ils, à rentrer dans nos familles : les astrologues affirment que le jour est proche où doit surgir le libérateur de l'Annam. » Rendu soucieux par ce qu'il avait entendu, il se leva sans rien dire et continua sa route; vers le soir, il arriva à un autre débarcadère, celui de Gian-Khâu, pénétra dans une pagode voisine, élevée à la mémoire de la princesse Chiêu-dung, et s'arrangea pour y passer la nuit.

Au milieu de la nuit, la princesse lui apparut et lui dit : «Vous avez manqué de patience et de prespicacité; celui que le Ciel a désigné pour sauver l'Annam est bien Lê-Lợi à la face de tigre, qui se montre toujours cruel envers les hommes et paraît ne songer qu'à manger et à boire. Retournez vers lui et soyez patient, vous deviendrez son premier ministre.» Nguyên-Trai retourna sur ses pas; en arrivant au marché de Dương-Xa, il vit un grand mouvement parmi les marchands de poissons; il s'approcha et apprit qu'un pêcheur venait de capturer un poisson d'un poids extraordinaire; dans sa joie, cet homme criait : «Je le donne à celui d'entre vous qui pourra le soulever et le porter d'une seule main.» Nguyên-Trai lui dit : «Avez-vous réellement cette intention? — Certes, répondit le pêcheur en le toisant du regard, et je ne crains pas d'avoir à vous le donner pour ce motif.» Nguyên-Trai, qui était doué d'une très grande force sous de chétives apparences, prit le poisson d'une main, le plaça sur son épaule et l'emporta, aux applaudissements de l'assistance qui riait en même temps de la déconvenue du pêcheur.

Nguyên-Trai se rendit chez Lê-Lợi, qui fut surpris de le revoir; il lui fit présent du poisson et lui demanda la faveur de reprendre ses travaux, ce à quoi Lê-Lợi consentit avec empressement, car il estimait fort Nguyên-Trai comme laboureur.

Ils reprirent donc le cours de leur existence précédente, et une année se passa encore de la sorte. Au bout de ce temps, il advint qu'une certaine nuit Nguyên-Trai, s'étant éveillé et ayant éprouvé le désir de sortir dans la cour, aperçut Lê-Lợi qui, une épée à la main, franchissait le mur de clôture et se dirigeait vers la forêt. Intrigué de ce manège, Nguyên-Trai franchit également le mur et se lança à la piste de Lê-Lợi, qu'il vit entrer dans la forêt et pénétrer dans une caverne habitée par un sorcier nommé Lê-Thu. Nguyên-Trai s'approcha de l'orifice de la caverne et put saisir la conversation échangée entre les deux hommes dans l'intérieur.

Le sorcier disait, répondant à Lê-Lợi : « Pourquoi vous impatientez-vous ainsi? J'ai consulté à nouveau le livre des sortilèges et les baguettes divinatoires; c'est dans onze ans seulement qu'il vous sera permis de délivrer le royaume. »

En entendant ces mots, Nguyên-Trai ne put se contenir et s'écria : « Comment pouvez-vous dire une telle absurdité? » Mais il se trouva soudain renversé et maîtrisé par un homme qui lui posait un poignard sur la gorge. C'était Lê-Lợi qui, en entendant une voix humaine se mêler au conciliabule secret, avait bondi hors de la caverne et se disposait à faire à l'intrus un mauvais parti.

Quand il reconnut son laboureur, il jeta son poignard : « Pourquoi m'espionnes-tu? lui dit-il. — Je ne vous espionne pas, maître, lui répondit Nguyên-Trai; je connais la mission que vous a confiée le Ciel, et je suis envoyé pour vous aider. » Ils rentrèrent dans la caverne. Le sorcier alors prit la parole et dit : « Vous prétendez que je me suis trompé dans mes pronostics en assignant un délai de onze ans pour l'accomplissement des destinées politiques du pays, qu'en savez-vous? Connaissez-vous donc les sortilèges de Thai-ât? — Je les connais, répondit Nguyên-Trai, et je vais les consulter devant vous. » Il disposa en effet les baguettes divinatoires selon la loi de Thai-ât, prononça les formules cabalistiques et reprit les baguettes; mais il eut soin d'en faire disparaître une dans sa manche, et quand le sorcier vérifia la réponse des sorts, il vit en effet avec surprise et avoua qu'il s'était trompé de dix ans dans sa prédiction; il ne soupçonnait pas le subterfuge de Nguyên-Trai.

« Vous le voyez, dit celui-ci, ce n'est pas dans onze ans, mais bien l'an prochain que le Ciel vous commande de délivrer le pays des maux qui l'accablent; il est temps de vous mettre à l'œuvre. »

Lê-Lọi fut convaincu, et ils mirent l'un et l'autre tout à profit pour recruter secrètement des partisans et préparer l'entrée en campagne. A la fin de l'année, se croyant prêts, ils attaquèrent résolument les Chinois; mais la fraude de Nguyên-Trai ne pouvait pas avancer d'une heure l'époque fixée par le destin, et, au premier engagement, Lê-Lọi fut battu; ses partisans s'enfuirent de tous côtés, et il perdit la confiance du pays.

Nguyên-Trai, qui était un homme très opiniâtre, résolut de vaincre quand même et de forcer le sort à se montrer propice. Pour ramener la confiance des populations à la cause de Lê-Lọi, il imagina de peindre sur les feuilles des arbres de la forêt, avec un pinceau enduit de graisse, la phrase suivante : « Lê-Lọi sera roi, Nguyên-Trai sera ministre. » Les fourmis arrivèrent en grand nombre sur les feuilles ainsi traitées, mangèrent avidement la graisse et les parties de la feuille qui avaient été en contact avec cette substance, et quand les feuilles tombèrent, on vit que la phrase se découpait avec la plus grande netteté.

Les bûcherons, qui s'aperçurent de la chose, crièrent au prodige; tout le pays voulut avoir de ces feuilles, et le résultat fut que le peuple tout entier se souleva et contraignit Lê-Lọi à reprendre la campagne.

Les troupes de Lê-Lọi firent des prodiges de valeur; mais, malgré leur héroïsme, elles ne purent vaincre définitivement qu'à l'heure marquée par le destin, et la guerre dura dix ans; ce ne fut qu'après ce temps que la prédiction des astrologues reçut son accomplissement. Lê-Lợi devint roi et Nguyên-Trai fut nommé premier ministre.

Le fils de Lê-Lợi, Thai-Tôn, succéda à son père. Ce monarque ayant un jour remarqué une des concubines du ministre Nguyên-Trai, femme d'une grande beauté et de plus très instruite, voulut la posséder dans son harem et la fit secrètement enlever. Cette femme, qui se nommait Nguyên-thi-Lô, se vengea de cet affront en assassinant le roi.

Le tribunal auquel elle fut déférée la condamna à mort, et comme elle était soupçonnée d'avoir commis le meurtre à l'instigation de Nguyên-Trai, le ministre fut également condamné à mort et exécuté. Quand on conduisit Nguyên-thi-Lô sur le lieu du supplice, on vit avec stupeur la condamnée se transformer en serpent et disparaître dans le fleuve Rouge. Il fut manifeste qu'un génie des serpents avait pris la forme d'une femme pour exercer une vengeance sur Nguyên-Trai, et voici en effet ce qui s'était passé :

Le roi Lê-Lợi, père de Thai-Tôn, avait — nous l'avons vu — accordé toute sa confiance au ministre Nguyên-Trai et l'avait comblé de dignités, ainsi que son père qui s'appelait Phi-Khanh. Ce dernier, retiré à la campagne, avait son habitation au milieu d'un vaste jardin complètement envahi par les herbes; un jour, il commanda à ses domestiques de couper les herbes de ce jardin et de préparer le sol pour recevoir sur un point déterminé un petit pavillon qu'il voulait y construire; puis il se coucha sur son lit de repos, car ceci se passait pendant les heures lourdes de midi, et il ne tarda pas à s'endormir.

Il vit en songe une femme en état de grossesse qui le suppliait de ne pas détruire son habitation avant trois jours, afin qu'elle eût le temps d'enfanter.

Il ne s'éveilla pas de suite, car, ayant beaucoup lu dans la journée, il avait la tête pesante; son sommeil dura jusqu'au lendemain matin; quand le jour parut, il se rendit à son jardin et vit que la besogne commandée la veille était terminée; toute l'herbe était fauchée et entassée dans un coin. Il allait se retirer, quand un de ses serviteurs s'approcha et lui dit : « En fauchant hier cette partie du jardin, nous vîmes un énorme serpent s'enfuir devant nous, blessé d'un coup de faucille; c'était une femelle, et elle était pleine; nous ne pûmes l'atteindre, elle disparut dans les broussailles. »

Phi-Khanh rapprocha cette aventure du songe qu'il avait eu, et, tout soucieux, il s'approcha d'une table où se trouvaient des livres et en ouvrit un au hasard; soudain une goutte de sang, tombant de la toiture, éclaboussa la page qu'il avait devant lui, et traversa trois feuilles; le vieillard s'écria : « C'est le serpent qui m'avertit; sa vengeance me poursuivra moi et les miens pendant trois générations. »

Il ne se trompait pas; à quelque temps de là, il fut enlevé par des Chinois qui l'emmenèrent dans leur pays où il mourut de misère et de mauvais traitements; son fils, Nguyên-Trai, périt également de mort violente, et nous avons vu dans cette affaire l'intervention manifeste de la femme-serpent.

Le petit-fils de Phi-Khanh termina la triste série des victimes de la façon suivante : ce dernier rejeton du lieutenant de Lê-Loi s'appelait Nguyên-Dam; parvenu au plus haut emploi officiel, il fut envoyé par le roi Lê-Thann-Tôn en ambassade près la cour de Chine.

Il partit donc avec toute sa suite, franchit la frontière, traversa les riches provinces du sud de l'empire, et s'embarqua sur le lac Tông-Ting, qui est le plus grand lac de la Chine; comme il naviguait ainsi, il aperçut un immense serpent d'eau qui s'avançait vers son embarcation; il comprit que son heure était venue et que le serpent réclamait sa troisième victime; il se leva alors et s'écria : « Laissez-moi d'abord remplir la mission dont m'a chargé le roi mon maître, à mon retour je vous appartiendrai. » Le serpent disparut.

A son retour de Pékin, Nguyên-Dam s'embarqua de nouveau sur le lac Tông-Ting et le serpent reparut derrière le bateau. Sans se plaindre et sans faiblir, Nguyên-Dam écrivit deux lettres, l'une à l'empereur de Chine, l'autre au roi d'Annam, pour leur dire les circonstances de sa mort; puis il remit les pièces officielles de son ambassade au fonctionnaire qui l'accompagnait, revêtit sa robe et son bonnet de cérémonie et se jeta dans l'eau, où le serpent le saisit et l'engloutit.

Quand l'empereur de Chine reçut la lettre du malheureux ambassadeur, il envoya en toute hâte son plus habile magicien porter une amulette dans le lac Tông-Ting; l'effet de cette mesure fut immédiat: le serpent fut foudroyé et son corps vint flotter sur l'eau; on le tira sur la rive, et on put extraire de ses entrailles le corps de Nguyên-Dam qui fut inhumé magnifiquement. Puis on coupa en trois tronçons et on précipita dans le lac le corps du serpent, et les trois tronçons se changèrent soudain en montagnes; ce sont les trois îles montagneuses que l'on voit au milieu du lac.

Plus tard, l'empereur de Chine éleva l'esprit de Nguyên-Dam à la dignité de génie du lac Tông-Ting, et voilà comment le grand lac chinois a pour génie tutélaire un mandarin annamite [1].

---

[1] Le lac Tông-Ting, au nord de la province de Hô-Nam, est le plus grand lac de la Chine. Il a environ 80 lieues de tour, reçoit plusieurs grandes rivières qui descendent des Nam-Linh et communique avec le Yang-tse-Kiang. Sur ses rives sont situées les villes les plus considérables de la province, ce qui n'empêche pas les eaux de ce lac d'être infestées de pirates.

DISPOSITIONS DU CODE ANNAMITE

CONTRE LES SORCIERS, LES DEVINS ET, EN GÉNÉRAL, LES MAÎTRES ET MAÎTRESSES DE DOCTRINES DITES *PERNICIEUSES*. (EXTR. DU CODE ANNAMITE, TRAD. PHILASTRE.)

Art. CCXXV. — *Écrire ou parler sur la sorcellerie.*

Les auteurs de prédiction, de livres ou de paroles magiques, ainsi que ceux qui en auront fait usage et troublé la multitude ou foule seront tous punis de la décapitation (avec sursis); les personnes égarées et troublées ne seront pas incriminées. Si l'erreur n'a pas contagionné la foule, la peine sera l'exil à trois mille lis; on divise l'incrimination en tenant compte de la nature du fait. Si (d'autres personnes en étant auteurs ou les ayant répandus) quelqu'un a en sa possession et cache ou recèle des écrits de ce genre sans les livrer à l'autorité, la peine sera de cent coups de *truong* et de trois ans de travail pénible. (Art. 144, 147.)

C. O. — Une prédiction, c'est quelque chose du genre des prophéties écrites, telles que le *Xich-Phuc-Phu*[1]; quiconque a fait, comme auteur, quelque écrit de magie et de sortilèges, inventé le récit de choses surnaturelles et étranges qui auraient déjà eu lieu, ou qui y insère des prédictions relatives à l'accession au trône ou à la perte du pouvoir, ou qui emprunte le nom de quelque esprit pour forger des paroles ou sentences cabalistiques et mensongères, criminelles et fausses, contre

---

[1] Nom d'un écrit mystérieux et prophétique d'origine surnaturelle apporté à Quang-Vô, fondateur de la dynastie des Han orientaux, par un de ses anciens condisciples et lui annonçant son avènement au trône (56 ans après J.-C., *Annales chinoises*).

les croyances et la raison; ou bien qui grave ou écrit des livres de magie, ou qui crée des paroles d'évocation cabalistiques, toutes choses traitant faussement du bonheur ou du malheur de l'État, du développement ou de la chute des institutions de la génération actuelle, a toujours l'intention de jeter le trouble dans le cœur des hommes et médite des choses contraires à toutes les règles. C'est pour cela que l'auteur primitif et ceux qui, après lui, répondent et emploient des paroles ou des écrits, sont tous punis de la décapitation. En effet, s'il arrivait qu'il y eût un auteur, mais que personne ne fît usage de ses inventions ou ne les répandît, la flamme de la superstition ne serait pas activée, le poison ne serait pas encore profondément infiltré, et c'est pour cela que la peine de ceux qui en propagent la connaissance et l'emploi est la même que la peine de l'auteur; si, sans en être auteur, on se trouve posséder de tels écrits, on doit aussitôt les remettre à l'autorité; si on ne les lui remet pas, si on les cache dans sa maison, bien qu'on n'en ait pas encore fait usage pour en répandre la connaissance, quelle pourrait être l'intention de ceux qui les recèlent? Aussi la peine, dans ce cas, est de cent coups de truong et de trois ans de travail pénible, pour renforcer la sévérité de la règle et couper la source du mal.

Il faut observer que cet article est rangé parmi la loi sur la rébellion et les vols et brigandages, principalement parce qu'il traite de complots ténébreux et coupables qui agissent dans l'ombre et sans se révéler. Quant à l'article 144, relatif aux prohibitions concernant les maîtres et les maîtresses de doctrines pernicieuses, des lois rituelles pour les fausses religions et les pratiques étranges qui vont jusqu'à troubler l'esprit et le cœur des populations, la peine du principal coupable est la strangulation, et celle des co-auteurs est le truong et l'exil; cet article et le présent article semblent traiter des mêmes matières, mais, en réalité, les faits prévus sont tout à fait distincts. En effet, dans celui-là il est question de ceux qui se basent sur la religion des esprits ou sur celle de Bouddha, dont le but est d'extorquer le bien des populations ignorantes, et, à l'origine, on ne peut établir qu'ils aient dans l'esprit d'arriver à commettre des brigandages ou des vols; aussi cet article est-il rangé dans les lois rituelles. Celui-ci, au contraire, se trouve rangé parmi les lois sur les vols, parce que le mobile n'est plus le même et que les degrés de la peine sont différents. De plus, on observe que, dans l'article 147 relatif au fait de conserver et de recéler des livres prohibés, il est dit que ceux qui garderont et cacheront dans leurs maisons des instruments d'astronomie, des dessins servant aux prédictions et des livres défendus ainsi que des portraits et des figures représentant les empereurs et rois de l'antiquité, des sceaux en métaux précieux ou en pierres fines et autres objets analogues, seront punis de cent coups de truong. En effet, les instruments d'astronomie et les autres instruments et objets énumérés sont compris dans le sens de l'expression « livres ou objets défendus »; mais il est uniquement question de la défense de les conserver et de les recéler privément dans une maison, et ces objets ne sont pas des choses comparables à des écrits ou livres de prédictions: aussi la peine est-elle légère; quant aux dessins et figures servant à la divination, il est certain que ce sont des écrits analogues aux prédictions dont s'occupe le présent article; mais, dans celui-là, il s'agit essentiellement de livres transmis par l'antiquité ou par les générations précédentes, et qu'on possède; tandis que, dans celui-ci, il s'agit des personnes coupables qui font elles-mêmes ces faussetés ou qui les empruntent et qui les publient, dans les deux cas, pour semer le trouble dans la foule : et là est la différence entre le sujet des deux articles.

Décret.

1. Parmi ceux qui auront répandu criminellement des paroles fausses et dangereuses, ou bien qui auront écrit et affiché des choses dans le but de jeter le trouble dans l'esprit des populations, le principal coupable sera puni de la décapitation avec exécutions, et les co-auteurs tous puni de la décapitation avec sursis.

ORIGINE DES TEXTES.

La loi et le commentaire sont les textes correspondants du code chinois. Le décret se retrouve mot pour mot dans le premier décret placé à la suite de l'article dans le code chinois, article qui est suivi de deux autres décrets non reproduits dans le code annamite.

Explications coordonnées. — « Prédictions », c'est-à-dire charme écrit qui se vérifie, ce qui a été prédit. Au sujet des auteurs de ces livres, le texte emploie le mot « tramer », c'est-à-dire entre-croiser des fils pour faire ce qui n'existait pas, inventer des choses bonnes ou mauvaises et les donner comme pronostics d'événements qui se réaliseront par la suite. Graver[1] sur ce sujet et faire des volumes, livres, enveloppes d'écrits ; faire des chansons ou ballades, c'est là ce qui constitue ce qu'on appelle faire des livres ; semer et répandre les paroles contenues dans ces livres. » (*Annales du code chinois*.)

Il faut qu'il existe des preuves certaines que le trouble a été jeté dans le cœur de plusieurs personnes pour que l'incrimination existe (*Code chinois*).

Voir les règles de définition pour la valeur des expressions « multitude, foule », etc. (*Code chinois*, art. 140). Il résulte

---

[1] L'impression des livres se fait par la gravure sur bois.

bien clairement de la lecture de l'article et de celle du commentaire officiel que cette loi a surtout en vue de prévenir l'usage de la magie, des prédictions et autres tromperies employées dans un but politique pour susciter des troubles, révolutionner l'État et, comme le dit le commentaire, élever ou abaisser une dynastie. La deuxième partie du commentaire manque de précision dans la manière dont elle établit la différence entre cet article et les articles 144 et 147. Comme toutes les fois qu'il s'agit de questions analogues, le commentateur tourne autour du sujet sans employer le mot propre et catégorique.

Le texte même de l'article est très vague et mal défini; si on se reporte au deuxième décret placé à la suite de l'article 222 et à ce qui y est dit sur les fausses doctrines et les enseignements pernicieux, on constate que dans ces matières obscures et douteuses, dont l'appréciation est souvent conventionnelle, il peut se présenter bien des interprétations arbitraires ou divergentes. Au reste, on en trouve la preuve dans quelques arrêts rapportés dans le code chinois, au sujet de cet article, et où des faits qui paraissent constituer des pratiques de magie et de sorcellerie avec prédictions relatives à la chute d'un souverain sont punis non d'après cette loi, mais de la peine de la mort lente et d'après le décret cité.

Enfin le décret placé après le présent article, loin d'éclairer la législation, la complique en visant d'une façon spéciale quelques-uns des faits prévus par la loi. En somme, l'ensemble de la législation est peu net, peu précis et, dans une matière éminemment subtile, laisse toute liberté à l'arbitraire et à la tyrannie.

Nous avons dit que le code chinois renferme, à la suite de cet article, trois décrets qui n'ont pas été reproduits dans le code annamite. Le premier de ces décrets, revisé en 1821, contient, outre la première disposition qui forme le décret de l'article annamite, plusieurs autres dispositions qui compliquent la loi.

Le deuxième est plus remarquable : il contient des dispositions contre les auteurs, imprimeurs, graveurs et marchands de livres immoraux et contraires aux mœurs. Il ordonne entre autres choses la destruction des planches et des exemplaires saisis. On ne voit guère pourquoi cette disposition n'a pas été introduite dans le code annamite, car elle paraît être la promulgation de ce code.

Le troisième prévoit le fait qui consiste à répandre des bruits relatifs à la politique et aux actes du Gouvernement.

Malgré tout l'échafaudage de loi et de prohibitions relatives à la magie et à la divination, il est certain qu'en Chine les rues sont encombrées de gens qui exploitent la crédulité du peuple; que les libraires et les colporteurs vendent publiquement les livres et les images les plus obscènes, et que les peintures, figures et objets de ce genre se vendent aux yeux de tous, sans répression.

En Cochinchine, et en particulier en Basse-Cochinchine, les gens qui s'intitulent sorciers sont nombreux, et rien n'indique que le Gouvernement annamite se soit jamais beaucoup occupé de remédier à l'exploitation qu'ils font de l'ignorance et de la crédulité de leurs compatriotes.

Art. CXLIV. — *Des prohibitions concernant les maîtres et maîtresses de doctrines pernicieuses.*

Tous maîtres ou maîtresses qui évoquent fallacieusement des esprits diaboliques, qui écrivent des charmes, qui répandent de l'eau en proférant des imprécations[1] ou qui agissent par

---

[1] Jeter de l'eau pure pour former un cercle, en proférant des paroles magiques ; ce cercle ne peut plus être traversé par des esprits ennemis.

l'assistance de l'oiseau fabuleux appelé Loan, invoquent les saints, se donnent l'appellation de *Doan-Công*, ou de *Thai-Bao*, ou de *So-Ba* (noms particuliers de sectes), ou bien qui, mensongèrement, se prétendent d'une société telle que celles connues sous les noms de *Ry-Lac-Phât*[1] « communion du nénuphar blanc »[2], et autres, ou de toute espèce de doctrine d'une fausse religion, ou initiés à des pratiques merveilleuses; ceux qui se cachent pour dessiner des images, brûler des parfums et se réunir entre eux; qui, s'assemblant la nuit, se dispersant le jour, simulent la pénitence et les actions vertueuses et troublent la population, seront, le principal coupable, puni de la strangulation (avec sursis); les co-auteurs, dans chaque cas, punis de cent coups de truong et de l'exil à trois mille lis. Si des personnes de condition militaire ou du peuple se déguisent en esprits, sonnent le gong, frappent du tambour pour recevoir l'esprit[3] et le ramènent au milieu de la réunion, le fait sera puni de cent coups de truong; la faute sera imputable à la personne qui sera le principal coupable. Les chefs du village qui auront connaissance de ces faits et qui ne les révéleront pas seront punis de quarante coups de rotin. Les réunions raisonnables qui ont lieu parmi le peuple, au printemps et à l'automne (pour implorer ou pour rendre grâces), ne sont pas comprises dans les limites de ces prohibitions[4].

[1] Ce nom, qui n'a pas de sens, indique une origine étrangère, indienne probablement.

[2] Pour bien traduire la plupart de ces expressions, il faudrait faire une étude spéciale de toutes ces superstitions; la signification apparente du nom est le plus souvent très trompeuse.

[3] Aller à sa rencontre, le saluer et le recevoir comme s'il arrivait en personne; cette pratique consiste à prétendre qu'un esprit habite un rocher, un arbre quelconque, à aller en pompe pour le faire s'incarner dans une image quelconque, et à le ramener dans un lieu où on le fête et où on l'invoque.

[4] La première de ces cérémonies est très usitée dans les villages de Basse-Cochinchine et est connue sous le nom de *Ky-Yên*; on l'accomplit pour implorer du Ciel une bonne récolte et la tranquillité du pays. La seconde se fait pour re-

C. O. — Les sorciers et sorcières se servent de moyens tels que ceux qui consistent à écrire des charmes, à jeter de l'eau en proférant les imprécations, à se servir de l'oiseau fabuleux appelé Loan ou de l'invocation aux saints et autres pratiques ou doctrines pernicieuses; ils prétendent faussement faire descendre ainsi des esprits diaboliques auprès d'eux, et tout cela afin d'ébranler et de troubler le peuple crédule et ignorant. *Doan-Công* et *Thai-Bao* sont les appellations communes que prennent les sorciers; *So-Ba* est l'appellation commune que prennent les sorcières; *Ry-Lac-Phât* «nuage blanc» et autres noms analogues sont des noms de doctrines perverses. «Société» est le nom général que prennent toutes ces sectes, mais leur genre n'est pas unique; c'est pourquoi on a étendu et généralisé l'appellation de la disposition par les mots «et autres».

La doctrine des hommes saints est on ne peut plus droite et régulière; les doctrines dont il est parlé ici et celle des saints sont contradictoires et ont un principe différent. Tout ce qui est énoncé ci-dessus appartient aux fausses doctrines; ces fausses doctrines peuvent ne pas être toutes énoncées ci-dessus, et c'est pour cela que la disposition est généralisée par les mots «toute espèce». S'il s'agit d'images ou de figures cachées, ce ne sont plus des esprits s'occupant des choses ordinaires qui ont lieu parmi le peuple; brûler des parfums, se réunir, s'assembler la nuit, se disperser le jour, sont des indices certains de stratagèmes pour faire ce qui n'est pas convenable : au dehors, on affiche la pénitence et le dessein de faire des choses vertueuses; le mal caché se propage, et il en résulte des désordres et des rébellions. Aussi la règle est-elle particulièrement rigide, afin d'arrêter ces maux. Le principal coupable est puni de strangulation; les co-auteurs sont, dans chaque cas, punis de cent

mercier les esprits protecteurs du village des faveurs obtenues par une bonne moisson.

coups de truong et de l'exil à trois mille lis. Bien que les réunions religieuses ne soient pas défendues parmi le peuple, si on se déguise en esprits, on sonne du gong; si l'on frappe du tambour, ce sont encore, en fait, des moyens de troubler la masse du peuple. Celui qui est le principal coupable est seul puni, et la peine est celle de cent coups de truong. Dans ces sortes d'actes, le fait provient évidemment de la personne qui commence et qui séduit les autres, qui suivent; c'est pour cela que la peine ne s'étend pas à la foule. Les chefs du village ont la responsabilité et le devoir de faire des recherches et de rendre compte de tout ce qui arrive; s'ils savent que des sorciers ou sorcières troublent la multitude des personnes de condition militaire ou civile, et s'ils connaissent les faits qui consistent à recevoir et à ramener un esprit dans une assemblée, s'ils ne les révèlent pas, ils sont punis de quarante coups de rotin. Il n'est pas parlé de ceux qui ne connaissent pas ces faits, parce qu'un tel acte n'est pas le fait d'une seule personne et d'une seule famille, et il n'y a pas de raison possible qui fasse qu'un chef de village puisse l'ignorer. S'il s'agit de réunions religieuses convenables, organisées parmi le peuple, et dans lesquelles les personnes d'une même commune se réunissent au printemps ou à l'automne pour aller recevoir et ramener un esprit afin d'implorer une année propice ou de rendre grâce d'une bonne récolte, bien que les habitants emploient le gong et le tambour pour appeler et réunir toute la communauté, ces faits ne sont pas compris dans les limites de cette prohibition.

Décret.

I. Toutes les fois que des fonctionnaires, employés, militaires, gens du peuple, religieux bouddhistes ou de la secte de Dao, et autres personnes quelconques de n'importe quel lieu viendront à la capitale et, mensongèrement, se donneront comme initiés à la nécromancie qui consiste à s'aider de l'oiseau fabuleux appelé Loan pour invoquer les saints, aux pratiques qui consistent à écrire des charmes, à répandre l'eau en prononçant des imprécations; ceux qui brûleront des parfums et réuniront des adeptes se rassemblant la nuit et se dispersant le jour, ou également ceux qui forgeront fallacieusement des prières et incantations, qui se livreront à des pratiques perverses, faisant du prosélytisme, des quêtes, et employant toute espèce de moyens extraordinaires ou propageant toute espèce de fausse doctrine pour troubler la population; ou bien ceux qui s'intituleront « confrères vertueux », ayant en vue de répandre des idées vertueuses et qui formeront des associations de dix personnes et au-dessus, ou bien qui se prétendront versés dans la connaissance de la recherche de la pierre philosophale [1], fréquentant les demeures des fonctionnaires du palais ou de l'extérieur, en entrant illicitement dans la ville impériale et commettant telles autres irrégularités dans le but de se faire employer par le souverain; enfin toute personne de condition militaire ou civile, ou tout supérieur de couvent bouddhiste ou de la religion de Dao, qui, sans s'informer d'où ils viennent, les recéleront et leur donneront asile, les habillant en religieux ou leur rasant la tête, et cela pour dix personnes et au-dessus, tous seront envoyés en servitude militaire à une frontière rapprochée. Si le nombre des adeptes n'atteint pas dix, ceux qui les auront accueillis et reçus, qui leur auront accordé illicitement un asile, qui les auront présentés ou recommandés, ainsi que les voisins qui connaissant le fait ne l'auront pas révélé, et les fonctionnaires et militaires chargés de la garde des différentes portes de la ville impériale qui ne les auront pas empêchés de passer et arrêtés, ou qui n'auront pas fait d'investigations, seront chacun jugés et punis selon la loi relative à la transgression d'un ordre du souverain. Si le fait est relatif à des affaires très graves [2], on prendra, selon le cas, les mesures nécessaires. Quant aux personnes honorables qui se livrent à leurs occupations ordinaires et récitent des prières pour demander le bonheur; qui n'étudient pas de religions perverses et ne font également ni prosélytes, ni quêtes; qui ne troublent pas l'esprit de la multitude, on ne peut, mal à propos, leur appliquer le présent décret.

II. Outre le jugement et la punition, selon la loi relative à l'ensei-

[1] Ceci est une pratique attribuée à la secte de Dao, mais dont l'origine doit probablement être étrangère.

[2] Généralement cette expression désigne les affaires qui ont un but politique.

gnement des doctrines perverses et du trouble jeté dans la multitude, si le fonctionnaire du district ne s'oppose pas sévèrement à ces actions; si, à la capitale, les fonctionnaires chargés de la surveillance de la ville et, dans les provinces, les gouverneurs sont favorables aux coupables, les protègent et ne font pas d'enquêtes, tous seront également mis à la disposition du ministre dont ils relèvent pour être l'objet d'une délibération et d'une décision. Si des voisins les dénoncent, les divers coupables seront contraints à payer vingt onces d'argent données en récompense aux dénonciateurs; si ce sont des personnes chargées de la poursuite des coupables qui s'en emparent et les arrêtent, ils seront contraints à payer dix onces d'argent qui seront données en récompense aux capteurs.

ORIGINE DES TEXTES.

La loi et le commentaire sont les textes non modifiés du code chinois.

Le premier décret est exactement le premier décret chinois, mais deux ont été ajoutés depuis dans le décret chinois, qui en altèrent la portée. Le décret chinois, parlant des personnes qui récitent des prières, dit aujourd'hui : «qui réciteront des prières bouddhiques pour implorer et obtenir le bonheur»; le mot «bouddhique» a été ajouté, ce qui diminue singulièrement la permission accordée. Cette correction date de la première année du règne de Dao-Quang (1821); il sera impossible de retrouver la cause de cette modification qui a pu être basée sur le désir de mettre hors la loi la religion chrétienne, plus ou moins tolérée à certaines époques antérieures.

Le second décret est exactement le second décret chinois.

L'article, dans le code chinois, est suivi de neuf décrets.

Le troisième décret du code chinois établit une distinction et prononce des peines contre les adeptes et les disciples des enseignements pervers énoncés plus haut; contre ceux qui les recèlent et qui les cachent; enfin contre les autres coupables d'actes de corruption commis à ce sujet.

Le quatrième prohibe l'impression des traités sur la mesure des terres (?) et la vente des livres qui traitent des pratiques superstitieuses. La première défense est singulière et pourrait bien se rapporter à quelque essai d'introduction d'un traité européen de géométrie et d'arpentage.

Le cinquième prescrit des règles de procédure et d'instruction contre les coupables d'enseignements ou de pratique des doctrines réputées perverses.

Le sixième est le seul document officiel faisant partie du code chinois où il soit question de la religion chrétienne.

A ce sujet, nous ferons remarquer que la fin du premier paragraphe de la loi semble viser la religion chrétienne, sans la nommer toutefois. Toutes les allégations ordinairement citées contre cette religion s'y trouvent contenues. Nous n'avons pas pu trouver à quelle époque remonte cette partie du texte.

Voici la traduction du sixième décret chinois :

Tout Européen qui, dans l'intérieur, enseignera la religion chrétienne, gravant et imprimant privément des livres de prières ou des chants, faisant des instructions sur les âmes, et qui aura troublé l'esprit de beaucoup de personnes du peuple ou d'hommes de bannières et autres, ou également qui aura pris un titre privé et troublé l'esprit de la population, sera, lorsque ces faits seront clairement établis, considéré comme principal coupable et puni de la décapitation avec exécution. Si l'enseignement n'a troublé que peu de personnes et si le prédicateur n'a pas pris de titre privé, il sera condamné à la strangulation avec sursis. Ceux qui auront seulement écouté l'enseignement, qui seront entrés dans cette religion et qui ne sauront pas abjurer leur erreur, seront envoyés en Mongolie comme esclaves et donnés aux chefs mongols capables et actifs; s'ils sont des bannières, ils en seront exclus. Ceux qui auront mensongèrement répandu des paroles perverses relativement à des choses très graves[1], ou qui auront fait des pratiques de sortilèges, de charmes et incantations relativement aux âmes,

[1] Ce qui touche à l'empereur, à la politique.

ou qui auront séduit des femmes ou filles et les auront souillées [1], ou qui par supercherie ou jonglerie auront pris le globe de l'œil des malades et commis tous autres faits analogues, seront, dans chaque cas, jugés selon l'acte le plus grave qu'ils auront perpétré. Ceux qui sauront se repentir et qui iront révéler clairement la vérité devant les magistrats, qui abandonneront cette religion, ainsi que ceux qui, traduits devant l'autorité, voudront quitter cette religion et, devant le tribunal, fouleront aux pieds une croix en bois et seront sincèrement repentants de leurs erreurs, seront tous graciés. Si, après avoir été graciés, ils deviennent de nouveau coupables de pratique de cette religion, on ne distinguera plus s'ils veulent ou non fouler la croix sous leurs pieds devant le tribunal; à l'exception de ceux qui seront passibles de la peine de mort, tous subiront d'abord trois mois de lourde cangue dans le lieu où le fait aura été commis, et après l'expiration de ce temps ils seront déportés. Il est également strictement défendu aux Européens de s'établir, pour commercer ou pour y exercer une industrie, dans l'intérieur du pays; les divers fonctionnaires civils ou militaires qui auront manqué de surveillance et qui laisseront ces Européens pénétrer dans l'intérieur des frontières, ou enseigner leur religion et troubler l'esprit de la foule, seront également mis à la disposition du ministre pour être l'objet d'une délibération et d'une décision. (Modifié la 21e année de Dao-Quang [1842].)

Le septième décret du code chinois est relatif aux enseignements des fausses doctrines connues en Chine depuis la plus haute antiquité et déjà énumérées dans la loi; le principal coupable est puni de la strangulation avec exécution; les autres peines sont absolument les mêmes que dans le précédent décret. Les Chinois, comme les Annamites, ont assimilé la religion chrétienne aux doctrines qu'ils regardent comme fausses, et ont prononcé les mêmes peines contre les chrétiens et contre les adeptes de ces autres doctrines. Les prescriptions de ce décret sont identiques à celles du précédent. Ce décret a été modifié

---

[1] Au moral; par leur relation avec des hommes, principalement par la confession, qui est un entretien privé et secret avec un homme, ce qui constitue, d'après la morale chinoise, une grave indécence.

la première année du règne de Dao-Quang; le précédent a donc été modelé sur celui-ci. Les deux derniers décrets chinois ne présentent aucun intérêt.

Explications coordonnées. — « Ce qui est considéré comme particulièrement grave dans la présente loi, c'est le fait de troubler l'esprit de la multitude; en effet, ce qui est pervers et mauvais trouble ce qui est droit et régulier; le peuple ignorant est facilement entraîné, et il est à craindre que de tels faits n'entraînent des conséquences plus graves et ne donnent naissance à des troubles. C'est pour cela que fut institué cette sévère législation, afin d'empêcher le développement du germe du mal. Mais parmi les gens tels que les sorciers et les sorcières, beaucoup se donnent des noms et des appellations particulières dans le seul but d'escroquer les valeurs des gens crédules, et cela doit aussi être sévèrement puni et réprimé. S'il n'y a ni fausse religion, ni trouble jeté dans l'esprit du peuple, le cas n'est plus celui qui est prévu par la présente loi, et on doit le juger différemment. » (*Annexes du code chinois.*)

Au sujet du premier décret, on trouve encore cette note : Les explications coordonnées disent : « Ce décret distingue deux catégories : dans la première disposition, le principal coupable des divers faits qui consistent à employer l'aide de l'oiseau fabuleux appelé Loan pour invoquer les saints et autres actes du même genre doit, selon la loi, être puni de la strangulation; c'est pourquoi il n'est question que de co-auteur. Dans l'autre disposition, relative à ceux qui cherchent la pierre philosophale, il ne s'agit que d'un but d'escroquerie; aussi le fait est moins grave que les précédents; mais c'est encore une pratique et une doctrine perverses. Dans ce décret, ce qui est la gravité de l'action, c'est de venir à la capitale, de fréquenter les maisons des fonctionnaires et la ville impériale, dans le but d'obtenir un emploi. Il faut que les deux conditions soient remplies pour que le décret soit applicable. » (*Annales du code chinois.*)

Art. CLIX. — *Des devins qui parlent mensongèrement d'événements heureux ou malheureux.*

Il n'est pas permis aux devins, qui pratiquent l'art de la divination par le système de deux principes opposés, d'aller dans les familles des fonctionnaires civils et militaires d'un rang élevé ou subalterne pour parler mensongèrement d'événements heureux ou funestes (pour l'État); ceux qui auront contrevenu à cette disposition et le calcul du sort, conformément à la doctrine des Kinh, la division par les «ordres des astres», ne sont pas compris dans les limites de cette prohibition.

C. O. — Parler mensongèrement d'événements heureux ou malheureux, c'est-à-dire émouvoir la foule, induire le peuple en erreur au sujet de faits qui concernent l'État. Si les devins inventent mensongèrement des propos au sujet d'événements heureux ou malheureux, aussitôt, chez les gens ordinaires, s'élèvent des pensées et désirs d'aller vers ce qui est favorable et d'éviter ce qui est dangereux. Depuis l'antiquité, le mal qui est résulté, pour les divers gouvernements, du fait des devins est considérable; c'est pourquoi le fait est absolument prohibé. S'il est contrevenu à cette disposition, les devins sont passibles de cent coups de truong. Lorsque la divination a lieu conformément aux doctrines des Kinh, bien qu'il s'agisse d'événements prédits à l'avance, la faute n'est pas commise relativement aux affaires de l'État et elle n'est pas comprise dans les limites de la disposition relative aux paroles mensongères au sujet d'événements heureux ou malheureux.

ORIGINE DES TEXTES.

Ces textes sont exactement ceux du code chinois; l'article, dans ce dernier code, est suivi d'un décret qui punit les personnes versées dans la science de l'astronomie et qui émeuvent le peuple par des discours mensongers au sujet d'événements heureux ou malheureux.

Voir les articles 144 et 224.

MANUSCRITS CONCERNANT L'ETHNOGRAPHIE RELIGIEUSE ANNAMITE
EN PUBLICATION AU MINISTÈRE DE L'INSTRUCTION PUBLIQUE.

1° Le Rituel funéraire des Annamites.
2° Le Manuel du noviciat des bonzes annamites, précédé d'une étude sur le clergé et sur les temples au Tonkin.
3° La légende annamite du Bouddha Shakyamouni.
4° La légende de l'Introduction du bouddhisme en Chine d'après les Taoïstes annamites.
5° Monographies des Huit Génies immortels des Taoïstes et récits de leurs combats contre les Dragons de la mer Orientale.
6° Le livre de l'Enfer.
7° De l'astrologie chez les Annamites, considérée plus spécialement dans ses applications à l'art militaire.
8° Les Génies gardiens de la porte dans les temples du Tonkin.
9° Le culte du dieu de la Guerre au Tonkin.
10° Évehmérisme : grands hommes annamites et chinois divinisés.
11° Évhemérisme : les patrons des villages et des corporations industrielles.
12° Le Bouddhisme et le Taoïsme.
13° De la géomancie chez les Annamites.
14° Le culte officiel; le Confucianisme, le culte du Ciel, les ancêtres royaux, le culte de l'Agriculture.
15° Les formules sanscrites dans le culte de Chuân Dê, et dans celui de Quan âm au Tonkin.

安 南 音 字 彙 合 解 大 法 國 音

DICTIONNAIRE

ANNAMITE-FRANÇAIS,

PAR

M. JEAN BONET,

PROFESSEUR À L'ÉCOLE DES LANGUES ORIENTALES ET À L'ÉCOLE COLONIALE.

———◦———

J'ai l'honneur de porter à la connaissance de Messieurs les Membres du Congrès, section de l'Indo-Chine, que je publie en ce moment un Dictionnaire annamite-français.

L'ouvrage renferme, en chiffres ronds, douze mille mots. Sur ce nombre, trois mille seulement environ proviennent de l'idiome primitif, les autres ont été, au cours des siècles et à mesure des besoins des époques, empruntés à l'immense vocabulaire de la langue chinoise écrite. Ce sont tous ces mots qui, réunis et classés, forment la langue nationale annamite moderne.

Les termes provenant de l'idiome primitif sont transcrits en caractères hiéroglyphiques vulgaires formés au moyen des clefs chinoises et étymologiquement décomposés; les autres, par les caractères chinois correspondants sans aucune altération graphique.

Les mots importants sont suivis de nombreux exemples sous forme d'expressions composées et de courtes phrases.

Il n'existait pas encore de Dictionnaire annamite-français

donnant, en transcription, les caractères vulgaires et les caractères chinois.

Cette publication, actuellement sous presse, paraîtra très prochainement.

Je joins à cette communication une page imprimée du dictionnaire présentée comme spécimen.

de, à l'égard de. — *Hạ chí* 夏 ○, solstice d'été. — *Đông chí* 冬 ○, solstice d'hiver.

Chì 鈘. Plomb. (Formé des S. A. *kim* 金, métal, et *chi* 支, descendance.)

Bổ chì 補 ○, couler du plomb, plomber. — *Thợ chì* 署 ○, plombier. — *Cây viết chì* 核 曰 ○, crayon. — *Mỏ chì* 㖼 ○, mine de plomb.

Chỉ 止*. S'arrêter, faire halte; empêché, retenu. Car. radical.

Chỉ 沚*. Îlot, berge; arrêt, s'arrêter.

Chỉ 趾 et 阯*. Orteil; base d'un mur, fondation; limite territoriale.

Giao chỉ 交 ○, orteils croisés; ligne de partage; nom ou surnom donné aux anciens Annamites.

Chỉ 旨*. Pensée, intention, volonté, dessein; sens, valeur, portée.

Chỉ phán ○ 判, avertir, ordonner. — *Chỉ truyền* ○ 傳, transmettre un ordre, publier. — *Chỉ dụ* ○ 誘, édit royal, décret. — *Ra chỉ dụ* 囉 ○ 誘, décréter. — *Mật chỉ* 密 ○, dessein caché, ordonnance secrète. — *Chỉ ý* ○ 意, le sens ou la portée d'une chose. — *Thánh chỉ* 聖 ○, la sainte volonté, c.-à-d. les ordres ou les instructions du souverain.

Chỉ 指*. Montrer du doigt, désigner de la main, indiquer; doigt.

Chỉ bảo ○ 保, avertir, ordonner, enseigner. — *Chỉ dẫn* ○ 引, diriger, conduire. — *Chỉ vẽ* ○ 敁, indiquer, tracer un plan, donner des instructions. — *Chỉ cho coi* ○ 朱 䰟, montrer, faire voir. — *Chỉ đường* ○ 唐, montrer la route, indiquer le chemin. — *Số chỉ phần* 數 ○ 分, dénominateur. — *Chỉ đinh* ○ 疔, panaris, mal blanc. — *Ngón chỉ* 䟘 ○, doigt index de la main. — *Chỉ nam xa* ○ 南 車, boussole. — *Chỉ tây* ○ 西, indiquer l'Ouest, montrer l'Occident.

Chỉ 紙 et 帋*. Papier. Voir *giấy*.

Chỉ 织. Fil. (Formé des S. A. *mịch* 糸, soie fine, et *chỉ* 只, seulement.)

Chỉ tơ ○ 絲, fil de soie. — *Chỉ vải* ○ 緄, fil de coton. — *Chỉ gai* ○ 荄, fil de chanvre, filasse. — *Chỉ thép* ○ 鋏, fil d'archal, de fer, de laiton. — *Ống chỉ* 瓮 ○, bobine, dévidoir. — *Kéo chỉ* 撟 ○, filer. — *Một sợi chỉ* 沒 絏 ○, un brin de fil.

Chỉ 只*. Seulement, simplement; marque de restriction.

Chia 岎. Diviser, partager, distribuer. (Formé des S. A. *phân* 分, diviser, et *chi* 支, ferme, dur.)

Chia phần ○ 分, partager, faire les parts. — *Chia nhau* ○ 饒, partager ensemble. — *Chia ba* ○ 𠀧, diviser par trois, partager en trois. — *Chia cho đều* ○ 朱 調, faire des parts égales. — *Phép chia* 法 ○, division. — *Số chia* 數 ○, diviseur. — *Sự chia* 事 ○, le partage, la séparation.

TABLE DES MATIÈRES.

Section A. — Chine et Japon.

	Pages
Note sur un manuscrit mosso, par Charles-Eudes Bonin	1
Inscriptions in the *Juchen* and allied scripts, by S. W. Bushell	11
Le *Gan-shih-tang*, ou «Lampe de la salle obscure», par C. de Harlez	37
The Chinese type-writer, its practicability and value, by D. Z. Sheffield	49
Notes sur les études coréennes et japonaises, par Maurice Courant	67
Coup d'œil sur les institutions du gouvernement de Tokugawa, par Yorodzou Oda	95
Prononciation ancienne du chinois, par Z. Volpicelli	115

Section B. — Indo-Chine, Malaisie et Polynésie.

Le roi Yaśovarman, par Étienne Aymonier	191
Takkola, by R.-F. St Andrew St John	217
Observations sur la communication de M. St John, sur le mot *Takola*, par C. O. Blagden	235
The medieval chronology of Malacca, by C. O. Blagden	239
Notes sur les ordres et décorations au Siam (étude de l'ordre royal *Noparatana*), par Raphaël Réau	255
Paper, by General J.-G.-R. Forlong	261
Notice sur le choléra, d'après la légende annamite, par Massé	265
La préservation des monuments historiques anciens en Indo-Chine, par Lefèvre-Pontalis et Lemire	273
Études d'ethnographie religieuse annamite, par G. Dumoutier	275
Dictionnaire annamite-français, par Jean Bonet	411

www.ingramcontent.com/pod-product-compliance
Lightning Source LLC
Chambersburg PA
CBHW070622230426
43670CB00010B/1619